Saldo 10

Wirtschaft und Recht

Autoren
Reiner Kalteis
Dr. Günter Schiller
Susanne Schmidt
Daniela Peter

westermann

Verwendete Symbole

Aufgaben

Methodenseiten

Quellentext

Vertiefende Inhalte

Definitionen

Zusammenfassungen
am Ende eines Kapitels

Ergänzende Informationen

Aufgaben
am Ende eines Kapitels zur Wiederholung

Wichtiger Hinweis: Die *vertiefenden Inhalte* und *ergänzenden Informationen* stellen ein Zusatzangebot dar, das über die verpflichtenden Lerninhalte hinausgeht und behandelt werden kann, wenn hierfür genügend Zeit bleibt.

Überarbeitete und aktualisierte Ausgabe

Druck B [3] / Jahr 2016
Alle Drucke der Serie B sind inhaltlich unverändert.

Redaktion: Marion Martens, Annette Wiegmann
Herstellung: Andreas Losse
Umschlaggestaltung: boje5 Grafik & Werbung, Eckard Schönke, Braunschweig
Satz: AndersARTig Werbung & Verlag GmbH, Braunschweig
Druck und Bindung: westermann druck GmbH, Braunschweig

ISBN 978-3-14-116210-3

I Denken in gesamtwirtschaftlichen Zusammenhängen

1 Unternehmen und private Haushalte auf dem Markt

2 Unternehmen und private Haushalte in der Gesamtwirtschaft

Fischmarkt in Hamburg

Fahrkartenverkauf am Automaten

Christkindlesmarkt in Nürnberg

1 Unternehmen und private Haushalte auf dem Markt

1.1 Der Markt – das Zusammentreffen von Angebot und Nachfrage

Jedes Jahr am Freitag vor dem ersten Advent kann man um 17:30 Uhr auf dem Hauptmarkt in Nürnberg ein attraktives Schauspiel erleben. Von der Empore der Frauenkirche spricht das „Christkind" den feierlichen Prolog und eröffnet mit den Worten „Ihr Herrn und Frau'n, die Ihr einst Kinder wart, ihr Kleinen am Beginn der Lebensfahrt. Ein jeder, der sich heute freut und morgen wieder plagt: Hört alle zu, was Euch das Christkind sagt! …" den Christkindlesmarkt, den wohl berühmtesten Weihnachtsmarkt der Welt. Bis zum 23. Dezember wird der Hauptmarkt in Nürnberg eine Stadt aus Holz und Tuch sein, in welcher mehr als 200 Händler Lebkuchen, Zwetschgenmännle, Christbaumschmuck, Kerzen und viele andere weihnachtliche Artikel anbieten. In den Wochen vor Weihnachten werden über zwei Millionen Menschen den Weihnachtsmarkt besuchen.

Der einmal im Jahr stattfindende Weihnachtsmarkt, der Wochenmarkt, auf dem man samstags Obst und Gemüse kaufen kann, der Supermarkt an der Ecke, der täglich viele Stunden geöffnet hat, diese und alle anderen Märkte haben eines gemeinsam: **Nachfrager**, d.h. Menschen, die ein Gut erwerben wollen, treffen auf **Anbieter**, d.h. Menschen, die ein Gut veräußern wollen. Jedes Zusammentreffen von **Angebot** und **Nachfrage** nennt man **Markt**. Wenn Frau Müller am Kiosk eine Zeitung, Moritz im Pausenverkauf ein Getränk, Herr Schulz beim Bäcker ein Brötchen kauft, entsteht jeweils ein Markt. Für das Zustandekommen des Marktes ist es nicht notwendig, dass sich die Marktteilnehmer persönlich treffen. Oft wird der Anbieter durch einen Automaten repräsentiert. Getränke-, Fahrkarten- und Geldautomaten oder das Internet sind Beispiele dafür.

Je nachdem, welche Güter gehandelt werden, kann der Marktbegriff weiter differenziert werden. Arbeitsmarkt, Gebrauchtwagenmarkt, Konsumgütermarkt usw. sind Teilmärkte, die durch ihren Namen auf die gehandelten Güter hindeuten.

!

1. Welche Marktbeispiele gibt es in Ihrer Schule?
2. Erläutern Sie die Marktsituation am Beispiel eines Fahrkartenautomaten.
3. Suchen Sie weitere Beispiele für Märkte, in denen die Menschen nicht direkt aufeinandertreffen.
4. Listen Sie Beispiele für Teilmärkte auf.

1.2 Einflussfaktoren von Angebot und Nachfrage

Marktgeschehen ist eine komplexe Angelegenheit. Viele Faktoren spielen für die Entscheidung, ein Gut zu kaufen, eine Rolle. Ebenso gibt es zahlreiche Einflussfaktoren, die dazu führen, dass sich ein Unternehmer entscheidet, ein Produkt anzubieten oder vom Markt zu nehmen. Ganz wesentlich wird die **Nachfrage nach Gütern** durch die **Preise** bestimmt. Die Nachfrage ist umso höher, je geringer der Preis eines Gutes ist. Die Beziehung zwischen Nachfrage und Preisen wird im nächsten Kapitel genauer behandelt.
Nachfrager treffen ihre Entscheidungen unter anderem danach, wie viel **Einkommen** ihnen zur Verfügung steht. Je höher das Einkommen einer Volkswirtschaft ist und damit die Kaufkraft der Bevölkerung, desto höher ist auch die Nachfrage. Des Weiteren bestimmt sich die Nachfragemenge auch nach der **Verteilung des Einkommens**. Bei gleichmäßiger Verteilung auf die Haushalte ist die Nachfrage nach Luxusgütern höher, als wenn der größte Teil der Haushalte ein geringes Einkommen bezieht. In diesem Fall wird ein großer Teil des Einkommens für die Grundversorgung (Nahrungsmittel, Wohnen und Energie) verbraucht. Ebenso wirkt die **Einkommenserwartung** auf die Nachfrage. Sichere Einkommen führen zu höherer Kaufbereitschaft. Droht Arbeitslosigkeit, neigen die Haushalte eher zum Sparen, um vorzusorgen.
Die Nachfrage wird auch von der **Bedürfnisstruktur** geprägt. Modetrends, technische Neuerungen und die Altersstruktur der Bevölkerung bestimmen unter anderem darüber, welche Produkte nachgefragt werden. Ein Rentnerhaushalt entwickelt eine andere Nachfrage als ein Haushalt mit Jugendlichen. Je mehr Jugendliche in einer Volkswirtschaft leben, desto höher ist z.B. die Nachfrage nach Schulbedarfsartikeln, während sich in einer Volkswirtschaft mit einem hohen Anteil älterer Menschen eine hohe Nachfrage nach Dienstleistungen wie z.B. Haushaltshilfen entwickeln wird.

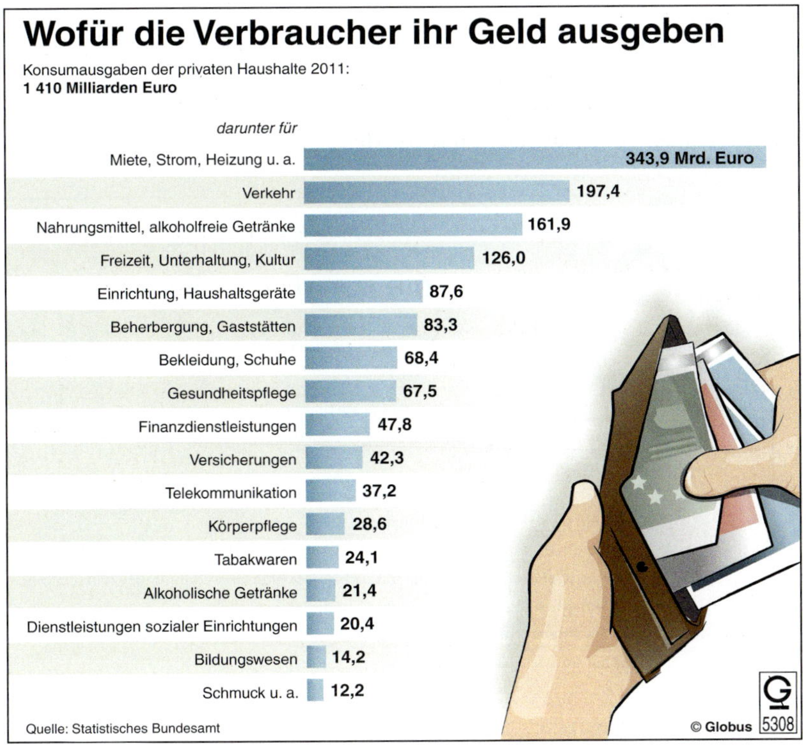

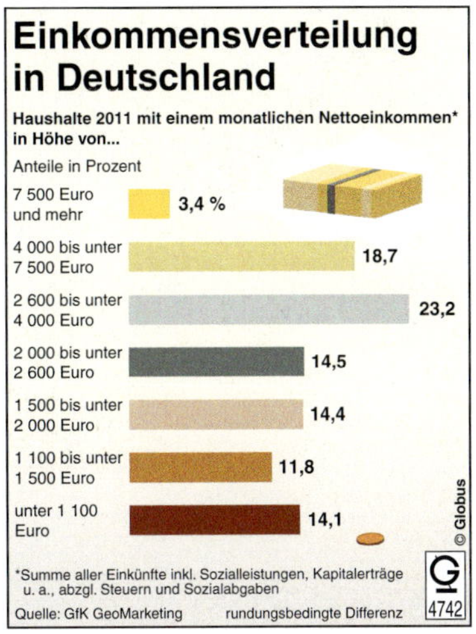

1. Entwickeln Sie aus dem Text eine Übersicht mit den Einflussfaktoren auf die Güternachfrage.
2. Werten Sie die Grafik „Einkommensverteilung in Deutschland" aus.
3. Welche Konsequenz ergibt sich aus der Einkommensverteilung für die Nachfrage?

Hofladen: Markt für Biowaren

Das **Angebot** auf dem Markt hängt wesentlich von der Frage ab, ob der Unternehmer mit dem Gut einen Gewinn erwirtschaften kann oder nicht. Je höher die **Gewinnerwartung** ist, desto größer ist auch das bereitgestellte Angebot. Damit hängt die Angebotsmenge wesentlich mit dem erzielten **Preis** zusammen. Je höher der Preis eines Gutes ist, desto höher ist die Gewinnerwartung und damit auch das Angebot (siehe auch S. 10–13).

Voraussetzung für das Güterangebot sind die **Produktionsmöglichkeiten**. Fehlt es an den Voraussetzungen, weil z. B. die Rohstoffe nicht beschafft werden können oder das notwendige Know-how nicht verfügbar ist, können die Güter nicht hergestellt werden, auch wenn eine entsprechende Nachfrage vorherrscht. Ein weiterer Aspekt, der das Güterangebot beeinflusst, sind die **Beschaffungskosten für Kapital**. Können Unternehmen durch niedrige Kreditzinsen günstig Kapital beschaffen, ist die Investitionsbereitschaft und damit auch das Güterangebot höher.

Schließlich hängt das Güterangebot auch wesentlich von der **Nachfragestruktur** ab. Existiert keine oder nur eine geringe Nachfrage nach bestimmten Gütern, werden diese vom Markt genommen und durch Güter ersetzt, für die eine höhere oder hohe Nachfrage besteht.

1. Welche Größen beeinflussen das Angebot in einer Volkswirtschaft?
2. Recherchieren Sie, wie sich der Markt für Biowaren in den letzten Jahren entwickelt hat.
3. Welche Konsequenz hat die Entwicklung auf dem Biomarkt für das Angebot an Biowaren?
4. Welche Entwicklung ist auf dem Markt für landwirtschaftliche Produkte zu erwarten, die nicht Biowaren sind?

1.3 Der vollkommene Markt

Das Marktgeschehen ist nur zu durchschauen, wenn die komplexen Vorgänge auf dem Markt stark vereinfacht werden. Um Marktprozesse zu analysieren, behilft man sich in der Volkswirtschaft daher mit Modellen, die die tatsächlichen Abläufe stark vereinfachen. Für Marktprozesse verwendet man das Modell des vollkommenen Marktes.

Auf dem **vollkommenen Markt** wird angenommen, dass die Marktteilnehmer keine persönlichen, räumlichen oder zeitlichen Präferenzen haben. Durch persönliche Vorlieben für ein bestimmtes Geschäft oder die freundliche Verkäuferin (persönliche Präferenzen) dürfen ebenso wenig Wettbewerbsvorteile für einen bestimmten Anbieter entstehen wie durch bestimmte Öffnungszeiten (zeitliche Präferenz) oder die Entfernung des Ladens von dem Wohnort des Nachfragers (räumliche Präferenz).
Für das Modell des vollkommenen Marktes wird ferner angenommen, dass die Güter homogen sind, d.h., die angebotenen Güter sind sachlich gleichartig. Es entstehen keine Vor- oder Nachteile, weil die Anbieter verschiedenartige Verpackungen verwenden oder die angebotenen Waren von unterschiedlicher Qualität sind.
Merkmal des vollkommenen Marktes ist auch die vollkommene Markttransparenz. Das bedeutet, dass die Marktteilnehmer alle wichtigen Marktinformationen haben, wie z.B. Preise, Lieferbedingungen und Serviceleistungen. Veränderungen auf dem Markt, z.B. Preisveränderungen oder das Angebot neuer Produkte, erfolgen ohne zeitliche Verzögerung.

Trifft mindestens eine der für den vollkommenen Markt genannten Bedingungen nicht zu, handelt es sich um einen **unvollkommenen Markt**. Unvollkommene Märkte beschreiben die übliche Marktsituation. Anbieter versuchen durch Gestaltung der Verpackungen und Werbung gleichartige Güter unterschiedlich erscheinen zu lassen. Die Dekoration im Laden, die Freundlichkeit des Personals, aber auch Parkmöglichkeiten vor dem Laden und Erreichbarkeit eines Anbieters führen zu unvollkommenen Märkten.

In entwickelten Volkswirtschaften werden an unterschiedlichsten Orten mehrere Millionen verschiedene Güter angeboten, sodass die Markteilnehmer in der Regel auch nicht über die notwendige Markttransparenz verfügen. Dies gelingt oft schon nicht innerhalb eines Ortes. Einen vollkommenen Markt gibt es in der Realität nicht. Dem vollkommenen Markt am nächsten kommt die Börse, die auf den Seiten 17 ff. vorgestellt wird.

Supermarkt mit Parkplatz

1. Stellen Sie die Bedingungen des vollkommenen Marktes zusammen.
2. Versuchen Sie, sich in Ihrer Heimatgemeinde umfassend über die Preise bestimmter Produkte zu informieren.
3. Beurteilen Sie, inwieweit in Ihrer Heimatgemeinde Markttransparenz möglich ist.

Markt für Bioobst

1.4 Preisbildung auf dem Markt

Die Untersuchung der Preisbildung auf dem Markt legt das Modell des vollkommenen Marktes zugrunde. Es wird angenommen, dass die Marktteilnehmer ihr Verhalten ausschließlich aufgrund von Preisänderungen variieren. Alle anderen Größen, die auf dem Markt beeinflussend wirken, verändern sich nicht.

Nachfrager und Anbieter verfolgen auf dem Markt unterschiedliche Ziele. Die Nachfrager versuchen mit ihrem Einkommen bzw. mit den zur Verfügung stehenden Mitteln ihre Bedürfnisse möglichst optimal zu befriedigen. Sie handeln nach dem Nutzenmaximierungsprinzip. Das funktioniert am besten, wenn die Güter möglichst preiswert sind. Je geringer die Preise sind, desto mehr Güter können erworben werden. Daher ist die Nachfrage umso höher, je niedriger der Preis eines Gutes ist. Zur Veranschaulichung ziehen wir ein Beispiel heran.

Auf dem Markt für Bioäpfel finden sich auf der Nachfrageseite Interessenten, die bei einem Preis von 5,– € 3 kg Äpfel kaufen würden. Diese Interessenten würden die Äpfel auch zu einem günstigeren Preis kaufen. Sinkt der Preis auf 4,– €, werden folglich die 3 kg Äpfel immer noch nachgefragt, jedoch kommen zu dem geringeren Preis weitere Nachfrager auf den Markt. In unserem Beispiel können bei einem Preis von 4,– € weitere 3 kg Äpfel verkauft werden, insgesamt also 6 kg. Bei einer weiteren Preissenkung auf 3,– € steigt die Nachfrage um weitere 3 kg. Zu diesem Preis gibt es folglich eine Nachfrage in Höhe von 9 kg Äpfeln. Bei einem Preis von 2,– € pro kg entsteht eine weitere Nachfrage in Höhe von 3 kg, sodass insgesamt 12 kg Bioäpfel nachgefragt werden. Fällt der Preis auf 1,– €, steigt die Nachfrage um weitere 3 kg. Die Gesamtnachfrage bei diesem Preis beträgt 15 kg.

Nachfrageentwicklung

Preis	zusätzliche Nachfrage bei dem Preis	gesamte Nachfrage bei dem Preis
5,– €	3 kg	3 kg
4,– €	3 kg	6 kg
3,– €	3 kg	9 kg
2,– €	3 kg	12 kg
1,– €	3 kg	15 kg

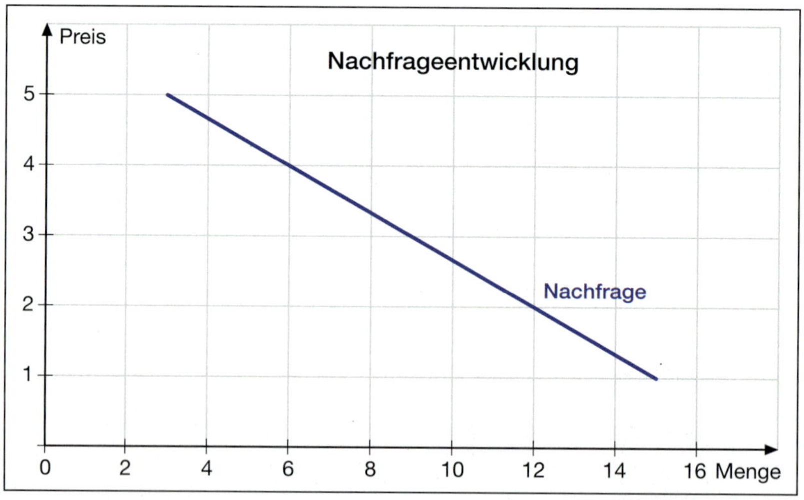

Die Abhängigkeit der Nachfrage zum Preis kann wie folgt beschrieben werden:

Je höher der Preis ist, desto geringer ist die Nachfrage.

Die Anbieter auf dem Markt verfolgen eigene Ziele. Sie möchten mit den verkauften Waren möglichst viel verdienen, einen möglichst hohen Gewinn erzielen. Sie handeln also nach dem Gewinnmaximierungsprinzip. Maximale Gewinne lassen sich am besten erzielen, wenn die Waren besonders teuer sind.

Zum Preis von 1,– € ist nur ein geringes Angebot vorhanden. Den meisten Anbietern ist der Preis zu gering, sodass es zu diesem Preis nur ein Angebot von 3 kg Äpfel auf dem Markt gibt. Steigt der Preis auf 2,– €, kommen weitere 3 kg Äpfel in das Angebot. Die Verkäufer, die bereits zu einem Preis von 1,– € verkaufen wollten, bleiben natürlich auf dem Markt und freuen sich, dass sie eventuell einen höheren Preis für ihre Waren erhalten. Insgesamt sind jetzt 6 kg Äpfel im Angebot. Zum Preis von 3,– € kommen weitere 3 kg Äpfel auf den Markt. Bei 4,– € erhöht sich das Angebot um weitere 3 kg Äpfel, sodass jetzt 12 kg Äpfel angeboten werden. Steigt der Preis weiter auf 5,– €, erhöht sich das Angebot um weitere 3 kg auf insgesamt 15 kg Bioäpfel.

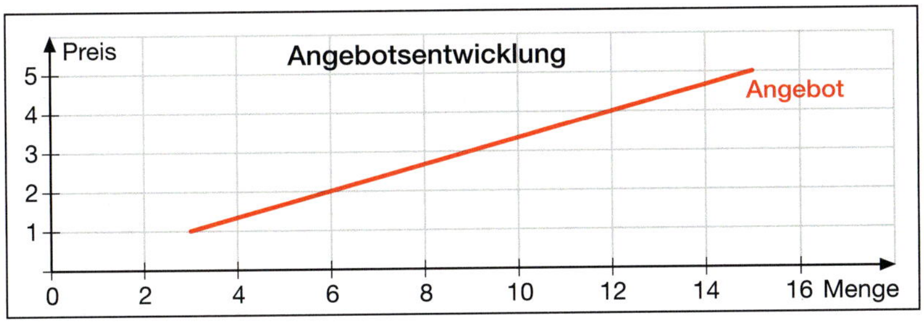

Angebotsentwicklung

Preis	zusätzliches Angebot bei dem Preis	Gesamtangebot bei dem Preis
1,– €	3 kg	3 kg
2,– €	3 kg	6 kg
3,– €	3 kg	9 kg
4,– €	3 kg	12 kg
5,– €	3 kg	15 kg

Die Abhängigkeit des Angebots zum Preis kann wie folgt beschrieben werden:

Je höher der Preis ist, desto höher ist das Angebot.

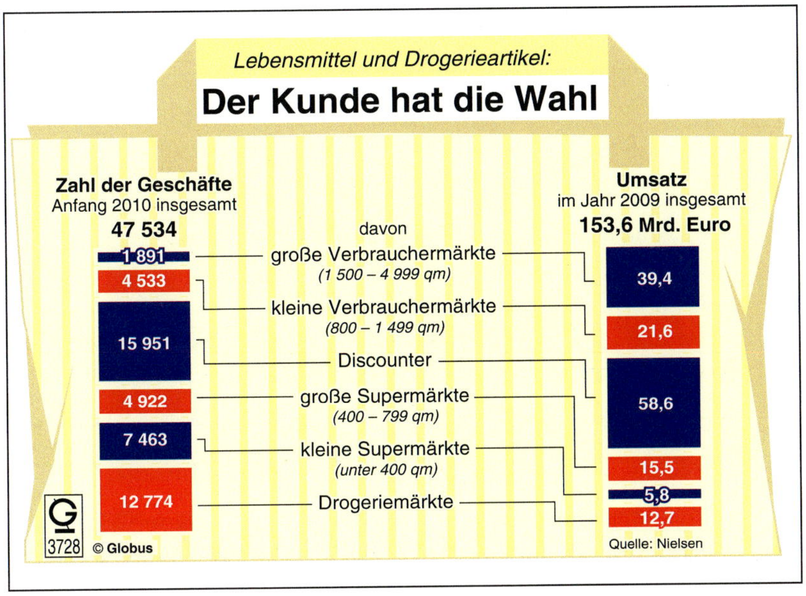

1. Werten Sie die Grafik „Der Kunde hat die Wahl" aus, und beurteilen Sie, inwieweit Unternehmen nach dem Gewinnmaximierungsprinzip handeln können.

1. Erklären Sie, warum für Gemälde ein so hoher Preis erzielt werden kann.
2. Erklären Sie die Begriffe Nachfrage- und Angebotsüberhang.
3. Begründen Sie, wie es zu einem Nachfrageüberhang auf dem Markt kommen kann.
4. Erläutern Sie, wie sich Nachfrager im Falle des Nachfrageüberhangs (Anbieter im Falle des Angebotsüberhangs) verhalten werden, um die gewünschte Ware zu bekommen (zu veräußern).

Sowohl Angebot als auch Nachfrage hängen vom Preis ab. Wenn man die Graphen der Nachfrage und des Angebots in einem Koordinatensystem darstellt, zeigt sich, dass die Preisabhängigkeit von Angebot und Nachfrage gegenläufig ist. Bei einem hohen Preis, z. B. 5,– €, besteht ein großes Angebot von 15 kg Äpfeln. Dem Angebot steht eine Nachfrage von nur 3 kg Äpfeln gegenüber, sodass 12 kg Äpfel nicht abgesetzt werden können. Auf dem Markt besteht also ein **Angebotsüberhang** von 12 kg. Der Umsatz, der zu diesen Marktbedingungen möglich ist, beträgt 15,– €, weil die Anbieter 3 kg Äpfel zum Preis von 5,– € absetzen können.

Übersteigt das Angebot die Nachfrage, herrscht **Angebotsüberhang**.

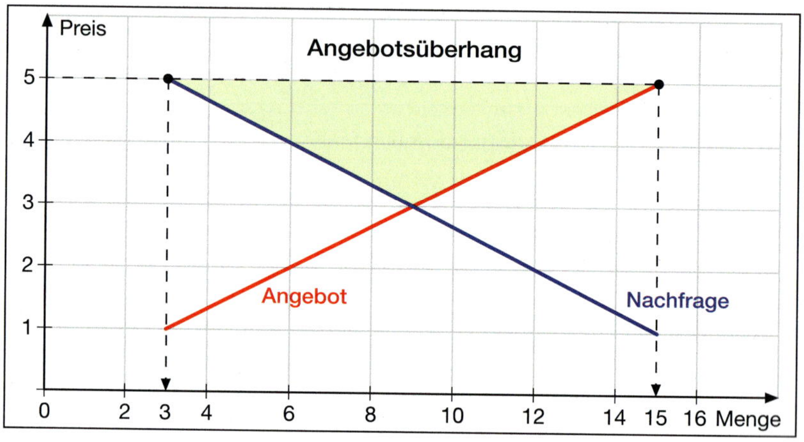

Kann auf dem Markt nur ein niedriger Preis erzielt werden, etwa 2,– € pro Kilogramm Äpfel, steht einer großen Nachfrage von 12 kg ein sehr kleines Angebot von nur 6 kg gegenüber. Die Nachfrage übersteigt das Angebot deutlich. Es herrscht Nachfrageüberhang. In dieser Marktsituation kann nur ein geringer Umsatz von 12,– € (6 kg Äpfel zum Preis von 2,– €) erzielt werden. Viele Nachfrager gehen leer aus.

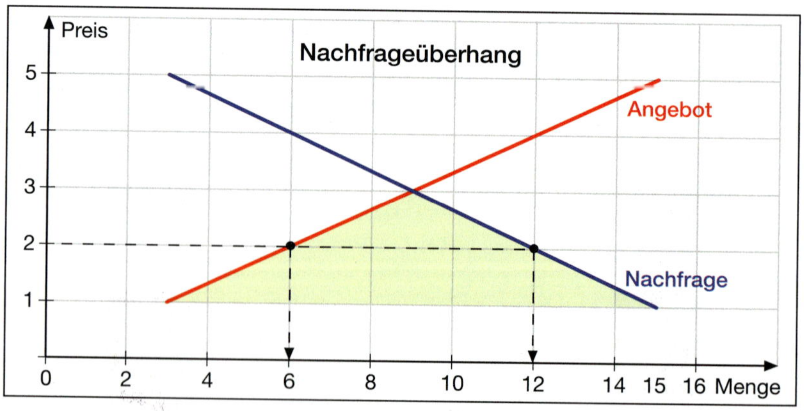

Übersteigt die Nachfrage das Angebot, herrscht **Nachfrageüberhang**.

Ein erheblicher Nachfrageüberhang herrschte z. B. nach dem Zweiten Weltkrieg. Lebensmittel waren so knapp, dass die Verteilung über den Preis nicht mehr möglich war. Die Bevölkerung erhielt Lebensmittelmarken, mit denen gesichert werden sollte, dass jeder zumindest so viele Lebensmittel bekam, dass er überleben konnte. Die Zuteilung über Lebensmittelmarken war jedoch so knapp, dass viele Bürger Schmuck und andere wertvolle Sachwerte gegen Lebensmittel tauschten. Um nicht zu verhungern, waren die Menschen bereit, einen sehr hohen Preis für Lebensmittel zu bezahlen. Nachfrageüberhang bestand in vielen Bereichen auch noch in den 1950er- und 1960er-Jahren. Die Bevölkerung hatte nach dem Zweiten Weltkrieg einen großen Nachholbedarf, sodass eine hohe Güternachfrage bestand. Erst nach und nach wandelte sich das Marktgeschehen, sodass für viele Produkte ein Angebotsüberhang entstand. Je größer der Angebotsüberhang ist, desto mehr müssen Anbieter in Verkaufsstrategien investieren und z. B. Werbemaßnahmen durchführen. Auf diese Weise werden beim Nachfrager Bedürfnisse geweckt, sodass sich die Nachfrage erhöht.

Weder Nachfrage- noch Angebotsüberhang sind als Marktsituation zufriedenstellend, da jeweils eine Reihe von Marktteilnehmern unzufrieden sind. Sie können entweder ihre Produkte nicht absetzen oder die gewünschten Produkte nicht erwerben. Idealerweise muss ein Preis gefunden werden, der beiden Marktseiten gerecht wird.

In unserem Beispiel ist dieser Preis 3,– €. Werden die Bioäpfel für 3,– € pro Kilogramm angeboten, ergibt sich eine Angebotsmenge von 9 kg Äpfel. Zugleich werden bei einem Preis von 3,– € auch 9 kg Äpfel nachgefragt, sodass insgesamt ein Umsatz von 27,– € erzielt werden kann. Angebot und Nachfrage decken sich. Wird der Gleichgewichtspreis erreicht, hat kein Marktteilnehmer Interesse, den Preis zu verändern, da dadurch eine Verschlechterung einträte. Zum Gleichgewichtspreis wird der höchste Umsatz erzielt.

Lebensmittelmarken nach dem Zweiten Weltkrieg

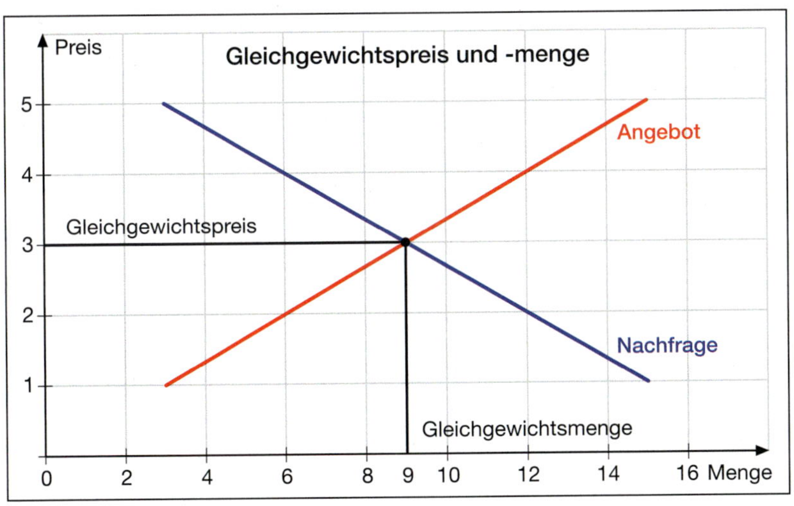

Plakat zur Bekämpfung des Schwarzmarktes nach dem Zweiten Weltkrieg

Der Preis, bei dem Angebot und Nachfrage genau gleich groß sind, heißt **Gleichgewichtspreis**. Diese Warenmenge, die zum Gleichgewichtspreis abgesetzt wird, heißt **Gleichgewichtsmenge**.

1.5 Veränderung von Angebot und Nachfrage

Veränderung der Nachfrage

Das Marktgeschehen ist keine statische Größe, sondern dauernden Wandlungen unterworfen, da viele Faktoren auf Angebot und Nachfrage einwirken. Wie auf den Seiten 7–8 dargestellt, hängt das Nachfrageverhalten üblicherweise auch von den Preisen der Güter ab. Je höher der Preis eines Gutes ist, desto geringer ist die dazugehörende Nachfrage.

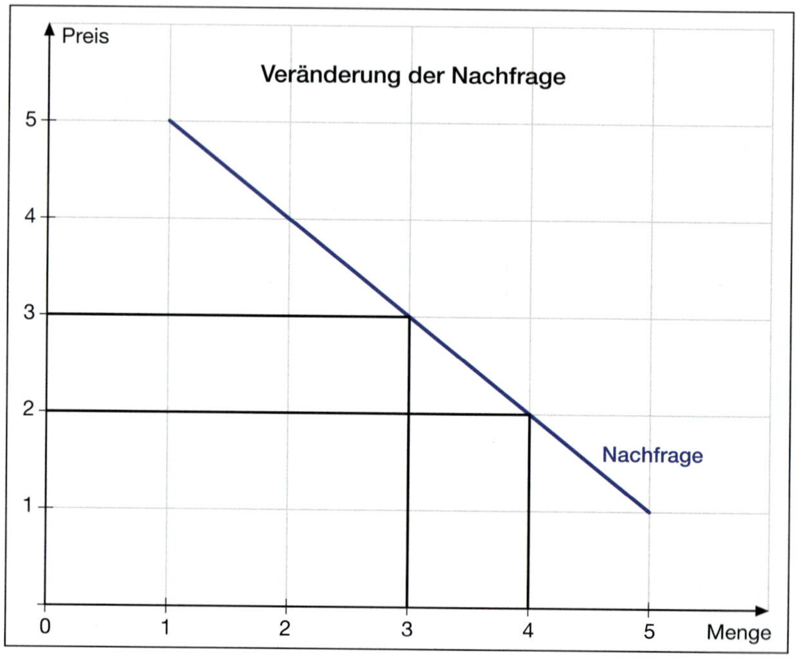

Gelegentlich ist zu beobachten, dass Nachfrager von dem beschriebenen Verhalten abweichen und gerade dann ein Produkt nachfragen, wenn der Preis hoch ist. Erst ab einem bestimmten Preis gilt das Produkt als exklusiv genug, dass es nachgefragt wird. Diesen Nachfrageeffekt nennt man **Vebleneffekt** (Prestigeeffekt). Ein anderes anomales Nachfrageverhalten beschreibt der Snobeffekt. Eine dem **Snobeffekt** unterworfene Konsumentengruppe fragt ein Produkt erst nach, wenn es ein bestimmtes Preisniveau erreicht. Dadurch ist gewährleistet, dass der Großteil der Bevölkerung das Produkt nicht kauft bzw. nicht kaufen kann. Dieses Verhalten zeigt sich z. B. bei Schmuckkäufen oder hochpreisigen Pkw.

Nicht nur der derzeitig geltende Preis, auch die Preiserwartung beeinflussen das Nachfrageverhalten. Geht die Bevölkerung von steigenden Preisen aus, werden Käufe möglichst vorgezogen, in Erwartung sinkender Preise soweit möglich eher verzögert. Dieses Verhalten kann besonders bei angekündigten Preissteigerungen beobachtet werden. Durch die Ankündigung der Erhöhung der Mehrwertsteuer von 16 % auf 19 % ab dem 1.1.2007 wurde im Jahr 2006 eine erhebliche Konsumwelle ausgelöst, die zu Beginn des Jahres 2007 deutlich zurückging.

Am Beispiel technischer Neuerungen soll im Folgenden die Wirkung auf das Nachfrageverhalten untersucht werden. Die Entwicklung des Wechseldatenträgers USB-Stick hatte zunächst einen geringen Bekanntheitsgrad, sodass sich insgesamt nur eine geringe Nachfrage ergab. Mit wachsendem Bekanntheitsgrad stieg die Nachfrage. Die Nachfragekurve verschiebt sich für dieses Produkt nach rechts, weitet sich also aus. Für denselben Preis von 3,– € erhöht sich die Nachfrage von 70 auf 110 Stück.

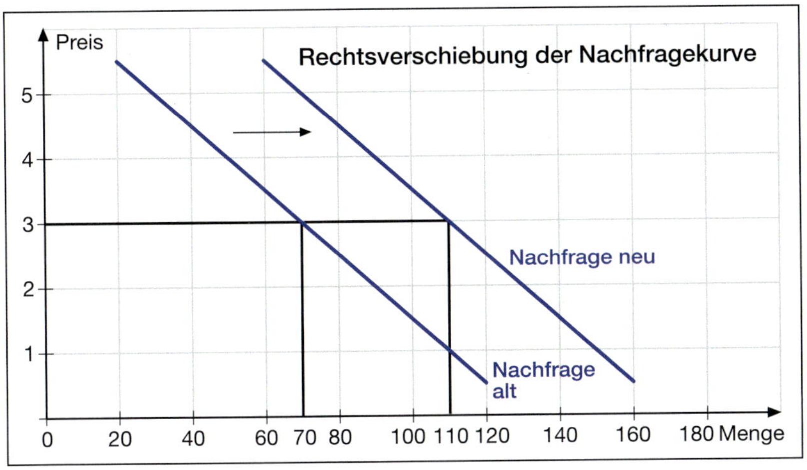

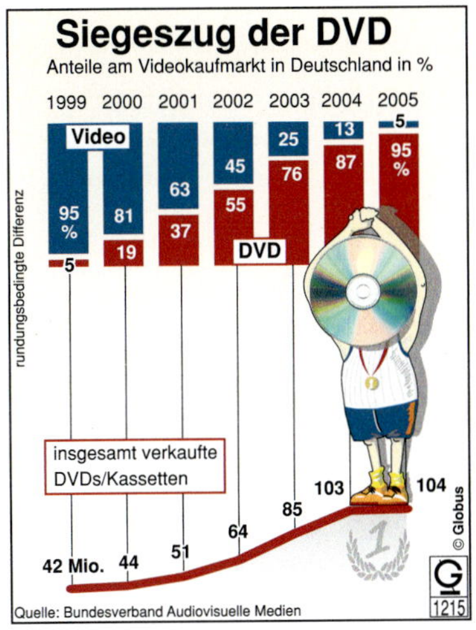

Die Entwicklung eines neuen Wechseldatenträgers wirkt auf dem Markt auf bereits vorhandene Güter, die einen ähnlichen Zweck verfolgen. Güter, die einen ähnlichen Zweck verfolgen und dadurch gegeneinander austauschbar sind, nennt man **Substitutionsgüter**. Substitutionsgut eines USB-Sticks ist z. B. eine wiederbeschreibbare CD-ROM, die ebenfalls als portabler Datenträger fungiert. Es ist zu erwarten, dass sich die Nachfrage nach CDs verringert, wenn der Nutzen dieses Gutes im Vergleich zum USB-Stick geringer eingeschätzt wird. Für diesen Fall verschiebt sich die Nachfragekurve für CDs nach links. Eine Rechtsverschiebung der Nachfragekurve ergibt sich also insbesondere immer dann, wenn ein Produkt in Mode kommt.

USB = **U**niversal **S**erial **B**us ist ein System zur Verbindung eines Computers mit externen Geräten

1. Erarbeiten Sie eine Übersicht über die Einflussgrößen von Angebot und Nachfrage.

2. Beschreiben Sie die Grafik „Markenartikel" und nennen Sie Gründe, warum für einige Produkte die Marke eine große Rolle spielt.

3. Verwenden Sie die Grafik „Siegeszug der DVD" und geben Sie an, in welchem Verhältnis die dargestellten Güter zueinander stehen.

4. Beschreiben Sie die Veränderung der Nachfragekurven der dargestellten Güter in der Grafik „Siegeszug der DVD".

$$\text{Produktivität} = \frac{\text{Produktionsmenge}}{\text{eingesetzte Produktionsfaktoren}}$$

Angebot und Gleichgewichtspreis verändern sich

Auch die Angebotsmenge ist einer Reihe von Einflüssen unterworfen. Nicht nur der Preis des Gutes entscheidet. Erwarten die Unternehmen zukünftig mit einem Produkt steigende Gewinne, bieten sie ihre Produkte unter Umständen auch in der Gegenwart zu geringen Preisen an, um die Produkte am Markt zu platzieren, sich einen Namen zu machen oder eine gewisse Marktmacht zu erreichen. Sinken die Kosten für die Produktionsfaktoren, weil z. B. im Rahmen von Umstrukturierungsmaßnahmen die Produktivität der Produktion steigt, kann das Angebot erhöht werden. Eine Ausweitung des Angebots, die unabhängig vom Preis des Gutes ist, führt zu einer Rechtsverschiebung der Angebotskurve.

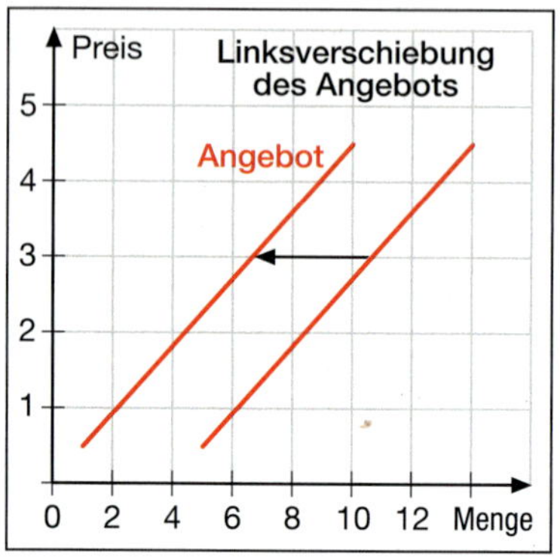

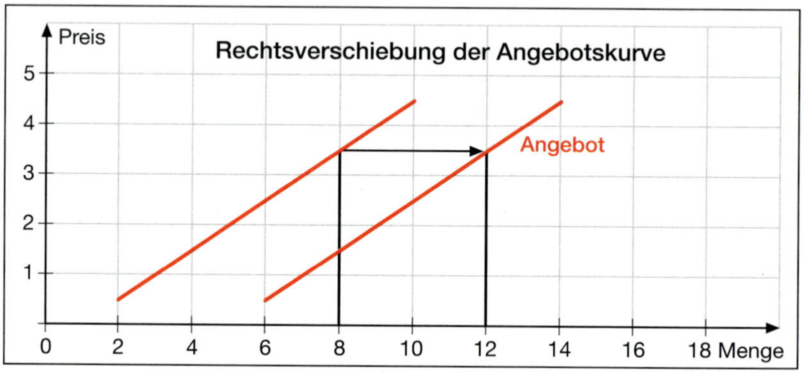

Entsprechend führt die umgekehrte Entwicklung, Verringerung der Produktivität, Erhöhung der Arbeitskosten und Ähnliches, zu einer Linksverschiebung.

Die Verschiebung von Nachfrage- oder Angebotskurve nach rechts oder links hat unmittelbare Auswirkung auf den Gleichgewichtspreis.

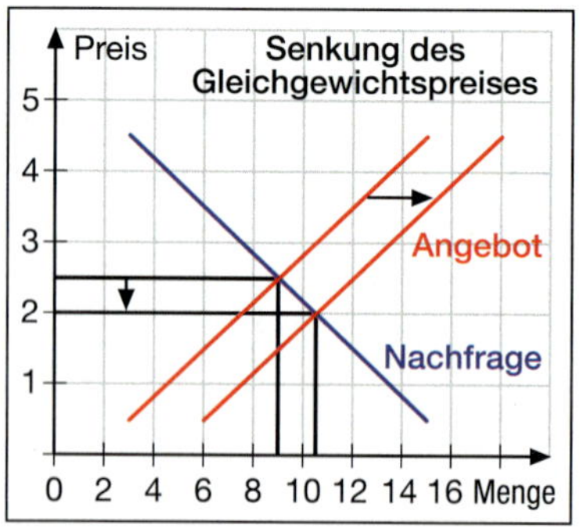

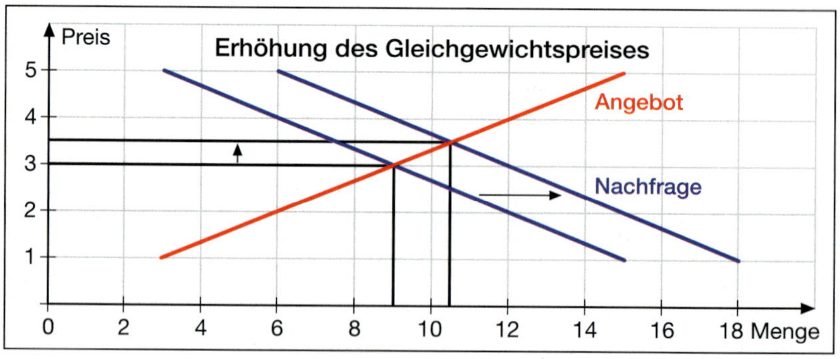

Eine Rechtsverschiebung der Nachfragekurve bewirkt eine Erhöhung des Gleichgewichtspreises, da die Nachfrager unabhängig vom Preis eine größere Nachfrage entwickeln. Ebenso erhöht sich der Gleichgewichtspreis, wenn das Angebot unabhängig vom Preis verringert wird und die Angebotskurve damit nach links verschoben wird.

Eine Linksverschiebung der Nachfragekurve bzw. Rechtsverschiebung der Angebotskurve führt entsprechend zu einer Senkung des Gleichgewichtspreises.

1. Überlegen Sie Beispiele von Produkten, bei denen eine Verschiebung der Nachfragekurve nach rechts oder nach links erfolgt ist, und begründen Sie Ihre Auswahl.

1.6 Die Börse

Die Börse ist, wie jeder andere Markt, ein Zusammentreffen von Angebot und Nachfrage. Gehandelt werden an der Börse nur bewegliche, fungible Güter. Bewegliche Güter sind Güter, die nicht mit der Erdoberfläche fest verbunden sind. Bei fungiblen Gütern handelt es sich um Güter, die austauschbar sind, d.h. nach Maß, Zahl oder Gewicht festgelegt sind, z.B. Rohöl oder Aktien. Die Beschränkung des Handels auf die genannten Güter ist notwendig, weil sich diese nicht am Börsenplatz befinden, sodass keine Sichtung möglich ist. Der Käufer muss sich also darauf verlassen können, dass alle Güter die gleiche Art und Qualität haben. An der Börse werden lediglich die Kaufverträge geschlossen, die Vertragserfüllung erfolgt außerhalb des Börsenplatzes.
Der bedeutendste Börsenplatz der Welt ist New York mit der New York Stock Exchange (NYSE) an der Wall Street und der NASDAQ (National Association of Securities Dealers Automated Quotations) am Times Square. Weitere international bedeutende Börsenplätze sind London und Tokio. Börsenplätze in Deutschland sind Berlin, Bremen, Düsseldorf, Frankfurt, Hamburg, Hannover, Stuttgart, München. Die Frankfurter Wertpapierbörse ist die wichtigste deutsche Börse.

Börse in Frankfurt/Main

New York Stock Exchange

Börsenplätze in Deutschland

Nur ein ausgewählter Personenkreis ist zum Handel an der Börse zugelassen. Die amtlichen Börsenmakler werden von der Börsenaufsicht bestimmt. Ihre Aufgabe ist es, die Kurse für die Handelsgüter wie z.B. Aktien festzustellen. Üblicherweise werden jedem Börsenmakler bestimmte Wertpapiere oder Wertpapiergruppen zugeordnet, für deren Handel er zuständig ist. Um die Neutralität zu gewährleisten, darf der Makler innerhalb dieser Wertpapiergruppe keine Geschäfte auf eigene Rechnung tätigen. Handelspartner der Börsenmakler sind Wertpapierhändler, die für Kreditinstitute oder Finanzunternehmen arbeiten. Aufgabe der Händler ist es, für ihre Kunden oder auf eigene Rechnung Kauf- oder Verkaufsaufträge durchzuführen.

V

Je nachdem, welche Güter gehandelt werden, unterscheidet man nach Effektenbörse (Handel mit Wertpapieren), Devisenbörse (Handel mit Währungen), Produktenbörse (Handel mit fungiblen Waren wie Saatgut oder Rohöl), Terminbörse (Handel mit Termingeschäften, d.h. mit Geschäften, die erst in der Zukunft abgewickelt werden) und Dienstleistungsbörse (Handel mit Dienstleistungen).

!

1. Recherchieren Sie im Internet nach Produkten, die auf der Produktenbörse, der Dienstleistungsbörse und der Terminbörse gehandelt werden.

Die Herkunft des Wortes Börse

Das Wort **Börse** stammt vom mittelhochdeutschen Wort „bursa" (Genossenschaft) ab. Es bedeutet so viel wie Leder, Fell, Geldtasche. Nach einer anderen Deutung soll der Begriff Börse auf den Namen der alten Kaufmannsfamilie van der Beurs aus Brügge zurückgehen. Anfang des 16. Jahrhunderts trafen sich in ihrem Hause Kaufleute, um vor allem den Wert der europäischen Gold- und Silbermünzen, mit denen gehandelt wurde, festzulegen.

Das Haus der Kaufmannsfamilie van der Beurs in Brügge

1. Unterscheiden Sie die Begriffe Präsenzbörse und elektronische Börse.
2. Begründen Sie, warum der Handel mittels elektronischer Börse zunehmend an Bedeutung gewinnt.

In der Bundesrepublik Deutschland haben sich zwei Typen von Börsen herausgebildet, die Präsenzbörse (Parketthandel) und die elektronische Börse.

Die klassische Form des Handels an der Börse ist der Parketthandel. Börsenmakler und Händler treffen zu bestimmten Handelszeiten am Börsenplatz zusammen. Dort suchen die Händler entsprechend ihrer Kauf- bzw. Verkaufsaufträge Handelspartner, um das Geschäft abzuwickeln. Die Börsenmakler erfassen zunächst in einer Liste alle Kauf- und Verkaufswünsche und ermitteln dann, zu welchem Preis, d.h. Kurs, der größte Umsatz zustande kommt. Die Verträge zwischen Börsenhändler und Makler kommen durch Zuruf zustande. Es hat sich eine bestimmte Börsensprache herausgebildet, vor allem auch, weil es an der Börse schnell gehen muss.

Für eine bestimmte Stahlaktie ist ein Kurs von 84,– € festgestellt. „500 Stahl 4 Brief!", ruft der Kursmakler laut durch den Saal. Der Makler drückt damit aus, dass er 500 Stahlaktien zu einem Kurs von 84,– € verkaufen will. Alle Börsenbeteiligten kennen die Kurse und nennen daher immer nur die letzte Ziffer. Ein Händler ruft ihm mit gleichem Stimmaufwand zu: „500 Stahl 3 Geld!", und gibt damit bekannt, dass er die Stahlaktie zum Preis von 83,– € erwerben möchte. Der Makler ruft zurück: „500 an dich!" Darauf antwortet der Börsenhändler mit den Worten „500 von dir!" Mit dem Zuruf „an dich" erklärt sich der Makler bereit, auf das Angebot des Börsenhändlers zu dessen Kurs einzugehen. Die Antwort „500 von dir" besiegelt das Geschäft. Der Börsenmakler hat von dem Händler 500 Stahlaktien zum Preis von 83,– € gekauft. Dieser Kurs erscheint auf der Anzeigetafel.

Der Parketthandel ist stark rückläufig und findet heute nur noch an kleinen Regionalbörsen statt. Abgelöst wurde diese Handelsform durch den elektronischen Handel, wie z.B. den Xetra-Handel, der 1997 an der Frankfurter Wertpapierbörse eingeführt wurde. Mittlerweile werden mehr als 95% der Börsenumsätze elektronisch abgewickelt. Das Prinzip des elektronischen Handels entspricht dem Handel an der Präsenzbörse. In diesem Handelssystem werden Aufträge nach entsprechenden Gegenpositionen unter Berücksichtigung eventueller Limits abgesucht und ausgeführt. Der elektronische Handel ermöglicht es den Börsenmitgliedern, von jedem beliebigen Standort am Handel teilzunehmen, sodass räumliche Präferenzen für die Handelsentscheidung entfallen.

Elektronischer Handel an der Frankfurter Börse

1.7 Kursschwankungen an der Börse

Einer der folgenschwersten Börsenzusammenbrüche, der als „Schwarzer Freitag" in die Geschichte einging, begann am 24. Oktober 1929 in New York. In den USA hatte eine lange Phase der Hochkonjunktur mit boomender Auto-, Elektro- und Bauindustrie die Aktienkurse angeheizt. Außer den Banken hatte eine breite Bevölkerungsgruppe in Aktien investiert, denn der amerikanische Traum bestand darin, von Kursgewinnen dauerhaft leben zu können. Die Spekulationsgewinne waren das Thema dieser Tage. Die amerikanischen Unternehmen hatten ihre Produktion stark ausgeweitet, als die Nachfrage nach langlebigen Verbrauchsgütern ins Stocken geriet. An den Börsen spürte man die Unruhe. In Europa, das von der US-Konjunktur abhängig war, sanken die Börsenkurse bereits. Am 25. Oktober 1929 brachen die Kurse an der Wall Street ein. Daraufhin beschlossen viele Aktionäre, ihre Wertpapiere zu verkaufen. Am Dienstag, den 29. Oktober 1929 wechselten über 16 Millionen Aktien an der Wall Street in New York den Besitzer. Die Anleger verfolgten fassungslos, wie ihr Vermögen zusammenschmolz. Viele Menschen waren finanziell ruiniert, Banken brachen zusammen. Die Kurse hatten zum Teil 75% ihres Wertes eingebüßt.

Schwarzer Freitag in New York

Eine weitere schwere internationale Finanz- und Wirtschaftskrise begann im Sommer 2007 als Immobilienkrise in den USA. Amerikanische Banken vergaben zinsgünstige Kredite u.a. zum Hauskauf, ohne die Einkommen ihrer Kreditnehmer ausreichend zu prüfen. Diese Kredite wurde zu sog. „Wertpapier-Paketen" gebündelt und an internationale Banken mit hohem Anlagerisiko verkauft. Als die amerikanischen Hausbesitzer ihre Kredite nicht zurückzahlen konnten, kam es zu Zwangsversteigerungen und Preisverfällen bei Eigenheimen, was wiederum Kreditausfälle und hohe Verluste bei amerikanischen Banken zur Folge hatte. Ihren vorläufigen Höhepunkt erreichte die Krise mit dem Zusammenbruch der US-Großbank „Lehman Brothers" im September 2008. Auch international kam es durch den Wertverlust der von amerikanischen Banken gekauften Papiere zu Insolvenzen in der Finanzbranche. Mehrere Staaten sahen sich daraufhin veranlasst, Banken mit riesigen staatlichen Finanzspritzen am Leben zu erhalten.
Durch Stagnation bzw. Rückgang des Konsums entwickelte sich aus der Finanzkrise eine weltweite Wirtschaftskrise. Viele Unternehmen gingen in die Insolvenz und entließen Mitarbeiter. Um dieser Entwicklung zu begegnen und um die Wirtschaft wieder anzukurbeln, wurden z.B. in Deutschland staatliche Konjunkturpakete beschlossen. Auch die sog. „Abwrackprämie" für Autos gehörte zu diesen Maßnahmen.
Inzwischen hat sich die Lage auf den Finanzmärkten wieder beruhigt, allerdings schätzt der Internationale Währungsfonds die weltweiten krisenbedingten Verluste im Wertpapierhandel auf etwa vier Billionen US-Dollar.

> i
> Bedingt durch die starke internationale Verflechtung der Finanzmärkte und der Wirtschaft waren die Ursachen für die Entstehung und Entwicklung der Finanz- und Wirtschaftskrise insgesamt äußerst komplex.

Immer wieder gibt es Kursschwankungen bei Wertpapieren, wenngleich auch üblicherweise nicht so stark wie in den Jahren 1929 bzw. 2007/2008. Wer legt fest, dass die Aktien in einem Moment zum günstigen Preis erworben werden können, das gleiche Wertpapier wenige Stunden später aber wesentlich teurer ist? Der Wertpapierkurs ist nichts anderes als ein Preis, zu dem das Wertpapier in einem bestimmten Moment gehandelt wird. Dieser Preis ergibt sich durch Angebot und Nachfrage nach einer bestimmten Aktie in einem bestimmten Augenblick. Einen Moment später ist dieser Preis bereits Geschichte, denn Angebot und Nachfrage haben sich schnell geändert.

Der Kurs der Wertpapiere wird normalerweise von mehreren Faktoren beeinflusst. Einzelwirtschaftliche, gesamtwirtschaftliche, politische, psychologische und markttechnische Einflüsse wirken auf die Kurse.

Einzelwirtschaftliche Einflüsse
Kursbewegungen von Aktien sind vor allem auch von der Ertragslage eines Unternehmens abhängig. Diese wird von unternehmerischen Entscheidungen wie Festlegung des Sortiments, Qualität und Auftragslage beeinflusst. Gelingt es dem Unternehmen, die Marktchancen rechtzeitig zu nutzen bzw. Krisen zu meistern, beeinflusst dies den Aktienkurs günstig. Kurzfristig wirken sich jedoch auch Nachrichten über außergewöhnliche technische Neuerungen, Zahlungsschwierigkeiten und Übernahmeverhandlungen mit einem anderen Unternehmen auf den Kurswert der Aktie aus.

Gesamtwirtschaftliche Einflüsse
Mittelfristig beeinflusst die Wirtschaftslage den Aktienkurs. Sind die Zukunftsaussichten gut und die Arbeitslosigkeit gering, sind steigende Aktienkurse zu erwarten, schlechte Zukunftsperspektiven lassen die Aktienkurse fallen. Hier spielen wegen der starken weltwirtschaftlichen Verflechtungen insbesondere auch globale Entwicklungen eine erhebliche Rolle.

Politische Einflüsse
Mittelfristig beeinflusst die Wirtschaftspolitik den Aktienkurs. Veränderungen in der Wirtschaftpolitik beeinflussen die Rahmenbedingungen eines Unternehmens und wirken daher auf seinen Aktienkurs. Auch Entscheidungen in der Geldpolitik nehmen Einfluss. Ein niedriges Zinsniveau begünstigt den Aktienmarkt, weil Anleger sich hier häufig eine höhere Kapitalrendite erhoffen.

Psychologische Einflüsse
Die Stimmung auf den Märkten und die Erwartungshaltung wirken erheblich auf die Entwicklung am Aktienmarkt. Ist die Marktstimmung positiv, herrscht ein größerer Kaufwille als bei negativer Marktstimmung. Entsprechend entwickeln sich die Aktienkurse.

Markttechnische Einflüsse
Kursschwankungen sind dadurch bedingt, dass Angebot und Nachfrage nicht ausgeglichen sind. Steigt das Angebot einer Aktie auf dem Markt, fällt der Kurs so lange, bis sich eine Kaufbereitschaft und damit eine entsprechende Nachfrage ergibt. Kursschwankungen werden jedoch auch bei Gewinnmitnahmen sowie kurz vor und nach Dividendenausschüttungen beobachtet. Vor der Dividendenausschüttung steigen die Kurse in der Regel, danach fallen sie.

Die Marktsituation auf den Aktienmärkten wird mithilfe von Indizes dargestellt. Der bekannteste Index in Deutschland ist der Deutsche Aktienindex. Der DAX ist eine Kennziffer, die über den Stand und die Entwicklung am deutschen Aktienmarkt Auskunft gibt. Er ist eine wichtige Grundlage für die Beurteilung der Lage am deutschen Aktienmarkt. Im DAX sind die 30 größten börsennotierten Aktiengesellschaften gelistet. Der DAX wurde 1988 eingeführt und auf der Basis des Jahres 1987 mit 1.000 Punkten bewertet. Der DAX wird im Sekundentakt berechnet. Der DAX-Höchststand seit der Einführung betrug mehr als 8.000 Punkte.

Mutigere Anleger
Dax legt weiter zu

Rekordhoch in China
Asiens Börsen
im Aufwind

Unsicherheit bleibt
Vorsicht an Wall Street

Konjunktur boomt –
Rohstoffpreise steigen

1. Werten Sie die Zeitungsüberschriften aus und beurteilen Sie, inwieweit die Nachrichten auf die Börsenkurse wirken können.
2. Werten Sie eine aktuelle Tageszeitung aus, und suchen Sie nach Nachrichten, die die Börsenkurse beeinflussen können.
3. Neben den bekanntesten Aktienindizes gibt es eine Reihe weiterer Indizes, wie MDax, TecDax und EURO Stoxx.
   a) Klären Sie, welche Werte in den genannten Aktienindizes gelistet sind.
   b) Wo werden die genannten Aktienindizes geführt?
4. Stellen Sie fest, welchen Tageswert die wichtigsten Aktienindizes haben.

Dax auf Höchststand

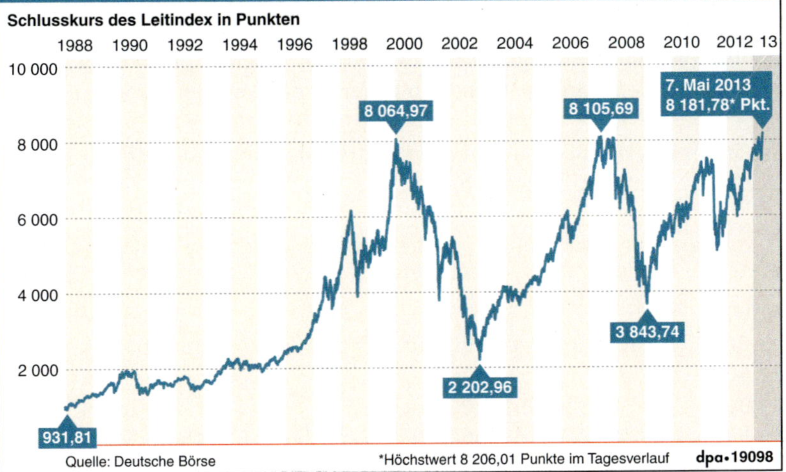

Nach mehreren Jahren mäßiger Börsenaktivität und einem DAX zwischen 1.000 und 2.000 Punkten entwickelte sich der Index seit 1993 enorm und überstieg im Jahr 2000 erstmals die Marke von 8.000 Punkten. 2003 stürzte der Index auf 2.202 Punkte ab, kletterte im weiteren Verlauf bis 2007 auf den Wert von 8.105 und fiel wiederum im Krisenjahr 2008 ab.

International bedeutende Aktienindizes sind der Dow Jones Industrial Average, der an der Wall Street ermittelt wird, und der Nikkei-Index der Tokioter Börse, welcher der bedeutendste asiatische Aktienindex ist.

Die teuersten Unternehmen der Welt

Börsenwerte in Mrd. US-Dollar am 30. Juni 2012

1	Apple, USA	546,1 Mrd. US-Dollar
2	Exxon, USA	400,1
3	Petrochina, China	257,6
4	Microsoft, USA	257,0
5	Wal-Mart Stores, USA	235,9
6	IBM, USA	225,6
7	General Electric, USA	220,8
8	China Mobile, China	219,5
9	Royal Dutch Shell, Großbrit.	217,0
10	Ind. & Comm. Bank of China	211,2
...		
71	Siemens, Deutschland	76,5
77	SAP, Deutschland	72,8
80	Volkswagen, Deutschland	70,9
97	BASF, Deutschland	63,6

dpa•17053 Quelle: Ernst & Young

Die Dax-Gewichtung

Im deutschen Aktienindex Dax haben die 30 zugehörigen Unternehmen unterschiedlich viel Gewicht*.
Die derzeitige Gewichtung:

BASF	9,8 %
Siemens	9,6
Bayer	8,3
SAP	7,8
Allianz	6,5
Daimler	5,9
Eon	5,6
Deut. Bank	4,8
Deut. Telekom	4,7
Linde	3,8
BMW	3,4
Volkswagen	3,3
Münchener Rück	3,2
RWE	2,8
Adidas	2,3
Deutsche Post	2,1
Fresenius Medical Care	2,0
Fresenius	1,8
Henkel	1,7
Deutsche Börse	1,4
Infineon	1,2
Commerzbank	1,1
K+S	1,0
Beiersdorf	1,0
Merck	0,9
HeidelbergCement	0,9
ThyssenKrupp	0,8
MAN	0,8
Lufthansa	0,7
Metro	0,6

*Entscheidend ist der Wert der frei handelbaren Aktien, also ohne die Aktien von Großaktionären (Streubesitz-Marktkapitalisierung).

dpa•17398 Quelle: Deutsche Börse

Stand: 04.09.2012

Skontro ist das Orderbuch, welches von den Börsenmaklern (Skontroführern) geführt wird, um alle Aufträge zu erfassen und daraus den Kurs zu ermitteln.

Zur Erhöhung der Markttransparenz werden die Börsenkurse oft mit Zusätzen versehen, die Auskunft über die Marktlage oder den Handel zu einzelnen Werten gibt. Häufige Kurszusätze sind:

G: Geld
Zu diesem Kurs lagen Kaufwünsche, aber keine Angebote vor.

B: Brief
Zu diesem Kurs lagen Verkaufswünsche, aber keine Nachfrage vor.

b: bezahlt
Sämtliche zu diesem Kurs vorliegenden An- und Verkaufsanträge können ausgeführt werden.

bG: bezahlt Geld
Umsätze fanden statt, jedoch lagen weitere Kaufwünsche vor.

bB: bezahlt Brief
Umsätze fanden statt, jedoch lagen noch weitere Verkaufswünsche vor.

exD: ex Dividende
Von diesem Tag an wird die Aktie ohne Anspruch auf Dividende für das vergangene Jahr gehandelt.

r.rep: repartiert
Zu diesem Kurs mussten die Kauf- bzw. Verkaufsaufträge prozentual zugeteilt werden.

1.8 Kursbildung an der Börse

Wie auf anderen Märkten treffen die Anbieter und Nachfrager an der Börse ihre Kaufentscheidung abhängig vom Preis. Je höher der Preis ist, desto geringer ist die Nachfrage und desto höher ist das Angebot.

Vor Eröffnung der Börse liegen einem Kursmakler folgende Aufträge vor, die in einem Skontro aufgelistet sind:

Kurs	Nachfrage	Angebot
bestens		500 Stück
32,00 €	1.000 Stück	400 Stück
32,50 €	800 Stück	600 Stück
33,00 €	800 Stück	700 Stück
33,50 €	500 Stück	1.000 Stück
34,00 €	300 Stück	1.200 Stück
billigst	300 Stück	

500 Aktien werden mit dem Zusatz „bestens“ angeboten, 300 Aktien mit dem Zusatz „billigst“ nachgefragt. Aufträge mit diesem Zusatz sind nicht limitierte Aufträge, d.h. die Anbieter und Nachfrager dieser Aktien wollen das Geschäft zu jedem Preis machen. Aufträge mit Preisangaben sind limitierte Aufträge. Das Limit der Anbieter bedeutet, dass mindestens dieser Preis erzielt werden muss, damit sie bereit sind, ihre Aktien zu verkaufen. Das von Nachfragern gesetzte Limit bedeutet die Preisobergrenze, die sie bereit sind, für das Wertpapier zu bezahlen.

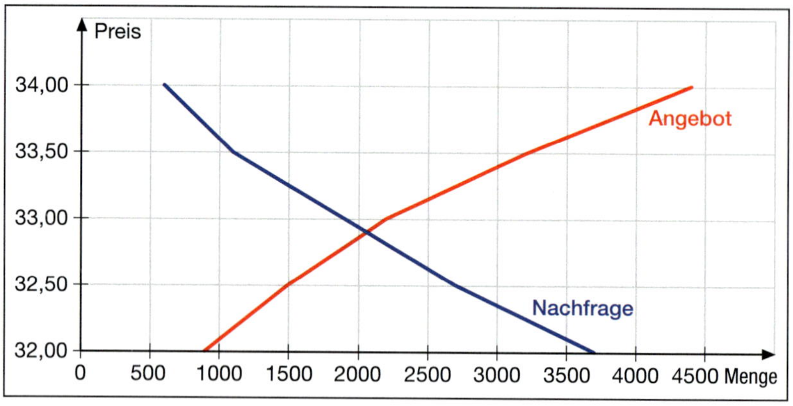

Im vorliegenden Beispiel werden 500 Aktien „bestens“ angeboten. Zum Kurs von 32,– € liegen dem Makler als Verkaufsaufträge über 400 Stück vor. Die Verkäufer dieser Aktien wollen mindestens diesen Preis erzielen. Kann ein Aktienkurs von 32,– € erzielt werden, beträgt das Angebot insgesamt 900 Stück. Steigt der Kurs der Aktie, erhöht sich das Angebot, sodass bei einem Kurs von 32,50 € weitere 600 Stück, insgesamt also 1.500 Stück der Aktie angeboten werden. Die Verkäufer, die ihre Aktien zum Kurs von 32,– € verkaufen wollten, bleiben bei einem höheren Verkaufspreis natürlich auf dem Markt. Erhöht sich der Kurs weiter auf 33,– €, werden bereits 2.200 Stück, bei 33,50 € 3.200 Stück und bei 34,– € 4.400 Stück der Aktie angeboten.

Auf der Nachfrageseite liegen dem Makler zum Preis von 34,– € Aufträge über 300 Stück vor. Zugleich liegen über 300 Stück der Aktien mit dem Zusatz billigst vor. Für 34,– € werden also insgesamt 600 Aktien nachgefragt. Sinkt der Preis auf 33,50 €, steigt die Nachfrageseite um weitere 500 Stück auf insgesamt 1.100 Stück. Liegt der Kurs bei 33,– €, werden 1.900, bei 32,50 € 2.700 und bei 32,– € bereits 3.700 Stück nachgefragt.

Kurs	Nachfrage gesamt	Angebot gesamt	Umsatz (Stückzahl)	Umsatz (€)
32,00 €	3.700	900	900	28.800,– €
32,50 €	2.700	1.500	1.500	48.750,– €
33,00 €	**1.900**	**2.200**	**1.900**	**62.700,– €**
33,50 €	1.100	3.200	1.100	36.850,– €
34,00 €	600	4.400	600	20.400,– €

Im vorliegenden Beispiel ergibt sich ein Börsenkurs von 33,– €. Zu diesem Kurs wird der größte Umsatz erzielt. 1.900 Stück der gehandelten Aktie werden zum Gesamtpreis von 62.700,– € verkauft. Ist der Preis geringer als 33,– €, wird der Umsatz durch das Angebot begrenzt. Es besteht ein Nachfrageüberhang. Ist der Kurs höher als 33,– €, ergibt sich ein Angebotsüberhang, vielen Nachfragern ist die Aktie zu teuer.

Den durch Auszählen ermittelten Börsenkurs nennt man Kassakurs oder Einheitskurs. Es wird börsentäglich einmal ermittelt. Alle Kundenaufträge unter 100 Stück werden nach Kassakurs abgewickelt.

Neben dem Kassakurs ergeben sich börsentäglich auch fortlaufende Notierungen, auch variable Notierung genannte Kurse für Aktien. Die variable Notierung ist ein frei verhandelter Kurs einer Aktie zwischen Börsenhändler und Makler. Der erste variabel notierte Kurs des Börsentages ist der Eröffnungskurs, der letzte der Schlusskurs. Die variable Notierung ergibt sich jedes Mal, wenn ein Abschluss zu dem betreffenden Wertpapier zustande kommt.

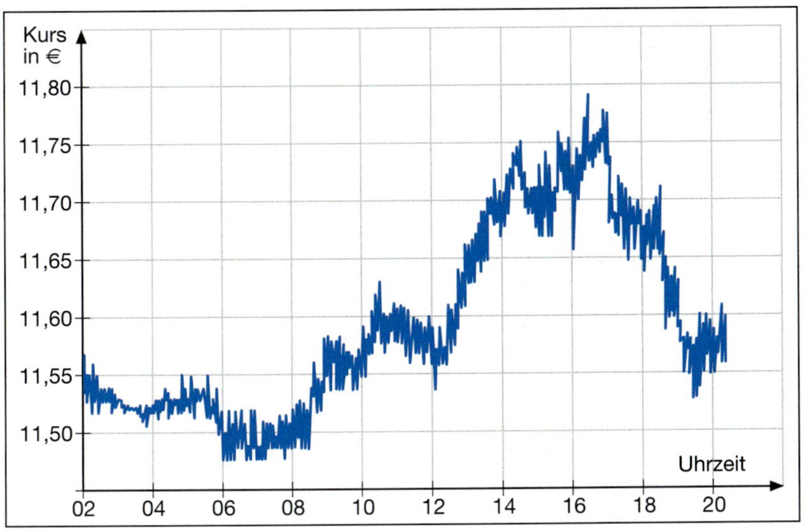

1. Legen Sie in Ihrem Heft ein kleines Börsenlexikon an, in dem Sie die wichtigsten Börsenbegriffe definieren.

2. Erklären Sie, warum Nachfrager und Anbieter an der Börse auch unlimitierte Aufträge erteilen.

3. Schlagen Sie im Wirtschaftsteil einer Tageszeitung das Kursblatt auf. Interpretieren Sie die Börsenzusätze und geben Sie an, welche Art von Handel für die angegebenen Wertpapiere stattgefunden hat.

Gruppen festlegen

Wertpapiere festlegen

Gebühren festlegen

Kurse festlegen

1. Festlegung der Gruppenstärke
Zunächst wird festgelegt, wie viele Spieler eine Gruppe bilden. Damit jeder Spieler eine Aufgabe bekommt, sollte die Gruppe nicht mehr als vier Schüler umfassen. Sinnvollerweise werden die anstehenden Aufgaben, die während der Spieldauer zu erledigen sind, zu Spielbeginn auf die Gruppenmitglieder verteilt.

2. Festlegung des Spielkapitals
Jede Gruppe, bzw., falls einzeln gespielt wird, jeder Schüler, erhält Spielkapital in Höhe von 50.000,– €. Es können vor Spielbeginn aber auch andere Beträge festgelegt werden.

3. Festlegung der Spieldauer
Das Spiel sollte einen Zeitraum von etwa drei Monaten umfassen. Anfang und Ende müssen kalendarisch genau festgelegt werden. Kürzere oder längere Spielzeiten sind denkbar.

4. Festlegung der handelbaren Wertpapiere
Da es unmöglich ist, den vollständigen Wertpapiermarkt zu beobachten, wird eine Wertpapierliste zusammengestellt, die dem Börsenspiel zugrunde liegt. Basis könnte z. B. die Aktienorderliste von S. 25 sein. Die Wertpapierliste kann jedoch auch individuell zusammengestellt werden und kann neben Aktien auch Werte aus anderen Wertpapiergruppen, wie z. B. Optionsscheine oder festverzinsliche Wertpapiere, enthalten. Damit jeder Schüler für mindestens ein Wertpapier verantwortlich ist, sollte die Anzahl der Wertpapiere mit der Anzahl der Schüler in der Klasse mindestens übereinstimmen.

5. Festlegung der Gebühren
Üblicherweise ist jede Wertpapiertransaktion gebührenpflichtig. Für jeden georderten Titel wird von der Börse eine Gebühr von etwa 3,– € gefordert. Erwirbt man also Aktien von Adidas, Allianz und BMW, werden 9,– € fällig. Darüber hinaus verlangen die Banken pro Auftrag eine Orderprovision in Höhe von 1% des Auftragsvolumens. Schließlich erhält der Börsenmakler eine Maklercourtage von 0,08%. Diese entfällt, wenn die Order über das elektronische Abrechnungssystem Xetra abgerechnet wird, da dies maklerfrei geschieht. Für das Börsenspiel empfiehlt es sich, einen Pauschalbetrag von z. B. 5,– € pro Order festzulegen, um den Rechenaufwand zu minimieren. Andere Vereinbarungen können getroffen werden. Eventuell kann auf die Gebühr ganz verzichtet werden.

6. Feststellung der Kurse
Die Beobachtung der Kurse ist ein bisschen zeitaufwendig. Daher sollte jeder Schüler der Klasse über den Zeitraum des Spiels einen oder zwei Kurse der Wertpapierliste beobachten und die Rolle des Börsenmaklers für dieses Papier einnehmen. Die Neutralität, die ein Börsenmakler üblicherweise für das von ihm betreute Papier hat, gilt in diesem Spiel nicht, da jeder „Börsenmakler" auch Mitspieler in einer Spielgruppe ist. Zur Erhöhung der Transparenz kann im Klassenzimmer eine entsprechende Kursübersicht ausgehängt werden. Alternativ kann auch einmal wöchentlich der Kurs festgestellt werden. Abrechnungsbasis für die Wertpapiertransaktionen der Woche ist z. B. der Schlusskurs von Freitag der Woche.

Jede Aktie ist eindeutig durch eine 12-stellige ISIN (**I**nternational **S**ecurities **I**dentification **N**umber) gekennzeichnet. Die ersten beiden Stellen geben Auskunft über die Herkunft des Wertpapiers, indem gängige Länderkürzel verwendet werden. Für Deutschland ist die Abkürzung z. B. DE, für Österreich AT. Daneben gibt es zu jedem Wertpapier eine 6-stellige **W**ertpapier**k**enn**n**ummer (WKN).

Aktie	Index	ISIN	WKN	Schlusskurs zu Beginn des Börsenspiels
Adidas	DAX	DE0005003404	500340	
Allianz	DAX	DE0008404005	840400	
BASF	DAX	DE0005151005	515100	
BMW	DAX	DE0005190003	519000	
Daimler-Chr.	DAX	DE0007100000	710000	
Dt. Bank	DAX	DE0005140008	514000	
Dt Börse	DAX	DE0005810055	581005	
Dt. Telekom	DAX	DE0005557508	555750	
Dt. Lufthansa	DAX	DE0008232125	823212	
RWE	DAX	DE0007037129	703712	
Siemens	DAX	DE0007236101	723610	
Volkswagen	DAX	DE0007664005	766400	
Karstadt Quelle	MDAX	DE0006275001	627500	
Puma	MDAX	DE0006969603	696960	
Südzucker	MDAX	DE0007297004	729700	
Jenoptik	TecDax	DE0006229107	622910	
Software	TecDax	DE0003304002	330400	
L'OREAL	EuroStoxx	FR000120321	353888	
Nokia	EuroStoxx	FI0009000681	870737	
Renault	EuroStoxx	FR0000131906	893113	
Unilever	EuroStoxx	NL0000009355	A0JMZB	
Coca Cola	Dow Jones	US1912161007	850663	
Microsoft	Dow Jones	US5949181045	870747	
Walt Disney	Dow Jones	US2546871060	855686	
...	...	...	...	

Die aufgelisteten Wertpapiere stellen eine Beispielliste dar. Selbstverständlich können andere Wertpapiere für das Börsenspiel ausgewählt werden. Ebenso kann das Spiel um verschiedene Wertpapierarten erweitert werden. Neben Aktien können auch Optionsscheine oder festverzinsliche Wertpapiere aufgenommen werden.
Optionsscheine sind Wertpapiere, die ein Recht verbriefen, innerhalb eines feststehenden Zeitraums bestimmte Aktien oder andere Werte zu einem feststehenden Kurs zu kaufen.
Festverzinsliche Wertpapiere sind Papiere mit einer in der Regel feststehenden Laufzeit und einem feststehenden Zinssatz. Optionsscheine bergen ein hohes Spekulationsrisiko in sich. Festverzinsliche Wertpapiere stellen eine relativ sichere Geldanlage dar, deren Ertrag kalkulierbar ist.

Börsenspiele werden auch im Internet oder von verschiedenen Banken angeboten.

1. Stellen Sie für die gelisteten Werte die aktuellen Börsenschlusskurse fest.

Am ersten Spieltag legt jede Gruppe einen Spielplan nach folgendem Muster an:

Aktie mit Stückzahl	Kauf-datum	Kurs	Gebühren	Verkaufs-datum	Kurs	Gewinn/ Verlust	Depot-wert	Hand-zeichen
100 Puma	...	...	5,– €	...	...	...	...	...
...	...	...	...	...	...	...	...	...
...	...	...	...	...	...	...	...	...
...	...	...	...	...	...	...	...	...
...	...	...	...	...	...	...	...	...
...	...	...	...	...	...	...	...	...
...	...	...	...	...	...	...	...	...

Die Wertpapiere werden den „Kursmaklern" zugeteilt.
Dann berät die Gruppe über die zu tätigenden Wertpapiergeschäfte. Entscheidet sich die Gruppe für den Kauf eines bestimmten Wertpapiers, wird der Handel mit dem entsprechenden Börsenmakler durchgeführt. Der Börsenspielplan wird wie oben gezeigt ausgefüllt und vom entsprechenden Börsenmakler signiert. Wichtig ist, dass das Kaufdatum vermerkt wird.

Wird das Wertpapier zu einem späteren Zeitpunkt wieder verkauft, werden die verbleibenden Spalten, das Verkaufsdatum und der Tageskurs des Verkaufstages eingetragen. Auch beim Verkauf fallen Gebühren an, die bedacht werden müssen. Auch hier wendet man sich wieder an den richtigen Börsenmakler, der die Transaktion mit Handzeichen absegnet. Zum Spielende werden alle Depotwerte festgestellt und der Klassensieger ermittelt. Eventuell kann man bereits zur Halbzeit eine Zwischenbilanz ziehen und veröffentlichen.

Nach Spielende bereiten die Gruppen eine kurze Präsentation über die Ergebnisse vor. In der Präsentation sollten z. B. folgende Fragen beantwortet werden:
- Warum haben wir uns für den Kauf/Verkauf dieses Wertpapiers entschieden?
- Warum haben wir den Zeitpunkt für die Kauf-/Verkaufentscheidung so gewählt?
- Welches Unternehmen steckt hinter unserem besten/schlechtesten Papier?
- Wie hat sich unser bestes/schlechtestes Wertpapier im Vergleich zum dazugehörenden Index entwickelt?
- Welche Gründe gab es für die Abweichungen?

Die Präsentation kann z. B. als PowerPoint-Präsentation, mithilfe von Plakaten oder Overheadfolien, gestaltet werden. In jedem Fall sollten ansprechende Medien bereitgehalten werden, damit die Mitschüler dem Vortrag folgen können.

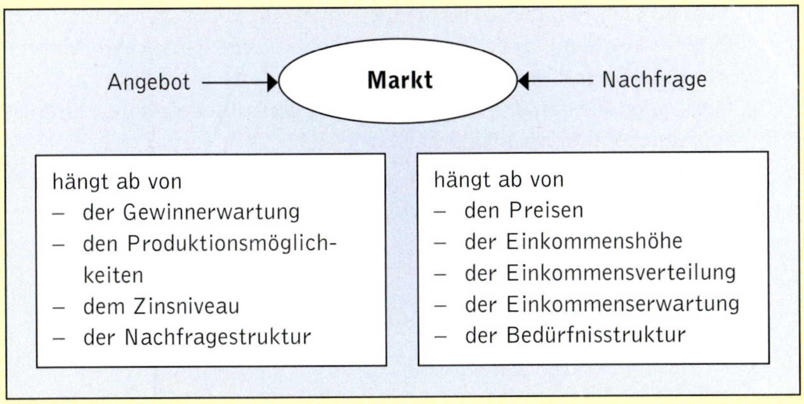

Vollkommener Markt ist das Modell eines Marktes, auf dem es keine persönlichen, räumlichen oder zeitlichen Präferenzen gibt, die Güter homogen sind und vollkommene Markttransparenz herrscht.

Preise bilden sich durch Angebot und Nachfrage. Je höher der Preis ist, desto höher ist das Angebot und desto niedriger ist gleichzeitig die Nachfrage. Im Schnittpunkt der Kurven befindet sich der Gleichgewichtspreis. Alle angebotenen Waren werden auch nachgefragt. Oberhalb des Gleichgewichtspreises besteht Angebotsüberhang, weil der Preis zu hoch ist, unterhalb Nachfrageüberhang, weil der Preis zu niedrig ist.

Eine Verschiebung der Nachfragekurve nach rechts oder links ergibt sich, wenn sich die Bedürfnisstruktur ändert. Das Produkt wird stärker nachgefragt, weil es modern ist (rechts) oder nicht mehr modern ist (links). Eine Verschiebung der Angebotskurve nach rechts bedeutet eine Ausweitung des Angebots unabhängig vom Preis (z. B. weil es in Mode kommt), nach links eine Verringerung des Angebots unabhängig vom Preis (weil es nicht mehr produziert wird, weil es alternative Produkte gibt). Durch Verschiebung von Angebots- und Nachfragekurven verändert sich der Gleichgewichtspreis.

Die Börse ist ein Markt für bewegliche, fungible Güter. Bewegliche Güter sind Güter, die nicht mit der Erdoberfläche fest verbunden sind. Bei fungiblen Gütern handelt es sich um Güter, die austauschbar sind, d. h. nach Maß, Zahl oder Gewicht festgelegt sind, z. B. Rohöl oder Aktien. Man unterscheidet je nach gehandelten Gütern Effekten-, Devisen-, Produkten-, Termin- und Dienstleistungsbörse.

Man unterscheidet
- Kassakurs: Aktienkurs, der einmal täglich festgestellt und durch Auszählen ermittelt wird; betrifft Aufträge von unter 100 Stück;
- variable Notierung: Aktienkurs, der sich für eine bestimmte Aktie zuletzt gebildet hat. Es handelt sich um einen frei verhandelten Kurs zwischen Börsenhändler und Makler.

Der DAX ist ein Aktienindex, der die 30 größten Aktiengesellschaften in der Bundesrepublik Deutschland listet. Er ist eine wichtige Messgröße für die Lage am Aktienmarkt.

Einflussfaktoren auf die Kurse an der Börse können sein
- einzelwirtschaftlich: abhängig vom Ertrag der Unternehmen
- gesamtwirtschaftlich: abhängig von der Wirtschaftslage
- politisch: abhängig von der Wirtschaftspolitik
- psychologisch: abhängig von der Stimmung auf den Märkten
- markttechnisch: Angebot und Nachfrage decken sich nicht

Wichtige Begriffe:
Anbieter
Angebotsüberhang
bestens
billigst
Börse
DAX
Einheitskurs
Elektronischer Handel
Gleichgewichtsmenge
Gleichgewichtspreis
Kassakurs
Markt
Nachfrager
Nachfrageüberhang
Substitutionsgut
unvollkommener Markt
variable Notierung
vollkommener Markt

1. a) Nennen Sie wesentliche Faktoren, die die Höhe von Angebot und Nachfrage bestimmen, und erklären Sie, inwieweit die genannten Faktoren auf Angebot und Nachfrage wirken.
   b) Begründen Sie, warum die in Aufgabe a) genannten Faktoren Einfluss auf Angebot und Nachfrage haben.
   c) Die Veränderung der Nachfrage kann sich grafisch als Bewegung auf der Kurve oder als Verschiebung der Kurve darstellen. Erklären Sie, unter welchen Voraussetzungen welche der beiden Wirkungen eintritt.
   d) Welche Konsequenzen hat die Verschiebung der Nachfragekurve nach rechts (nach links) auf das Marktgeschehen?
   e) Welche Konsequenzen hat die Verschiebung der Nachfrage auf das Marktgeschehen?
   f) Erklären Sie, warum alle Marktteilnehmer interessiert sein müssten, dass der Gleichgewichtspreis erreicht wird.
   g) Begründen Sie, warum im realen Marktgeschehen einer Volkswirtschaft der Gleichgewichtspreis in der Regel nicht erreicht wird.
2. a) Erklären Sie den Begriff „vollkommener Markt".
   b) Begründen Sie, warum in der Volkswirtschaft ein Modell wie der vollkommene Markt herangezogen wird.
3. Auf dem Markt für Spargel wird folgendes Angebots- und Nachfrageverhalten festgestellt.

Preis pro kg	zusätzliche Nachfrage	zusätzliches Angebot
2,–	10	2
3,–	6	4
4,–	5	6
5,–	4	9
6,–	3	12

   a) Verwenden Sie die Tabelle und ermitteln Sie den Gleichgewichtspreis und die Gleichgewichtsmenge.
   b) Erklären Sie „Gleichgewichtspreis" und „Gleichgewichtsmenge".
   c) Welche Konsequenz hat es, wenn der Preis bei 3,– € oder 5,– € liegt?
4. a) Definieren Sie den Begriff „Börse" und geben Sie an, welche wichtigen Börsenarten man unterscheidet.
   b) Definieren Sie die Begriffe „Kassakurs" und „variable Notierung" und geben Sie an, wie diese Kurse gebildet werden.
   c) Erklären Sie den Begriff „DAX" und geben Sie an, welche wirtschaftliche Bedeutung der DAX hat.
   d) Analysieren Sie die aktuelle DAX-Kursliste. Beschreiben Sie, wie sich der DAX im Verlauf eines Jahres entwickelt hat.
   e) Welche Gründe kann es für die Kursentwicklung des DAX gegeben haben?
   f) Stellen Sie fest, bei welchem Punktwert sich der DAX heute befindet.
   g) Verfolgen Sie drei ausgewählte Werte aus dem DAX im Zeitraum von vier Wochen und vergleichen Sie die Entwicklung mit dem Verlauf des DAX. Welche Gründe gibt es für die Abweichungen?
   h) Nennen Sie wichtige internationale Aktienindizes.

2 Unternehmen und private Haushalte in der Gesamtwirtschaft

2.1 Die Wirtschaftsbereiche der Bundesrepublik Deutschland

Landwirtschaft früher bedeutete harte körperliche Arbeit.

Die Wirtschaft eines Landes teilt man in verschiedene **Wirtschaftssektoren**.

- Im **primären Sektor** werden alle Betriebe zusammengefasst, die Güter unmittelbar aus der Natur gewinnen. Dazu zählen Land- und Forstwirtschaft sowie Fischerei. Bis zum Ende des 19. Jahrhunderts waren hier über 50% der Erwerbstätigen beschäftigt. Heute sind es lediglich etwa 2%.
- Zum **sekundären Sektor** werden Betriebe gezählt, die Sachgüter herstellen. Hier werden Bergbau und Energiewirtschaft, Bauwirtschaft und verarbeitendes Gewerbe zusammengefasst.
- Der **tertiäre Sektor** umfasst Betriebe des Handels, des Verkehrs und der Dienstleistungen. Handel und Verkehr sorgen für die Verteilung der Güter. Sie bildeten ursprünglich den Kern des tertiären Sektors. Daneben gibt es den Dienstleistungsbereich, der Handel, Gastgewerbe, Finanzierung, Vermietung und sonstige Dienstleistungen umfasst. Zu den letztgenannten zählen die sogenannten freien Berufe wie Ärzte, Architekten, Rechtsanwälte und Künstler.
- Der **quartäre Sektor** ist ein Wirtschaftsbereich, der sich mit fortschreitender Entwicklung im Bereich der Informations- und Kommunikationstechnologien befasst. Hier werden alle Branchen zusammengefasst, die sich mit der Erstellung, Verarbeitung und dem Verkauf von Informationen beschäftigen. Bisher waren diese Branchen im tertiären Sektor enthalten.

Landwirtschaft heute

Die Bedeutung der einzelnen Wirtschaftssektoren für die Gesamtwirtschaft kann man vor allem an zwei Größen messen:

- ihrem jeweiligen Anteil an der Wertschöpfung einer Volkswirtschaft und
- ihrem Anteil an der Gesamtzahl der Erwerbstätigen.

Die Bundesbürger bei der Arbeit

In diesen Bereichen	arbeiten so viele Menschen (Erwerbstätige in Millionen) (Symbol = 1 Million Menschen)	und produzieren so viele Güter und Dienstleistungen (Wertschöpfung in Milliarden Euro) (Symbol = 25 Milliarden Euro)
Öffentliche Dienstleister, Erziehung, Gesundheit	9,6	412
Handel, Verkehr, Gastgewerbe	9,5	350
Produzierendes Gewerbe	7,7	589
Unternehmensdienstleister	5,3	246
sonstige Dienstleister	3,0	104
Bau	2,4	101
Information, Kommunikation	1,2	88
Banken, Versicherungen u.ä.	1,2	118
Landwirtschaft	0,7	22
Grundstücks- und Wohnungswesen	0,4	266

Quelle: Statistisches Bundesamt Stand 2011 © Globus 5208

1. Werten Sie die Grafik „Die Bundesbürger bei der Arbeit" aus, und stellen Sie fest, wie hoch der Anteil der Erwerbstätigen in den jeweiligen Wirtschaftsbereichen ist.
2. Ermitteln Sie, wie hoch der Anteil der Wertschöpfung in den jeweiligen Wirtschaftsbereichen ist.
3. Welche Schlussfolgerungen ergeben sich aus den Antworten auf die Fragen 1 und 2 für die Struktur der deutschen Wirtschaft?

2.2 Das Bruttoinlandsprodukt als Messgröße für die Wertschöpfung

Die Wertschöpfung einer Volkswirtschaft wird mithilfe des **Bruttoinlandsprodukts (BIP)** ermittelt.

Das **Bruttoinlandsprodukt** ist der mit Marktpreisen bewertete Wert aller Sachgüter und Dienstleistungen ohne Vorleistungen, der im Laufe einer Wirtschaftsperiode innerhalb der Landesgrenzen einer Volkswirtschaft erbracht wird.

Der Wert der produzierten Sachgüter und Dienstleistungen ergibt sich, wenn man die Gütermenge mit den Güterpreisen multipliziert. Wird in einer Volkswirtschaft z. B. 1 kg Butter zu je 1,– € hergestellt, trägt dies mit 1,– € zum Bruttoinlandsprodukt bei. Die Butter wurde aus zuvor gewonnener Milch im Wert von 0,50 € hergestellt. Die Milch hat bereits zur Erhöhung des Bruttoinlandsprodukts beigetragen. Die Milch geht als **Vorleistung** in die Butter ein. Damit diese Wertschöpfung nicht doppelt gerechnet wird, muss der Wert der Milch vom Preis der Butter subtrahiert werden, um den wirklichen Zuwachs in der Produktion einer Volkswirtschaft zu messen. Daraus folgt:

0,50 €	+1,– €	– 0,50 €	= 1,– €
Wert der Milch	Wert der Butter	Vorleistungen	Wert des BIP

Das Bruttoinlandsprodukt wird für feste Wirtschaftsperioden ermittelt, üblicherweise für die Dauer eines Kalenderjahres, jedoch werden unterjährig auch Quartalszahlen veröffentlicht. In der Bundesrepublik Deutschland werden diese Zahlen vom Statistischen Bundesamt bereitgestellt.

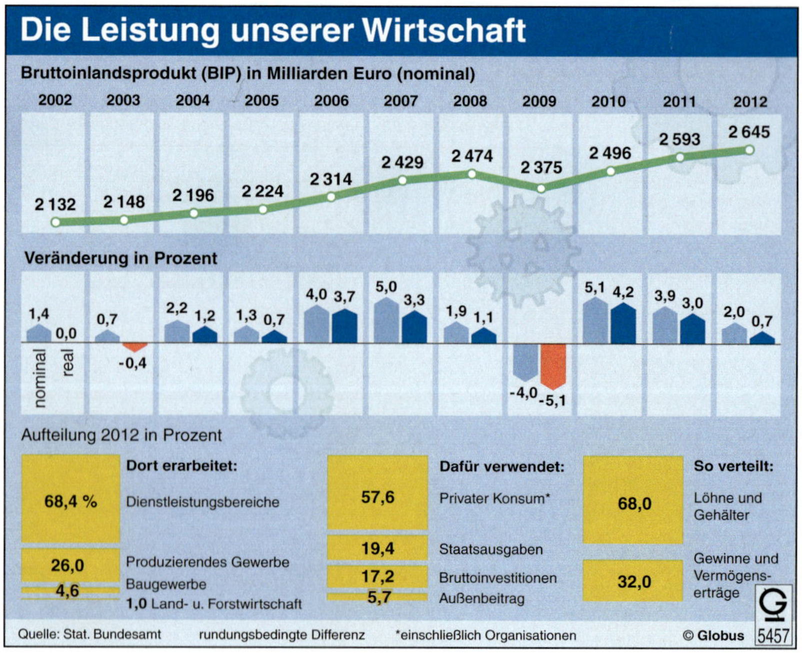

1. Verwenden Sie die Grafik „Die Leistung unserer Wirtschaft" und geben Sie an, in welchen Bereichen das BIP entsteht, wie es verteilt wird und wie es schließlich verwendet wird.
2. Wie lässt sich der Rückgang des BIP im Jahr 2009 erklären?
3. Recherchieren Sie im Internet, welchen Wert das BIP zurzeit hat.

Das BIP basiert auf dem **Inlandskonzept**. Erfasst werden Sachgüter und Dienstleistungen, die im Inland einer Volkswirtschaft erbracht werden, unabhängig von der Staatsbürgerschaft, die der Produzent hat. Nicht eingerechnet werden alle Werte, die im Ausland erbracht werden, auch wenn sie ein Inländer erbringt. Produziert ein Unternehmen z. B. in Deutschland und Frankreich, werden nur die direkt in Deutschland hergestellten Güter in das BIP eingerechnet. Die in Frankreich hergestellten Güter des gleichen Unternehmens werden dem französischen BIP zugerechnet. Diese Erfassung ist nicht immer einfach, weil Produkte, wie zum Beispiel der Airbus A 380, teilweise über mehrere Staatsgrenzen hinweg produziert werden.
Laut Definition erfasst das BIP den Wert aller Sachgüter und Dienstleistungen einer Volkswirtschaft. Eine Reihe von Gütern kann jedoch nicht erfasst werden. Ein Gemüsebauer im Nürnberger Knoblauchsland produziert für den Markt, versorgt das Umland mit Gemüse und steigert damit das BIP. Wird das Gemüse jedoch im heimischen Garten erzeugt, kann dieser Wertezuwachs nicht erfasst werden. Ebenso kann die private Haushaltstätigkeit und die Nachhilfe, die Eltern mit ihren Kindern durchführen, nicht wertmäßig beziffert werden, während beschäftigte Haushaltshilfen und Nachhilfeinstitute durch ihre Tätigkeit durchaus zur Steigerung des BIP beitragen.

Der A 380 ist das Produkt eines europäischen Konsortiums. Produktionsstätten finden sich in Deutschland, Frankreich, Großbritannien und Spanien.

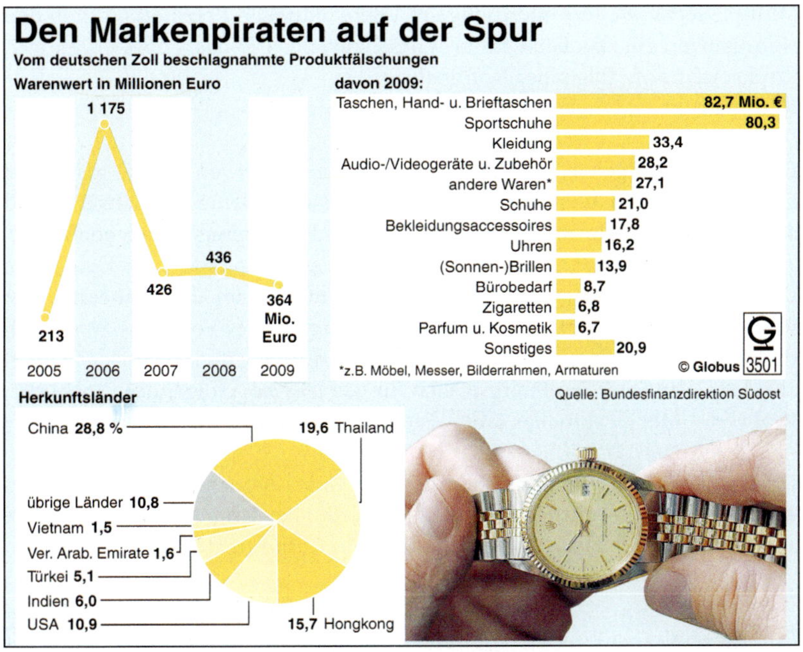

Produktionsstätten des A 380

Broughton	Flügel
Hamburg	Rumpf und Bug
Nantes	Cockpit
Stade	Seitenleitwerk
Getafe	Höhenleitwerk
Toulouse	Flugsteuerung
Bremen	Außenhautteile
Nordenham	Außenhautteile
Bremen	Landeklappen
Laupheim	Kabinenausrüstung
Buxtehude	Kabinenausrüstung
Toulouse	Endmontage
Hamburg	Lackierung

Neben dem Bruttoinlandsprodukt gilt auch das Bruttonationaleinkommen (BNE) als wichtige Kenngröße für die Wirtschaftslage einer Volkswirtschaft. Das BNE ist der mit Marktpreisen bewertete Wert aller Güter und Dienstleistungen ohne Vorleistungen, die im Laufe einer Wirtschaftsperiode von den Inländern einer Volkswirtschaft erbracht werden. Im Gegensatz zum BIP, welches eine territoriale Abgrenzung (das Inland) hat, erfolgt die Zugehörigkeit zum BNE über die Staatsbürgerschaft. Dem Bruttonationaleinkommen liegt das **Inländerkonzept** zugrunde.

1. Finden Sie Beispiele für Elemente, die im BIP, nicht aber im BNE enthalten sind.
2. Werten Sie die Grafik aus und beurteilen Sie die Auswirkungen der Markenpiraterie auf das Bruttoinlandsprodukt.

2.3 Das Bruttoinlandsprodukt als Messgröße für das Wirtschaftswachstum

Der Wert der produzierten Güter ergibt sich aus der Gütermenge multipliziert mit den Güterpreisen. Steigen die Preise der Güter, steigt auch das Bruttoinlandsprodukt. Möchte man wissen, wie sich die Produktion von einem auf das nächste Jahr verändert hat, muss man die Preisänderungen ausschalten.
In einer Volkswirtschaft werden zwei verschiedene Güter (A und B) in unterschiedlichen Mengen hergestellt. Diese werden in den betrachteten Jahren 2012 bis 2014 zu unterschiedlichen Preisen verkauft.

Jahr	Gut	Menge	Preise	Nominalwert	Gut	Menge	Preis	Nominalwert
2012	A	500	4,– €	2.000,– €	B	200	5,– €	1.000– €
2013	A	600	6,– €	3.600,– €	B	300	7,– €	2.100,– €
2014	A	700	8,– €	5.600,– €	B	400	9,– €	3.600,– €

Jahr	Nominalwert
2012	3.000,– €
2013	5.700,– €
2014	9.200,– €

Multipliziert man die Gütermenge mit dem aktuellen Preis, erhält man den Nominalwert für das betrachtete Wirtschaftsjahr. Für das Gut A ergibt sich für das Jahr 2012 folgender Nominalwert:
Nominalwert = Menge · Preis = 500 · 4,– € = 2.000,– €

Entsprechend ergeben sich für das Jahr 2013 ein Wert von 3.600,– € und für das Jahr 2014 ein Wert von 5.600,– €. Die steigenden Nominalwerte sind darauf zurückzuführen, dass Gütermenge und Güterpreise gestiegen sind.

Jahr	Realwerte	
	Gut A	Gut B
2012	nicht ermittelbar	
2013	2.400,– €	1.500,– €
2014	4.200,– €	2.800,– €

Um die Preissteigerung auszuschalten, ermittelt man die **Realwerte**. Der Realwert ist der Güterwert bewertet zu den Preisen des Vorjahres. Man multipliziert die Gütermenge A des Jahres 2013 mit den Preisen für das Gut A aus dem Jahr 2012. Damit ergibt sich für das Jahr 2013 folgender Realwert:
Realwert = Menge aktuelles Jahr · Preis Vorjahr = 600 · 4,– € = 2.400,– €.

Jahr	Realwert
2012	...
2013	3.900,– €
2014	7.000,– €

Für das Jahr 2014 beträgt der Realwert des Gutes A 700 · 6,– € = 4.200,– €. Auf diese Weise ermittelt man die Realwerte aller Güter und addiert diese auf, sodass sich für jedes Wirtschaftsjahr ein Gesamtrealwert ergibt.

Familie Müller ist eine vierköpfige Familie. Herr Müller ist selbstständiger Bäcker mit einem Jahreseinkommen in Höhe von 30.000,– €. Seine Frau arbeitet für 800,– € monatlich als Verkäuferin im Laden mit. Der 18-jährige Sohn verdient sich durch Nachhilfestunden monatlich 50,– € dazu, die 15-jährige Tochter trägt Zeitungen aus und erhält dafür 25,– € monatlich.

Einkommen der Familie Müller:	
Herr Müller	30.000,– €
Frau Müller	9.600,– €
Sohn	600,– €
Tochter	300,– €
Gesamteinkommen	40.500,– €

Unter Landwirtschaft wird z. B. das Getreide, aus dem das Mehl hergestellt wird, das Herr Müller verbackt, erfasst. Das Gebäck aus Müllers Bäckerei wird dem produzierenden Gewerbe zugerechnet. Die Kosten für den Transport des Getreides wird dem Bereich Verkehr zugerechnet. Auf die Art und Weise werden die Güter der Volkswirtschaft erfasst. Die Summe der Werte abzüglich der Vorleistungen ergibt den Bruttoproduktionswert.

Der Staat nimmt Einfluss auf die Preise der Güter, indem er Verbrauchssteuern erhebt, die die Produkte verteuern, andererseits aber Subventionen an Unternehmen zahlt und so eine Verbilligung der Produkte erreicht. Die Aktivität des Staates muss aus der Bruttowertschöpfung herausgerechnet werden. Ergebnis ist das **Bruttoinlandsprodukt**.

Man kann das BIP auch von der **Verwendungsseite** her berechnen. Hier wird die Frage beantwortet, was mit dem verdienten Geld geschieht. Es kann z. B. für Konsum ausgegeben oder investiert werden.

1. Lesen Sie die Grafik und finden Sie zu jedem Posten der Entstehungsrechnung einen Beispielbetrieb aus Ihrem Heimatraum.
2. Erklären Sie den Begriff Bruttowertschöpfung.

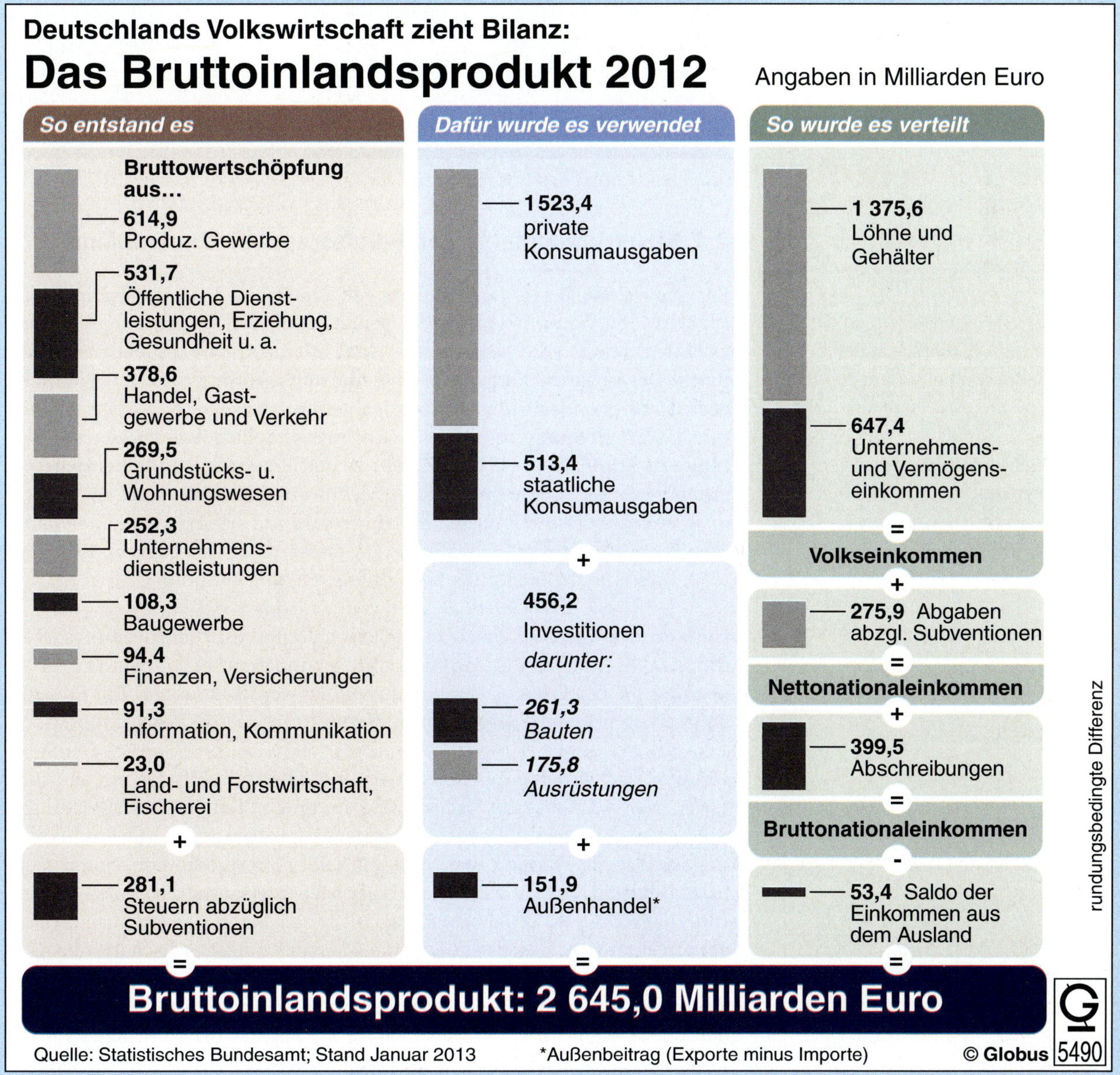

Industrieruine

Adolph von Menzel: Eisenwalzwerk

1. Geben Sie die Kernaussage der oben gezeigten Bilder wieder.
2. Stellen Sie eine Beziehung der Bilder zum Strukturwandel in der Bundesrepublik Deutschland her.
3. In welcher Zeit kann das Bild „Industrieruine" aufgenommen worden sein? Begründen Sie Ihre Entscheidung.

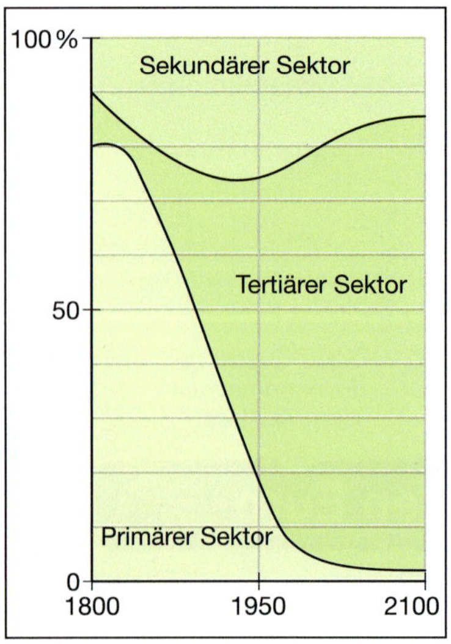

2.4 Strukturwandel in der Bundesrepublik Deutschland

Bis gegen Ende des 19. Jahrhunderts galt Deutschland als **Agrargesellschaft**. Im Jahr 1882 waren im primären Sektor 41,6 % der Erwerbstätigen zu verzeichnen, gefolgt vom sekundären Sektor mit gut einem Drittel der Beschäftigten. Der tertiäre Sektor spielte eher eine untergeordnete Rolle. Im Rahmen der fortschreitenden Industrialisierung gewann der sekundäre Sektor zunehmend an Bedeutung und hatte den primären Sektor Anfang des 20. Jahrhunderts schon deutlich überflügelt, Deutschland war zur **Industriegesellschaft** geworden. Diese Entwicklung hielt bis in die 1960er-Jahre an. Im Jahr 1966 ereichte dieser Trend seinen Höhepunkt. Im sekundären Sektor waren 49,3 % der Beschäftigten zu finden, im primären Sektor zugleich nur noch 10 %, während die Bedeutung des tertiären Sektors kontinuierlich stieg.

Im Jahr 1975 überstieg die Zahl der Beschäftigten im Dienstleistungssektor mit 46,9 % erstmals die Zahl derer im sekundären Sektor, dem immerhin noch 46,5 % der Erwerbstätigen zugerechnet werden konnten. Die Erwerbstätigkeit im primären Sektor war mittlerweile auf ca. 6 % geschrumpft.

Heute hat der Anteil der im Dienstleistungsbereich Beschäftigten eine Quote von über 70 % erreicht. Jedoch wird ein großer Teil der Dienstleistungen produktionsbezogen erbracht, d. h., viele Tätigkeiten zielen auf Produktentwicklung sowie Planung und Verteilung der Güterproduktion. Somit kann man Deutschland als **industrielle Dienstleistungsgesellschaft** bezeichnen. Innerhalb von gut 100 Jahren hat sich in Deutschland also ein Strukturwandel von einer Agrargesellschaft in eine **Dienstleistungsgesellschaft** vollzogen. Der Trend ist noch nicht abgeschlossen. Es ist zu erwarten, dass der Anteil des tertiären Sektors am Wirtschaftsgeschehen weiter zunimmt, dies insbesondere, wenn man die Entwicklung im Bereich der Informations- und Kommunikationstechnologie beobachtet, dessen wirtschaftliche Bedeutung deutlich zunimmt.

Neben der Entwicklung der Beschäftigtenzahlen in einer Volkswirtschaft ist auch die Entwicklung der Bruttowertschöpfung ein Indiz für den Strukturwandel der Wirtschaft.

Bruttowertschöpfung nach Wirtschaftsbereichen in Mrd. €

	Land- und Forstwirtschaft, Fischerei	Produzierendes Gewerbe ohne Baugewerbe	Baugewerbe	Handel, Gastgewerbe und Verkehr	Finanzierung, Vermietung und Unternehmensdienstleister	Öffentliche und private Dienstleister
2012	23,00	614,90	108,30	378,60	707,50	531,70
2006	20,09	539,71	82,32	380,41	601,95	454,52
2000	23,46	465,34	96,21	337,27	510,94	422,98
1995	21,27	424,46	112,97	300,30	441,46	371,25
1990	16,00	381,17	65,88	205,58	284,28	235,41
1985	15,56	304,65	48,68	156,70	188,78	182,70
1980	15,49	245,58	49,80	129,94	131,77	143,25
1975	14,17	180,70	32,17	92,69	82,25	100,37

1. Die nebenstehende Tabelle zeigt die Bruttowertschöpfung in der BRD geordnet nach Wirtschaftsbereichen.
   a) Erstellen Sie ein geeignetes Diagramm aus dem Zahlenmaterial und beschreiben Sie die Entwicklung in den einzelnen Bereichen.
   b) Geben Sie an, welche Gemeinsamkeiten und Unterschiede man im Vergleich der Entwicklung der Bruttowertschöpfung mit der der Beschäftigtenzahlen feststellen kann.
   c) Begründen Sie die Unterschiede zwischen der Entwicklung der Beschäftigtenzahlen und der Bruttowertschöpfung.

Nach Prognosen des Instituts für Arbeitsmarkt- und Berufsforschung wird sich der Anteil des tertiären Sektors weiter erhöhen. Zu erwarten ist, dass weitere Beschäftigte im Bereich der Informationsbeschaffung und -verarbeitung benötigt werden. Die Ausstattung mit Kommunikations- und Informationsmedien beschränkt sich dabei durchaus nicht auf den Unternehmensbereich. Längst hat das Internet mit seinen zahlreichen Möglichkeiten wie Informationsbeschaffung, online-Banking, E-Mails usw. Einzug in die privaten Bereiche gehalten. Smartphones oder PC-Tablets machen die Internet-Nutzung auch unterwegs möglich.

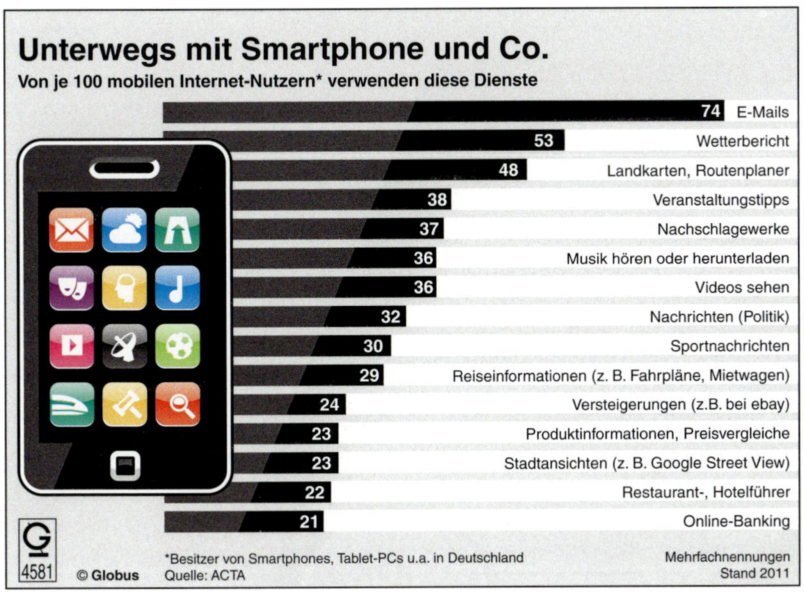

Es gibt Themen, bei denen nicht für alle Buchstaben Begriffe gefunden werden.

Mit der ABC-Methode werden Fakten und Begriffe zu einem bestimmten Thema gesammelt. Auf diese Art und Weise vertiefen Sie Ihr Wissen und prägen sich die Fachbegriffe zum Thema besser ein.

Vorbereitung der ABC-Methode

- Zu Beginn muss ein Thema festgelegt werden. Wenn der Lehrer kein Thema vorgibt, überlegen Sie sich selbst ein geeignetes Thema.
- Ein Thema kann z. B. „das Bruttoinlandsprodukt" sein.
- Legen Sie in Ihrem Heft eine Tabelle mit zwei Spalten und 26 Zeilen an. In der linken Spalte werden untereinander alle Buchstaben des Alphabets aufgeführt. In die rechte Spalte wird zum Thema zu jedem Buchstaben ein Begriff notiert.
- Zum Thema „Bruttoinlandsprodukt" könnte Ihre Tabelle folgendermaßen aussehen:

A	???
B	Baugewerbe, Bruttowertschöpfung
C	???
D	Dienstleistung
E	Export
F	Fischerei, Forstwirtschaft
G	Gastgewerbe
H	Handel
I	Import, Inlandskonzept, Investitionen
J	???
K	Konsumausgaben
L	Landwirtschaft
M	Messgröße für Wirtschaftswachstum
N	Nominalwert
O	Öffentliche Dienstleister
P	Primärer Sektor, Produzierendes Gewerbe
Q	Quartärer Sektor
R	Realwert
S	Sekundärer Sektor
T	Tertiärer Sektor
U	Unternehmen
V	Verarbeitendes Gewerbe, Verkehr, Vorleistungen
W	Wirtschaftsperiode
X	???
Y	???
Z	???

Die ABC-Methode im Team

Die ABC-Methode kann auch mit mehreren Schülern gespielt werden.

Erstellen Sie zunächst eine Tabelle nach der ABC-Methode.

Suchen Sie sich dann einen Partner, mit dem Sie die gefundenen Begriffe vergleichen. Mehrfachnennungen werden gestrichen, in Ihrer Tabelle werden die noch nicht genannten Begriffe ergänzt.

Einigen Sie sich schließlich auf die wichtigsten zehn Begriffe.

Stellen Sie Ihre Ergebnisse der Klasse vor.

1. a) Wenden Sie die ABC-Methode zum Thema „Markt" an.
   b) Verwenden Sie die ABC-Methode zum Thema „Preisbildung".

2.5 Ursachen des Strukturwandels

Strukturwandel wird in der Regel durch mehrere Faktoren ausgelöst oder begünstigt. Der Grundstein für den **Strukturwandel** vom Agrar- zum Industriestaat wurde mit der Erfindung der Dampfmaschine im Jahr 1776 gelegt. Durch die Umwandlung von Dampfkraft in mechanische Kraft konnten Fabriken entstehen, die unabhängig von Wasserkraft und Wind waren. Zunächst in der englischen Baumwollverarbeitung eingesetzt, hielt die Dampfkraft bald schon in anderen Industriezweigen Einzug und erreichte schnell den europäischen Kontinent. Deutschland erfasste die **Industrialisierungswelle** Mitte des 19. Jahrhunderts und initiierte damit den großen sektoralen Strukturwandel von der Agrargesellschaft zur Industriegesellschaft. Bedeutendes Industriegebiet wurde das Ruhrgebiet, in dem auf Grundlage der vorhandenen Kohle die Stahlindustrie entstand.

Die Technisierung führte auch zu Arbeitserleichterungen und zur Erhöhung der Produktivität in der Landwirtschaft, sodass Arbeitskräfte aus dem primären Sektor in die Industrie abwanderten. Im Zweiten Weltkrieg wurden viele Industrieanlagen stark zerstört und nach Kriegsende z.T. demontiert. Dennoch wurde die Stahlerzeugung nach dem Krieg wieder aufgenommen und trug wesentlich zum Wirtschaftswunder im Nachkriegsdeutschland bei.

Mangelnde Innovation, zunehmend schlechtere Erreichbarkeit der Kohleflöze, erstarrende Strukturen und kostengünstige, internationale Konkurrenz führten zum Niedergang der Stahlindustrie im Ruhrgebiet. Damit wurde der regionale Strukturwandel im Ruhrgebiet erzwungen. Statt Schwerindustrie findet man zunehmend hochtechnologische Industrien im Bereich der Elektrotechnik oder Feinmechanik. Dennoch ist der Bedarf an Beschäftigten in den neuen Industriezweigen zu gering, sodass mit dem Niedergang der Montanindustrie eine hohe Arbeitslosigkeit einherging. Freigesetzte Arbeitskräfte der Industrie waren gezwungen, neue Tätigkeitsfelder zu finden, und förderten damit den nächsten sektoralen Strukturwandel, den Übergang von der Industrie- zur Dienstleistungsgesellschaft.

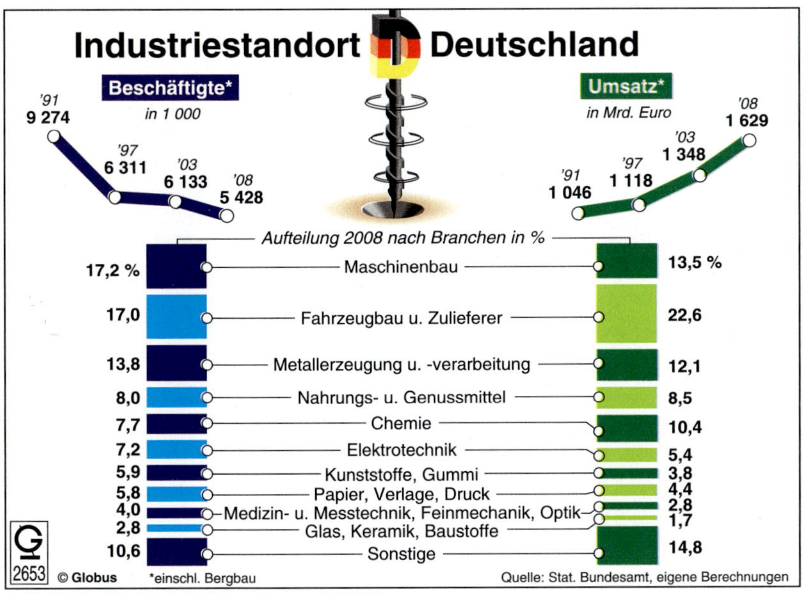

Dampfkraft

James Watt, 1736–1819, Erfinder der Dampfmaschine

1. Erklären Sie den Unterschied zwischen sektoralem und regionalem Strukturwandel.
2. Begründen Sie, wie es zum sektoralen Strukturwandel vom primären zum sekundären und zum Wandel vom sekundären zum tertiären Sektor kam.

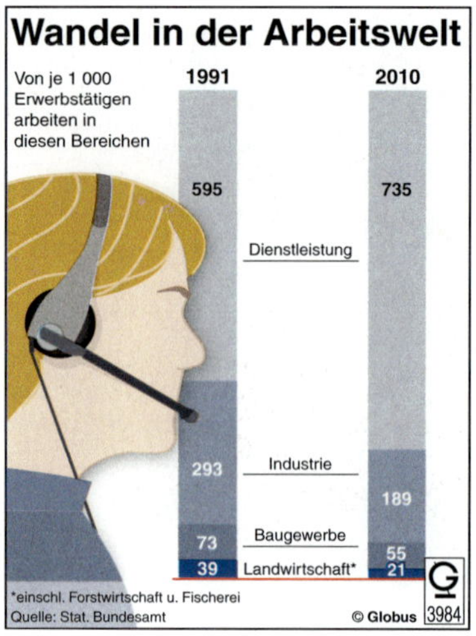

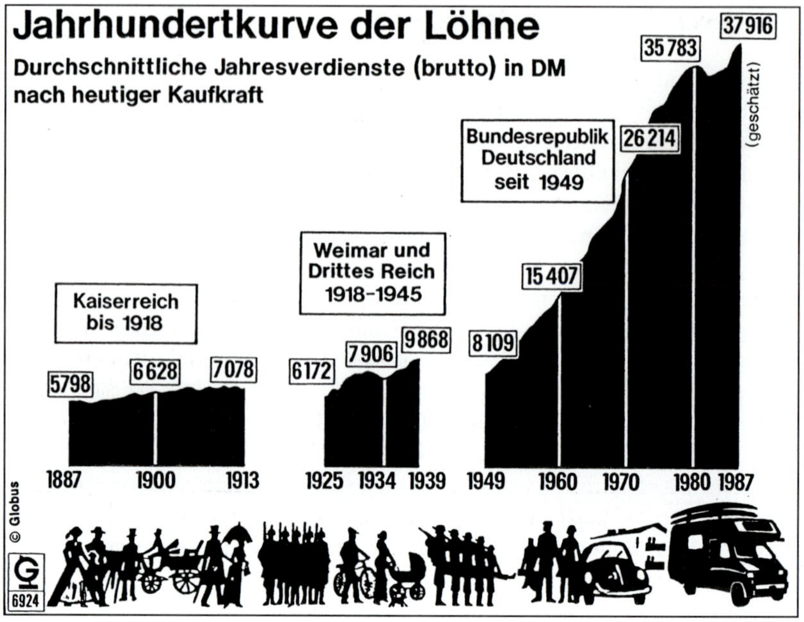

Begünstigt wird der Wandel zur Dienstleistungsgesellschaft auch durch das steigende verfügbare Einkommen. Innerhalb von 100 Jahren stieg der Jahresverdienst, gemessen an der Kaufkraft, um das Sechsfache. Die erhöhte Kaufkraft und der damit verbundene wachsende Wohlstand führt zu steigender Nachfrage nach Sachgütern und Dienstleistungen.

Diese Entwicklung wird zudem durch eine Verkürzung der Arbeitszeit gefördert. Betrug die wöchentliche Arbeitszeit im Jahr 1875 noch 65 Stunden pro Woche, verkürzte sie sich bis zur Jahrtausendwende auf unter 40 Wochenstunden. Verringerte Wochenarbeitszeit gepaart mit erhöhtem Urlaubsanspruch erlauben es den Beschäftigten auch, vermehrt Dienstleistungen nachzufragen. Von diesem Trend profitiert in erster Linie der Tourismus.

1. a) Werten Sie die Abbildung „Wandel in der Arbeitswelt" aus, und geben Sie an, welche Veränderungen sich in den einzelnen Wirtschaftssektoren vollzogen haben.
   b) Erklären Sie die Veränderung, die in der Abbildung dargestellt ist.

2. Erläutern Sie, inwieweit die Globalisierung den Strukturwandel beeinflusst.

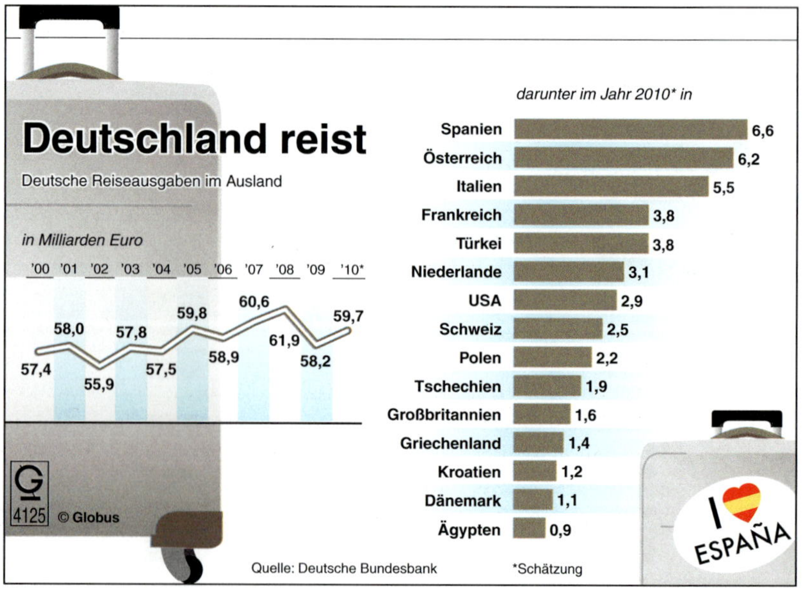

2.6 Das Arbeiten mit Modellen

Herr Arnold ist Schreiner. Am Morgen geht er zu Herrn Bauer und kauft Holz für seine Schreinerei. Im Laufe des Vormittags fällt Herrn Bauer ein, dass er heute seinen 10. Hochzeitstag hat. Er geht ins Blumengeschäft Close und kauft einen Blumenstrauß. Als Frau Close um 11:00 Uhr einige Besorgungen machen muss, springt ihr Auto nicht an und sie muss den Bus nehmen. Diesen fährt Herr Dachtler. In der Mittagspause kauft sich Herr Dachtler einen Schokoriegel im Lebensmittelgeschäft von Frau Ernst. Frau Ernst geht in ihrer Mittagspause zu Herrn Fuchs. Dieser hat einen Buchladen, in dem Frau Ernst einen Atlas für ihre Tochter kauft. Herr Fuchs zahlt nachmittags seiner Aushilfskraft Frau Gutmann den Tageslohn aus. Da diese schon um 16.00 Uhr Feierabend hat, kauft Frau Gutmann für ihre Mutter noch einen Blumenstrauß im Laden der Frau Close. Frau Gutmann unterhält sich mit Frau Close und erzählt ihr, dass ihr Bekannter Herr Hintermeyer einen Fernseher zu verkaufen hat. Frau Close benötigt dringend einen Fernseher. Sie lässt ihre Angestellten allein im Geschäft und fährt zu Herrn Hintermeyer und kauft den Fernseher. Erfreut über das Geld, geht Herr Hintermeyer ins Lebensmittelgeschäft der Frau Ernst und kauft fürs Abendessen ein. Frau Ernst möchte ihre Wohnung renovieren. Sie hat sich zu diesem Zweck ein Regal bei Herrn Arnold bestellt, das sie um 18:30 Uhr abholt und bezahlt. Danach fährt Herr Arnold mit dem Bus nach Hause. Am Kiosk an der Bushaltestelle kauft er schnell noch die Abendzeitung bei Herrn Isgen. Im Bus kauft er die Fahrkarte bei dem Fahrer Herrn Dachtler. Endlich, so um 19:30 Uhr, macht auch Herr Dachtler Feierabend.

Menschen im Wirtschaftsgeschehen

Diese Geschichte beschreibt nur einen kleinen Ausschnitt aus dem Wirtschaftsgeschehen, welches täglich innerhalb eines Ortes stattfindet, nur einen Bruchteil der wirtschaftlichen Verflechtungen innerhalb einer Volkswirtschaft oder weltweit. Allein in einem kleineren Ort mit wenigen Hundert Einwohnern laufen täglich so viele wirtschaftliche Transaktionen ab, dass es unmöglich ist, alle Prozesse zu erfassen. Bei Würdigung aller Vorfälle können also keine allgemeingültigen wirtschaftlichen Aussagen mehr getroffen werden.

Wie jede andere Wissenschaft benötigt die Wirtschaftswissenschaft Instrumente, um fachliche Zusammenhänge aufzuzeigen und verständlich zu machen. In der Wirtschaft hilft man sich dabei mit Denkmodellen.

Denkmodelle verfolgen den Zweck, sehr unüberschaubare, komplexe Zusammenhänge vereinfacht darzustellen und so zu veranschaulichen. Das ermöglicht Schlussfolgerungen für Wirtschaftsprozesse zu ziehen und gegebenenfalls sein wirtschaftliches Handeln darauf abzustimmen.

Zugleich ist aber zu bedenken, dass ein Modell durch die Vereinfachung immer auch einen Informationsverlust erleidet. Wirtschaftswissenschaftliche Modelle haben gegenüber vielen anderen Modellen insbesondere den Nachteil, dass es reine Gedankenmodelle sind. Damit besteht die Gefahr, dass die Verwendung des Modells und die daraus gewonnenen Erkenntnisse von der Realität abweichen, dass gezogene Schlüsse nicht oder in veränderter Form eintreten.

!

1. Erklären Sie den Begriff Modell.
2. Begründen Sie, warum die Arbeit mit Modellen in der Wissenschaft von so großer Bedeutung ist.
3. Welche Nachteile hat das Arbeiten mit Modellen?
4. Finden Sie weitere Möglichkeiten in der Wirtschaft, bei denen Modelle verwendet werden können.

Modell zur Stadtplanung

2.7 Das Modell des einfachen Wirtschaftskreislaufs

Chaos im Ameisenhaufen: Betrachtet man einen riesigen Ameisenhaufen, sieht man ein wirres, planloses Hin und Her Tausender Ameisen. Dennoch herrscht in einem solchen scheinbaren Chaos eine strenge Ordnung, nur die Art der Betrachtung ist nicht geeignet, Ordnungsstrukturen zu erkennen.

Ähnlich wie in einem Ameisenhaufen erscheint das Wirtschaftsgeschehen mit seinen unzähligen Transaktionen. Um die Prozesse greifbar zu machen, bedient man sich des Modells des Wirtschaftskreislaufs. Der Wirtschaftskreislauf ist ein Modell, welches dazu dient, die Güter- und Geldbewegungen in einer Volkswirtschaft zu erfassen, darzustellen und zu untersuchen. In Anbetracht einer Bevölkerungszahl von ca. 80 Millionen allein in der Bundesrepublik Deutschland und einer Vielzahl von Unternehmen aus Landwirtschaft, Industrie, Handwerk und Dienstleistung ist es für die Modellbildung notwendig, Gemeinsamkeiten der am Wirtschaftsprozess Beteiligten herauszufinden, um geeignete Gruppen zu bilden.
Wie das Beispiel auf S. 39 zeigt, erwerben die Teilnehmer sehr unterschiedliche Dinge, wie Blumen, Schokoladenriegel oder Fernseher. Die Gemeinsamkeit dieses Handelns ist, dass Haushalte Konsumgüter erwerben. Die Zusammensetzung der Konsumgüter in verschiedenen Haushalten ist zwar sehr unterschiedlich, das spielt für die Modellbildung aber keine Rolle. Die Konsumgüter beziehen die Haushalte von verschiedenen Unternehmen, Blumenhändler, Kioskbetreiber oder Verkäufer von Fernsehgeräten. Gemeinsam ist den Unternehmen folglich das Verkaufen von Gütern. Auch hier ist es unerheblich, dass die Güter völlig unterschiedlich sind.

Unter dem Sektor **Haushalt** fasst man alle privaten Haushalte einer Volkswirtschaft zusammen. Die Gemeinsamkeit der Haushalte ist der Konsumgütererwerb mit dem Ziel der Bedürfnisbefriedigung. Die Haushaltsgröße oder Alterstruktur (Singlehaushalt, Rentnerhaushalt, Haushalt mit schulpflichtigen Kindern, ...) und die damit verbundene unterschiedliche Bedürfnisstruktur wird nicht gesondert dargestellt.

Der Sektor **Unternehmen** fasst alle Einheiten zusammen, die Güter oder Dienstleistungen produzieren und veräußern. Damit vereinigt man hier die Unternehmen aus allen drei Wirtschaftssektoren. Unternehmen haben vorrangig das Ziel, Gewinne zu erwirtschaften. Faktoren wie Unternehmensgröße, Mitarbeiterzahl oder Jahresumsatz spielen in der Modellbetrachtung keine Rolle.

Unter den beschriebenen Voraussetzungen kann man für die Volkswirtschaft feststellen, dass die Gruppe der Haushalte durch den Erwerb von Konsumgütern mit der Gruppe der Unternehmen verbunden ist.

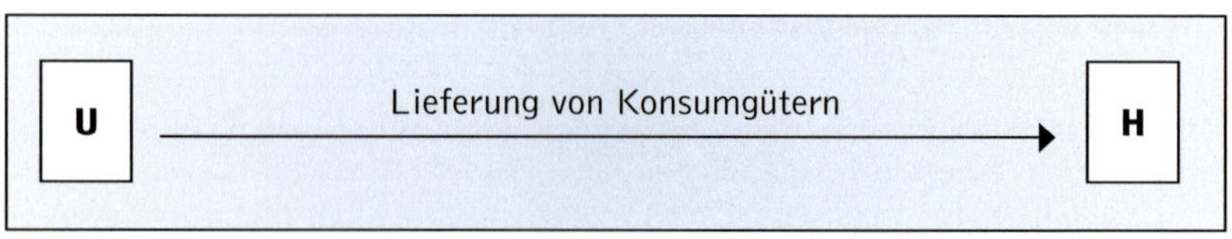

Der Pfeil zwischen den Unternehmen und Haushalten stellt die Lieferung aller Güter dar, die die Haushalte von den Unternehmen erwerben. Es handelt sich um einen Güterstrom.

1. Recherchieren Sie im Internet die Zahl der Betriebe aus den einzelnen Wirtschaftsbereichen.

Es versteht sich von selbst, dass die Haushalte für die gelieferten Konsumgüter eine Gegenleistung zu erbringen haben. Sie bezahlen dafür. Dem Güterstrom „Konsumgüter" steht ein Geldstrom „Bezahlung der Konsumgüter" gegenüber.

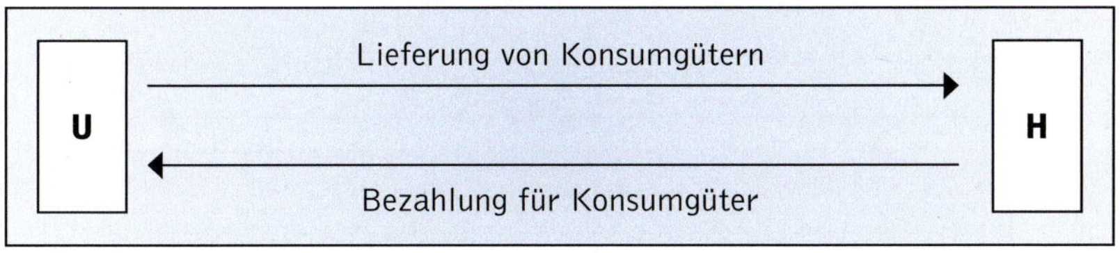

Um den Konsumgüterkauf zu tätigen, benötigen die Haushalte Geld. Um dieses zu erhalten, bieten Haushalte den Unternehmen in erster Linie ihre Arbeitskraft an. Für den Produktionsfaktor Arbeit und Wissen sind die Unternehmen bereit, Arbeitseinkommen zu bezahlen.

Das Bereitstellen von Produktionsfaktoren bezeichnet man als Faktorleistungen.

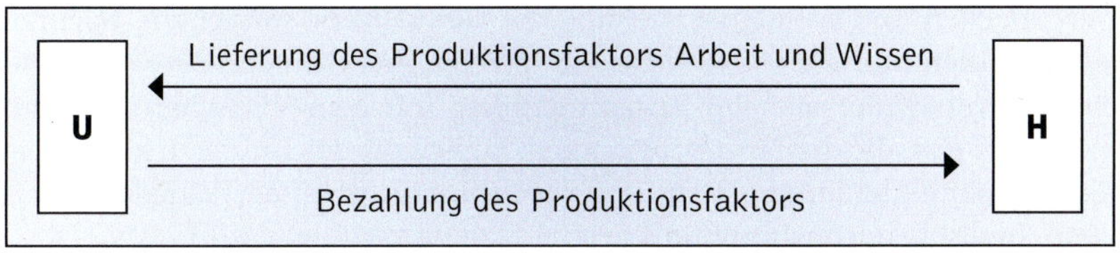

Unternehmen benötigen Arbeitskräfte zur Güterproduktion, die durch Kombination der Produktionsfaktoren erreicht wird. Somit sind die Produzenten auf die Bereitstellung weiterer Produktionsfaktoren angewiesen. Unternehmen sind in der Bundesrepublik Deutschland in der Regel das Eigentum von Privatpersonen. Diese beteiligen sich finanziell an Unternehmen, entweder in Form von Beteiligungen an Kapitalgesellschaften oder als Gesellschafter einer Personengesellschaft.
Beteiligungen an Kapitalgesellschaften können z. B. in Form von Aktienkäufen erwirkt werden. An Personengesellschaften kann eine Beteiligung durch persönlichen Beitritt, etwa als Kommanditist einer Kommanditgesellschaft, erfolgen. Mit der Kapitalbeteiligung stellt eine Privatperson, in diesem Modell ein Wirtschaftssubjekt des Sektors Haushalt, dem Unternehmen Kapital zur Verfügung, welches das Unternehmen zum Erwerb von Anlage- und Umlaufvermögen verwendet. Für die Bereitstellung von Kapital fließt dem Sektor Haushalt weiteres Einkommen in Form von Gewinnbeteiligung, z. B. Dividende, zu.

Der Geldbrunnen in Aachen zeigt Figuren, die tauschen, betteln, handeln und verteilen.

Der Produktionsfaktor Natur ist ebenso Privateigentum, welches den Unternehmen von privaten Haushalten zur Verfügung gestellt wird, sei es durch Verpachtung oder indem das Unternehmen vom bereitgestellten Kapital Grund erwirbt. Damit stellt der Sektor Haushalt neben der Arbeitskraft auch die Produktionsfaktoren Kapital und Natur zur Verfügung. Haushalte und Unternehmen sind somit auf zweierlei Art miteinander verbunden.

Einerseits liefern Haushalte an die Unternehmen Produktionsfaktoren. Dafür erhalten sie Einkommen in Form von Gehalt, Zinsen oder Pacht. Andererseits verwenden sie das Faktoreneinkommen zum Erwerb von Konsumgütern von den Unternehmen. Für den Konsumgütererwerb zahlen die Haushalte an die Unternehmen entsprechende Entgelte.

Zwei Ströme, die zusammen gehören: Konsumgüterlieferung und Konsumgüterausgaben

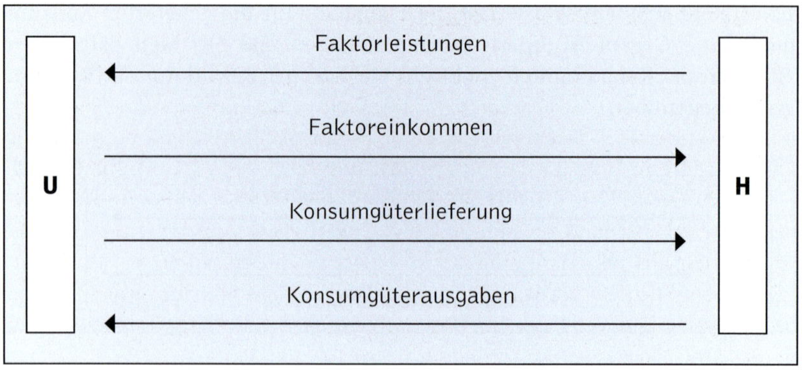

Faktorleistungen und Konsumgüterlieferungen steht jeweils eine adäquate Bezahlung gegenüber. Die Bezahlung ist wertmäßig der dafür erbrachten Leistung gleich, da die Bezahlung jeweils für die konkrete Leistung erfolgt. Daher kann man das Modell des Wirtschaftskreislaufs in der Darstellung vereinfachen und auf die Darstellung der Güterströme verzichten. Nachfolgend werden nur noch die Geldströme gezeigt. Aus Gründen der Übersichtlichkeit verwendet man im Zusammenhang mit dem Wirtschaftskreislauf Abkürzungen, die die Ströme benennen. Übliche Bezeichnungen sind dabei Fe für Faktoreinkommen und C_H für Konsumausgaben der Haushalte (aus dem Englischen: consumption).

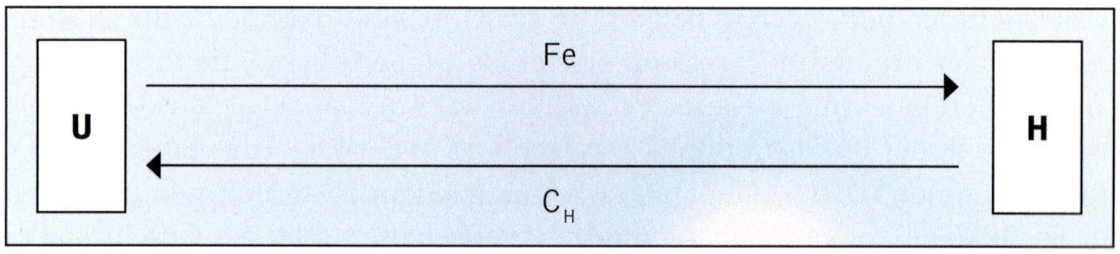

Der bisher entwickelte Wirtschaftskreislauf weicht sehr stark von der Realität ab. Bisher unterstellt der Wirtschaftskreislauf, dass es nur zwei Wirtschaftssektoren gibt. Es wird angenommen, dass Haushalte keine Ersparnisse tätigen und keine Steuern zahlen. Ferner wird angenommen, dass Unternehmen keinerlei Investitionen vornehmen und ebenfalls keine Steuern zahlen. Auch der Staat wird als Akteur bisher außer Acht gelassen. Tätigkeiten des Staates als Konsument oder als Erfüller öffentlicher Aufgaben sind bisher vernachlässigt worden. Schließlich wurde auch das Ausland als Handelspartner noch nicht berücksichtigt. Bisher werden Warenaus- und -einfuhren im Modell nicht berücksichtigt. Diese wirklichkeitsfremden Annahmen werden in späteren Kapiteln aufgelöst.

Dem bisher entwickelten Modell des Wirtschaftskreislaufs liegen vier grundsätzliche Annahmen zugrunde:

- Es gibt zwei Wirtschaftssektoren, die über Geld- und Güterströme miteinander verbunden sind. Dargestellt werden jedoch nur die Geldströme.
- Die Wirtschaft ist stationär, d.h., Haushalte tätigen keine Ersparnis, Unternehmen investieren nicht.
- Die Wirtschaft ist staatsfrei, d.h., staatliche Aktivitäten aller Art finden nicht statt.
- Die Wirtschaft ist geschlossen, d.h., es findet kein wirtschaftlicher Austausch mit dem Ausland statt.

2.8 Sparen der privaten Haushalte

Das Modell des einfachen Wirtschaftskreislaufs geht von der Annahme aus, dass Haushalte und Unternehmen über Geld- und Güterströme miteinander verbunden sind. Dabei wird unterstellt, dass die Haushalte ihr gesamtes Einkommen für Konsumzwecke verwenden und die Unternehmen ihre gesamten Einnahmen aus dem Konsumgüterverkauf als Einkommen an die privaten Haushalte ausschütten. Tatsächlich wird jedoch nur ein Teil der Einnahmen aus dem Konsum direkt wieder als Einkommen an die Haushalte ausgeschüttet. Die Haushalte ihrerseits verwenden nur einen Teil des zufließenden Einkommens zur Beschaffung von Konsumgütern, während ein anderer Teil in die Ersparnis fließt.

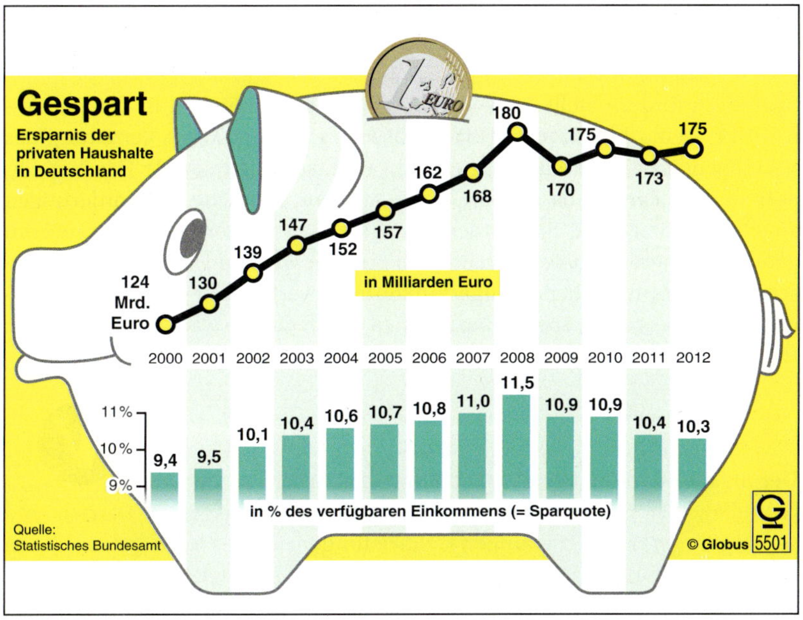

1. Verwenden Sie die Grafik „Gespart" und erläutern Sie den Begriff „Sparquote".
2. Welche Entwicklung kann man im Sparverhalten der Haushalte erkennen?
3. Welche Entwicklung ist bei der Sparquote festzustellen und wie lässt sich diese erklären?

Sparen ist momentaner Konsumverzicht. Freie Mittel des verfügbaren Einkommens werden zurückgelegt. Dabei gibt es unterschiedliche Sparmotive, die man in drei Gruppen einteilen kann.

- **Zwecksparen** ist das Sparen für eine bestimmte Anschaffung, die aus dem laufenden Einkommen nicht finanziert werden kann. Dazu gehört das Sparen für den Kauf eines Pkw, Computers, von Wohnungseigentum oder -einrichtung.

- **Vorsichtssparen** ist das Sparen mit der Absicht, zukünftige unplanmäßige Ereignisse abzusichern, z. B. größere Reparaturen an Haus oder Wohnung, unplanmäßige Ersatzbeschaffung von sonstigen Gegenständen des täglichen Lebens. Vorsichtssparen ist auch eine Sparhandlung, die existenzielle Risiken absichern soll, etwa bei eintretender Arbeitslosigkeit.

- **Vermögenssparen** verfolgt keine konkrete Absicht. Diese Form des Sparens ergibt sich besonders in höheren Einkommensschichten. Nach Befriedigung der Bedürfnisse verbleibt genügend Einkommen, welches dem Sparen zugeführt wird.

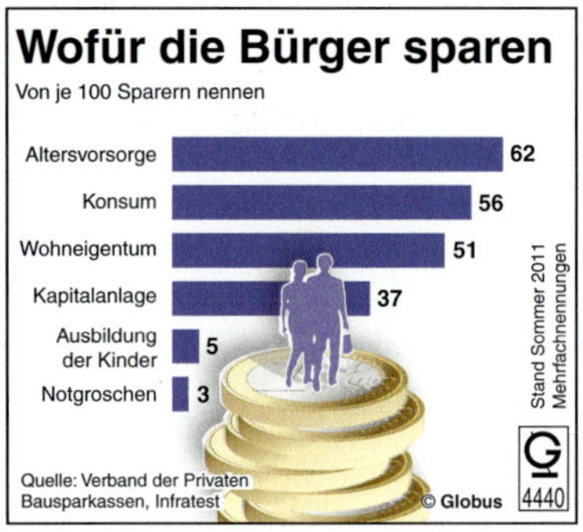

Hauptgrund für die Bildung von Ersparnissen ist die Altersversorgung. Bei der derzeitigen demografischen Entwicklung mit steigenden Rentnerzahlen und sinkender Geburtenrate erwarten viele Erwerbstätige, dass sie ihren Lebensstandard durch ihre zu erwartende Altersrente im Rentenalter nicht halten können. Das Ersparte soll dabei jedoch nicht die gesetzliche Altersrente ersetzen, sondern ergänzen.

Zweitwichtigstes Sparmotiv ist die Bildung von Eigenkapital für den Erwerb von Wohnungseigentum. Mehr als die Hälfte der Sparer gibt dieses Motiv für die Bildung von Rücklagen an. Einen hohen Stellenwert hat auch das Sparen für zukünftigen Konsum, d.h. für teurere Anschaffungen wie Pkw oder Wohnungseinrichtungen. Etwa die Hälfte der Sparer spart auch aus diesem Grund. Sparen zur Vermögensbildung ist Motiv für knapp der Hälfte der Sparer. Andere Spargründe, wie Versorgung der Kinder oder das Anlegen eines Notgroschens, spielen eher eine untergeordnete Rolle.

Sparen zu fördern stellt ein wichtiges sozialpolitisches Ziel in der Bundesrepublik Deutschland dar, da dadurch eine gleichmäßigere Verteilung des Vermögens in der Bevölkerung erreicht und damit der soziale Friede gefördert werden kann. Aus diesem Grund werden staatliche Sparförderungen angeboten. Staatliche Sparförderungen sind an Einkommensobergrenzen gebunden, damit soziale Gerechtigkeit erreicht wird und den Bevölkerungsschichten, die nur über geringe Einkommen verfügen, ein Sparen ermöglicht wird. Neben der Sparförderung wird durch die Auswahl der geförderten Produkte auch Einfluss auf die Art des Sparens genommen.

!

1. Erkundigen Sie sich bei einer Bank oder Sparkasse nach Anlageformen für vermögenswirksames Sparen.

V

Der Staat fördert die Vermögensbildung der Arbeitnehmer.
Grundlage der Förderung ist das 5. Vermögensbildungsgesetz. Danach sind vermögenswirksame Leistungen Geldleistungen, die der Arbeitgeber für den Arbeitnehmer anlegt. Häufig ist tarifvertraglich festgelegt, dass der Arbeitgeber die Sparleistung ganz oder teilweise übernimmt. Die jährliche Sparleistung beträgt maximal 480,– €. Wenn der Arbeitnehmer in den Genuss der staatlichen Sparförderung kommen will, muss

- er mit seinem Jahreseinkommen unterhalb der staatlich vorgegebenen Höchstgrenzen, die derzeit bei maximal 17.900,– € für Ledige und 35.800,– € für Verheiratete liegen und
- das Sparprodukt als förderungswürdig gelten.

Förderungswürdig sind nach dem Vermögensbildungsgesetz Sparprodukte über Wertpapiere oder andere Vermögensbeteiligungen, Bausparverträge, Lebensversicherungen und Sparverträge oder Maßnahmen, die zur Schuldentilgung von Wohneigentum eingesetzt werden.

Legt man sein Geld in vermögenswirksamen Leistungen an, erhält man bis zu 72,– € Arbeitnehmersparzulage vom Staat, wenn man das Geld in Aktien, Aktienfonds oder Beteiligungen anlegt und maximal 42,30 € bei Anlage in Bausparverträgen oder bei Schuldentilgung für Wohnungseigentum. Da die beiden Förderungen nebeneinander gewährt werden können, kann das vermögenswirksame Sparen mit bis zu 114,30 € jährlich bezuschusst werden.

2.9 Investitionstätigkeit der Unternehmen

Als Investition bezeichnet man die Anlage von Geldmitteln, um zukünftig Erträge zu erzielen. Der Begriff **Investition** ist sehr vielfältig und kann nach Art und Zweck weiter differenziert werden. Die Investitionsart beschreibt, wofür die Investition getätigt wird. Werden neue Maschinen, eine neue EDV-Anlage gekauft oder der Fuhrpark erneuert, handelt es sich um **Sachinvestitionen**. Werden Rechte oder Wissen erworben, so bezeichnet man dies als **immaterielle Investitionen**. Solche Investitionen können neue Mitarbeiter in der Forschung oder erworbene Lizenzen sein. Die dritte Gruppe der Investitionen bilden die Finanzinvestitionen. Diese kann man tätigen, indem man Wertpapiere oder Beteiligungen an Unternehmen kauft.

Art der Investition

Sachinvestition	Immaterielle Investition	Finanzinvestition
Gegenständliche Investitionen wie Grundstücke, Gebäude, Maschinen	Stofflose Investitionen wie Lizenzen, Patente, Know-how	Investitionen in Beteiligungen wie etwa Aktien

Eine andere Art der Einteilung der Investitionen ist die Unterscheidung nach dem Zweck. Hier wird die Frage beantwortet, warum eine Investition getätigt wurde. Prinzipiell kann man hier zwischen Erweiterungsinvestitionen und Ersatzinvestitionen unterscheiden.

Erweiterungsinvestitionen werden dann getätigt, wenn das Unternehmen expandieren will. Die Produktionsfähigkeit soll ausgeweitet werden. Dazu wird eine neue leistungsfähigere EDV-Anlage angeschafft. Erweiterungsinvestitionen werden auch als **Nettoinvestitionen** bezeichnet.

Das Anschaffen einer EDV-Anlage kann ebenso eine **Ersatzinvestition** sein. Dies ist der Fall, wenn die Anlage im Austausch gegen eine alte in das Unternehmen eingebracht wird.

Zweck der Investition

Erweiterungsinvestition	Ersatzinvestition
Die Produktionskapazität soll ausgeweitet werden, das Unternehmen expandiert.	Die Produktionskapazität soll erhalten werden, defekte Ausstattungsgegenstände werden durch neue ersetzt.

i

  Nettoinvestitionen
\+ Ersatzinvestitionen

  Bruttoinvestitionen

Pferdefuhrwerk

Pferdefuhrwerk mit Erweiterungsinvestition

Pferdefuhrwerk mit Ersatzinvestition

Hintergrund von Investitionen ist in Unternehmen in der Regel die Gewinnaussicht. Je besser die Wirtschaftslage und damit die Gewinnerwartung ist, desto reger ist die Investitionstätigkeit in der Wirtschaft.

Andererseits bedingt eine rege Investitionstätigkeit auch ein Wachstum der Wirtschaft. Investitionstätigkeit bedeutet, dass Unternehmen bei anderen Unternehmen Produktionsgüter nachfragen, wodurch die Produktion angeregt wird. Dadurch wird die Nachfrage nach Arbeitskräften steigen, die Arbeitslosigkeit sinkt. Weil ein größerer Teil der Bevölkerung in einem Beschäftigungsverhältnis steht, bewirkt dies eine Erhöhung des gesamtwirtschaftlichen Einkommens. Das bedingt eine höhere Nachfrage nach Konsumgütern von den Haushalten. Unternehmen, die Konsumgüter produzieren, können ihre Produktion ausweiten und mehr Arbeitskräfte beschäftigen.

1. Verwenden Sie die Grafik „Investitionen und Arbeitsplätze" und weisen Sie an ausgewählten Jahren nach, dass sich Investitionen und Beschäftigungsstand beeinflussen.

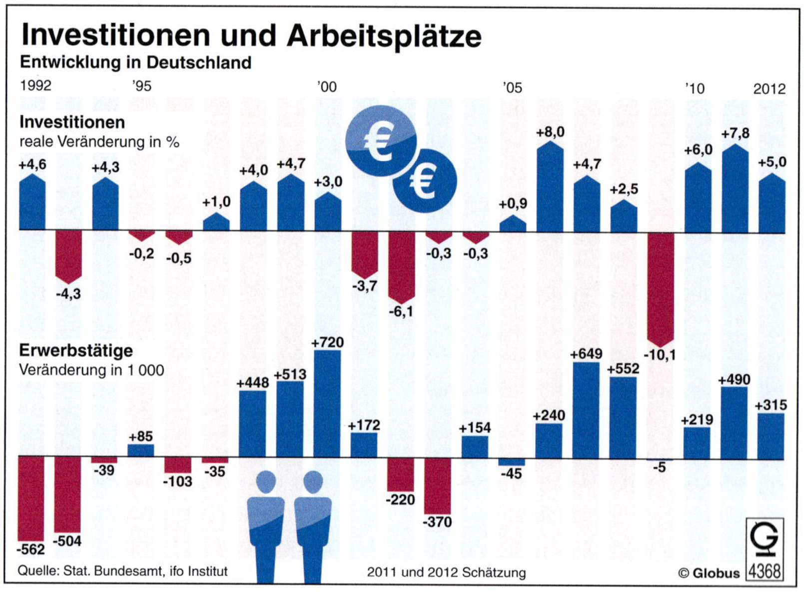

Die Grafik zeigt, dass zwischen Investitionstätigkeit und Beschäftigungsstand in einer Volkswirtschaft eine direkte Beziehung besteht. Investieren Unternehmen vermehrt, so steigt mit einer gewissen Verzögerung auch die Anzahl der Beschäftigten. Dies trifft jedoch nur zu, wenn es sich um Erweiterungsinvestitionen handelt. Ersatzinvestitionen erhalten die Beschäftigtenzahl lediglich.

Eine Besonderheit stellen **Rationalisierungsinvestitionen** dar. Rationalisierungsinvestitionen können als Ersatz- oder Erweiterungsinvestitionen getätigt werden und haben das Ziel, bei Erhaltung oder Ausweitung der Produktionskapazitäten die Beschäftigtenzahl zu reduzieren.

Ziel des Spiels ist es, dass alle Puzzleteile zu gleich großen Quadraten zusammengelegt sind, die inhaltlich sinnvoll in einem Zusammenhang stehen. Es gibt nur eine richtige Lösung.

Spielanleitung:
- Die Puzzleteile müssen kopiert und ausgeschnitten werden. Sie sollten beim Kopieren etwas vergrößert werden.
- In einer Gruppe spielen drei oder vier Spieler zusammen.
- Zu Spielbeginn werden alle Teile gemischt. Jeder Mitspieler erhält vier beliebige Puzzleteile.
- Gibt es nur drei Spieler, werden vier Puzzleteile in die Mitte des Spieltisches gelegt.
- Das Spiel der Stummen wird ohne zu sprechen gespielt.
- Meint ein Spieler, dass er ein bestimmtes Puzzleteil nicht benötigt, legt er dies in die Tischmitte.
- Benötigte Puzzleteile dürfen ausschließlich von der Tischmitte genommen werden.
- Keinesfalls darf man in die Figur eines Mitspielers greifen oder ein Puzzleteil vom Platz des Mitspielers nehmen.

1. Konstruieren Sie das Spiel der Stummen für die Themenbereiche Bruttowertschöpfung und Strukturwandel.

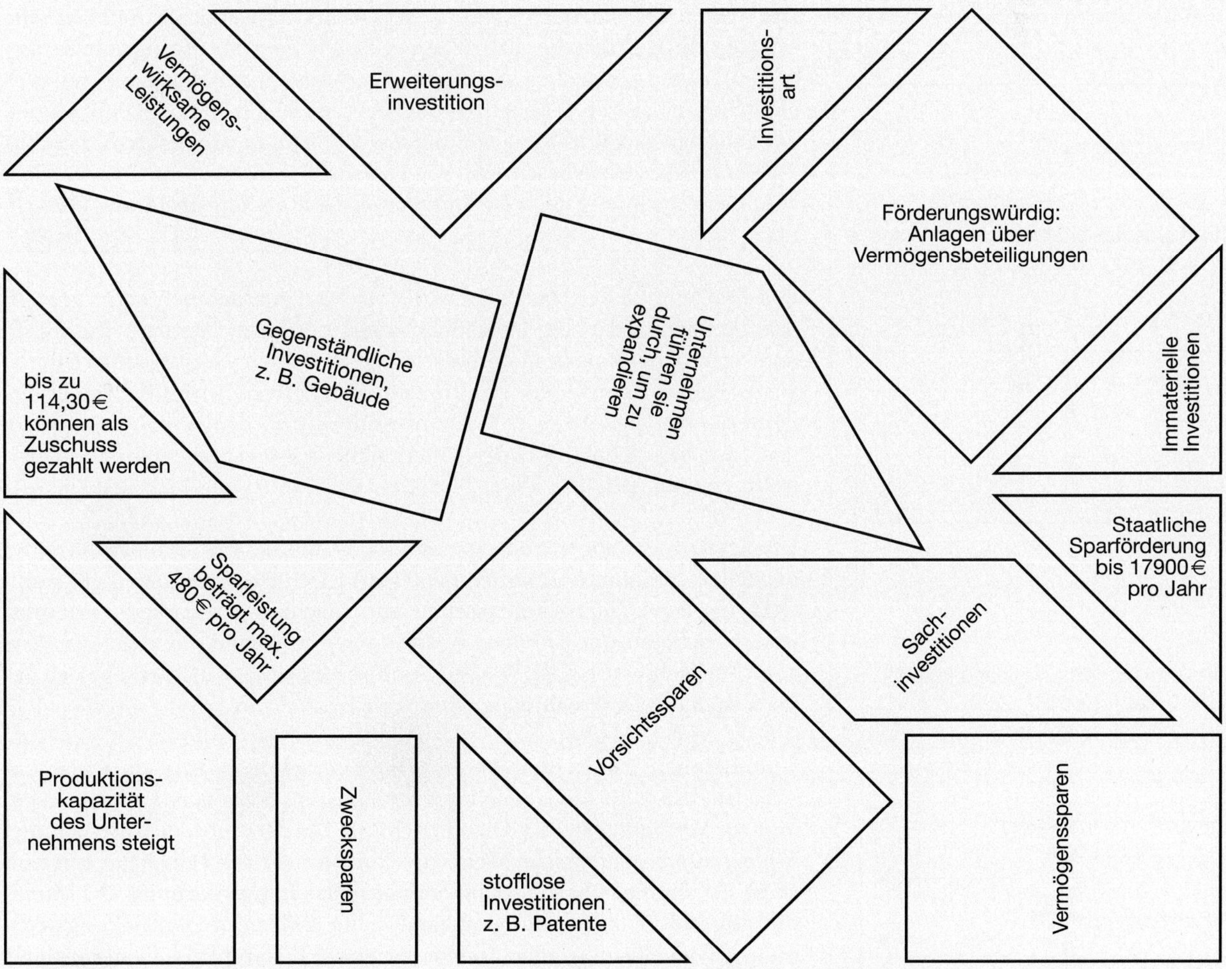

2.10 Sparen und Investieren im Wirtschaftskreislauf

Das Sparverhalten der Bevölkerung und das Investitionsverhalten der Unternehmen hat unmittelbare Auswirkungen auf das Wirtschaftsgeschehen. Die Wirkung soll am Modell des Wirtschaftskreislaufs gezeigt werden.

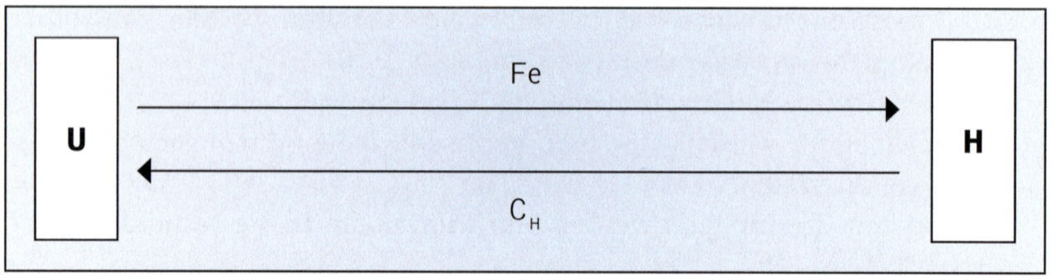

Das auf Seite 40 entwickelte Modell enthält zwei Wirtschaftssektoren: Unternehmen und Haushalte, die über Faktorleistungen und Konsumgüterlieferung sowie die dazugehörige Bezahlung miteinander verbunden sind. Wie gesehen, erbringen private Haushalte neben der Konsumtätigkeit jedoch auch eine Sparleistung. Unternehmen tätigen mit einem Teil der zufließenden Geldmittel Investitionen.

Das Sparen der Haushalte ist zunächst ein Konsumverzicht. Die Haushalte erhalten ein Einkommen, das sie entweder für Konsum oder für die Ersparnis verwenden. Zusätzlich zum Strom C_H (Konsum der Haushalte) muss es einen Strom „Sparen der Haushalte" geben, sodass gilt, dass das Einkommen der Haushalte so groß wie die Summe aus Konsumausgaben und Ersparnis ist. Da die Gleichung beschreibt, wie Haushalte ihr Einkommen verwenden, wird diese Rechnung auch als **Einkommensverwendungsrechnung** bezeichnet.

Das Einkommen der Haushalte wird von den Unternehmen dafür gezahlt, dass Konsumgüter oder Investitionsgüter hergestellt werden. Zusätzlich zum Ertrag aus Konsumgüterlieferungen fließt dem Sektor Unternehmen auch Geld aus dem Verkauf von Investitionsgütern zu. Investitionsgüter dienen entweder in Form von Ersatzinvestitionen (I^e) dem Erhalt des Vermögens, d. h. dem Kapitalstock des Unternehmens, oder sie erweitern ihn durch Neuinvestitionen (I^n).

Um Ersatzinvestitionen zu tätigen, müssen Unternehmen Produktionsgüter herstellen, die andere Unternehmen kaufen. Den Unternehmen fließt somit Geld aus dem Unternehmenssektor zu. Gleichzeitig verlassen ausgemusterte Maschinen und ähnliche Ausstattungsgegenstände in gleichem Wert den Unternehmenssektor. Werden Neuinvestitionen getätigt, erhöht sich das Vermögen des Unternehmenssektors.

Unternehmen zahlen den Haushalten Einkommen dafür, dass sie ihre Arbeitsleistung für die Herstellung von Konsumgütern oder Investitionsgütern zur Verfügung stellen. Die Betrachtung von der Seite der Unternehmen her beschreibt, auf welche Weise das Einkommen der Haushalte entsteht. Diese Rechnung heißt daher **Einkommensentstehungsrechnung**. Die Durchführung von Ersatzinvestitionen kann in die Einkommensentstehungsrechnung mit eingebaut werden, indem der Strom I^e sowohl als Zu- als auch als Abstrom ergänzt wird.

Einkommensverwendungsrechnung:
$Fe = C_H + S_H$

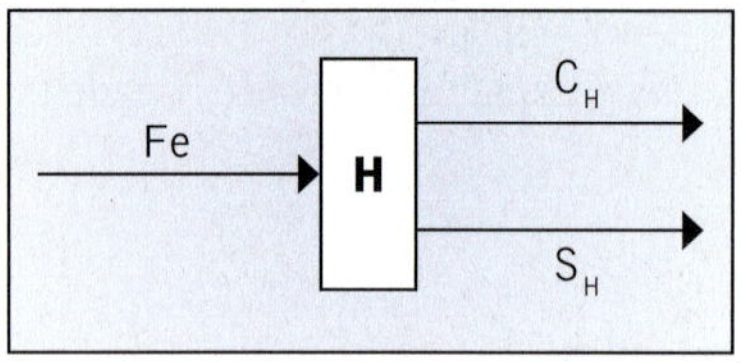

Tätigen von Ersatzinvestitionen:

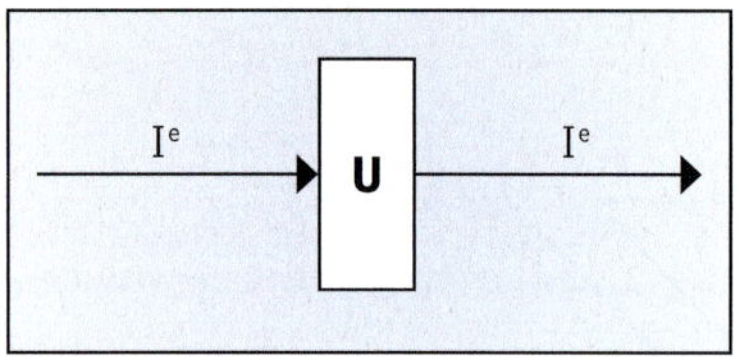

Einkommensentstehungsrechnung:
$I^n + C_H = Fe$

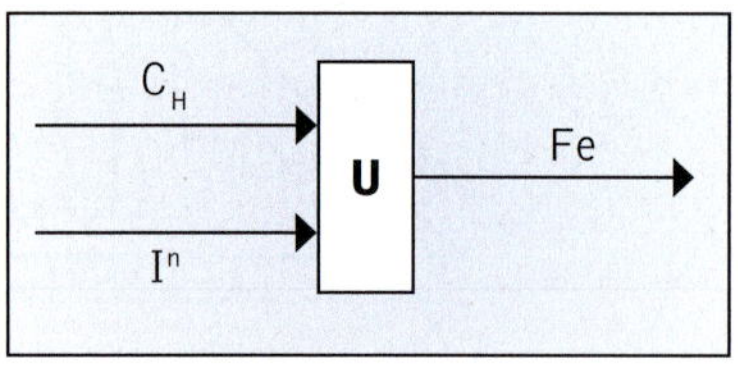

Einkommensentstehungsrechnung mit Ersatzinvestitionen:
$I^n + I^e + C_H = Fe + I^e$

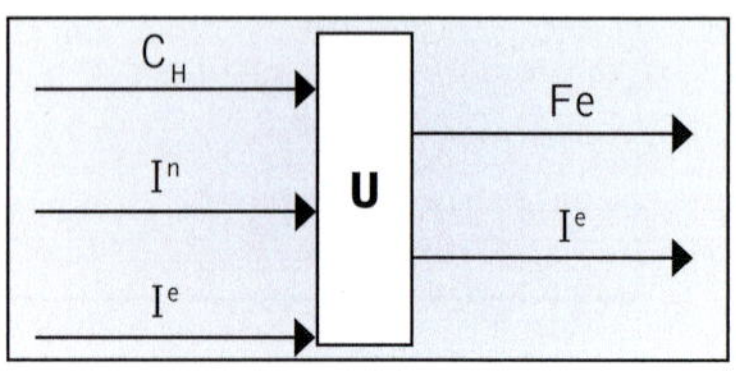

2.11 Der Sektor Vermögensveränderung

Spar- und Investitionstätigkeit führen in einer Volkswirtschaft zum Zuwachs des Vermögens. Das Vermögen verändert sich sowohl im Haushalts- als auch im Unternehmenssektor. Die Haushalte tätigen Ersparnisse, indem sie Geld zur Bank bringen und dort in verschiedenen Formen anlegen. Im Modell des Wirtschaftskreislaufs sind die Banken jedoch im Unternehmenssektor integriert, arbeiten gewinnorientiert und zahlen Einkommen an den Sektor Haushalt. Um im Modell des Wirtschaftskreislaufs die Überschneidungen der Bank als Unternehmen und als Steuerungsinstrument der Vermögensbildung zu verhindern, wird der unternehmerische Teil ausgeblendet und ein Sektor geschaffen, der nur die **Vermögensveränderung** erfasst.
Im Gegensatz zu den Sektoren Unternehmen und Haushalten, welche eine Vielzahl von einzelnen Wirtschaftssubjekten zu einem Sektor zusammenfassen, beschreibt der Sektor Vermögensveränderung nur, wie sich das Vermögen im Laufe einer Wirtschaftsperiode in einer Volkswirtschaft verändert. Zunächst führen die Haushalte dem Sektor Vermögensveränderung Geld in Höhe der gebildeten Ersparnisse zu. Solange die Ersparnis nicht aufgelöst wird, wird Vermögen in dieser Höhe gebildet. In einer Volkswirtschaft wird mit erspartem Geld gearbeitet. Unternehmen beschaffen sich Geld, um zu investieren, und erhöhen somit ihren Kapitalstock. Aus dem Sektor Vermögensveränderung fließt Kapital zu den Unternehmen. Der Kapitalstock wird durch Neuinvestitionen erhöht. Zusätzlich werden Ersatzinvestitionen getätigt, die als Strom vom Unternehmen zum Unternehmen dargestellt werden. Durch Ersatzinvestitionen verändert sich der Kapitalstock eines Unternehmens nicht.

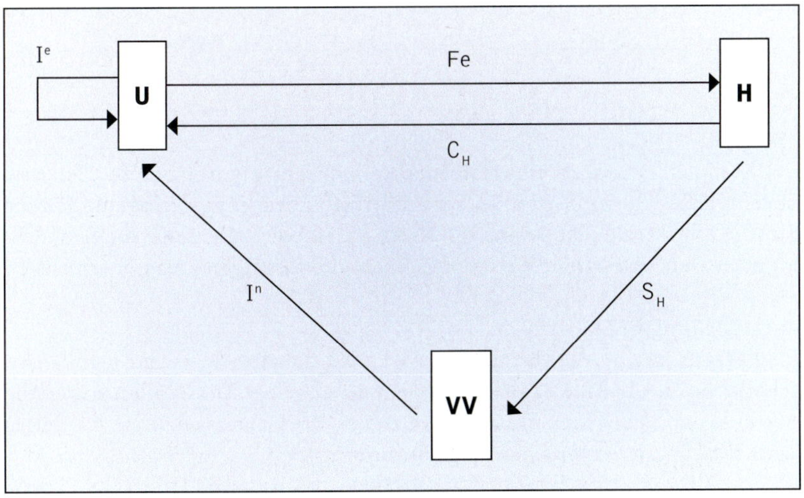

1. Welchem Sektor ist eine Bank zuzuordnen? Begründen Sie Ihre Entscheidung.
2. Geben Sie an, welcher wesentliche Unterschied zwischen dem Sektor Vermögensänderung und den anderen Wirtschaftssektoren im Wirtschaftskreislauf besteht.
3. Erläutern Sie, inwieweit Sparen und Investieren voneinander abhängen.

Sparen bedeutet, dass Nachfrager zunächst auf Konsum verzichten. Statt ihr Geld auszugeben, legen sie es an. Die Produktion in den Unternehmen ist also geringer, als wenn die Nachfrager ihr gesamtes Geld in den Konsum stecken würden. Das schränkt die Volkswirtschaft ein. Andererseits stellen Sparer der Volkswirtschaft Geld zur Verfügung, welches sich Unternehmen über Bankkredite ausleihen können, um Investitionen zu tätigen. Eine gewisse Spartätigkeit ist also notwendige Voraussetzung dafür, dass kreditfinanzierte Investitionen getätigt werden können. So gesehen fördert Sparen die Entwicklung der Volkswirtschaft.

Darstellungsformen des Kreislaufs

Das Kreislaufmodell ist in der Wirtschaftswissenschaft Handwerkszeug zur Analyse der aktuellen Wirtschaftslage und dient als Prognoseinstrument für den zukünftigen wirtschaftlichen Verlauf. Dazu können im Kreislauf unterschiedliche Betrachtungen angestellt werden. Entsprechend gibt es verschiedene Darstellungsformen des Kreislaufs.

a) Grafische Darstellung

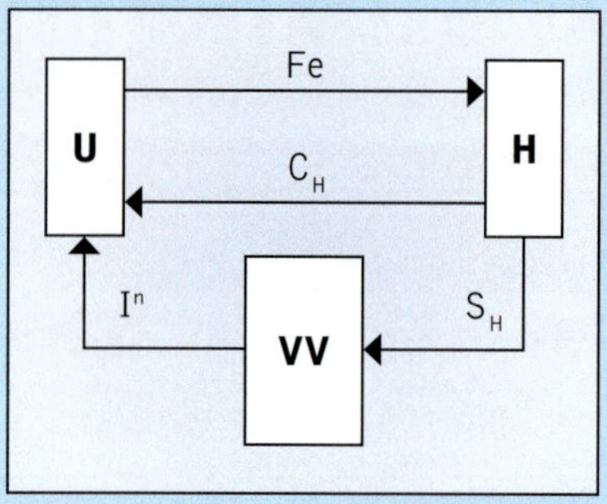

Die grafische Darstellung ist von den vorangegangenen Seiten bereits bekannt. Es gibt drei Wirtschaftssektoren, die über Geld- und Güterströme miteinander verbunden sind. Dargestellt werden nur die Geldströme.

b) Darstellung als Gleichungssystem

Aus der grafischen Darstellung lässt sich die Darstellung als Gleichungssystem ableiten. Für jeden Sektor wird eine Gleichung erstellt, die auf der einen Seite die Abflüsse und auf der anderen Seite die Zuflüsse zeigt.

Unternehmen:	$Fe = C_H + I^n$
Haushalt:	$Fe = C_H + S_H$
Vermögensveränderung:	$I^n = S_H$

c) Darstellung in Kontenform

Soll	Haben

Soll	U	Haben
Fe		C_H I^n

Soll	H	Haben
C_H S_H		Fe

Soll	VV	Haben
I^n		S_H

Ein Konto ist eine Darstellungsform der Buchführung mit zwei als Soll und Haben bezeichneten Seiten. In der Kreislaufbetrachtung werden im Soll die Ströme erfasst, die den Sektor verlassen, im Haben diejenigen, die dem Sektor zufließen. Für jeden Wirtschaftssektor wird ein eigenes Konto erstellt.

d) Darstellung in Matrixform

Eine Matrix ist die Anordnung von Werten in Tabellenform. Für jeden Wirtschaftssektor wird eine Spalte und eine Zeile angelegt. Die Spalten zeigen die Abflüsse von, die Zeilen die Zuflüsse zu den Wirtschaftssektoren. Die letzte Zeile und Spalte zeigt die jeweilige Summe an.

Zuflüsse Abflüsse	U	H	VV	Σ
U	—	Fe		Fe
H	C_H	—	S_H	$C_H + S_H$
VV	I^n		—	I_n
Σ	$C_H + I^n$	Fe	S_H	—

1. In einer geschlossenen Volkswirtschaft sei das Faktoreinkommen Fe 100 Geldeinheiten, die Ersparnis der Haushalte S_H 20 Geldeinheiten. Ermitteln Sie die übrigen Werte.
2. Stellen Sie die ermittelten Werte aus Aufgabe 1 in den vier möglichen Formen dar.

Die Wirtschaft eines Landes teilt man in **Wirtschaftssektoren** ein:
- **Primärer Sektor** (Landwirtschaft, Forstwirtschaft und Fischerei),
- **Sekundärer Sektor** (Bergbau, Energiewirtschaft, Bauwirtschaft und verarbeitendes Gewerbe),
- **Tertiärer Sektor** (Handel, Verkehr und Dienstleistungen),
- **Quartärer Sektor** (Informations- und Kommunikationstechnologien). Bisher war dieser Bereich im tertiären Sektor enthalten.

Das **Bruttoinlandsprodukt** ist der Wert aller Sachgüter und Dienstleistungen abzüglich der Vorleistungen bewertet zu Marktpreisen, der im Laufe einer Wirtschaftsperiode innerhalb der Landesgrenzen erbracht wird. Das BIP gilt als Messgröße für die Entwicklung einer Volkswirtschaft. Dabei unterscheidet man nach
- Nominalwert = Menge · Preis und
- Realwert = Menge aktuelles Jahr · Preis Vorjahr.

Der Realwert schaltet die Preisentwicklung des letzten Jahres aus und betrachtet nur die mengenmäßige Veränderung.

Im Laufe von ca. 150 Jahren hat sich in Deutschland ein Strukturwandel von einer Agrargesellschaft (bis Mitte des 19. Jahrhunderts) über eine Industriegesellschaft (ausgelöst durch die Erfindung der Dampfmaschine) zu einer Dienstleistungsgesellschaft vollzogen. Mittlerweile entwickelt sich innerhalb des Dienstleistungssektors ein Schwerpunkt im Informations- und Kommunikationsbereich, der als vierter Sektor betrachtet werden kann.

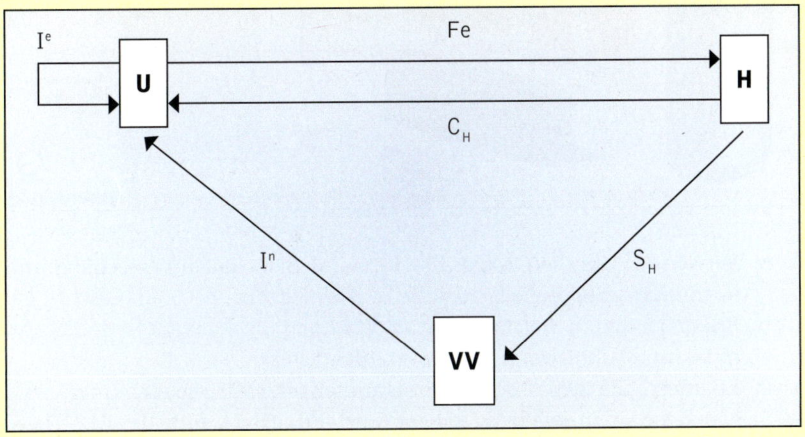

Das Sparen der Haushalte ist vorübergehender Konsumverzicht. Spargründe sind Zwecksparen (für eine bestimmte Anschaffung), Vorsichtssparen (Absicherung) und Sparen zur Vermögensbildung.

Als **Investition** bezeichnet man die Anlage von Geldmitteln durch Unternehmen, um zukünftig Erträge zu erzielen. Man unterscheidet nach Investitionsart Sachinvestitionen (gegenständlich), immaterielle Investitionen (Rechte), Finanzinvestitionen (Beteiligungen) und nach Investitionszweck Ersatzinvestitionen (Erhalt des Kapitalstocks) und Neuinvestitionen (Erweiterung des Kapitalstocks).

Wichtige Begriffe:
Agrargesellschaft
Bruttoinlandsprodukt
Bruttonationaleinkommen
Dienstleistungsgesellschaft
Ersatzinvestition
Erweiterungsinvestition
Haushalt
Industriegesellschaft
Investition
Primärer Sektor
Quartärer Sektor
Realwert
Sekundärer Sektor
Strukturwandel
Tertiärer Sektor
Unternehmen
Vermögensveränderung
Wachstumsraten

U	$Fe + I^e = C_H + I^n + I^e$
H	$Fe = C_H + S_H$
VV	$I^n = S_H$

BIP
Es erfasst den Wert der Sachgüter und Dienstleistungen.

Es erfasst nicht,
- wie gerecht die Verteilung der Werte ist (wird es gleichmäßig verteilt oder gibt es viele Arme und wenige Reiche?),
- auf wie viele Menschen es verteilt wird,
- wie es erzeugt wurde (welche Arbeitsbedingungen, welche gesundheitlichen Belastungen gab es?),
- welche Produkte erzeugt wurden (wie hoch ist der Anteil, der durch Reparaturen zustande kam?).

Ferner erfasst es nicht eigen erzeugte Produkte (Ernte aus dem eigenen Garten) sowie nicht registrierbare Arbeitsleistungen (Schwarzarbeit, Arbeit von Hausfrauen).

1. a) Nennen Sie die Wirtschaftssektoren und erklären Sie, was sich dahinter verbirgt.
   b) Beschreiben und begründen Sie die Entwicklung in den Wirtschaftssektoren in den letzten 50 Jahren.
   c) Welche Folgen hat der Wandel der Wirtschaftssektoren für die Bevölkerung eines Landes?
2. a) Definieren Sie den Begriff „Bruttoinlandsprodukt" und grenzen Sie ihn gegen das Bruttonationaleinkommen ab.
   b) Verwenden Sie nebenstehenden Infotext und beurteilen Sie die Aussagekraft des Bruttoinlandsprodukts als Wohlstandsindikator für eine Volkswirtschaft.
   c) Grenzen Sie die Begriffe Nominalwert und Realwert gegeneinander ab und begründen Sie, warum der Realwert für die Bewertung der Wirtschaftslage geeigneter ist.

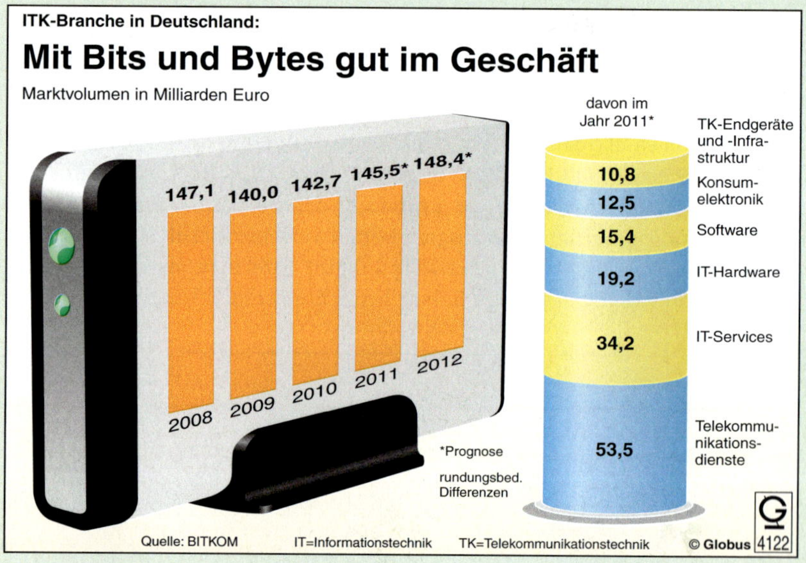

3. a) Verwenden Sie die Grafik „Mit Bits und Bytes gut im Geschäft" und formulieren Sie die Kernaussage in zwei Sätzen.
   b) Erläutern Sie, in welchem Zusammenhang die Aussage in der Grafik mit dem Strukturwandel in Deutschland steht.
   c) Erläutern Sie den Begriff „Einkommensentstehungsrechnung" und geben Sie an, in welchem Teil der Entstehungsrechnung des BIP dieser Wirtschaftszweig erfasst ist.

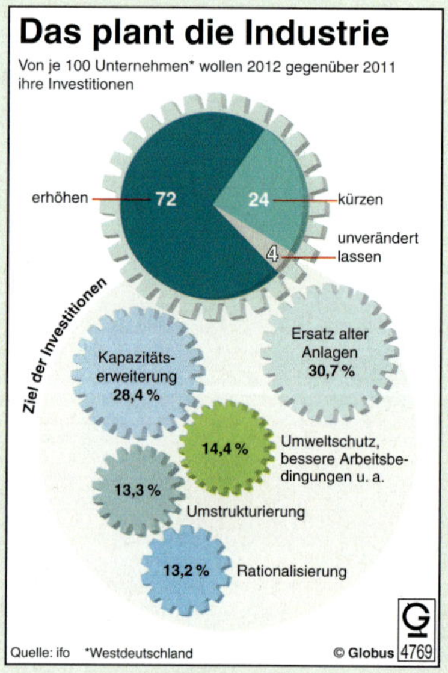

4. a) Geben Sie an, welche wesentlichen Aussagen die Grafik „Das plant die Industrie" enthält. Erläutern Sie dabei auch die einzelnen Investitionsarten, die im Schaubild genannt sind.
   b) Erläutern Sie, wie sich die Pläne der Unternehmen im Wirtschaftskreislauf bemerkbar machen. Erstellen Sie eine Wirkungskette.
   c) Stellen Sie differenziert dar, welche Konsequenzen die Haushalte von den Investitionen für Kapazitätserweiterung, Rationalisierung und Anlagenersatz zu erwarten haben.
   d) Welche Konsequenzen sind bei Durchführung der Pläne der Unternehmen für das BIP zu erwarten?

II Zentrale Aspekte der Wirtschafts- und Rechtsordnung der BRD

1 Soziale Marktwirtschaft als Wirtschaftsordnung

2 Steuern und soziale Sicherung in der sozialen Marktwirtschaft

3 Öffentliches Recht als Handlungsrahmen

1 Soziale Marktwirtschaft als Wirtschaftsordnung

1.1 Grundprobleme einer Wirtschaft

Der eine fährt Sportwagen ...
... der andere Trambahn.

In einer Familie sind viele Entscheidungen zu treffen. Es muss überlegt werden, welches Handy gekauft wird, wer kocht und wer den Abwasch erledigt. Neben vielen kleinen Entscheidungen, die täglich anfallen, muss geregelt werden, wohin der nächste Urlaub geht, wie ein neues Auto zu finanzieren ist, ob eine Eigentumswohnung erworben wird oder nicht.

Wie in einer Familie so müssen auch in einer Gesellschaft zahlreiche Entscheidungen getroffen werden. Es muss entschieden werden, wer Brötchen herstellt und wer Computersoftware, welche Personen Straßen bauen und wer unterrichtet. Den Arbeitskräften sind ihre Aufgaben zuzuweisen und die erzeugten Waren müssen auf die Gesellschaftsmitglieder verteilt werden, wobei die einen Kaviar essen und die anderen Kartoffeln, die einen mit dem Sportwagen fahren und andere den Bus nehmen.

Schlaraffenland

Da das Schlaraffenland in der wirtschaftlichen Wirklichkeit nicht existiert, sind die Wünsche und Bedürfnisse der Menschen im Verhältnis zu den vorhandenen Gütern immer knapp. Jede Gesellschaft ist darum gezwungen, die vielen Aktivitäten, die im Zusammenhang mit der Gewinnung und dem Verbrauch von Gütern entstehen, sinnvoll zu regeln.

Hierbei sind die drei Grundprobleme des Wirtschaftens zu lösen:

1. **Wer** entscheidet über die Güterproduktion und den Güterkonsum?
   Sollen alle Gesellschaftsmitglieder am Entscheidungsprozess beteiligt werden oder wird er einer Person überlassen? (**Entscheidungsproblem**)

2. **Was (wie viel)** soll erzeugt werden?
   Darunter versteht man die Frage, welche Güter und wie viele von jeder Güterart erstellt werden sollen. (**Produktionsproblem**)

3. **Für wen** wird produziert?
   Wer soll die Güter, die hergestellt werden, erhalten? (**Verteilungsproblem**)

Liegen die Entscheidungen über Produktion und Konsum in der Hand einer Person oder kleinen Sippe, so spricht man von **Selbstversorgungswirtschaft** (Subsistenzwirtschaft). Produzenten und Konsumenten sind weitestgehend identisch und es werden nur die Güter erzeugt, die dem eigenen Verbrauch dienen.
Ausschließlich für den Eigenbedarf produzieren nicht nur einfache Bevölkerungsgruppen Zentralafrikas, wie z. B. die Pygmäen. Auch die häusliche Selbstversorgung mit eigenem Gemüse- und Obstbau sowie die Nachbarschaftshilfe in entwickelten Volkswirtschaften gehören zu dieser Wirtschaftsform. Diese einfache Form des Wirtschaftens, in der man von der Hand in den Mund lebt, erfordert noch keine komplizierte Organisation.

1. Gehen Sie den drei Grundproblemen des Wirtschaftens in der (Ihrer) familiären Situation nach.
2. Beantworten Sie die drei Grundfragen für die Situation in der Bundesrepublik Deutschland.

Im Laufe der Zeit spezialisierten sich einzelne Menschen auf bestimmte Tätigkeiten und erzeugten mehr, als sie verbrauchten. Damit waren sie gezwungen, ihre Überschussproduktion gegen andere Güter einzutauschen. Arbeitsteilig produzierende Gesellschaften erfordern die Lösung komplizierter Tauschvorgänge und damit eine sinnvolle Organisation von Güterherstellung und Verbrauch.

In einer **arbeitsteiligen Wirtschaft** erfolgt – vereinfacht dargestellt – die Gütererstellung und der Konsum in getrennten Wirtschaftseinheiten. Die Produktion erfolgt in den Unternehmen und der Konsum in den Haushalten. Unter der Wirtschaftseinheit Unternehmen versteht man die Summe aller Betriebe, also alle Handwerks-, Industrie-, Landwirtschaftsbetriebe usw., in denen Sachgüter und Dienstleistungen arbeitsteilig erzeugt werden. Die Wirtschaftseinheit Haushalt wird von allen Familienhaushalten, aber auch den öffentlichen Haushalten gebildet. Die Haushalte stellen den Unternehmen überwiegend Arbeitsleistung zur Verfügung, damit diese Investitions- und Konsumgüter herstellen können. Die Unternehmen stellen den Haushalten Konsumgüter zur Verfügung.

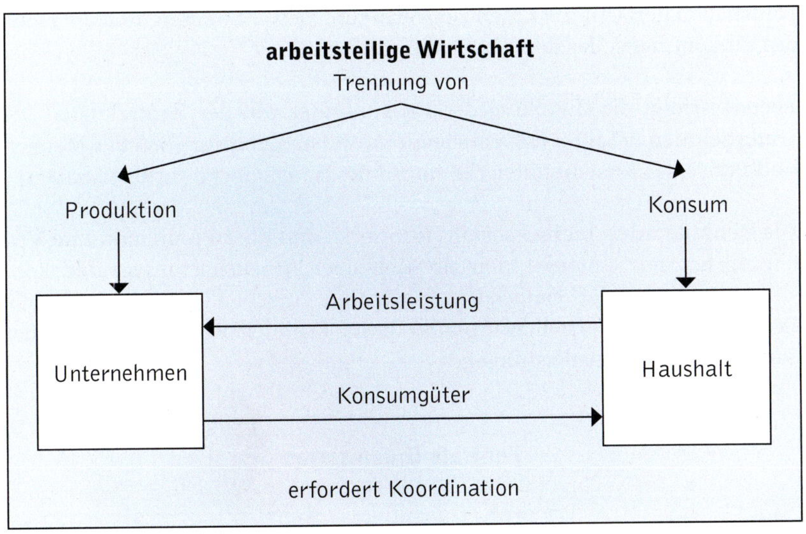

Innerhalb der beiden Wirtschaftseinheiten erfolgt eine Spezialisierung, wobei die Unternehmen sich auf die Produktion bestimmter Güterarten bis hin zu einzelnen Produktteilen konzentrieren. Bei den privaten Haushalten hingegen versuchen die Erwerbstätigen ihren Arbeitsplatz und ihr Einkommen durch eine verstärkte berufliche Qualifizierung zu sichern. Die immer stärker zunehmende Arbeitsteilung und Spezialisierung erlaubt die Steigerung der Produktivität und damit des materiellen Wohlstands vieler Menschen.

Die Trennung von Unternehmen und Haushalt und die immer weiter zunehmende Spezialisierung erfordert die Koordination zwischen den Wirtschaftsbereichen.

1. „Einst haben sie auf
den Bäumen gehockt,
behaart und mit wilder Visage,
dann hat man sie aus
dem Urwald gelockt
und sie asphaltierten
die Straße." (Eugen Roth)
Ordnen Sie dem Gedicht von Eugen Roth die verschiedenen Wirtschaftsstufen zu und begründen Sie kurz.

Wie wichtig die Arbeitsteilung für den Wohlstand eines Landes ist, wurde erstmals von *Adam Smith* beschrieben:
„Ein Arbeiter, der noch niemals Stecknadeln gemacht hat und auch nicht dazu angelernt ist (...), könnte, selbst wenn er fleißig ist, täglich höchstens eine, sicherlich aber keine zwanzig Nadeln herstellen. Aber so, wie die Herstellung von Stecknadeln heute betrieben wird (...), zerfällt sie in eine Reihe getrennter Arbeitsgänge, die zumeist zur fachlichen Spezialisierung geführt haben. Der eine Arbeiter zieht Draht, der andere streckt ihn, ein dritter schneidet ihn, ein vierter spitzt ihn zu, ein fünfter schleift das obere Ende, damit der Kopf aufgesetzt werden kann. (...)
Obwohl sie nun sehr arm und recht und schlecht mit dem nötigen Werkzeug ausgerüstet waren, konnten sie am Tage doch etwa 12 Pfund Stecknadeln anfertigen, wenn sie sich einigermaßen anstrengten. Rechnet man für ein Pfund über 4.000 Stecknadeln mittlerer Größe, so waren die 10 Arbeiter imstande, täglich etwa 48.000 Nadeln herzustellen, jeder also ungefähr 4.800 Stück."
(Quelle: Smith, A.: Der Wohlstand der Nationen)

Modellflugzeuge sind verkleinerte Abbildungen von Flugzeugen, die in Wirklichkeit vorkommen. Sie stimmen nur in bestimmten Teilen mit den tatsächlichen Maschinen überein. Trotzdem kann man sich das reale Flugzeug sehr gut vorstellen. Ein Wirtschaftssystem ist das Modell einer wirtschaftlichen Wirklichkeit.

Es sind dabei prinzipielle Überlegungen nötig, wie das Zusammenleben in einer Gesellschaft aufgebaut werden soll. Um zu sinnvollen Ergebnissen zu kommen, bedient man sich der Modellmethode. Ebenso wie eine Landkarte das verkleinerte maßstabsgetreue Modell einer konkreten Landschaft ist, versucht man für eine Gesamtwirtschaft ein stark vereinfachtes strukturiertes Abbild zu schaffen. Solche idealistischen Ordnungsmodelle einer realen Volkswirtschaft bezeichnet man als **Wirtschaftssysteme**.

Unter **Wirtschaftssystem** versteht man eine gedankliche Ordnung anhand von Modellen, die die Koordinationsprinzipien und Strukturmerkmale einer Wirtschaft vereinfacht beschreiben.

Bei einem Wirtschaftssystem geht man der Frage nach, wie in einer arbeitsteiligen Wirtschaft die Tätigkeiten der einzelnen Beteiligten optimal aufeinander abgestimmt werden können. Beginnt man mit den prinzipiellen Überlegungen zum Wirtschaftssystem, so kann die Koordination von Unternehmen und Haushalten auf zwei verschiedene Arten geregelt werden: entweder zentral oder dezentral.

Bei einem **zentralen Wirtschaftssystem** bestimmt eine Stelle, welche Güter in welchem Umfang produziert werden und wie sie an die Haushalte zu verteilen sind. Sie legt damit die Menge der Arbeitsleistungen fest, die von den Haushalten den Unternehmen zur Verfügung gestellt werden, und die Höhe des Einkommens, das den Haushalten zufließt.

Ebenso erfolgt die Zuteilung der Konsumgüter von der Zentrale aus. Die Unternehmen erhalten entsprechende Anweisungen bezüglich der Mengen und Preise der Konsumgüter, die sie auf die Haushalte zu verteilen haben.

Die Zentrale muss hierbei sowohl Informationen über Produktion und Verteilung bei den Unternehmen als auch über Arbeitsleistungen und Konsumwünsche bei den Haushalten beschaffen. Anschließend hat sie für alle Bereiche Pläne zu erstellen. Anhand dieser Pläne erfolgt die Zuteilung der Sachgüter und Dienstleistungen.

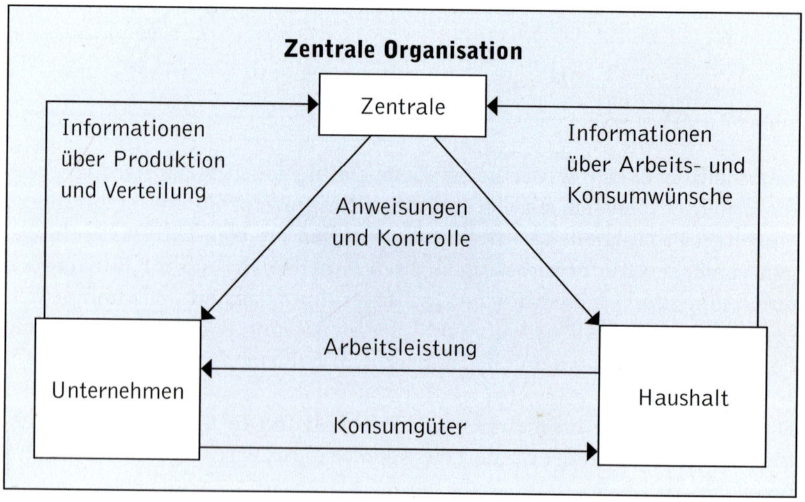

1. Wodurch unterscheiden sich das Wirtschaftssystem und eine wirkliche Volkswirtschaft?
2. „Ein Modell, das alle Aspekte der Realität erfasst, ist so sinnvoll wie eine Landkarte eins zu eins."
   Belegen Sie diese Aussage.

In einem **dezentralen Wirtschaftssystem** entscheiden die Unternehmen selbstständig über die Güterproduktion und die einzelnen Haushalte über den Konsum. Die Frage, welche Güter in welchem Umfang produziert werden, liegt im alleinigen Ermessen der Unternehmen. Die Haushalte wiederum entscheiden durch ihren Kauf oder Nichtkauf, wie die Güter verteilt werden. Der Markt übernimmt die Abstimmung zwischen den jeweiligen Einzelplänen.

Die Haushalte stellen am Arbeitsmarkt ihre Arbeitskraft zur Verfügung und die Unternehmen benötigen den Faktor Arbeit für ihre Produktion. Am Arbeitsmarkt treffen demnach Angebot und Nachfrage nach Arbeitskräften aufeinander. Für den Faktor Arbeit und die anderen Produktionsfaktoren zahlen die Unternehmen Löhne, Gewinne, Zinsen, Mieten oder Pachten.

Das Einkommen verwenden die Haushalte, um am Konsumgütermarkt Konsumgüter zu kaufen. Die Unternehmen haben diese Güter mithilfe der Produktionsfaktoren erzeugt und bieten sie am Konsumgütermarkt an.

Auch bei den Investitionsgütern (Produktionsfaktor Kapital) bildet sich ein Investitionsgütermarkt, wobei spezialisierte Unternehmen bestimmte Produkte anbieten und anderen Unternehmen diese Produkte als Vorleistungen verkaufen.

Die Haushalte und Unternehmen stimmen ihre Einzelpläne an den Märkten über die Preise ab. Fragen die Haushalte mehr Güter nach, steigt der Preis und die Unternehmen sind geneigt, mehr Güter herzustellen (siehe auch Kapitel 1.5).

Am Arbeitsmarkt wird Arbeitsangebot und Arbeitsnachfrage über die Lohnbildung in Übereinstimmung gebracht. Steigt die Nachfrage der Unternehmen nach Arbeitskräften – weil sie mehr Güter verkaufen können –, so wird der Lohn steigen. Bei einem höheren Lohn sind die Arbeitskräfte bereit, länger zu arbeiten. Ist bei den Unternehmen der Absatz ihrer Waren rückläufig, benötigen sie weniger Arbeitsleistung. Demzufolge muss der Lohn sinken, wenn alle Arbeitskräfte beschäftigt werden sollen. Dieser Mechanismus wurde von Ferdinand Lassalle als „ehernes Lohngesetz" bezeichnet und führte in der Mitte des 19. Jahrhunderts zur Verelendung der Arbeiterschaft.

Dezentrale Organisation

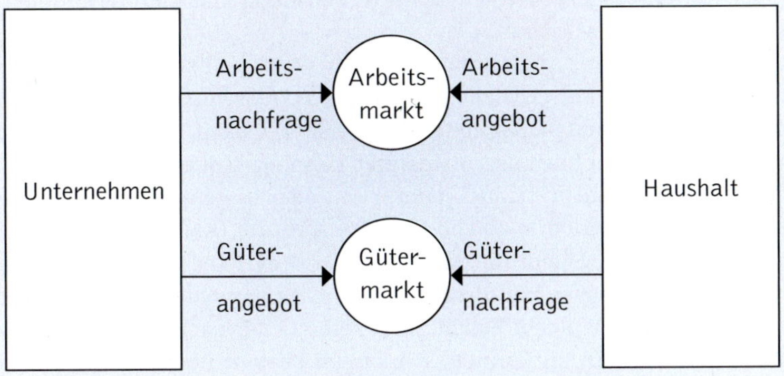

Auch in der Familie gibt es dezentrale und zentrale Entscheidungen!

1. In einem Familienhaushalt sind viele Probleme zu lösen. Es gibt Familien, in denen bei wichtigen Entscheidungen alle Familienmitglieder beteiligt sind, in anderen Familien entscheidet allein der Vater bzw. die Mutter.
   Beschreiben Sie die Vorteile und Nachteile beider Verfahren.

2. Entwickeln Sie ein Schema mit den Begriffen „dezentrale und zentrale Wirtschaftssysteme" in der Kopfleiste. Tragen Sie folgende Begriffe in die Vorspalte ein: Entscheidungsproblem, Produktionsproblem, Verteilungsproblem. Füllen Sie die Leerfelder inhaltlich auf.

3. Beim dezentralen Wirtschaftssystem gelten am Arbeitsmarkt die Regeln des Marktes. Zeichnen Sie ein Koordinatensystem mit Hochwertachse (Lohn), Rechtswertachse (Arbeitsmenge) und tragen Sie die Kurven des Arbeitsangebot und der Arbeitsnachfrage ebenso wie die Begriffe „Gleichgewichtslohn" und „Gleichgewichtsarbeitsmenge" ein.

Wohnblock

Hausordnung

Auszug aus einer Hausordnung

Auch ein Fußballspiel verläuft nach Regeln.

1.2 Zentralverwaltungswirtschaft und freie Marktwirtschaft

Wenn Menschen in Frieden zusammenleben wollen, müssen sie sich eine Ordnung geben und auf bestimmte, von allen akzeptierte Regeln einigen. Das Zusammenleben mehrerer Mietparteien in einem Wohnblock wird durch eine Hausordnung geregelt, in der festgelegt ist, wer die Treppen reinigt und wie lange musiziert werden darf. Auch in einer Volkswirtschaft müssen zentrale ökonomische Probleme geregelt und folgende Fragen beantwortet werden:

- Wem gehört was? (Eigentumsverhältnisse)
- Wer kann darüber verfügen? (Vertragsverhältnisse)
- Wie werden die Handlungen der Menschen koordiniert? (Koordinationsmechanismus)
- Wer entscheidet über die Preise der Güter? (Preisbildung)
- Wer bestimmt die Höhe der Löhne? (Lohnbildung)

Unter **Ordnungselementen** versteht man die Organisationsprinzipien einer Wirtschaft, die in gegensätzlicher Ausprägung auftreten können und in ihrem Zusammenwirken verschiedene Ordnungsmodelle (Wirtschaftssysteme) ergeben.

Die genannten Fragen befassen sich mit den ökonomischen Ordnungselementen in einer Gesellschaft.

Ein wesentliches Ordnungselement in einer Wirtschaft sind die **Eigentumsverhältnisse**. Ökonomisch stellt Eigentum das ausschließliche Recht einer Person an einem Wirtschaftsgut dar, d. h. die Möglichkeit, es zu verkaufen, zu verleihen, zu verschenken usw. Prinzipiell kann ein Gut einer einzelnen Person gehören, dann liegt Privateigentum vor, oder es gehört allen Menschen zusammen, dann spricht man von Gemeineigentum (Kollektiveigentum).

Das Verfügen über Eigentum oder Besitz erfordert rechtliche Regelungen in Form der **Vertragsverhältnisse**. Gilt der Grundsatz der Vertragsfreiheit, muss jedermann das Recht haben, über seine Güter nach freiem Ermessen Verträge abschließen zu können. Prinzipiell besteht noch die Möglichkeit der totalen Einschränkung der Vertragsfreiheit.

!

1. In allen Organisationen, in denen Menschen zusammenwirken und Ziele verfolgen, muss das Zusammenleben geregelt werden.
   Suchen Sie nach Ordnungselementen, die das Zusammenleben in folgenden Organisationen regeln:
   - Verein,
   - Betrieb,
   - Schule.

Die verschiedenen Formen von Eigentums- und Vertragsverhältnissen erzwingen einen unterschiedlichen **Koordinationsmechanismus** zwischen Produktion und Konsum. Entweder erfolgt die Abstimmung zwischen Angebot und Nachfrage am Markt oder durch die Festsetzung einer Zentralbehörde in Form eines Planes. Der Marktmechanismus erzwingt eine Reihe von weiteren Freiheitsrechten wie die Wettbewerbsfreiheit auf den Güter-, Arbeits- und Finanzmärkten. Freier Wettbewerb erfordert bei den Unternehmen die Gewerbefreiheit, d.h. das Recht, Betriebe zu gründen, aber auch das Risiko der Insolvenz. Für den Arbeitnehmer bedeutet Konkurrenz die freie Wahl des Arbeitsplatzes, jedoch auch das Risiko der Arbeitslosigkeit.

Beim Koordinationsmechanismus des Planes muss die Zentralbehörde die Freiheitsrechte unterbinden, da die Gründung bzw. Auflösung eines Betriebes und die Verfügung über Arbeitskräfte alleiniges Recht der Zentrale ist.

Bei der **Preisbildung** auf den Gütermärkten können sich die Preise frei nach Angebot und Nachfrage entwickeln, d.h., es gibt Preissteigerungen, aber auch sinkende Preise. Beim Koordinationsmechanismus des Planes werden die Preise für einen langen Planungszeitraum, in der Regel mehrere Jahre, von der Zentralbehörde festgelegt.

Auch bei der **Lohnbildung** bieten sich zwei Möglichkeiten an: Arbeitnehmer und Arbeitgeber handeln am Arbeitsmarkt die Höhe der Löhne und Gehälter frei aus. Andererseits kann die Lohnhöhe von der Zentralbehörde festgelegt werden.

Beim Ordnungsmodell der **freien Marktwirtschaft** werden von den selbstständigen Unternehmen und den unabhängigen Haushalten in eigener Verantwortung Einzelpläne entworfen. Das freie Verfügen über Güter erfordert Privateigentum und Vertragsfreiheit. Die Koordination zwischen den Wirtschaftseinheiten erfolgt auf den Märkten, wobei auf den Gütermärkten freie Preisbildung herrscht und sich am Arbeitsmarkt die Löhne frei bilden können.

Im Wirtschaftssystem der **Zentralverwaltungswirtschaft** bestimmt eine zentrale Behörde sämtliche Pläne, die in der Wirtschaft zu vollziehen sind. Dies verlangt ein zentrales Verfügen über sämtliche Güter und damit Kollektiveigentum, Einschränkung der Vertragsfreiheit und abhängige, an Weisungen gebundene Unternehmen und Haushalte. Die Zentrale entwickelt Pläne, die den Arbeitskräfteeinsatz und die Güterverteilung regeln, und legt die Preise und Löhne fest.

Ordnungselemente und Wirtschaftssysteme

Ordnungselemente	freie Marktwirtschaft	Zentralverwaltungswirtschaft
Eigentumsverhältnisse	Privateigentum	Kollektiveigentum
Vertragsverhältnisse	Vertragsfreiheit	Vertragsunfreiheit
Koordinationsprinzip	Markt	Plan
Preisbildung	freie Preisbildung	Preisfestsetzung
Lohnbildung	freie Lohnbildung	Lohnfestsetzung

Verwalter mit Knotenschrift

Q

Der Inkastaat teilte die Menschen in Hundertschaften, Tausendschaften ein ... Niemand war Herr seiner eigenen Person. die Fortpflanzung war geregelt ... alle Erzeugnisse mussten in die staatlichen Lager abgeliefert werden, deren Verwalter daraus drei Teile machten. Lebensmittel wurden nach Kopfquoten zugeteilt, Geld gab es nicht. Der Kalender teilte die Pflichten der Tage des Jahres mit mechanischer Strenge ein ...

Quelle: Baskai, nach Baudin, Der sozialistische Staat der Inkas, in: Geml, R./Treml, W./Wolf Ch.-P.: Grundlagen der Volkswirtschaftslehre, 1. Aufl. 1987, S. 57

!

1. Um welches Wirtschaftssystem handelt es sich beim Inka-Staat? Belegen Sie dies anhand der Ordnungselemente.

2. Erläutern Sie die Organisation der Wirtschaft zur Zeit der ägyptischen Pharaonen.

Karl Marx (1818–1883)

1.3 Planwirtschaftliche Wirtschaftsordnungen

Wirtschaftssysteme sind Ordnungsmodelle, also abstrakte Überlegungen und idealtypische Vorstellungen, die in der wirtschaftlichen Wirklichkeit normalerweise nicht vorkommen. Die in der Realität vorkommenden Ausprägungen dieser Denkmodelle bezeichnet man als Wirtschaftsordnungen.

Unter **Wirtschaftsordnung** versteht man die konkrete Ausgestaltung der Wirtschaft eines Landes durch rechtliche Regelungen, Verhaltensweisen, Organisationsformen und Institutionen.

Wirtschaftsordnungen, die auf dem Wirtschaftssystem der Zentralverwaltungswirtschaft aufbauen, werden als (sozialistische) Planwirtschaften bezeichnet. Dient das Ordnungsmodell der freien Marktwirtschaft als Grundlage für die Wirtschaftsordnung, so spricht man von (sozialen) Marktwirtschaften.

Die Wirtschaftsordnung der **Planwirtschaft** war bis Ende der 1980er-Jahre in vielen Ländern Ost- und Mitteleuropas verbreitet. Alle Mitgliedsstaaten des sogenannten Ostblocks, wie z. B. Polen, Ungarn und die Deutsche Demokratische Republik (DDR), waren Planwirtschaften. Auch China, einige Länder Afrikas und Kuba waren planwirtschaftlich organisiert.

Der Planwirtschaft liegt die Weltanschauung des **Sozialismus** zugrunde, nach dem der Mensch ein Gemeinschaftswesen ist und seine Eigeninteressen dem Gemeinwohl unterzuordnen hat. Wenn das Gemeinwohl höher bewertet wird als der Eigennutz, muss das Privateigentum abgeschafft werden, da es egoistische Bestrebungen ermöglicht. Karl Marx als geistiger Vater des wissenschaftlichen Sozialismus bezeichnete das Privateigentum als die entscheidende Ursache für soziale Ungerechtigkeiten und die Verelendung der Arbeiterklasse.

Planbilanz für ein Gut

Aufkommen	Verwendung
Anfangsbestand Produktion Fehlmenge	Endbestand Konsum (Überschussmenge)

In einer Planwirtschaft muss eine zentrale Behörde geschaffen werden, die Planbilanzen erstellt. Diese Bilanzen erfassen das Aufkommen, also Anfangsbestand und Produktion, aber auch die Verwendung mit Endbestand und Konsum eines jeden Gutes. Es müssen jedoch nicht nur die Planbilanzen für die Endprodukte erstellt werden, sondern auch für die Vorprodukte. Hierbei unterscheidet man Güter verschiedener Ordnung. Ein Gut „erster Ordnung", also das Endprodukt, sind z. B. Schuhe. Das Gut „zweiter Ordnung" wäre dann Leder, und das Gut „dritter Ordnung" sind Häute. Die Bedarfsrechnung hat so lange zu erfolgen, bis das Gut letzter Ordnung, z. B. Rinder, erreicht ist. Die Zentrale muss zudem noch berücksichtigen, dass Leder nicht nur für Schuhe, sondern auch für Taschen oder Mäntel verarbeitet wird. Nachdem die Zentrale im Anschluss an die Informationsphase die komplizierten Planbilanzen erstellt hat, muss sie die Fehlmengen (eventuell Überschussmengen) korrigieren und verbindliche Auflagen als Produktionsanweisungen für Unternehmen erlassen.

Solche Pläne wurden für mehrere Jahre erstellt, sodass es in der DDR 1951 den ersten Fünfjahresplan gab, ab 1959 einen Siebenjahresplan. Später wurde auf Perspektivpläne umgestellt.

Zum Ende des vorigen Jahrhunderts zeigte sich immer deutlicher, dass die zentralen Planwirtschaften in ihrer wirtschaftlichen Leistungsfähigkeit nicht sehr effizient waren. Vor allem in den 1980er-Jahren gerieten diese Wirtschaftsordnungen gegenüber den westlichen Marktwirtschaften sehr stark ins Hintertreffen, sodass die meisten zu Beginn der 1990-Jahre gezwungen waren, ihre Wirtschaften umzustellen und marktwirtschaftliche Elemente einzuführen.

Als wichtige Gründe für die geringe wirtschaftliche Leistungsfähigkeit der Planwirtschaften können genannt werden:

- zu lange Informationswege und ungenaue Angaben über die Produktionsmöglichkeiten **(weiche Pläne)**
  In einer Planwirtschaft kann es zu Interessenkonflikten zwischen der Zentrale und den nachgeordneten Produktionsstätten kommen. Die höheren Instanzen versuchen in Verhandlungen hohe Planauflagen (harte Pläne) durchzusetzen, die Betriebe hingegen sind an leicht zu erfüllenden Plänen (weiche Pläne) interessiert. Sind die Planvorgaben zu knapp angesetzt, so kommt es zu Produktionsausfällen, da die notwendigen Vorprodukte fehlen; sind sie zu reichlich bemessen, so werden Produktionsmöglichkeiten verschenkt.

- Unterbrechungen beim Produktionsvorgang **(schwerfällige Organisation)**
  Jede Güterherstellung kann durch anfällige ältere Maschinen, durch unregelmäßige Rohstoffversorgung bzw. durch unwillige oder unfähige Mitarbeiter gestört werden. Diese Produktionsstörungen mussten der Zentrale gemeldet werden und diese hatte durch geänderte Anweisungen auf diese Vorgänge zu reagieren. Der gesamte Produktionsvorgang wurde dadurch äußerst anfällig und schwerfällig.

- mangelnder technischer Fortschritt und geringe Produktqualität **(veraltete Produkte)**
  Durch das System der Planvorgaben fehlte den Betrieben oft der Anreiz, sich laufend um die Verbesserung der Produktqualität zu bemühen und den technischen Fortschritt zu fördern. Gelang es einem Betrieb, den technischen Fortschritt zu verwirklichen, so wurden der Zentrale Produktionsreserven signalisiert und somit die Planauflagen in der nächsten Planrunde erhöht.

- unzureichende Güterversorgung **(Unzufriedenheit in der Bevölkerung)**
  Da der Produktionsvorgang äußerst kompliziert und damit anfällig war, wurden die Güter meist nicht in der nötigen Menge und in der gewünschten Qualität erzeugt. Es kam immer öfter zu Versorgungsengpässen. Oft neigten die Beschäftigten dazu, die von ihnen erzeugten Güter selbst einzutauschen oder im Bekanntenkreis zu verschieben. Diese Störungen bei der Güterverteilung bedeuteten für viele Verbraucher Konsumeinschränkungen, führten damit zu sozialen Spannungen und wachsender Unzufriedenheit in der Bevölkerung.

Schlange vor einem Lebensmittelgeschäft in der DDR

1. Nennen Sie die wirtschaftlichen Gründe, die zur Wiedervereinigung der beiden deutschen Staaten geführt haben.
2. Ein weit verbreitetes Auto in der DDR war der Trabbi. Informieren Sie sich über die technische Ausstattung, Lieferzeiten und die Preise eines Neu- bzw. Altwagens.
3. „In der HO keine Verwandten, im Konsum keine Bekannten, aus dem Westen kein Paket, und da fragste, wie's mir geht?" Interpretieren Sie diesen Alltagsspruch aus der DDR.

Trabbi

Suche gut erh. Trabbi; biete bei Bedarf Parkett und Zentralheizg. – Ofen, Guss (Wertausgleich). Zu erfragen bei Anzeigenannahme 4301 Dankerode.

BIETE TIEFKÜHLTRUHE, 70 l, neuw., suche Radial- oder Winterbereifung, 155 oder 165-SR-13. Zuschriften unter 746 549, DEWAG

Eine Schülerin beim freien Vortrag vor der Klasse

„Steh fest auf,
machs Maul auf,
hör bald auf."
Martin Luther

Die Präsentationstechnik ist der Schlüssel für den beruflichen Erfolg.

Ein verfallenes Haus in der DDR

1. Wesen

Eine Präsentation ist eine zusammenhängende und mediengestützte sprachliche Darbietung von Ihnen oder mehrerer Schüler mit dem Ziel, die Mitschüler zu informieren, Zusammenhänge aufzuzeigen und eine Meinungsbildung zu ermöglichen. Es handelt sich um eine schüleraktive Methode, bei der Sie für einen abgegrenzten Themenbereich selbstständig Material sammeln, bearbeiten und präsentieren.

Die Präsentationsmethode bietet die Chance, das Gelernte anzuwenden, und leistet einen wichtigen Beitrag zur Persönlichkeitsbildung. Wer im beruflichen Leben Erfolg haben will, benötigt die Qualifikationen, die eine Präsentation bietet.
Zudem steigert ein gelungener Vortrag Ihr Selbstvertrauen und baut die Angst, vor Menschen zu sprechen, ab.

2. Zielsetzung

Wichtige Zielsetzung der Präsentation ist, dass Sie bestimmte Kompetenzen anbahnen, üben und vertiefen. Beim Themenbereich **„Wirtschaftsordnung der Deutschen Demokratischen Republik (DDR)"** können Sie vor allem folgende Kompetenzen schulen:

Fachkompetenz

Sie erarbeiten sich fachliche Kenntnisse, und hier vor allem
- ein Wissen über die Wirtschaftsordnung der DDR,
- ein Verständnis für die Funktionsweise einer Planwirtschaft,
- Kenntnisse über die staatlichen Organisationsstrukturen,
- ein Bewusstsein über die Vor- und Nachteile der Planwirtschaft.

Kommunikative Kompetenz

Sie entwickeln und schulen Ihre sprachlichen Fähigkeiten wie z. B.
- den freien Vortrag mit Gestik, Mimik und richtiger Modulation der Stimme,
- die Entwicklung geschickter Argumentationsketten,
- die Fähigkeit, Ihre Mitschüler zu informieren und zu überzeugen.

Sie erwerben eine zunehmende Selbstsicherheit beim Vortrag.

Methodenkompetenz

Hier wird vor allem der überlegte Einsatz von Medien geübt, wie z. B.
- der Einsatz von Folien, unter anderem in Form von Karikaturen, Tabellen, Grafiken,
- die überlegte Entwicklung eines Tafelbildes mit sauberer Schrift,
- die durchdachte PowerPoint-Präsentation,
- die Überlassung von Handouts in Form von Zeitungsausschnitten, Arbeitsblättern usw.

Sozial- und Personalkompetenz

Vor allem bei arbeitsteilig vorgetragenen Präsentationen sind gefordert:
- Verhaltensweisen wie Kooperationsbereitschaft, Teamgeist und Fairness,
- Arbeitstugenden wie Zuverlässigkeit, Pünktlichkeit,
- Eigenschaften wie Ordentlichkeit und Sauberkeit beim Materialeinsatz.

3. Ablauf
Die Themen der Präsentation „Wirtschaftsordnung der Deutschen Demokratischen Republik" können von Ihnen bearbeitet und referiert werden; sie können jedoch auch von einer Gruppe bearbeitet und arbeitsteilig vorgetragen werden.

Themenstellung
Im Anschluss an die Behandlung der Wirtschaftsordnung der DDR kann der Lehrer vier Themen einer vertiefenden Präsentation vorschlagen:
Thema (Gruppe) 1: Entstehung der Wirtschaftsordnung der DDR
Thema (Gruppe) 2: Organisation der Produktion in der DDR
Thema (Gruppe) 3: Versorgungssituation in der DDR
Thema (Gruppe) 4: Der Untergang der DDR

Die Anzahl der Themen wie auch die inhaltliche Ausgestaltung kann geändert werden.

Gruppenbildung
Jeder Schüler entscheidet sich für ein Thema und tritt einer Gruppe bei.

Gruppenarbeit
Jede Gruppe sammelt zum Thema möglichst viel Material, wobei ältere Schulbücher, Lexika, Internet, Fachaufsätze usw. verwendet werden können. Zudem muss der Medieneinsatz genau überlegt und geplant werden. Zum Schluss sind der oder die Präsentatoren zu benennen.

Präsentation
Während einer Unterrichtsstunde wird das erarbeitete Material den Mitschülern möglichst abwechslungsreich, informativ und fachlich fundiert dargeboten.

Mögliche Probleme
- Während der Präsentation funktionieren die technischen Geräte nur unzureichend.
- Die Aufmerksamkeit der Zuhörer ist mangelhaft.
- Misslungene Präsentationen können das Selbstvertrauen mindern und Ängste steigern.

4. Nachbesprechung
In einer Nachbesprechung wird der inhaltliche und methodische Aufbau der Präsentation nochmals aufbereitet. Hierbei kann folgenden Fragen nachgegangen werden:
- War das dargebotene Material themengebunden?
- War der Vortrag gründlich vorbereitet?
- War die Arbeitsteilung in der Gruppe sinnvoll?
- War der Medieneinsatz überlegt?

Präsentationen müssen immer wieder geübt werden. Man wird jedes Mal überzeugender.

Vier Regeln einer guten Präsentation
- gut vorbereiten
- für Aufmerksamkeit sorgen
- frei sprechen
- Medien sinnvoll einsetzen

Vortrag halten

Ehrenbanner für hohe Leistungen zum 30. Jahrestag der DDR verliehen
Zentralkomitee der SED, Staatsrat, Ministerrat und Bundesvorstand des FDGB zeichnen 250 Kollektive für vorbildliche Taten im sozialistischen Wettbewerb aus/Ehrungen in allen Bezirken

Berlin (ADN). In Anerkennung herausragender Leistungen im sozialistischen Wettbewerb zu Ehren des 30. Jahrestages der DDR haben das Zentralkomitee der SED, der Staatsrat der DDR, der Ministerrat der DDR und der Bundesvorstand des FDGB 250 Ehrenbanner verliehen.
Quelle: Neues Deutschland vom 17.09.1979

1.4 Marktwirtschaftliche Wirtschaftsordnung

Adam Smith (1723–1790); schottischer Nationalökonom und Moralphilosoph

Die Auffassung über die Stellung des Menschen in der Gesellschaft beeinflusst sehr stark die Art und Weise, wie eine Wirtschaft organisiert ist. Steht der Mensch, das Individuum (lat., das Unteilbare), im Mittelpunkt der Weltanschauung, so spricht man von Individualismus. Hier ist die Freiheit des Einzelnen und dessen Recht auf Streben nach Glück oberster Grundsatz. Der Individualismus ist die Grundlage für den **Liberalismus** als einer geistig-politischen Bewegung am Ende des 18. Jahrhunderts, nach der die größtmögliche Freiheit der Individuen zu einer vollkommenen Wirtschaftsordnung führt. Jeder soll sich als Mensch frei und ungebunden entfalten können und jedem soll ein Streben nach Glück ermöglicht werden.

Der Liberalismus geht von einer vorgegebenen Harmonie der Dinge im Sinne einer natürlichen Vernunftordnung aus, nach der sich alles selbst regelt. Sein Motto lautet demnach: Laissez faire, laissez aller, le monde va de lui-meme. Das bedeutet, dass jeder Eingriff des Menschen in diese prästabilisierte Harmonie zu Störungen führt und die freie Entfaltung der Kräfte hemmt. Der Staat soll daher die Wirtschaft sich selbst überlassen und nicht störend eingreifen. Ferdinand Lassalle (1825–1864) hat einen solchen Staat als „Nachtwächterstaat" bezeichnet. Der Bürger kann in dieser Wirtschaft seinen einzelwirtschaftlichen egoistischen Zielen nachgehen, da der Staat lediglich ein Zweckverband ist, der die Freiheitsrechte zu garantieren hat.

Auf der Idee des Liberalismus beruht die Wirtschaftsordnung der Marktwirtschaft, deren Grundlagen und Funktionsweise der Schotte Adam Smith in seinem Buch „An inquiry into the nature and causes of wealth of nations" beschrieben hat. In diesem Standardwerk der Volkswirtschaftslehre erläutert Smith die beiden tragenden Säulen der Marktwirtschaft.

1. Eigennutz dient dem Gemeinwohl

Die eigentliche Antriebskraft der Wirtschaft ist der Egoismus des einzelnen Menschen. Dadurch, dass jeder seine Einzelinteressen verfolgt, trägt er zum Wohl der gesamten Gesellschaft bei, ohne dies selbst zu wollen.

2. Preismechanismus des Marktes

Smith geht von einer „invisible hand" aus, die imstande ist, über den Preismechanismus auf den Märkten die Interessen der Unternehmen und Haushalte in Einklang zu bringen. Die unsichtbare Hand des Preises dirigiert die wirtschaftlichen Aktivitäten in eine für alle Wirtschaftssubjekte sinnvolle Richtung. Die Einzelinteressen der Wirtschaftssubjekte treffen auf den Märkten aufeinander und werden durch den Preismechanismus koordiniert.

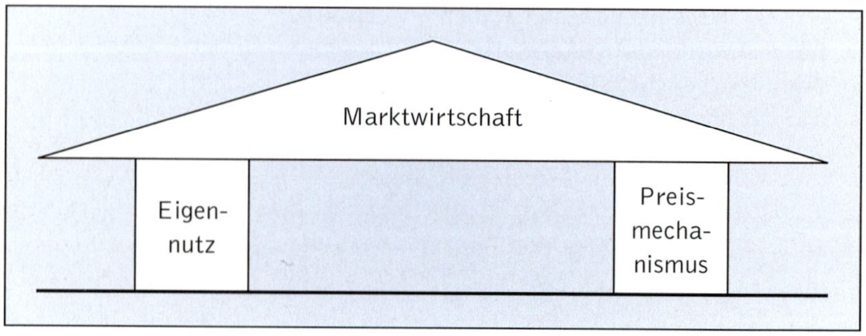

Der britische Denker Adam Smith ließ sich von dem Holländer Bernard Mandeville inspirieren, der mit seiner Bienenfabel einen Skandal verursachte.

In einem Bienenstock – Spiegel unserer Gesellschaft – herrscht großer Wohlstand, aber auch großes Laster. Die Gesellschaft wünscht sich die Tugenden, insbesondere die christliche Nächstenliebe zurück. Als jedoch dieser Wunsch erfüllt wird und es tatsächlich keine Laster mehr in dieser Gesellschaft gibt, verschwinden mit einmal auch jede Aktivität und aller Wohlstand, und bald stellen sich Müßiggang, Langeweile und Chaos ein!

Smith schreibt: „Nicht vom Wohlwollen des Metzgers, Brauers und Bäckers erwarten wir das, was wir zum Essen brauchen, sondern davon, dass sie ihre eigenen Interessen wahrnehmen."

Quelle: nach Fourcans, A.: Die Welt der Wirtschaft. 1. Aufl. 2000, S. 26 f.

Bei der **Marktwirtschaft** handelt es sich um eine sich selbst steuernde Wirtschaftsordnung, bei der zwischen den unabhängigen Wirtschaftssubjekten ein Mengenausgleich über flexible Preise erfolgt.

Der Preismechanismus übernimmt in der Marktwirtschaft verschiedene Aufgaben:

Der Preis hat Signalfunktion.
Hohe Preise informieren den Unternehmer darüber, dass das betreffende Gut knapp und bei einer Produktionsausweitung sein künftiger Absatz gesichert ist. Auch für den Verbraucher signalisiert ein hoher Preis den Grad der Knappheit des Gutes. Bei gleichbleibender Einkommenssituation werden die Haushalte veranlasst, sparsam mit dem entsprechenden Gut umzugehen.

Der Preis hat Planabstimmungsfunktion.
In der Marktwirtschaft erstellt jeder Konsument einen Einkaufsplan, der sich von dem anderer Verbraucher unterscheidet. Bei der Aufstellung orientiert er sich an seinem Einkommen, den Preisen des gewünschten Gutes, aber auch am Preis möglicher Substitutionsgüter (Güter, die einander ersetzen können, wie z. B. Butter – Margarine und Kohle – Heizöl). Der Anbieter erstellt ebenfalls einen Produktionsplan, wobei er sich am erzielbaren Marktpreis und an seinen Produktionskosten orientiert. Beide Einzelpläne werden unabhängig voneinander erstellt und unterscheiden sich demnach.

Die Situation, dass auf dem Markt eines Gutes alle Produzenten zu dem von ihnen erwarteten Preis ihre gesamte Produktion absetzen und alle Verbraucher zu dem von ihnen angesetzten Preis die geplante Menge erhalten, stellt die Ausnahme dar. Ist z. B. der Preis zu hoch, werden die Produzenten ihre Pläne nach oben revidieren und die Konsumenten ihren Verbrauch drosseln. Die unterschiedlichen Einzelplanvorstellungen können über den Abstimmungsmechanismus des Preises in Übereinstimmung gebracht werden.

Der Preis hat Lenkungsfunktion.
In einer Marktwirtschaft versuchen die Unternehmen bei ihrer Güterproduktion möglichst viel Gewinn zu erzielen. Sie werden demnach den Einsatz ihrer Produktionsfaktoren, also ihrer Arbeitskräfte, Rohstoffe, und ihre Investitionen in die Richtung lenken, wo der höchste Gewinn entsteht. Den Haushalten wird ein nutzenmaximierendes Verhalten unterstellt, d. h., ein knappes Gut wird nur dann nachgefragt, wenn es einen individuellen Nutzen bringt, der den hohen Preis rechtfertigt.

Der Preis hat Anreizfunktion.
An den erwähnten Funktionen wird ersichtlich, dass der Preismechanismus die Unternehmer zu einer Produktionserhöhung bzw. -drosselung veranlasst und die Haushalte zu einem sparsamen oder weniger sparsamen Verhalten. Diese Erhöhung bzw. Drosselung von angebotenen und nachgefragten Mengen bedeutet eine laufende Marktabstimmung, die vorangegangene Entscheidungen korrigiert und zukünftige Entwicklungen zu berücksichtigen versucht.

Q

Wenn eine Kältewelle über Florida hereinbricht, steigt in den amerikanischen Supermärkten der Preis für Orangensaft. Wenn die Sommer an der deutschen Nordseeküste sehr heiß sind, drückt dies in manchen Orten an der Adria die Hotelpreise. Wenn im Nahen Osten ein Krieg ausbricht, steigt in Europa der Benzinpreis, und es fallen die Preise für Gebrauchtwagen mit hohem Treibstoffverbrauch. Was haben all diese Ereignisse gemeinsam? Sie zeigen das Wirken von Angebot und Nachfrage.

Quelle: Mankiw, G.: Grundzüge der Volkswirtschaftslehre, 3. Aufl. Stuttgart 2004, S. 67

!

1. Suchen Sie für die im Quellentext genannten Situationen nach den Gründen der Preisveränderung.
2. Wirtschaftsordnungen werden manchmal als Marktwirtschaft, als Wettbewerbswirtschaft, als Privatwirtschaft oder als Kapitalismus bezeichnet. Jeder der Begriffe stellt ein wichtiges Merkmal der Wirtschaftsordnung dar. Erläutern Sie die jeweiligen Merkmale.

Der Koordinationsmechanismus des Preises auf den Märkten bietet eine Reihe von Vorteilen:

Der Markt ermöglicht Auslese (Auslesefunktion).
Wettbewerb am Markt bedeutet für die Unternehmen, dass sie mit mehreren Konkurrenzunternehmen um die Gunst des Verbrauchers werben müssen. Es wird sich nur der Produzent am Markt behaupten, der seinen Mitbewerbern bei gleichen Produkten in Preis und Qualität überlegen ist. Auch auf den Arbeitsmärkten werden nur die Arbeitnehmer eine Arbeitsstelle erhalten und behalten, die besser qualifiziert sind und eine höhere Leistung erbringen als ihre Konkurrenten. Zwar führt ein höherer Bildungsgrad nicht automatisch zu einem sicheren Arbeitsplatz, aber wer über eine gute Bildung verfügt, ist weniger von Arbeitslosigkeit bedroht. Der Wettbewerb auf den Güter- und Arbeitsmärkten führt zu einer Auslese, wobei nur diejenigen Betriebe und Arbeitnehmer übrig bleiben, die die größte Leistungsbereitschaft zeigen.

1. Charles Darwin (1809–1882) beschrieb für das Tierreich das Prinzip des „survival of the fittest".
   a) Informieren Sie sich über dieses Prinzip.
   b) Stellen Sie Beziehungen zwischen der Tierwelt und der Wirtschaftswelt her.
   c) Nehmen Sie zu diesem Vergleich kritisch Stellung.
2. Informieren Sie sich über die Entwicklung der Anzahl der Firmengründungen und Stilllegungen in Deutschland.

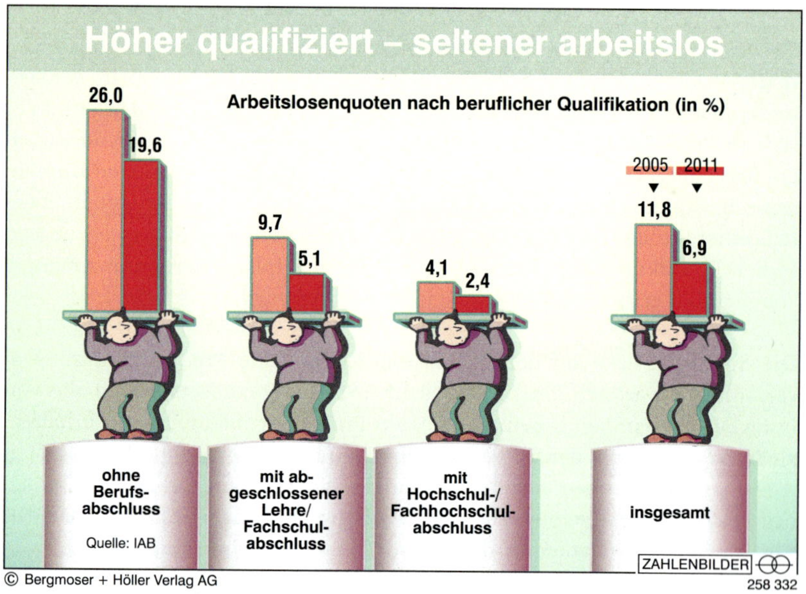

Der Markt ermöglicht Leistungsbereitschaft (Leistungsfunktion).
Aufgrund der Auslesefunktion des Marktes leben sowohl die Unternehmen als auch die Haushalte in dauernder Unsicherheit. Die Unternehmen haben Angst, ihre Kunden zu verlieren, und die Haushalte fürchten um ihren Arbeitsplatz und das damit verbundene Einkommen. Die logische Konsequenz der Auslese in einer Wirtschaft ist somit die Erhöhung der Leistungsbereitschaft bei den Wirtschaftsteilnehmern.

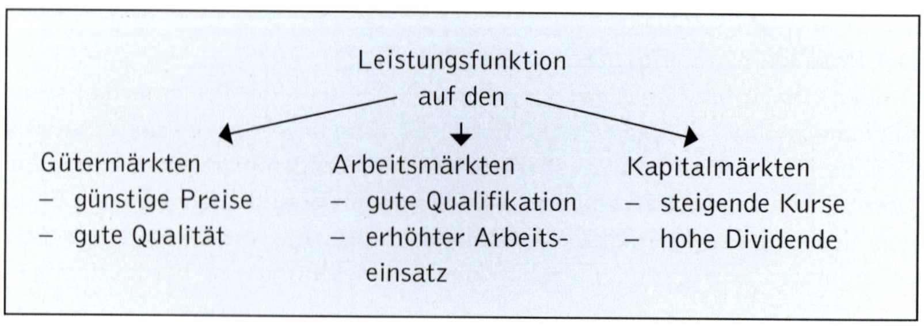

Der Markt ermöglicht steigende Güterversorgung (Versorgungsfunktion). Die hohe Leistungsbereitschaft der Arbeitnehmer bietet den Unternehmern die Möglichkeit, viele Bedürfnisse zu erfüllen. Da die Bedürfnisse der Menschen unbegrenzt sind, versuchen die Unternehmen viele Güter zu erzeugen, um sich am Markt zu behaupten. Eine steigende Nachfrage der privaten Haushalte wird darum zu einer höheren Güterproduktion führen und die Gesamtversorgung der Bevölkerung gewährleisten.

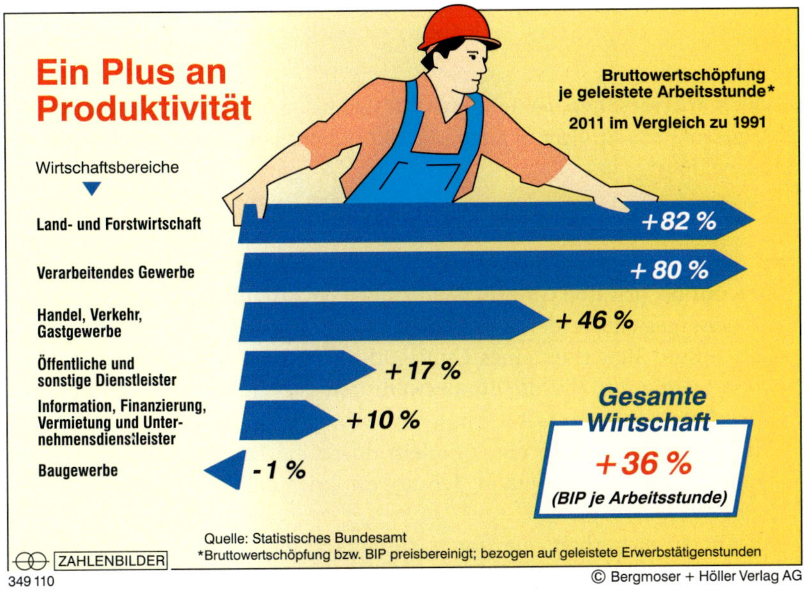

Der Markt ermöglicht technischen Fortschritt (Innovationsfunktion). Die Kräfte des Preismechanismus zwingen die Unternehmen, Marktlücken aufzuspüren, ihre Produkte zu verbessern und kostensparende Produktionsverfahren einzusetzen. Wer in einer Marktwirtschaft Gewinne erwirtschaften will, muss innovative Ideen haben und besser sein als die Konkurrenz.

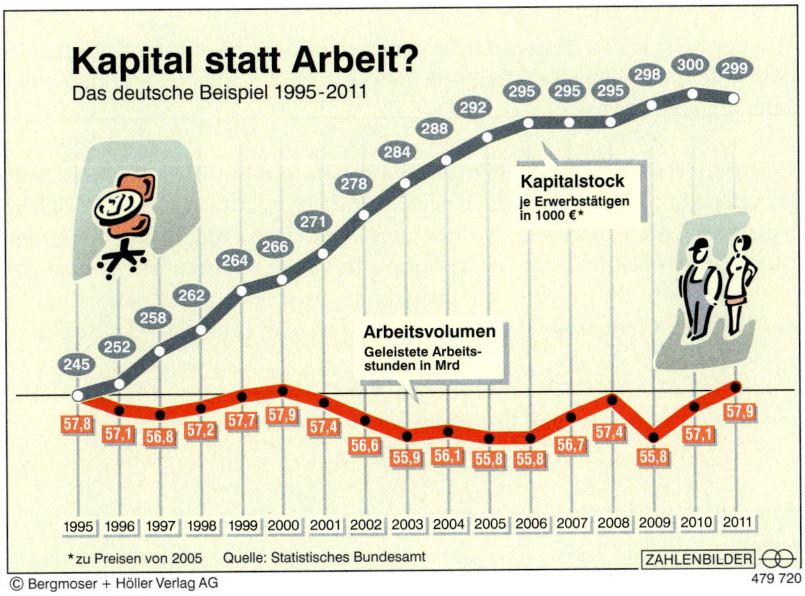

1. Ein steigender Kapitalstock hat nicht nur positive Auswirkungen.
   a) Definieren Sie den Begriff Kapitalstock.
   b) Erklären Sie die positiven Auswirkungen eines steigenden Kapitalstocks.
   c) Erläutern Sie die negativen Auswirkungen eines steigenden Kapitalstocks für die Arbeitsplatzsituation.

1.5 Marktwirtschaft und Marktversagen

Die Vertreter der marktwirtschaftlichen Ordnung gingen davon aus, dass das Eigeninteresse von Käufern und Verkäufern kombiniert mit den Regeln des Preismechanismus zu einem größtmöglichen gesellschaftlichen Wohlstand führen. Sie berücksichtigten jedoch nicht, dass der Markt als sich selbst regulierendes System nicht in allen Bereichen einer Volkswirtschaft funktioniert. Die Marktregeln stoßen an Grenzen und der Marktmechanismus versagt in Teilen der Wirtschaft.

Die unsichtbare Hand ist sehr stark, aber sie ist nicht allmächtig. (Gregory Mankiw)

Unter **Marktversagen** versteht man die Erscheinung, dass ein sich selbst überlassener Markt nicht in allen Marktsituationen zu einem sinnvollen Ergebnis führt.

Der Selbststeuerungsmechanismus des Marktes funktioniert im Wesentlichen nur bei privaten Gütern, nicht jedoch bei **öffentlichen Gütern**, die vom Staat bereitgestellt werden. Öffentliche Güter sind z. B.

- die äußere Sicherheit eines Landes, die durch die Institutionen der Landesverteidigung, also die Bundeswehr und die Bundespolizei, gewährleistet wird,
- die innere Sicherheit, die vor allem durch die Landespolizei aufrechterhalten wird und die einen Schutz vor kriminellen Übergriffen bieten soll,
- die Rechtssicherheit, die durch die verschiedenen Gerichte ermöglicht wird,
- das Straßen- und Verkehrswegenetz eines Landes, das von allen Bürgern genutzt werden kann.

Öffentliche Güter: äußere und innere Sicherheit

Während der Käufer bei den privaten Gütern des täglichen Lebens einen Preis bezahlen muss, trifft dies für die öffentlichen Güter meist nicht zu. Private Güter werden individuell konsumiert, öffentliche Güter können nur gemeinsam verbraucht werden.

Wie am Beispiel der Feuerwehr belegt wird, besteht bei diesen Gütern zwar eine gesellschaftliche Nachfrage, es kommt aber auf privaten Märkten meist kein Angebot zustande.

Um das Hab und Gut der einzelnen Personen und Familien vor Feuer oder Naturkatastrophen, wie Wasser oder Sturm, zu schützen, befindet sich in jedem Ort eine Feuerwehr. Das gemeinschaftliche Schutzbedürfnis vor den Gefahren der Natur ist die Ursache für die Nachfrage nach den Leistungen der Feuerwehr. Da jedoch der Fuhrpark, die Ausbildung und Beschäftigung der Feuerwehrleute sehr hohe Kosten verursachen, findet sich keine Privatperson, die das Risiko auf sich nimmt und ein entsprechendes Angebot bereitstellt. Es bildet sich kein Preis für den Gefahrenschutz, d. h., der Marktmechanismus versagt und der Staat muss ein Angebot bereitstellen.

1. Handelt es sich bei den folgenden Gütern um private Güter oder um öffentliche Güter?
   Feuerlöscher, Wildwasserverbauungen, Maut, Lawinenschutz, Leuchttürme, Auto, Grundlagenforschung, Handy, Betriebsfeuerwehr, Schulbücher.

Öffentliche Güter sind vom Staat angebotene Güter zur Befriedigung kollektiver Bedürfnisse.

Die öffentlichen Güter sind durch zwei Merkmale gekennzeichnet:

1. Der Nutzen eines öffentlichen Gutes kann nicht auf eine bestimmte Person beschränkt werden, sondern er kommt immer der Gemeinschaft als Ganzes zugute. Öffentliche Güter haben die Eigenschaft, dass sie jeder, der an ihnen ein Interesse hat, in Anspruch nehmen kann. Da ein Ausschluss bestimmter Personen fast unmöglich ist, spricht man von der **Nichtausschließbarkeit**. Das Straßennetz eines Landes, bis hin zu den Geh- und Fahrradwegen, sind öffentliche Güter, die von allen Bürgern beansprucht werden können. Das Versagen des Ausschlussprinzips führt zu einer „Trittbrettfahrerhaltung", d.h., man kann ein öffentliches Gut in Anspruch nehmen, ohne einen Preis dafür zu zahlen.

2. Ein weiteres Merkmal öffentlicher Güter besteht darin, dass sie von verschiedenen Personen zur gleichen Zeit konsumiert werden können. Private Güter wie Autos, Fahrräder oder eine Wohnung können nur von einer oder wenigen Personen gleichzeitig genutzt werden. Der Brandschutz, den die Feuerwehr bietet, wird von vielen Personen gleichzeitig in Anspruch genommen. Beim Konsum öffentlicher Güter kommt es zu keinen Rivalitäten wie bei privaten Gütern, und deshalb spricht man von **Nichtrivalität**.

Feuerwehr beim Löschen eines Brandes

Der Markt mit seinem Mechanismus versagt nicht nur bei öffentlichen Gütern, sondern auch bei **externen Effekten**.

Unter einem **externen Effekt** versteht man die Auswirkungen des ökonomischen Handels auf die Wohlfahrt eines unbeteiligten Dritten, die niemand bezahlt oder dafür einen Ausgleich erhält.

Durch die Produktion von Strom in einem Kohlekraftwerk wird die Luft der Umgebung verunreinigt, sodass die Anwohner unter Atemwegserkrankungen leiden, die Gebäudefassaden verschmutzt und die umliegende Natur geschädigt wird. Die Kosten für die medizinische Betreuung der Erkrankten, die häufigeren Außenanstriche der Fassaden hat das Unternehmen in seiner Preiskalkulation nicht zu berücksichtigen. Der Strom, den dieses Kraftwerk liefert, wird demzufolge billiger angeboten, als er in Wirklichkeit ist. Der Marktpreis entspricht nicht dem tatsächlichen Preis und berücksichtigt die sozialen Kosten nicht. Müsste das Unternehmen für die durch den negativen Effekt der Luftverschmutzung entstandenen Kosten aufkommen, so wäre der Preis des erzeugten Stromes entsprechend höher und die nachgefragte Menge geringer.

Negative externe Effekte werden als externe Kosten und positive als externer Nutzen bezeichnet. Als Beispiel für einen externen Nutzen kann die Forschung und der Wissenstransfer beschrieben werden. Eine Firma, die neue Produkte entwickelt, hat nicht nur selbst einen Gewinn, sondern andere Firmen, die diese Technik übernehmen, profitieren ebenfalls davon.

Zu den negativen externen Effekten gehören z. B. die Folgen der
- Produktionsaktivitäten von Unternehmen, wobei durch Schadstoffausstoß, Abwässereinleitungen usw. viele Menschen beeinträchtigt werden,

!

1. Übersetzen und erklären Sie folgende Wörter: public goods, free-rider; excludability, non-rivalry, social costs.

2. Rollenspiel Schwarzfahrer
Situation: U-Bahnfahrt zwischen zwei Stationen
Teilnehmer: ein Schwarzfahrer und bis zu drei Mitfahrer
   a) Entwickeln Sie Rollenspielkarten für die Teilnehmer.
   b) Spielen Sie das Rollenspiel in der Klasse.

3. Die Frage, ob die Bildung als öffentliches oder privates Gut organisiert werden soll, wird kontrovers diskutiert. Stellen Sie in einer Pro- und Kontra-Debatte die unterschiedlichen Standpunkte einander gegenüber.

4. Entwickeln Sie ein Modell, in dem die Bildung dem Preismechanismus überlassen wird.

1. Nehmen Sie einmal an, Ihr Nachbar fährt seine Gartenabfälle immer in den benachbarten Wald. Analysieren Sie vom ökonomischen Standpunkt her seine Handlungsweise. (Dies kann auch als Vorlage für ein Rollenspiel dienen.)

2. Nicht nur bei der Gestaltung einer lebenswerten Umwelt versagt der Marktmechanismus, sondern auch bei Gemeinschaftsbedürfnissen wie Ruhe und Erholung. Begründen Sie diese Tatsache.

3. Versuchen Sie, in einem Kurzreferat die Begriffe Emissionszertifikat und Internalisierung zu erklären. Informieren Sie sich zuerst über das Internet.

Schadstoffausstoß einer Fabrik

- Konsumaktivitäten der Haushalte, wobei durch laute Musik, Autolärm, Müllentsorgung andere Haushalte beeinflusst werden,
- Lärm- und Abgasbelästigung von Flugzeugen, Autos und der Eisenbahn, die in ihrer Umgebung das Wohlbefinden der Bevölkerung mindern.

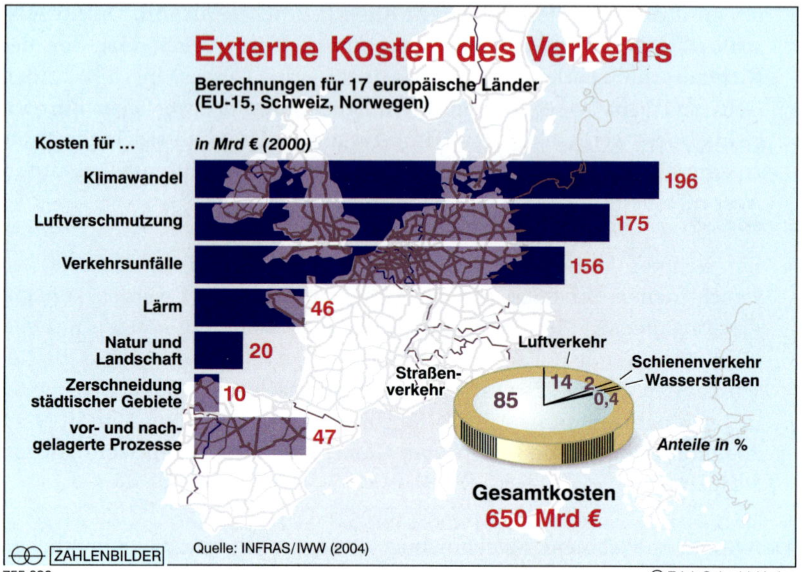

Vor allem die Mobilität des Personen- und Güterverkehrs bedeutet für die Umwelt erhebliche Belastungen und Kosten. Diese Kosten werden nur zum Teil von den Verkehrsteilnehmern getragen und überwiegend auf die Allgemeinheit bzw. auf unbeteiligte Dritte abgewälzt. Nach den Regeln des Marktes werden die Umweltressourcen als freies Gut betrachtet und an die Gesellschaft kostenlos abgegeben. Die Folge des Marktversagens führte zu einer exzessiven Nutzung der Umwelt und zu steigenden Umweltbelastungen. Vor allem die verkehrsbedingten externen Effekte brachten einen steigenden CO_2-Ausstoß und eine Veränderung des Weltklimas.

Bei den negativen externen Effekten ist es sinnvoll, wenn der Staat in den Marktmechanismus steuernd eingreift und z. B. die Energie verteuert oder bei Schadstoffemissionen die Emissionsmengen vorgibt, Ökosteuer auf Mineralöl erhebt und handelbare Emissionszertifikate ausgibt.

Ein weiterer Bereich, in dem der Marktmechanismus versagt, sind die **sozialen Zielsetzungen**. Da der Markt mit seinem Preismechanismus über die Güterproduktion und -verteilung entscheidet, werden immer nur die Güter erzeugt, hinter denen eine Nachfrage steht. Der Wunsch und die Kaufkraft des Kunden sind entscheidend, gleichgültig ob der Gegenstand sinnvoll und notwendig ist. Darum ist es denkbar, dass sich die Reichen Milch für ihre Katzen leisten können, nicht aber die Armen für ihre Kinder.

Die Nachfrage kann durch Werbung auf bestimmte Güter gelenkt werden, die allein dem Prestige und Geltungsbedürfnis der Menschen dienen. Dadurch kann sich eine Konsumgesellschaft bilden, für die die These gilt: „Man kauft das, was man nicht braucht, um dem zu imponieren, den man nicht mag." Der Marktmechanismus ermöglicht sogenannten **Prestigekonsum**.

Darüber hinaus führt der Marktmechanismus zu einer gesellschaftlich **unsozialen Güterverteilung**. Menschen mit körperlichen oder geistigen Gebrechen, die keinerlei Einkommen erzielen und damit keine Kaufkraft entwickeln können, müssen ein Leben am Rande der Gesellschaft fristen. Das erwerbswirtschaftliche Prinzip der Marktwirtschaft bevorzugt stets den Tüchtigen, Fleißigen und Durchsetzungsfähigen, für den Glücklosen und Schwachen bietet dieses Modell keinen Platz.

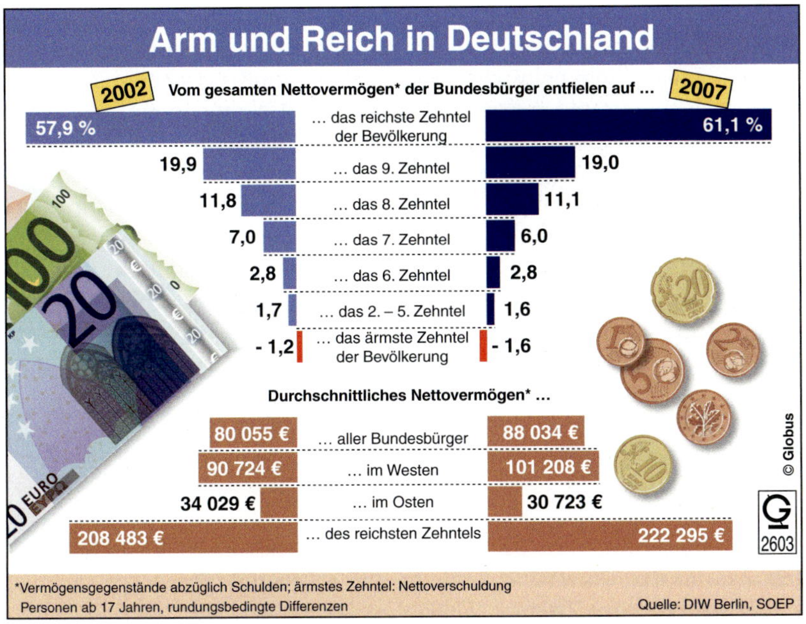

„Der Markt ist zwar unparteiisch, aber er ist auch blind."
(Wolfram Engels)

„Dem Kapitalismus wohnt das Laster inne: die ungleichmäßige Verteilung der Güter.
Dem Sozialismus hingegen wohnt eine Tugend inne: die gleichmäßige Verteilung des Elends."
(Winston Churchill)

Da der Markt die freie Entfaltung des Individuums ermöglicht, kann es in einer konkreten Wirtschaftsordnung zu einem rücksichtslosen Kampf um Erfolg und Gewinn kommen, dessen Begleiterscheinung Egoismus, Neid, Hass und Aggressionslust sind. Der materielle Erfolg wird dann zum obersten Ziel einer Gesellschaft, und wer dieses Ziel nicht erreicht, erfährt Geringschätzung oder wird vernachlässigt. Bereits der griechische Philosoph Aristoteles hat auf diese negative Eigenart der Wirtschaft hingewiesen und formuliert: „Wirtschaften ist Übertölpeln des anderen aus Habgier und Gewinnsucht." Überlässt der Staat eine Volkswirtschaft dem Marktmechanismus, so kann sich eine **materialistische Gesellschaft** herausbilden, in der Werte wie Geld, Macht und Besitz wichtiger sind als geistige Werte wie Toleranz und Nächstenliebe.

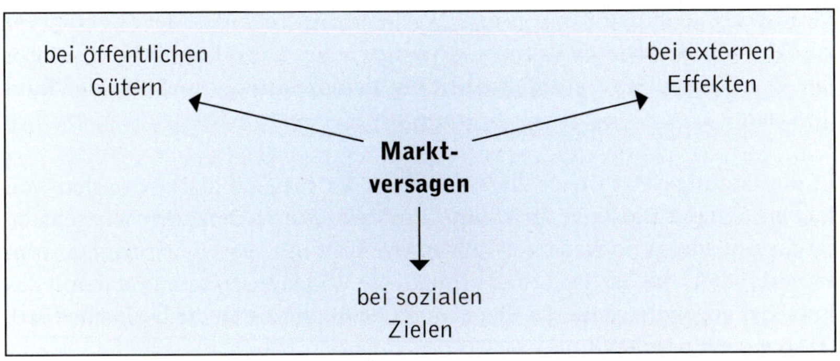

1. Die freie Marktwirtschaft wird als unsoziale Marktwirtschaft bezeichnet. Nehmen Sie zu dieser Aussage kritisch Stellung.

2. Belegen Sie an Beispielen, wie in der Wirtschaft versucht wird, einem Kunden mehr zu verkaufen, als er eigentlich kaufen wollte.

1.6 Geschichte der sozialen Marktwirtschaft

Hamsterzug nach dem Zweiten Weltkrieg

„Es war die Zeit, in welcher man in Deutschland errechnete, dass auf jeden Deutschen nur alle fünf Jahre ein Teller komme, alle zwölf Jahre ein Paar Schuhe, nur alle fünfzig Jahre ein Anzug, dass nur jeder fünfte Säugling in eigenen Windeln liegen könnte und jeder dritte Deutsche die Chance hätte, in seinem eigenen Sarg beerdigt zu werden."
Quelle: Erhard, L.: Wohlstand für alle, 8. Aufl. Düsseldorf – Wien 1964, S. 18

Deutschland befand sich nach dem Zweiten Weltkrieg in einer äußerst schwierigen Situation, die durch starke Kriegszerstörungen, eine zerrüttete Währung und unzureichende Nahrungsmittelversorgung gekennzeichnet war. In der Zeit von 1945 bis 1947 kam es zu einer Ernährungskrise, die durch den harten Winter von 1946/47 noch verstärkt wurde. Die Nahrungsmittel wurden rationiert und das Geld erfüllte seine Funktion als Tauschmittel nicht mehr. Wer keine Möglichkeit hatte, sich auf dem Schwarzmarkt zusätzlich zu versorgen, stand vor dem Hungertod. Die schlechte Versorgungslage und die sich anbahnende politische Auseinandersetzung zwischen der ehemaligen Sowjetunion und den westlichen Alliierten zwang zu einer Veränderung der staatlich gelenkten Wirtschaftsordnung aus der Zeit des Nationalsozialismus. Eine Neuordnung der Währung und in diesem Zusammenhang der gesamten wirtschaftlichen Verhältnisse war unbedingt notwendig.

Für die deutsche Sozialdemokratie, die Gewerkschaften und große Teile der neu gegründeten Christlich-Demokratischen Union kam die Wiedererrichtung eines rein kapitalistischen Systems nicht infrage. Stattdessen verfolgte man den Aufbau einer Wirtschaftsdemokratie, deren zentrale Forderungen waren:

- Verstaatlichung von Monopolen und Schlüsselindustrien,
- qualifizierte Mitbestimmung der Gewerkschaften in den Unternehmen,
- Mitbestimmung der Gewerkschaften in den Wirtschaftsräten.

Neben diesen politischen Bestrebungen entwickelten einige Wirtschaftsprofessoren an der Universität Freiburg (die sogenannte Freiburger Schule) schon während des Zweiten Weltkriegs das Konzept der sozialen Marktwirtschaft. Sie verfochten den Gedanken einer grundsätzlich freiheitlichen Gesellschafts- und Sozialordnung, die aber deutliche soziale Verpflichtungen einschloss. Professor Müller-Armack hat den Begriff der sozialen Marktwirtschaft wie folgt definiert:

„Bei der **sozialen Marktwirtschaft** ist das Prinzip der Freiheit auf dem Markt mit dem des sozialen Ausgleichs zu verbinden."

Ludwig Erhard, geboren am 4.2.1897 in Fürth, kaufmännische Lehre, Studium der Betriebswirtschaftslehre, wissenschaftlicher Mitarbeiter an der Handelshochschule in Nürnberg, nach 1945 Wirtschaftsberater der amerikanischen Besatzungsbehörden, Wirtschaftsminister, Vizekanzler, Bundeskanzler von 1963 bis 1966, gestorben am 5.5.1977.

Die soziale Marktwirtschaft ist nach dem Grundgesetz der Bundesrepublik Deutschland eine von mehreren möglichen Formen der Wirtschaftsordnung. Das Grundgesetz spricht sich nicht für eine bestimmte Wirtschaftsordnung aus, sondern überlässt dem Gesetzgeber die konkrete Ausgestaltung. Die Verfassung stellt damit nur einen „Werterahmen" dar, den der Gesetzgeber zu beachten hat. Dieser Rahmen wird durch den Artikel 20 GG abgesteckt: Die Bundesrepublik Deutschland ist ein demokratischer und sozialer Bundesstaat.

In die Tat umgesetzt wurde die Konzeption der sozialen Marktwirtschaft von Ludwig Erhard. Dieser beabsichtigte als Direktor im Zweizonen-Wirtschaftsrat die unbedingt notwendige Währungsreform mit einer Wirtschaftsreform zu verbinden. Am 20. Juni 1948 erfolgte die Währungsreform und damit das Ende der abgewirtschafteten Reichsmark (RM), die durch die Deutsche Mark (DM) ersetzt wurde.

Am 19. Juni 1948, einem Samstag, erfuhren die Deutschen über Rundfunk, dass sie am Sonntag neues Geld erhalten würden. In einer gemeinsamen Proklamation der West-Alliierten hieß es:

„Das erste Gesetz zur Neuordnung des deutschen Geldwesens ist von den Militärregierungen Großbritanniens, der Vereinigten Staaten und Frankreichs verkündet worden und tritt am 20. Juni in Kraft. Die bisher gültige deutsche Währung wird durch dieses Gesetz aus dem Verkehr gezogen."

Am Sonntag, den 20. Juni 1948, versammelten sich die Deutschen zum letzten Mal in überlangen Schlangen vor den Kartenstellen, wo sie alte Reichsmark ablieferten und gegen Vorlage ihrer Kennkarte und der Lebensmittelkarten die künftig allein maßgebenden Bezugsscheine erhielten: in Übersee frisch gedruckte D-Mark-Noten, die unter größter Geheimhaltung herangeschafft worden waren.
Quelle: Schickling, W.: Entscheidung in Frankfurt, hrsg. von der Ludwig-Erhard-Stiftung e. V. Stuttgart 1978, S. 82 f.

Der eigentliche Geburtstag der sozialen Marktwirtschaft fiel auf den 24. Juni 1948. Das vom Zweizonen-Wirtschaftsrat erlassene „Gesetz über Leitsätze für die Bewirtschaftung und Preispolitik nach der Geldreform" legte die Prinzipien für die neue Wirtschaftsordnung fest, hob zahlreiche Bewirtschaftungsvorschriften auf und stellte die Weichen für die Einführung der Marktwirtschaft.

Nach der Aufhebung der Preisbildung für viele Güter kam es zunächst zu einem Käufersturm auf das lang vermisste Angebot, und dieser trieb die Preise in die Höhe. Erhard sah sich starken Angriffen vonseiten der Anhänger der staatlichen Lenkung ausgesetzt, die in der sozialen Marktwirtschaft ein nationales Unglück und ein abenteuerliches Experiment sahen. Die Preisentwicklung beruhigte sich jedoch und die Märkte übernahmen ihre volkswirtschaftlichen Funktionen.

Die Geschichte der sozialen Marktwirtschaft kann – zunächst in Westdeutschland – in mehrere Phasen eingeteilt werden:

Die Zeit des Wirtschaftswunders von 1950 bis 1965
Die Einführung der sozialen Markwirtschaft bedeutete für die westdeutsche Bevölkerung Hoffnung auf die Verbesserung der wirtschaftlichen Situation und auf ein menschenwürdiges Dasein. Dieses neue Vertrauen in die Zukunft setzte ungeahnte Kräfte in allen Schichten der Bevölkerung frei, förderte die private Initiative und den Leistungswillen und half, die katastrophale Notlage der ersten Nachkriegsjahre rasch zu überwinden. Unterstützt wurde diese Entwicklung durch das Europäische Wiederaufbauprogramm (European Recovery Programm), das vom damaligen Außenminister der USA, George C. Marshall, entwickelt wurde. Hilfe für die hungernde Bevölkerung und Eindämmung des Kommunismus waren die Zielsetzungen.

Das Zusammenwirken der drei Faktoren „amerikanische Anschubfinanzierung", „motivierte Bevölkerung" und „geänderte Wirtschaftsordnung" zeigte folgendes Ergebnis:

Das neue Geld kommt in Deutschland an.

Geldumtausch 1948

1. Ludwig Erhard wird als der „Vater des Wirtschaftswunders" bezeichnet. Belegen Sie diese Aussage und nehmen Sie anschließend kritisch dazu Stellung.

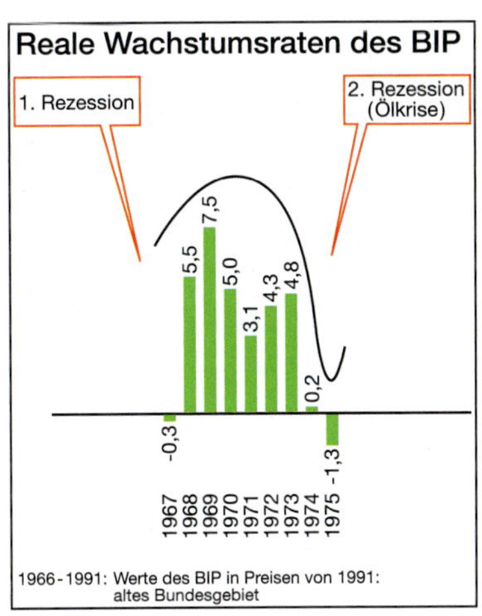

Goggomobil 1954

- Hohe Wachstumsraten des Bruttoinlandsprodukts
  Die sehr hohen Wachstumsraten der ersten Konjunkturzyklen beruhten auf der erhöhten Leistungsbereitschaft der Bevölkerung, aber auch auf dem sogenannten Basiseffekt: Durch das kriegsbedingt relativ niedrige Anfangsniveau des Bruttoinlandsprodukts führten kleinere Zunahmen zu sehr hohen prozentualen Wachstumsraten.

- Sinkende Zahl der Arbeitslosen
  Eine steigende Güterproduktion führte bei den noch relativ geringen Rationalisierungsmöglichkeiten der Nachkriegszeit zu einer erhöhten Nachfrage nach Arbeitskräften.

- Steigende Zahlen der Erwerbstätigen
  Der zunehmende Bedarf an Arbeitskräften ermöglichte es, Flüchtlinge aus den Ostgebieten und der Deutschen Demokratischen Republik zu integrieren. In späteren Jahren griff man verstärkt auf ausländische Arbeitskräfte, vorwiegend aus dem Mittelmeerraum, zurück. Erst 1973 gab es einen Anwerbestopp für die sogenannten „Gastarbeiter".

Die Epoche von 1950 bis 1965 wird als Zeit des **Wirtschaftswunders** bezeichnet, da mit der raschen ökonomischen Gesundung zunächst niemand gerechnet hatte. Ludwig Erhard gilt als der Vater des Wirtschaftswunders.

!

1. Nach der Wiedervereinigung hoffte man, dass Deutschland ein zweites Wirtschaftswunder erleben würde. Warum ist diese Hoffnung nicht eingetreten?

2. Beschreiben Sie die derzeitige konjunkturelle Situation. Informieren Sie sich über Arbeitslosenzahl, Inflationsrate, Auftragslage, Außenbeitrag usw.

Die Zeit der Globalsteuerung von 1966 bis 1974

Im Jahr 1967 erlebte Westdeutschland die erste kleinere Rezession seit der Einführung der sozialen Marktwirtschaft. Zum ersten Mal seit der Währungsreform sank die Zuwachsrate des realen Bruttoinlandsprodukts auf einen Minuswert von 0,1 %, gleichzeitig stieg die Arbeitslosenquote auf 2,1 %. Mithilfe eines Konjunkturprogramms konnte die Regierung sehr rasch die rezessive Phase überwinden. Erstmals gelang es der Bundesregierung, steuernd auf den Verlauf der wirtschaftlichen Entwicklung Einfluss zu nehmen, ohne die marktwirtschaftliche Ordnung in ihren Grundsätzen anzutasten. Diese Art der Wirtschaftspolitik folgte den Gedanken des englischen Nationalökonomen John Maynard Keynes und wird als Globalsteuerung bezeichnet.

Beendet wurde diese Epoche in den Jahren 1974 und 1975 durch die erste Ölkrise. Ursache für diese schwere Depression der sozialen Marktwirtschaft waren die überhöhten Ölpreisforderungen der OPEC (Organization of the Petrolium Exporting Countries). Der Gefahr einer Energieversorgungskrise wurde mit sonntäglichen Fahrverboten begegnet.

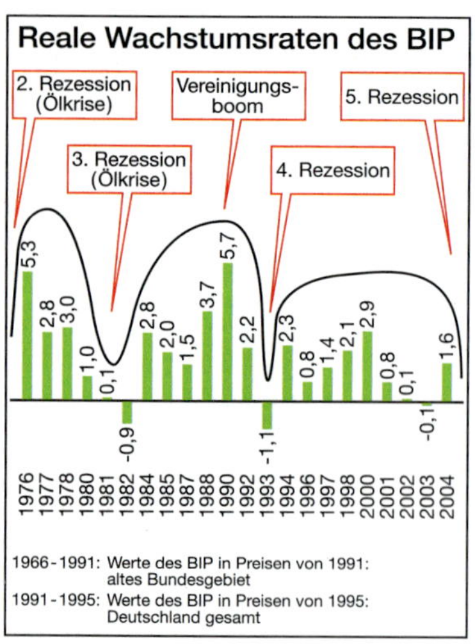

Die Zeit der Struktur- und Wachstumskrisen von 1975 bis 2000

Nach der ersten Ölkrise mit negativem Wirtschaftswachstum im Jahr 1975 kam es noch zu starken konjunkturellen Einbrüchen während der zweiten Ölkrise im Jahr 1982 und der Wiedervereinigungsbaisse im Jahr 1993. Die staatliche Nachfrage erlebte seit der Mitte der 1970er-Jahre eine immer stärkere Ausweitung und führte zu steigenden Defiziten in den öffentlichen Haushalten. Die Gründe für die steigende Staatsverschuldung waren zum einen die zunehmende Überalterung der Gesellschaft und zum anderen die gleichbleibend hohen Arbeitslosenzahlen. Die staatlichen Organe leisteten umfangreiche Zuzahlungen in die Sozialsysteme, und Deutschland entwickelte sich allmählich zum Sozialstaat.

Durch eine Vielzahl von sozialen Leistungen wie Sozialhilfe, Wohngeld, Eigenheimzulage usw. versuchten die politisch Verantwortlichen die sozialen Unterschiede in der Gesellschaft auszugleichen und mehr soziale Sicherheit und Gerechtigkeit zu erreichen. Aber nicht nur die Ausgaben für den Sozialstaat führten zu einer steigenden Staatsverschuldung, sondern auch die Wiedervereinigung der beiden deutschen Staaten im Jahr 1990 erzwang umfangreiche Transferzahlungen von West nach Ost.

Die Zeit der Globalisierung von 2000 bis heute

Eine weitere strukturpolitische Herausforderung für die soziale Marktwirtschaft bildet der weltweite Vorgang der Globalisierung. Der technische Fortschritt, vor allem bei den Informations- und Kommunikationssystemen, die Herausbildung internationaler Kapitalmärkte, ein gut funktionierendes Transportsystem und vor allem das zum Teil starke Lohngefälle zwischen den Ländern ermöglichte zunehmende weltweite Konkurrenz.

Unter **Globalisierung** versteht man den Prozess einer zunehmenden internationalen Arbeitsteilung, in dem nationalstaatliche Grenzen überwunden und die Kooperation zwischen den Ländern intensiviert wird.

Für die Wirtschaft der Bundesrepublik bedeutet dies, dass viele Unternehmen gezwungen sind, als Global Player auf den Weltmärkten zu operieren. Sie müssen nicht nur globale Produkte herstellen, internationale Vertriebssysteme entwickeln, sondern auch mit ihren Preisen international konkurrenzfähig sein. Demzufolge nehmen sie das Lohngefälle zum Ausland in Anspruch und verlagern Unternehmensteile in Billiglohnländer. Sehr oft erfolgt die arbeitsintensive Vorproduktion in den Niedriglohnländern, während die Endproduktion bzw. der Zusammenbau und die Verwaltung in Deutschland angesiedelt sind. Die Beschäftigungs- und Einkommensstruktur wird dadurch fundamental verändert. Einerseits nehmen Arbeitsplätze mit hoch qualifizierten Tätigkeiten zu, anderseits kommt es bei gering qualifizierten Arbeitnehmern zu einer steigenden strukturellen Arbeitslosigkeit.

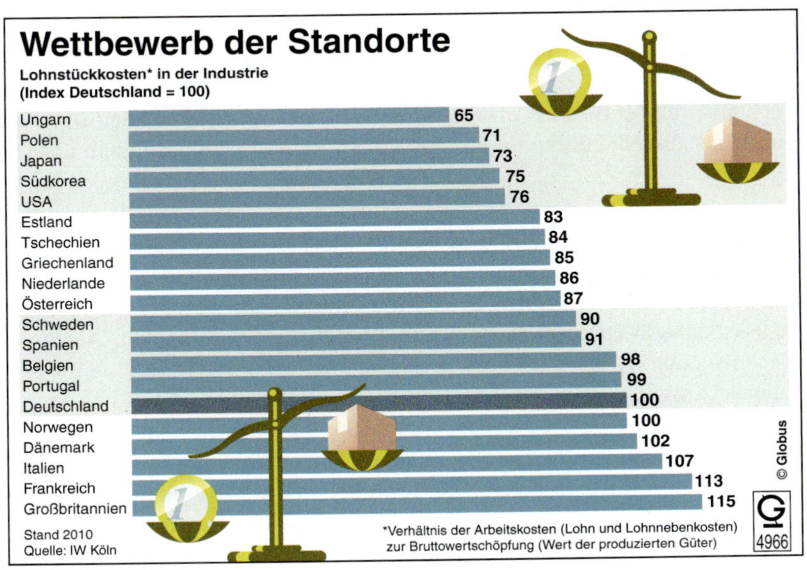

1. „Zu viel Sozialstaat ist unsozial." (Roman Herzog) Begründen Sie diese Aussage.

2. Entwickeln Sie ein Schema mit den Begriffen Wirtschaftswunder, Globalsteuerung, Strukturkrisen, Globalisierung in der Kopfleiste und folgenden Begriffen in der Vorspalte: Wirtschaftswachstum, Arbeitslosigkeit, Staatsverschuldung. Füllen Sie die Leerfelder inhaltlich auf.

3. Informieren Sie sich über den Begriff „Basar-Ökonomie".

Mit diesem schweren Hänger kommen wir nie über'n Berg!

Zusammenleben erfordert Regeln – oder die Story von den Schiffbrüchigen

Nehmen wir an, in der Südsee befindet sich eine Insel, auf der die Einheimischen ein angenehmes und sorgenfreies Leben führen.

Nach einem großen Sturm retten sich 200 Schiffbrüchige auf diese Insel.

1.7 Grundelemente der sozialen Marktwirtschaft

Die Wirtschaftsordnung der sozialen Marktwirtschaft beinhaltet eine klare Entscheidung für die Ordnungselemente der freien Marktwirtschaft mit einem funktionierenden Marktmechanismus.

Grundlage für ein eigenverantwortliches Handeln auf den Märkten sind das **Privateigentum** und die **Vertragsfreiheit**. Vertragsfreiheit ist die Basis für die Gewerbefreiheit der Unternehmen, d.h. die Möglichkeit für jedermann, ein gesetzlich zugelassenes Gewerbe zu wählen und auszuüben und sich dort niederzulassen, wo es wünschenswert ist (Niederlassungsfreiheit). Diese Gewerbefreiheit schließt die Produktionsfreiheit mit ein, d.h., die Unternehmen können selbst entscheiden, welche Art von Waren sie produzieren und in welcher Menge.

Wird den Unternehmen die Gewerbe- und Produktionsfreiheit garantiert, so muss den Haushalten das Recht auf freie Wahl des Berufes und die Konsumfreiheit gewährt werden. Berufswahlfreiheit ermöglicht es grundsätzlich, den Beruf seiner Wahl zu ergreifen und den Arbeitsplatz selbst zu suchen. Die Konsumfreiheit bietet dem Verbraucher die Möglichkeit, sein verfügbares Einkommen nach Belieben zu verwenden und nur die von ihm gewünschten Güter zu kaufen.

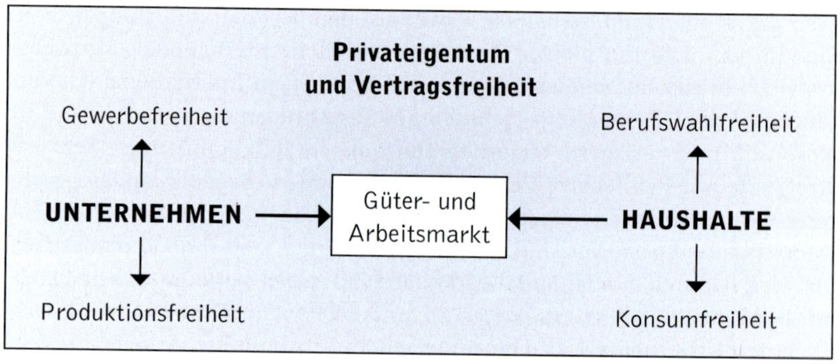

Die Wirtschaftsordnung der freien Marktwirtschaft verlangt aber auch **Gütermärkte mit freier Preisbildung.** Da die Hauptmotivation für unternehmerische Aktivitäten die über den Preis erzielten Gewinne sind, lenkt der Mechanismus der freien Preisbildung sowohl die Investitionen, den Arbeitseinsatz als auch die Einkommensverteilung in die Richtung mit dem höchsten Profit.

Darüber hinaus beruht eine freie Marktwirtschaft auf **Arbeitsmärkten mit freier Lohnbildung.** Die Regeln des Marktes erzwingen bei steigendem Arbeitskräfteangebot, sinkenden Löhnen und bei zunehmender Nachfrage nach Arbeitskräften ein steigendes Einkommen der Arbeitnehmer. Sinkende oder steigende Löhne führen zu einem Marktgleichgewicht und damit zur Vollbeschäftigung.

Werden die Freiheiten in einer Gesellschaft unbegrenzt gewährt, so kommt es zu negativen Auswirkungen. Die Gewerbefreiheit würde es jedem Bürger erlauben, eine Bank zu gründen und von den Kunden Wucherzinsen zu verlangen.

Die Produktionsfreiheit ermöglicht es den Unternehmen, Waren zu produzieren, die den Verbraucher in seiner Gesundheit schädigen oder die Umwelt belasten. Durch die generelle Berufswahlfreiheit könnte jede Person den Beruf eines Arztes oder Ingenieurs ergreifen, ohne die nötigen Vorkenntnisse zu besitzen. Eine absolute Konsumwahlfreiheit würde bedeuten, dass der Verbraucher sich Arzneimittel oder Drogen in unbegrenzter Menge beschaffen könnte. Die Freiheit, über Eigentum zu verfügen, ermöglicht es einzelnen Menschen, oft auf Kosten anderer ein umfangreiches Vermögen anzuhäufen. Privateigentum und Vertragsfreiheit beinhalten deshalb die Gefahr einer ungerechten Einkommens- und Vermögensverteilung.

Freie Gütermärkte ermöglichen es den Unternehmern, sich zusammenzuschließen, sich in ihrer Preisgestaltung abzusprechen und überhöhte Preise zu verlangen. Der Wettbewerb kann auf Kosten der Käufer eingeschränkt oder sogar aufgehoben werden. Wird die Lohnbildung ebenfalls ausschließlich den Gesetzen des Marktes überlassen, so können z. B. steigende Rationalisierungsinvestitionen die Nachfrage nach Arbeitskräften verringern. Sinkende Arbeitsnachfrage bedeutet niedrige Löhne und damit für die Arbeitnehmer eine zunehmende materielle und soziale Not.

Um die freie Marktwirtschaft in ihren negativen Auswirkungen zu begrenzen, muss der Staat durch Vorschriften und Bestimmungen regulierend eingreifen. Die Gründung einer Bank ist an eine staatliche Genehmigung gebunden; der Verkauf von Lebensmitteln unterliegt den strengen Bestimmungen des Lebensmittelgesetzes; der Beruf eines Arztes darf erst nach erfolgter Approbation ausgeübt werden und der Handel mit Drogen ist verboten und strafbar. Ebenso muss die Schere zwischen dem übermäßigen Reichtum Einzelner und der Armut breiter Schichten gemildert werden und die Höhe der Löhne ein menschenwürdiges Dasein ermöglichen.

In einer sozialen Marktwirtschaft hat der Staat die Aufgabe, für einen sozialen Ausgleich zwischen den Wirtschaftssubjekten zu sorgen. Dabei muss er die individuellen Freiheiten gewährleisten und darf die ökologischen Erfordernisse nicht vernachlässigen.
In der Bundesrepublik Deutschland hat sich seit Einführung der sozialen Marktwirtschaft im Laufe der Zeit eine Wirtschaftsordnung herausgebildet, deren Kennzeichen sowohl eine eigenständige Eigentums- und Wettbewerbsordnung als auch eine unverwechselbare Arbeits- und Sozialordnung sind.

Ordnungselemente der freien Marktwirtschaft	**negative Auswirkungen**	**Grundelemente der sozialen Marktwirtschaft**
Privateigentum	ungerechte Einkommens- und Vermögensverteilung	Eigentumsordnung
Gütermarkt mit freier Preisbildung	Preisabsprachen Unternehmenszusammenschlüsse	Wettbewerbsordnung
Arbeitsmarkt mit freier Lohnbildung	niedrige Löhne mangelnde soziale Absicherung	Arbeits- und Sozialordnung

Zunächst ist die Freude groß, dass keinerlei Verständnisschwierigkeiten auftreten.

Leider haben die Schiffbrüchigen alles verloren. Sie müssen mit einem längeren Aufenthalt rechnen.

!

1. Bilden Sie in Ihrer Klasse zwei Gruppen:
   - die Gruppe der Einheimischen,
   - die Gruppe der Schiffbrüchigen.

   Entwickeln Sie für das gemeinsame Zusammenleben:
   - eine Eigentumsordnung,
   - eine Arbeitsordnung,
   - eine Sozialordnung.

   Halten Sie Ihre Ordnungsgrundsätze in einem kurzen schriftlichen Vertrag fest, den alle unterzeichnen.

Reicher Mann und armer Mann
standen da und sah'n sich an.
Und der Arme sagte bleich:
Wär ich nicht arm, wärst du
nicht reich.
(Bertolt Brecht)

1.8 Eigentums- und Wettbewerbsordnung

In der Bundesrepublik Deutschland bildet das Privateigentum das grundlegende Element der Wirtschaftsordnung. Unter Eigentum versteht man das Recht, über wirtschaftliche Güter und Rechte im Rahmen der Gesetze frei, d.h. nach eigenen Vorstellungen, verfügen zu können.

Artikel 14 GG

(1) Das Eigentum und das Erbrecht werden gewährleistet. Inhalt und Schranken werden durch Gesetz bestimmt.

(2) Eigentum verpflichtet. Sein Gebrauch soll zugleich dem Wohle der Allgemeinheit dienen.

(3) Eine Enteignung ist nur zum Wohle der Allgemeinheit zulässig. Sie darf nur durch Gesetz oder aufgrund eines Gesetzes erfolgen, das Art und Ausmaß der Entschädigung regelt. Die Entschädigung ist unter gerechter Abwägung der Interessen der Allgemeinheit und der Beteiligten zu bestimmen. [...]

Die **Eigentumsordnung** der Bundesrepublik garantiert vom Prinzip her volles Eigentums- und Erbrecht. Jedoch gilt diese nicht unbeschränkt und wird innerhalb bestimmter Grenzen eingeschränkt.
Die **Vermögenspolitik** in der Bundesrepublik verfolgt das Ziel:

- die Vermögen gleichmäßiger zu verteilen und so den Lebensstandard der unteren und mittleren Einkommensschichten zu heben. Durch die Zunahme der materiellen Sicherheit kann der Einzelne seine Persönlichkeit besser entfalten und hat mehr Möglichkeit zur Selbstbehauptung.
- Spannungen zwischen den sozialen Gruppen abzubauen. Eine von der Mehrheit als ungerecht empfundene Einkommens- und Vermögensverteilung gefährdet eine freiheitliche Gesellschaftsordnung, da sie zu Neid, Missgunst und Hass zwischen den Bevölkerungsgruppen führt.

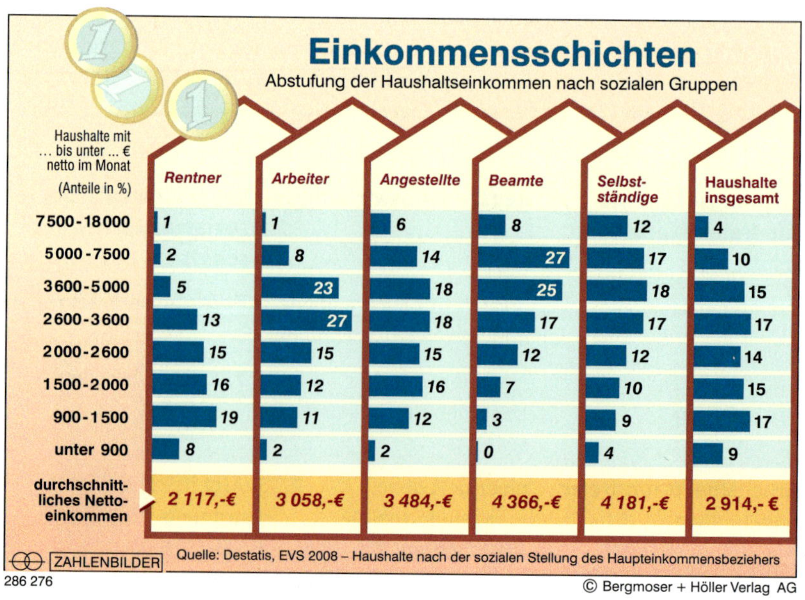

1. „Was vielen gehört, wird mit geringer Sorgfalt behandelt, da jeder vorzugsweise eher auf sein privates Eigentum achtet als auf das Gemeinschaftseigentum." (Aristoteles) Belegen Sie diesen Spruch an praktischen Beispielen.
2. Wie aus der Geschichte vielfältig belegt werden kann, war das Privateigentum Ursache für die sozialen Gegensätze zwischen Arm und Reich. Belegen Sie dies an konkreten Beispielen.

Das Ziel einer gerechten Einkommens- und Vermögensverteilung erreicht man, indem man den Besserverdienenden mehr Steuern abverlangt als den Arbeitnehmern mit geringem Lohn. Ein Mechanismus, der zu einer gleichmäßigeren Einkommensverteilung führt, ist z.B. die **Steuerprogression** bei der Einkommensteuer. Unter Steuerprogression versteht man das Ansteigen des Steuersatzes in Abhängigkeit vom zu versteuernden Einkommen. Ebenso berücksichtigt die Erbschaftssteuer die sozialen Verhältnisse, indem sie große Vermögen stärker besteuert als kleine. Um die Vermögensverhältnisse anzugleichen, erhalten z.B. Personen mit geringem Einkommen die Möglichkeit, durch Zuschüsse des Arbeitgebers und des Staates Vermögen zu bilden.

Eine weitere Schranke des Grundgesetzes bildet die **Sozialpflichtigkeit des Eigentums**, d.h., sein Gebrauch soll dem Wohl der Allgemeinheit dienen. Einen Niederschlag findet diese Forderung z.B. darin, dass es die Eigentümer von Wäldern den Spaziergängern und Wanderern erlauben müssen, sich dort aufzuhalten. Es dient auch dem Gemeinwohl, wenn die Nutzung bestimmter Grundstücke vorgeschrieben wird. Es kann festgelegt werden, ob ein Gebäude darauf errichtet werden kann oder nicht. Bei einer Flurbereinigung können z.B. wertgleiche Grundstücke umgelegt und die Eigentümer wertvoller Gebäude oder Naturdenkmäler gezwungen werden, diese in einem bestimmten Zustand zu erhalten. In den genannten Fällen erfolgt keine Enteignung und demzufolge muss auch keine Entschädigung gezahlt werden.

Eigentumsordnung

Ordnungselement	Einschränkungen
Privateigentum	– Umverteilung über Steuern – Sozialpflichtigkeit des Eigentums – Enteignungsmöglichkeit

Zu den Schranken der Eigentumsordnung gehört auch **Enteignung**, d.h. die Möglichkeit, dem Eigentümer sein Eigentum zwangsweise zu entziehen. Wird z.B. für den Bau einer Straße oder Versorgungsleitung ein Grundstück benötigt, das der Eigentümer nicht verkaufen will, so ist eine Enteignung unter gesetzlich festgelegten Voraussetzungen möglich. Zuerst muss dem Grundstücksbesitzer ein angemessenes Angebot unterbreitet werden. Ist der Eigentümer trotzdem nicht bereit, sein Grundstück zu veräußern, so wird das Enteignungs- und Entschädigungsverfahren eingeleitet. Wird z.B. ein Grundstück für den Bau einer Straße im Rahmen einer Ortsumgehung benötigt, so muss der jeweilige Träger des Vorhabens bei der Enteignungsbehörde einen Antrag stellen. Nach Prüfung durch die Behörde wird das Grundstück enteignet. Grundvoraussetzung ist, dass die Enteignung zum Wohl der Allgemeinheit erfolgt und durch ein Gesetz geregelt ist, das Art und Ausmaß der Entschädigung genau festlegt. Solche Gesetze sind z.B. das Bundesfernstraßengesetz, das Baugesetz, das Energiewirtschaftsgesetz, das Landschaftsschutzgesetz oder das Denkmalschutzgesetz. Der Denkmalschutz dient dem Schutz von Kulturdenkmälern mit dem Ziel, diese dauerhaft zu erhalten und zu schützen. Solche Denkmäler sind z.B. Gebäude, aber auch Gärten, Gegenstände der Museen und Archivalien.

1. Nach dem Zweiten Weltkrieg wurde in der Deutschen Demokratischen Republik eine Enteignung in großem Stil durchgeführt. Informieren Sie sich über diese Bodenreform.

2. Entwickeln Sie ein mögliches Beispiel für die Sozialisierung.

3. In Westdeutschland und im geeinten Deutschland hat der Art. 15 GG keinerlei Bedeutung erlangt. Begründen Sie.

Artikel 15 GG
Grund und Boden, Naturschätze und Produktionsmittel können zum Zwecke der Vergesellschaftung durch ein Gesetz, das Art und Ausmaß der Entschädigung regelt, in Gemeineigentum oder in andere Formen der Gemeinwirtschaft überführt werden.

1. Schon Adam Smith, beschrieb in seinem Werk „The Wealth of Nations" die Probleme der Vertragsfreiheit, wenn er formuliert: „People of the same trade seldom meet together, but the conversation ends in a conspiracy against the public, or in some diversion to raise prices."
   Bitte übersetzen und erklären Sie.

2. Unternehmen der deutschen Zementindustrie wurden vom Bundeskartellamt mehrmals in Milliardenhöhe bestraft, da sie ein sogenanntes Quotenkartell gebildet, die Preise abgesprochen und die Märkte unter sich aufgeteilt haben.
   a) Erläutern Sie die Vorgehensweise der Unternehmen.
   b) Beschreiben Sie die Auswirkungen auf die Bauwirtschaft.

3. Unter Kartellen versteht man Absprachen zwischen rechtlich selbstständigen Unternehmen mit dem Zweck, den Wettbewerb zu verhindern. Es gibt Preiskartelle, Kalkulationskartelle, Rationalisierungskartelle, Gebietskartelle, Ein- und Ausfuhrkartelle. Erklären Sie die Begriffe.

In einer kleinen Stadt gibt es drei Eisdielen, die alle ein hervorragendes Speiseeis herstellen. Da die Ausstattung der Dielen, die Größe der Kugeln und ihre Geschmacksrichtungen annähernd gleich sind, liefern sie sich über den Preis der einzelnen Eiskugeln einen erbitterten Konkurrenzkampf. Demzufolge ermöglichen die Einnahmen aus dem Eisgeschäft allen drei Geschäftsinhabern nur einen geringen Erfolg.
Eines Tages treffen sich die Inhaber der Eisdielen zufällig am Fußballplatz. Nach anfänglichem Jammern über ihre viele Arbeit und den geringen Gewinn vereinbaren sie, in Zukunft einen einheitlichen, stark überhöhten Preis für ihre Eiskugeln zu verlangen.

Wer frei über sein Eigentum verfügen will, muss das Recht haben, sich seine Vertragspartner selbstständig auszuwählen und den Inhalt des Vertrages nach seinen Vorstellungen zu gestalten. Das Verfügen über Privateigentum verlangt einerseits Vertragsfreiheit, andererseits bietet es den Unternehmen die Möglichkeit, sich zusammenzuschließen und über Preise, Absatzgebiete oder Produktionsmengen Absprachen zu treffen. Die Vertragsfreiheit ist demnach auch die Grundlage für wettbewerbsbeschränkende Maßnahmen und führt vor allem durch überhöhte Preise zu Nachteilen für den Verbraucher. Durch eine sinnvolle **Wettbewerbsordnung** können die negativen Auswüchse der Gewerbe- und Vertragsfreiheit eingeschränkt werden.

Der Staat hat eine Reihe von Gesetzen und Verordnungen geschaffen, die den Wettbewerb in der Bundesrepublik aufrechterhalten sollen. Zu den wichtigsten gehört das „Gesetz gegen Wettbewerbsbeschränkungen" (GWB), auch Kartellgesetz genannt. Zur Durchführung dieses Gesetzes wurde das Bundeskartellamt mit Sitz in Bonn geschaffen, eine dem Bundesministerium für Wirtschaft und Technologie zugeordnete selbstständig arbeitende Bundesbehörde der Bundesrepublik Deutschland.

Die Hauptaufgaben des Bundeskartellamtes bestehen
- in der Durchsetzung des Kartellverbotes,
- in der Kontrolle der Zusammenschlüsse von Unternehmen (Fusionskontrolle),
- in der Ausübung der Missbrauchsaufsicht über marktbeherrschende Unternehmen.

Das Bundeskartellamt kann insbesondere Zusammenschlüsse von Unternehmen verbieten, missbräuchliche Verhaltensweisen untersagen, Auflagen erteilen und Geldbußen verhängen. Außerdem verfügt die Behörde über weitgehende Ermittlungsbefugnisse.

Gesetz gegen Wettbewerbsbeschränkungen (GWB)
§ 15 (Nichtigkeit von Verträgen, über Preisgestaltung oder Geschäftsbedingungen)
Verträge zwischen Unternehmen über Waren oder gewerbliche Leistungen, die sich auf Märkte innerhalb des Geltungsbereichs dieses Gesetzes beziehen, sind nichtig, soweit sie einen Vertragsbeteiligten in der Freiheit der Gestaltung von Preisen oder Geschäftsbedingungen bei solchen Verträgen beschränken, die er mit Dritten über die gelieferten Waren, über andere Waren oder über gewerbliche Leistungen schließt.

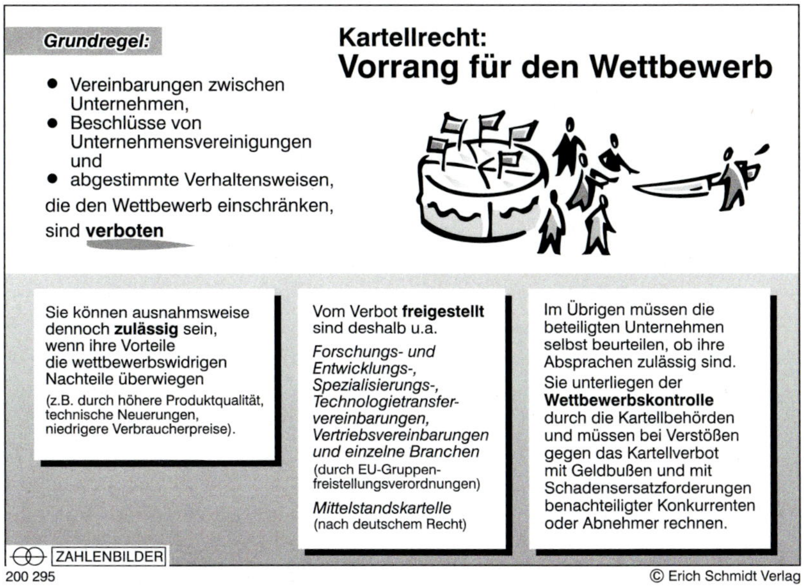

Ein weiteres Gesetz zur Ordnung des Wettbewerbs ist das Gesetz gegen den unlauteren Wettbewerb, kurz UWG genannt. Durch das UWG soll verhindert werden, dass der Verbraucher durch die Werbung getäuscht oder irregeführt wird. Vergleichende Werbung soll unterbleiben.

§ 1 UWG
Zweck des Gesetzes
Dieses Gesetz dient dem Schutz der Mitbewerber, der Verbraucherinnen und Verbraucher sowie der sonstigen Marktteilnehmer vor unlauterem Wettbewerb. Es schützt zugleich das Interesse der Allgemeinheit an einem unverfälschten Wettbewerb.

Beispiele für unlauteren Wettbewerb sind:
- Die Werbung erweckt den Eindruck, es handelt sich um ein besonders günstiges Angebot, obwohl es in Wirklichkeit nicht zutrifft.
  Beispiel: Werbung für ein kostenloses Handy, ohne den Kunden über den langfristig teuren Mobilfunkvertrag zu informieren.
- Irreführende oder unwahre Angaben über die Zusammensetzung, Herkunft oder das Produktionsverfahren einer Ware.
  Beispiel: Der in der Werbung angebotene „selbstgebackene Kuchen nach Großmutters Art" wird von einer Großbäckerei bezogen.
- Die unberechtigte Ankündigung eines Ausverkaufs.
  Beispiel: Ein Einzelhändler kündigt einen Ausverkauf an und schiebt laufend „Billigware" nach.
- Die Bestechung von Mitarbeitern eines Unternehmens mit dem Ziel, sich bei der Auftragsvergabe einen Vorteil zu verschaffen.

Neben dem GWB und dem UWG gibt es noch eine Reihe weiterer Gesetze, wie die Regelungen zu den allgemeinen Geschäftsbedingungen und dem Widerruf von Haustürgeschäften.

Die Rechnung für einen Kartell- und Korruptionsskandal bekommen 27 Fahrbahn-Markierungsunternehmen sowie 21 ihrer Manager präsentiert. Wegen kartellrechtswidriger Absprachen bei der Ausschreibung für Straßenmarkierungsarbeiten verhängte das Bundeskartellamt gegen sie Geldbußen in Höhe von 24,4 Millionen DM (...).
Die Fahrbahn-Markierer gingen bei ihren Machenschaften durchaus trickreich zu Werk. Die meisten der auf diesem Markt tätigen Firmen, die zum Beispiel für Zebrastreifen, Abbiegepfeile oder Mittelstreifen zuständig sind, sprachen ihr Angebotsverhalten bei Ausschreibungen der öffentlichen Stellen ab. „Dabei wurde der Mindestbieter festgelegt und höhere Schutzangebote der übrigen Bieter vereinbart", teilt das Bundeskartellamt mit.
Quelle: Süddeutsche Zeitung vom 12.04.1996

1. Neben dem Kartell gibt es noch weitere Formen der Unternehmenszusammenschlüsse, wie die Fusion und den Konzern. Erklären Sie die Begriffe.

„Die Wettbewerbsfähigkeit eines Landes beginnt nicht in der Fabrikhalle oder im Forschungslabor. Sie beginnt im Klassenzimmer."
(Lee Iacocca)

Das eherne Lohngesetz

„... steht der Lohn höher, als es (...) nötig ist, so vermehrt sich die Arbeiterzahl durch Vergrößerung der Zahl der Ehen und der Arbeiterkinder. Indem nun das Angebot von Händen steigt, drückt es infolge der freien Konkurrenz den Lohn wieder so weit herunter, dass eben nur das zur Fristung des Lebens Nötige verbleibt. Manchmal fällt der Lohn wohl auch auf eine kurze Zeit noch tiefer, dann mindert sich die Zahl der Arbeiter, die Nachfrage nach denselben übersteigt das Angebot, und so steigt der Lohn wieder zu seiner normalen Höhe."

Quelle: Lassalle, F.: Reden und Schriften, Hrsg. Jenaczek: dtv dokumente, München 1970, S. 204

1.9 Arbeits- und Sozialordnung

Gelten am Arbeitmarkt die Regeln der freien Marktwirtschaft, so befindet sich der Arbeitgeber meist in einer wirtschaftlich stärkeren Position und versucht, sich über niedrige Lohnzahlungen und mangelnde soziale Absicherung Vermögensvorteile zu verschaffen.

Vor allem durch das Überangebot an Arbeitskräften zu Beginn des Industriezeitalters konnte der Arbeitgeber die Lohnhöhe nach seinem Belieben festsetzen und missliebige Arbeiter jederzeit entlassen. Einen Ausweg aus dieser unzumutbaren Situation brachte der zunächst illegale und dann offene Zusammenschluss der Arbeitnehmer zu Gewerkschaften. Als die Interessenvertretungen der Arbeitnehmer immer mehr Macht bekamen, vereinigten sich im Gegenzug die Unternehmer zu Arbeitgeberverbänden.

Beide Interessensvertretungen sind eine zentrale Säule der deutschen Arbeitsordnung und haben sich das Recht erkämpft, unabhängig vom Staat Löhne und Arbeitsbedingungen selbstverantwortlich (autonom) zu regeln.

Artikel 9 GG

(1) Alle Deutschen haben das Recht, Vereine und Gesellschaften zu bilden.

(3) Das Recht, zur Wahrung und Förderung der Arbeits- und Wirtschaftsbedingungen Vereinigungen zu bilden, ist für jedermann und für alle Berufe gewährleistet.

Die Gewerkschaften sind Vereinigungen von Arbeitnehmern, die neben wirtschaftlichen auch soziale und politische Interessen ihrer Mitglieder gegenüber anderen Verbänden und dem Staat vertreten. In der Bundesrepublik gibt es mehrere Gewerkschaften, wobei der Deutsche Gewerkschaftsbund (DGB) die größte ist.

241 110 © Bergmoser + Höller Verlag AG

1. Suchen Sie nach Argumenten, die für oder gegen einen Beitritt in eine Gewerkschaft sprechen.

2. Setzen Sie sich in der Klasse im Rahmen einer Pro-Kontra-Debatte mit dem Thema Mindestlohn (Arbeitszeitregelungen) auseinander.

Im jeweiligen Aktionsprogramm des DGB werden die aktuellen Zielsetzungen formuliert. Zu diesen Forderungen gehören u.a. höhere Löhne, flexible Arbeitszeiten, geringe Beschäftigungsrisiken, besserer Arbeitsschutz oder die Verbesserung der Mitbestimmung auf betrieblicher und überbetrieblicher Ebene.

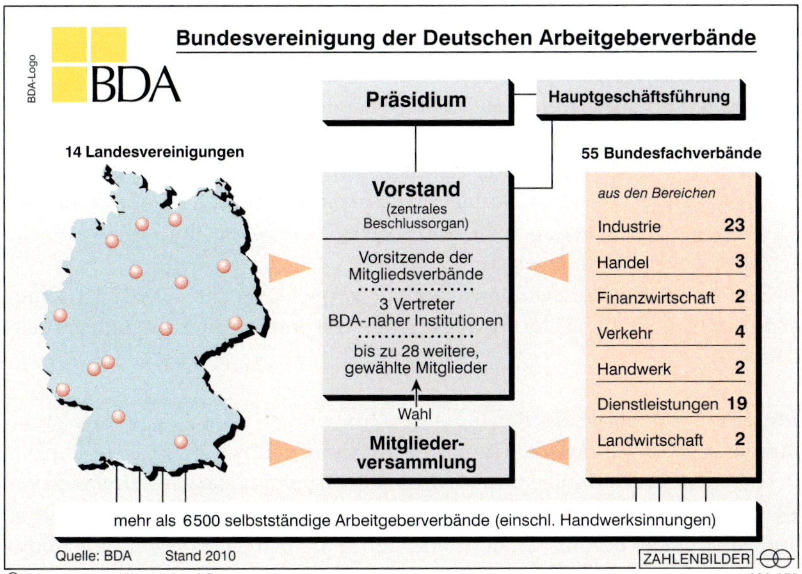

 236 150

Die Arbeitgeberverbände sind Zusammenschlüsse von Unternehmern bzw. Unternehmen zur Wahrung ihrer Interessen vor allem gegenüber den Gewerkschaften. Die Arbeitgeberverbände haben als Spitzenverband die **Bundesvereinigung der Arbeitgeberverbände (BDA)**. Zielsetzung des BDA ist eine an der Produktivität der Unternehmen orientierte Lohnpolitik.

In Tarifverhandlungen versuchen die beiden Organisationen, im Rahmen ihrer Tarifautonomie zu einer Einigung zu kommen und einen einheitlichen Tarifvertrag über Lohnhöhe und Arbeitsbedingungen abzuschließen. Der Ausgleich zwischen den unterschiedlichen Interessen steht manchmal erst am Ende eines Tarifkonflikts.

1. Rollenspiel: Tarifverhandlungen
   Beim Rollenspiel Tarifverhandlungen werden zwei Gruppen mit jeweils fünf bis sieben Schülern gebildet. Eine Gruppe vertritt die Arbeitgeberposition, eine Gruppe die Arbeitnehmerposition. Falls erforderlich können noch Schlichter berufen werden. Anlass der Vertragsverhandlungen kann ein konkreter Tarifkonflikt sein.
   a) Erstellen Sie entsprechend dem konkreten Tarifkonflikt geeignete Rollspielkarten.
   b) Führen Sie das Rollenspiel durch.

2. Erklären Sie folgende Begriffe: Vereinigungsfreiheit, DGB, BDA, Friedenspflicht, Urabstimmung, Flächenaussperrung, wilder Streik, Warnstreik, Streikbrecher.

3. Die Globalisierung hat starke Auswirkungen auf den Arbeitsmarkt in Deutschland.
   a) Informieren Sie sich über die Durchschnittsverdienste in Deutschland und in Polen oder Tschechien.
   b) Analysieren Sie die Folgen dieser Situation.

Fall: Eine Sachbearbeiterin wurde krankgeschrieben. Dennoch arbeitete sie abends in einer Disco als Kassiererin. Zwei Arbeitskollegen sahen sie und schwiegen nicht.
Der Arbeitgeber kündigte, die Sachbearbeiterin klagte.
Urteil: „Genesungsbehinderndes Verhalten" rechtfertigt eine fristlose Kündigung.
(AG FIM 4Ca 6968/95)

Um die negativen Auswirkungen eines freien Arbeitsmarktes zu beschränken, beruht die Arbeitsordnung der Bundesrepublik Deutschland neben der Tarifautonomie mit den Tarifparteien noch auf einer Vielzahl von staatlichen Schutzgesetzen für den Arbeitnehmer. Zu diesen gesetzlichen Regelungen gehören z. B.

- das Kündigungsschutzgesetz.
  Es beinhaltet Bestimmungen über Kündigungsfristen bei einer ordentlichen Kündung und über die fristlose Kündigung.
- das Betriebsverfassungsgesetz.
  Es regelt vor allem die Wahl des Betriebsrates als Vertreter aller Arbeitnehmer in einem Unternehmen.
- das Mitbestimmungsgesetz.
  Hier werden die Mitwirkungsmöglichkeiten der Arbeitnehmer in den Aufsichtsräten, aber auch die innerbetriebliche Mitbestimmung geregelt.
- das Arbeitszeitschutzgesetz.
  Ziel ist der Schutz des Menschen vor körperlicher und seelischer Überforderung. Es dient der Sicherung der Gesundheit und Leistungsbereitschaft.

1. Informieren Sie sich über die sozialen Probleme zur Zeit der Industrialisierung. Beschreiben Sie die Ursachen und Maßnahmen.

Die zentrale Behörde zur Regelung der Probleme des Arbeitsmarktes ist die **Bundesagentur für Arbeit**. Sie hat ihren Sitz in Nürnberg, steht unter der Rechtsaufsicht des Bundesministeriums für Arbeit und Soziales und wird vor allem durch die Beiträge der sozialversicherungspflichtigen Arbeitnehmer und Arbeitgeber bezahlt. Zu den zentralen Aufgaben dieser Agentur gehören die Beobachtung des Arbeitsmarktes in Verbindung mit der Arbeitsberatung und Arbeitsvermittlung. Neben der Förderung der Berufausbildung und der Finanzierung von Arbeitsbeschaffungsmaßnahmen übernimmt die Bundesagentur noch Zahlung von Lohnersatzleistungen, also von Arbeitslosengeld und Insolvenzgeld. Insolvenzgeld erhalten Beschäftigte, deren Unternehmen zahlungsunfähig ist.

Die **Sozialordnung** in Deutschland hat eine lange Geschichte. Ihre Ursprünge finden sich in der Armen- und Krankenfürsorge, die in den mittelalterlichen Städten von der Kirche organisiert wurde. Während der industriellen Revolution brachte die Ausbeutung der Arbeitnehmer durch die Arbeitgeber eine vorher nie gekannte Massenarmut. Es entstand die Arbeiterbewegung, und man war gezwungen, gesetzliche Regelungen zu schaffen, wie z. B. das Preußische Armenpflegegesetz von 1842, um die Gefahr von politischen Unruhen durch die unzufriedenen und entwurzelten Armen zu mindern. Unter Otto von Bismarck wurde die Sozialordnung weiter ausgebaut und gesetzliche Regelungen zur sozialen Absicherung der Arbeitnehmer geschaffen.

Unter der **Sozialordnung** versteht man ein umfassendes System der sozialen Absicherung in allen Lebenslagen von der Geburt bis zum Tode.

Artikel 20 GG
(1) Die Bundesrepublik Deutschland ist ein demokratischer und sozialer Bundesstaat.

In der Bundesrepublik Deutschland setzt die Verfassung die Rahmenbedingungen für die Sozialordnung und baut auf den Bestimmungen des Artikels 1 GG (Grundrecht auf Schutz der Menschenwürde) und des Artikels 2 GG (freie Entfaltung der Persönlichkeit und körperliche Unversehrtheit) sowie dem Sozialstaatsgebot des Artikels 20 auf.

Fall: Ein Arbeitnehmer schlief während der üblichen Arbeitszeit ein, fiel vom Stuhl und verletzte sich dabei erheblich. Er verlangte Leistungen von der Berufsgenossenschaft, die dies ablehnte.
Urteil: Die Berufsgenossenschaft muss nicht zahlen. Begründung: Ein „Arbeitsunfall" mit der Folge der Leistungspflicht liegt nur vor, wenn der Arbeitnehmer „infolge betrieblicher Überarbeitung vom Schlaf übermannt" wurde. (Sozialgericht Dortmund, S 36 U294/97)

Der rechtlichen Ausgestaltung der Sozialordnung liegt das Sozialstaatsprinzip zugrunde, d.h., die staatlichen Organe sind verpflichtet, die soziale Gerechtigkeit zu einem Leitprinzip ihres Handelns zu erheben. Wichtige Elemente des Sozialstaatsprinzips sind:

- Die Möglichkeit eines jeden Bürgers, bei sozialen Ungerechtigkeiten ein Arbeits- oder Sozialgericht einzuschalten und sein Recht auf Hilfe gegenüber dem Staat einzuklagen.
- Die Regelungen der gesetzlichen Pflichtversicherung, zu denen die Krankenversicherung, die Renten- und Pflegeversicherung, die Arbeitslosenversicherung und die Unfallversicherung gehören.
- Die Absicherung eines menschenwürdigen Lebens durch die Daseinsvorsorge und die Gesundheitsvorsorge.
- Die Beachtung des sozialen Aspekts in verschiedenen Bereichen, wie z. B. der Wohnpolitik.

Die wichtigsten Regelungen der Sozialordnung finden sich im deutschen Sozialgesetz (SGB). Die verschiedenen Sozialgesetzbücher enthalten Bestimmungen über die Arbeitsförderung, die Vorschriften für die Sozialversicherung, die Kinder und Jugendhilfe, die Pflegeversicherung und die Sozialhilfe.

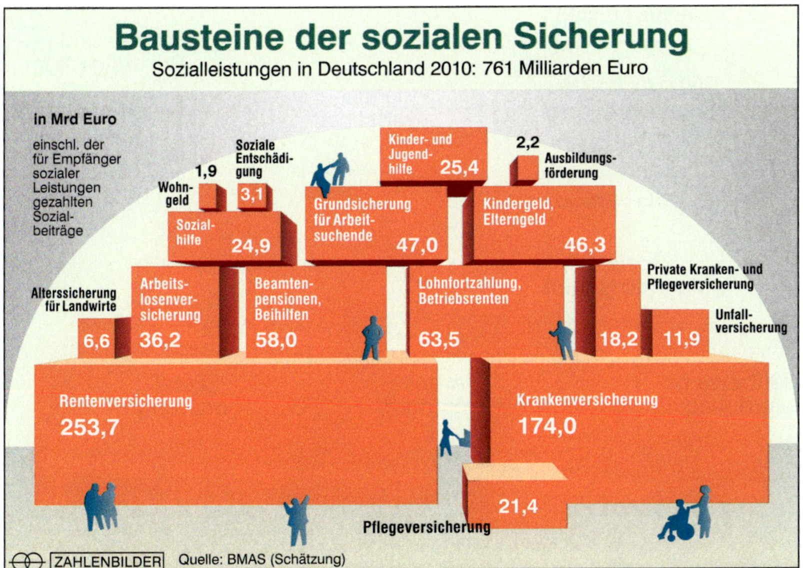

141 131

Zusammenfassend baut die Sozialordnung in Deutschland auf zwei Pfeilern auf, einerseits der gesetzlichen Sozialversicherung mit ihren Zweigen und andererseits dem System der Sozialhilfe.

1. Durch das Sozialstaatsprinzip ist der Staat kein liberaler **Nachtwächterstaat**, der sich aus der Wirtschaft heraushält, sondern greift aktiv in das gesellschaftliche Leben ein. Erklären Sie den Ausdruck.
2. In den vergangenen Jahrzehnten haben die sozialen Leistungen in der Bundesrepublik stark zugenommen und sind eine der Ursachen für die hohe Staatsverschuldung. Beschreiben Sie die Ursachen und Auswirkungen dieser Entwicklung.
3. Interpretieren Sie die Karikatur.
4. Stellen Sie die Vorteile und Nachteile von hohen sozialen Leistungen in einer Gesellschaft einander gegenüber.

Der deutsche Rentenzahler der Zukunft

Unter einer Mind-Map versteht man eine übersichtlich strukturierte Aufzeichnung von Informationen. Es handelt sich um eine Landkarte der Gedanken und des Denkens.

Bereits der griechische Lyriker Simonides (500 v. Chr.) lehrte seine Schüler, wie sie lange Reden und Vorträge ohne Zuhilfenahme eines Manuskripts halten können. Alle Elemente und Inhalte ihrer Rede wurden in Vorstellungsbilder umgesetzt und in eine strukturierte Form gebracht. Die Bilder wurden im Geiste an den Säulen eines Tempels platziert. Während der Rede „wanderten" die Schüler im Tempel umher und riefen die Bilder ab.

1. Entwickeln Sie eine Mind-Map zum Thema: Die Geschichte der sozialen Marktwirtschaft.

Wie entwickelt man eine Mind-Map?
1. Schritt: Das Thema wird im Zentrum platziert.
2. Schritt: Es werden Hauptstränge angelegt.
3. Schritt: Es werden Nebenstränge angelegt.

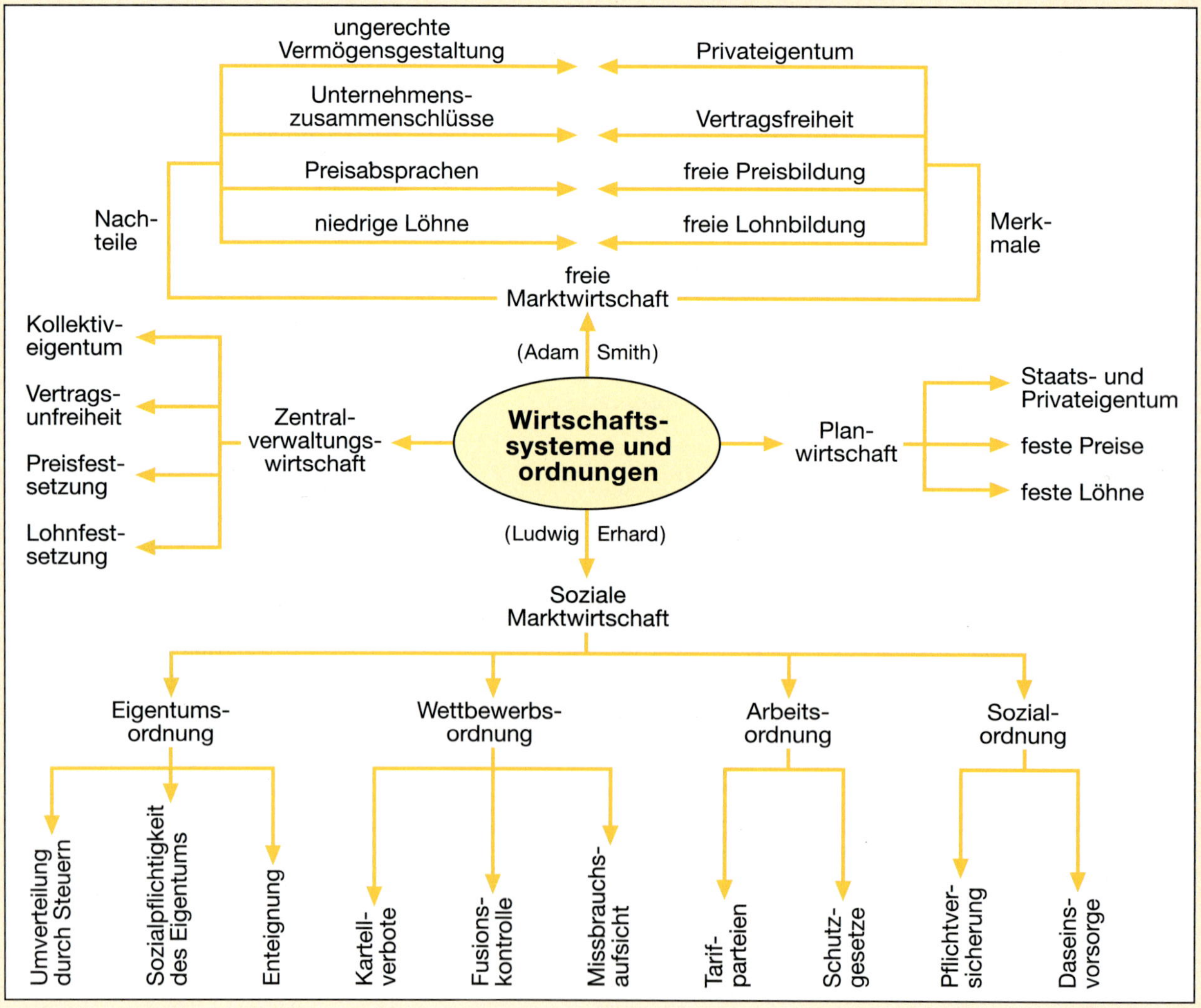

1. Vorarbeiten

Für das Spiel müssen zunächst das Fußballfeld und der Fußball auf Folie kopiert werden. Um das Quiz aufzulockern, kann der Spielleiter sich noch eine rote und eine gelbe Karte beschaffen. Zudem ist ein geeigneter Fragenkatalog – in unserem Fall zum Thema „Soziale Marktwirtschaft" – zu erarbeiten.

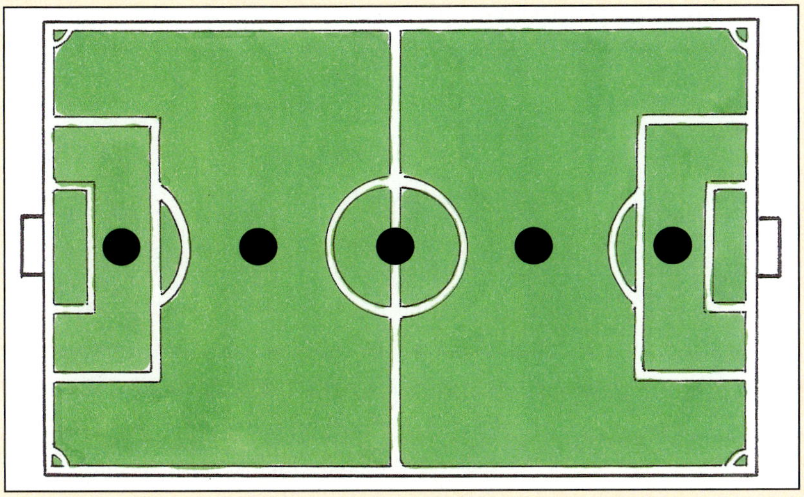

2. Regeln

Die Klasse wird zunächst in zwei unterschiedliche Mannschaften eingeteilt, deren Namen z. B. 1. FC Ölkrise oder SV Konsumwelle lauten können. Dann wird jeweils ein Mitglied der jeweiligen Mannschaft bestimmt, um gegen den Gegner im Fragenzweikampf anzutreten. Hierbei kann es sinnvoll sein, im Rahmen der bestehenden Sitzordnung immer den Nachbarn die nächsten Fragen beantworten zu lassen. Anschließend wird eine Frage gestellt. Es gewinnt derjenige, der die Frage richtig beantwortet. Der Fußball wird von der Anstoßlinie ausgehend um einen schwarzen Punkt in Richtung des gegnerischen Tores bewegt.

Gelingt es einer Mannschaft, den Ball bis ins Tor zu schießen, wird mit Kreide der neue Spielstand an der Tafel markiert. Leichtere Regelverstöße wie etwa Einsagen usw. ziehen eine gelbe Karte und einen Elfmeter nach sich. Der Ball wird hierfür sofort auf das letzte schwarze Feld der bestrafenden Mannschaft gelegt. Schwere Unsportlichkeiten werden wie im richtigen Fußball mit einer roten Karte und somit Spielausschluss bestraft.

Anfänge eines Fragenkataloges:

1. Welche Grundprobleme müssen in einer Wirtschaft gelöst werden?
2. Was versteht man unter Selbstversorgungswirtschaft?
3. Was versteht man unter arbeitsteiliger Wirtschaft?
4. Definiere den Begriff Wirtschaftssystem.
5. Erkläre den Aufbau eines zentralen Wirtschaftssystems.
6. Erkläre den Aufbau eines dezentralen Wirtschaftssystems.
7. Was versteht man unter Ordnungselementen?
8. Was versteht man unter Eigentumsverhältnissen (Vertragsverhältnissen)?

Zur Entstehung des Wortes Quiz gibt es eine Anekdote, deren Wahrheitsgehalt jedoch umstritten ist: In Irland lebte ein Theaterdirektor mit dem Namen Daly. Aus einer Laune heraus schloss er eine Wette ab, dass es ihm innerhalb eines Tages gelingen würde, ein neues Wort in die englische Sprache einzuführen. Er erfand das Wort „Quiz" und schrieb es, wo er nur konnte, an die Häuserwände seiner Heimatstadt Dublin. Kein Bürger konnte mit dem Wort etwas anfangen, aber alle sprachen darüber. Quiz war für sie ein Rätsel und Daly hatte die Wette gewonnen.

1. Entwickeln Sie selbstständig ein Quiz mit jeweils einer Frage und vier Antwortmöglichkeiten, wobei nur eine Antwort richtig ist (Vorbild „Wer wird Millionär?"). Themenbereich ist die „Soziale Marktwirtschaft".
2. Tragen Sie die Fragen und Antworten in die Software ein und spielen Sie.

In einer arbeitsteilig organisierten Gesellschaft kann die Produktion und die Verteilung von Gütern sowohl von einer Zentrale aus als auch dezentral über den Markt gesteuert werden. Bei einer zentralen Organisation liegt das Wirtschaftssystem der Zentralverwaltungswirtschaft mit den Ordnungselementen des Kollektiveigentums, der Vertragsunfreiheit, dem Plan und der Preis- bzw. Lohnfestsetzung vor. Bei einer dezentralen Organisation spricht man vom Wirtschaftssystem der freien Marktwirtschaft mit den Ordnungselementen des Privateigentums, der Vertragsfreiheit, dem Markt und der freien Preis- bzw. Lohnbildung.

Wirtschaftsordnungen
der

	Planwirtschaft	**Marktwirtschaft**
geistige Grundlagen	– Gemeinwohl geht vor Eigennutz – Sozialismus – Vertreter: Karl Marx	– Eigennutz geht vor Gemeinwohl – Liberalismus – Vertreter: Adam Smith
Organisation	Zentrale Behörde erstellt Planbilanzen mit Aufkommens- und Verwendungsseite für jedes Gut.	Der Preismechanismus des Marktes (invisible hand) sorgt für einen Ausgleich zwischen den angebotenen und den nachgefragten Mengen.
Merkmale	– weiche Pläne – schwerfällige Organisation – veraltete Produktion – unzureichende Güterversorgung	– Auslese leistungsschwacher Unternehmen – erhöhter Leistungsdruck – steigende Güterversorgung mit z. T. Prestigekonsum – technischer Fortschritt und Innovation
Länder	Mitgliedsstaaten des ehemaligen Ostblocks wie Polen, Ungarn, DDR	westlich orientierte Länder wie USA, Kanada, Frankreich, Großbritannien, BRD

Die soziale Marktwirtschaft ist die Wirtschaftsordnung der Bundesrepublik Deutschland. Sie versucht das Prinzip der Freiheit auf dem Markt mit dem sozialen Ausgleich zu verbinden. Die geistigen Grundlagen schufen Wirtschaftsprofessoren der Freiburger Schule. Mit der Währungsreform von 1948 führte Ludwig Erhard die soziale Marktwirtschaft in Westdeutschland ein. Wirtschaftswunder und Globalsteuerung waren wichtige Phasen der Wirtschaftsentwicklung. Um die negativen Auswirkungen der freien Marktwirtschaft so weit wie möglich zu vermindern, wurde im Laufe der Zeit eine eigenständige Eigentums- und Wettbewerbs- bzw. Arbeits- und Sozialordnung geschaffen.

Die negativen Auswirkungen des Privateigentums werden durch die Umverteilung der Steuern, die Sozialpflichtigkeit des Eigentums und die Enteignungsmöglichkeit gezähmt. Ungezügelter Wettbewerb wird durch das Kartellverbot, die Fusionskontrolle und die Ausübung der Missbrauchsaufsicht in Schranken gehalten. Die Arbeitsordnung beruht auf der Tarifautonomie von Gewerkschaften und Arbeitgeberverbänden und ermöglicht den Tarifkonflikt. Tragende Säule der Sozialordnung sind die gesetzliche Sozialversicherung und die verschiedenen Leistungen im Rahmen der Sozialhilfe, des Kindergeldes oder der BAföG-Zahlungen.

Wichtige Begriffe
externe Effekte
freie Marktwirtschaft
Marktversagen
Marktwirtschaft
Öffentliche Güter
Ordnungselemente
Planwirtschaft
Soziale Marktwirtschaft
Wirtschaftsordnung
Wirtschaftssystem
Zentralverwaltungswirtschaft

1. In einer Gesellschaft mit Arbeitsteilung muss das Zusammenspiel von Produzenten und Konsumenten geregelt werden.
   a) Beschreiben Sie die Grundprobleme arbeitsteiliger Wirtschaften.
   b) Welche prinzipiellen Organisationsmöglichkeiten gibt es?

2. Erläutern Sie anhand der Wirtschaftssysteme der freien Marktwirtschaft und der Zentralverwaltungswirtschaft die unterschiedliche Ausprägung der Ordnungselemente.

3. a) Stellen Sie den Koordinationsmechanismus sowie die Vorteile und die Nachteile der Wirtschaftsordnungen der Planwirtschaft und der Marktwirtschaft in einem Schema einander gegenüber.
   b) Welche Aufgaben übernimmt der Preismechanismus in einer Marktwirtschaft?

4. Die Abgase durch den Straßenverkehr gehören zu den negativen externen Effekten.
   a) Erläutern Sie den Begriff „externer Effekt".
   b) Nennen Sie weitere Beispiele für externe Effekte bei Unternehmen, Haushalt und Staat.
   c) Entwickeln Sie einen Maßnahmenkatalog, mit dem der externe Effekt der Abgase im Straßenverkehr verringert werden kann.

5. Die soziale Marktwirtschaft des Ludwig Erhard war nach dem Zusammenbruch des ehemaligen Ostblocks für viele Länder das Vorbild für ihre eigene Wirtschaftsordnung.
   a) Beschreiben Sie die Bedingungen für die Einführung der sozialen Marktwirtschaft zur Zeit der Währungsreform von 1948.
   b) Erläutern Sie die wesentlichen Merkmale, auf denen die Wirtschaftsordnung der sozialen Marktwirtschaft beruht.
   c) Erklären Sie die Phasen, die die soziale Marktwirtschaft während ihrer Gründung durchlaufen hat.

6. Erläutern Sie das Wesen der Eigentumsordnung der Bundesrepublik und geben Sie Beispiele für ihre Einschränkungen.

7. Das Bundeskartellamt hat die Aufgabe, die Auswüchse der Gewerbe- und Vertragsfreiheit zu begrenzen.
   a) Erläutern Sie die Hauptaufgaben des Bundeskartellamtes.
   b) Beschreiben Sie die wesentlichen Inhalte folgender Gesetze: Gesetz gegen Wettbewerbsbeschränkungen, Gesetz gegen den unlauteren Wettbewerb.

8. Der Art. 9 GG ist die Grundlage für die Tarifautonomie der Tarifparteien.
   a) Wie sind die Arbeitnehmer- und die Arbeitgeberverbände organisiert und welche Ziele verfolgen sie?
   b) Erläutern Sie den möglichen Ablauf eines Tarifkonflikts.
   c) Beschreiben Sie einen aktuellen Tarifkonflikt.

9. a) Was versteht man unter dem Begriff „Sozialordnung"?
   b) Erläutern Sie einige Elemente des Sozialstaatsprinzips.

Autos im Stau

Kauf im Schmuckladen

2 Steuern und soziale Sicherung in der sozialen Marktwirtschaft

2.1 Einkommensumverteilung durch Steuern

1. Entwickeln Sie zur Wiederholung das einfache Kreislaufmodell mit den Sektoren und Strömen.
2. Charakterisieren Sie die Kreislaufsektoren Haushalt, Unternehmen, Vermögensveränderung und Staat.
3. Nennen Sie staatliche Leistungen, die Sie in Anspruch nehmen.
4. Interpretieren Sie die Karikatur.

Geht man der Frage nach, wie sich Staaten gebildet haben und welche ihre wichtigsten Aufgaben sind, dann kann man folgende Geschichte erzählen: Ursprünglich zogen die Menschen in kleinen Gruppen als Sammler und Jäger durch die Gegend, d.h., sie waren Nomaden. Irgendwann gelang es einigen, auf fruchtbaren Böden Nahrungsmittel anzubauen. Die Menschen wurden sesshaft und betrieben Landwirtschaft. Das reichlicher werdende Nahrungsmittelangebot veranlasste räuberische Nomaden, die Bauern zu überfallen und auszubeuten. Um sich vor den plündernden Horden zu schützen, waren die Bauern gezwungen, sich zu verteidigen und eine Schutztruppe mit Anführer aufzustellen. Da sich diese Truppe auf den Gebrauch von Waffen spezialisierte und nicht mehr auf den Feldern mitarbeiten konnte, verlangte sie von den Bauern zuerst Nahrungsmittelabgaben für ihre Tätigkeit und später Steuern. Es entstanden Gemeinschaften in Form von Staaten. Im Laufe der Zeit übernahm der Staat nicht nur den militärischen Schutz, sondern auch soziale Aufgaben.

Bezogen auf den Wirtschaftskreislauf beruht das Wesen des **Staates** in seiner Umverteilung, d.h., er nimmt und gibt. Er schöpft einen Teil der Kaufkraft, die in der Privatwirtschaft entstanden ist, über Steuern ab, um seinen Aufgaben, wie z.B. den Bau von Straßen, der Verteidigung, Verwaltungen und den sozialen Leistungen, gerecht zu werden. Unter dem Sektor Staat versteht man die gedankliche Zusammenfassung der Gebietskörperschaften, also von Bund, Ländern und Gemeinden und deren Gemeinschaftseinrichtungen, aber auch die gesetzliche Sozialversicherung.

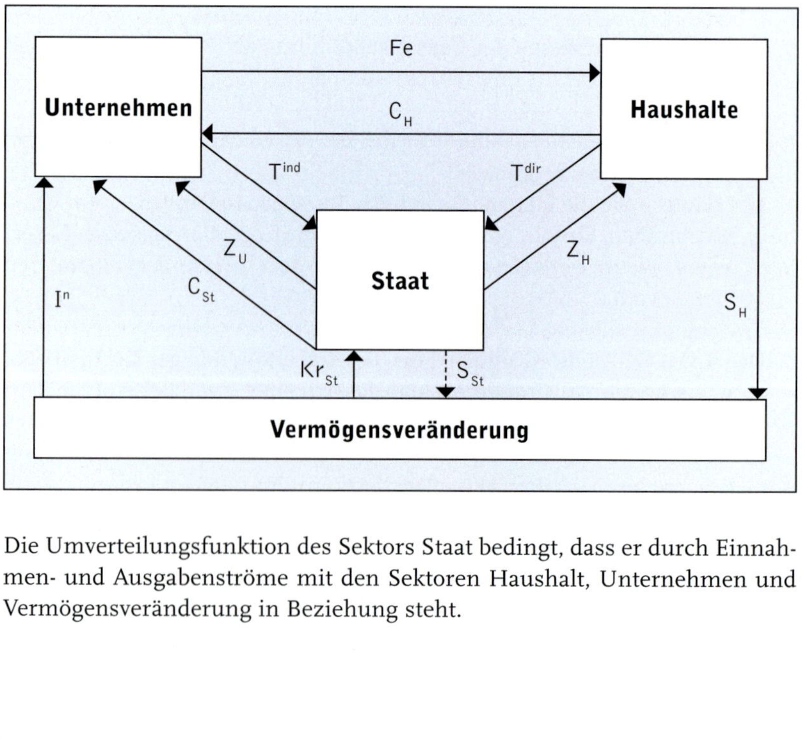

Die Umverteilungsfunktion des Sektors Staat bedingt, dass er durch Einnahmen- und Ausgabenströme mit den Sektoren Haushalt, Unternehmen und Vermögensveränderung in Beziehung steht.

Zu den Einnahmeströmen gehören:
- **Direkte Steuern (T^{dir})**: Sie werden direkt bei den privaten Haushalten erhoben. Beispiele sind die Lohn- und Einkommensteuer, Erbschaftssteuer, Grundsteuer und die Kraftfahrzeugsteuer.
- **Indirekte Steuern (T^{ind})**: Hier handelt es sich um die Umsatzsteuer, verschiedene Verbrauchssteuern wie Mineralöl-, Tabak- oder Kaffeesteuer, die bei den Unternehmen erhoben werden. Die indirekten Steuern werden von den Unternehmen meist auf den Endverbraucher abgewälzt und sind in den Preisen enthalten.

Zu den Ausgabeströmen gehören:
- **Staatlicher Konsum (C_{St})**: Zum staatlichen Konsum, auch Staatsverbrauch genannt, gehören die Ausgaben des Staates für Sachgüter, wie z. B. Straßen, Schulen und Dienstleistungen in Form der Verwaltungstätigkeiten der Beamten und Angestellten und des Unterrichts von Lehrern.
- **Übertragungen an die Haushalte (Z_H)**: Hier fasst man überwiegend die sozialen Leistungen des Staates, also die Rentenzahlungen, Sozialhilfe, Wohngeld, Kindergeld und die Pensionen zusammen.
- **Übertragungen an die Unternehmen (Z_U)**: Bestimmte Wirtschaftsbereiche, wie Landwirtschaft, Bauwirtschaft oder das Verkehrswesen, erhalten staatliche Subventionen. Ebenso werden Zuschüsse für regenerierbare Energien gewährt.

Da die jährlichen Einnahmen und Ausgaben des Staates nicht deckungsgleich sind, ergeben sich Saldenströme:
- **Staatliche Ersparnisse (S_{St})**: Sind die Einnahmen höher als die Ausgaben, ergeben sich Überschüsse in Form von staatlichen Ersparnissen.
- **Staatliche Kredite (Kr_{St})**: Sind die Ausgaben des Staates größer als die Einnahmen, muss der Staat Kredite aufnehmen.

Wie aus den Kreislaufströmen zu erkennen ist, erfüllt der Staat seine Umverteilungsfunktion, indem er sich über Steuern Einnahmen verschafft und für staatliche Aufgaben und soziale Leistungen wieder ausgibt. Ergeben sich zwischen den jährlichen Einnahmen und Ausgaben Differenzen, so bildet er entweder Rücklagen oder nimmt Kredite auf.

War in früheren Zeiten der militärische Schutz seiner Bürger die zentrale Aufgabe des Staates, so hat er heute überwiegend für soziale Gerechtigkeit zu sorgen. Der Begriff der **sozialen Gerechtigkeit** ist in der Mitte des 19. Jahrhunderts im Zusammenhang mit der „sozialen Frage“ entstanden. Die soziale Frage entstand in der Epoche der industriellen Revolution, also dem Übergang vom Agrarstaat zum Industriestaat. Folgen dieses Übergangs waren geringe Löhne, lange Arbeitszeiten und keine soziale Absicherung, was zu einer großen Armut bei der arbeitenden Bevölkerung führte. Aus diesen negativen Erfahrungen der Massenverelendung wurde die politische Leitidee des Sozialstaates bzw. Wohlfahrtsstaates entwickelt.

Unter **Sozialstaat** versteht man eine Gesellschaft, die bestrebt ist, die sozialen Unterschiede, die sich zwischen ihren Bürgern herausbilden, bis zu einem gewissen Grade auszugleichen, um allen eine Teilhabe an den wirtschaftlichen bzw. gesellschaftlichen Entwicklungen zu ermöglichen.

!

1. Ordnen Sie folgende Begriffe den entsprechenden Kreislaufströmen zu: Hundesteuer, Ausgaben für den Urlaub, Kohleförderung, Gehalt, Branntweinsteuer, Ausgaben für den Brückenbau, Zölle, Bausparprämien, Biersteuer, Bundesanleihen, private Spareinlagen.

2. Entwickeln Sie anhand der Kreislaufströme sinnvolle Kausalketten wie z. B. steigende direkte Steuern → erhöhter Staatskonsum → steigende Produktion → mehr Faktoreinkommen. Vervollständigen Sie folgende Kettenanfänge:
   sinkender Staatskonsum → ...
   steigende Staatskredite → ...
   erhöhte Faktoreinkommen → ...
   Abbau von Staatsschulden → ...

3. Informieren Sie sich über Ursachen der „sozialen Frage".

4. Welche Konsequenzen hat die Veränderung des Subventionsstroms im Wirtschaftskreislauf?

Unter Wohlfahrtsstaat versteht man eine Gesellschaft, in der die soziale Absicherung der Bevölkerung oberstes Ziel der staatlichen Organe ist. Beim Wohlfahrtsstaat (welfare state) hat der Staat durch umfangreiche Leistungen im Bildungsbereich, Verkehrswesen, Wohnungsbau, in der Sozialversicherung usw. für soziale Sicherheit zu sorgen. Teilweise wird der Begriff des Wohlfahrtsstaates auch abwertend gebraucht, um auf ein übertriebenes soziales Anspruchsdenken hinzuweisen.

Das Ziel der sozialen Gerechtigkeit kann von zwei extremen Standpunkten aus betrachtet werden, nämlich der Leistungsgerechtigkeit und der Bedarfsgerechtigkeit.

Die **Leistungsgerechtigkeit** beruht auf dem gesellschaftlichen Prinzip, dass „jeder nach seiner Leistung" entlohnt wird. Der Einzelne wird nur dann bereit sein, mehr zu leisten als sein Nachbar, wenn er Aussicht auf ein höheres Einkommen hat. Er leistet mehr, weil er mehr verdienen kann, und er verdient mehr, weil er mehr geleistet hat. Die Aussicht auf Einkommensvorteile ist die Grundlage für eine funktionierende Marktwirtschaft. Das Leistungsprinzip als alleinige Triebfeder einer Wirtschaft führt im Laufe der Zeit zu einer Spaltung der Gesellschaft in reiche und arme Bevölkerungsschichten. Die Folge dieser Entwicklung sind Wohlstand und zum Teil Verschwendungssucht bei einem meist geringen Teil der Bevölkerung. Der größere Teil der Menschen lebt in Armut und Not, überwiegend verbunden mit Neid und Missgunst.

Um die drohende Gefahr von sozialen Spannungen und politischem Radikalismus zu mindern, wird die **Bedarfsgerechtigkeit** als ergänzendes gesellschaftliches Prinzip eingeführt. Der Bedarfsgerechtigkeit, auch austeilende Gerechtigkeit genannt, liegt das Prinzip „jedem das Seine" zugrunde. Nach diesem Prinzip soll eine Person so viel an Gütern erhalten, wie sie zur Erfüllung ihrer Lebensaufgaben benötigt. In einer Gesellschaft herrscht Bedarfsgerechtigkeit, wenn sie mit ihren Ressourcen die Bedürfnisse der Bürger möglichst gerecht befriedigt.

Der Staat muss in der sozialen Marktwirtschaft einen sinnvollen Ausgleich zwischen den beiden Prinzipien versuchen. Einerseits hat er die Leistungsgerechtigkeit so weit zu garantieren, dass sich Leistung noch lohnt, und andererseits darf er den sozialen Gesichtspunkt nicht vernachlässigen. Auch die Familie mit mehreren Kindern ist finanziell so zu stellen, dass sie ein lebenswürdiges Dasein führen kann. Auf welche Weise der Staat eine vernünftige Verteilungsgerechtigkeit zu erreichen versucht, wird am Beispiel der Steuern und hier vor allem der Einkommensteuer aufgezeigt.

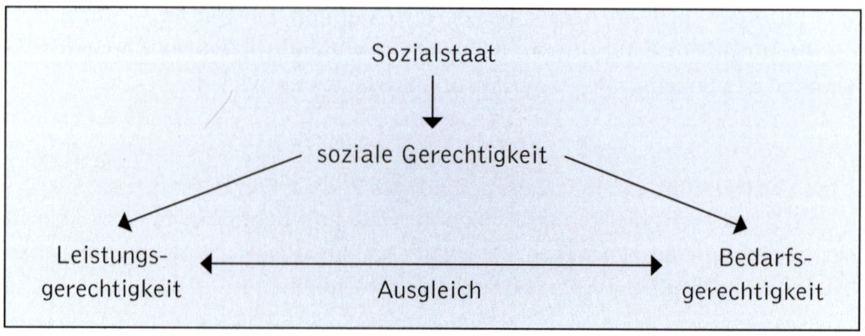

1. In der Wirtschaft kann man Arten der Verteilungsgerechtigkeit unterscheiden, wie z. B. Tauschgerechtigkeit, Generationengerechtigkeit und globale Gerechtigkeit. Erklären Sie die Begriffe.

2. Grenzen Sie die beiden Begriffe Sozialstaat und Wohlfahrtsstaat voneinander ab.

3. In welche Richtung schlägt das Pendel der sozialen Gerechtigkeit Ihrer Meinung nach in Deutschland stärker aus, in Richtung Leistungsgerechtigkeit oder Bedarfsgerechtigkeit?

4. Erklären Sie folgende Begriffe: Ellenbogengesellschaft, Sozialabbau, soziale Hängematte.

1. Schritt: Was sehe ich?
Ein vollbesetzter Zug mit dem Namen Wohlfahrtsstaat ist an seiner Endstation angekommen. Die verängstigten Insassen schauen auf den Bahnsteig. Der Zugführer informiert den Bahnhofsvorsteher (ehemaliger Bundeskanzler Schröder) darüber, dass sich die Insassen weigern, den Zug zu verlassen und der führerlose Zug am Prellbock angelangt ist.

2. Schritt: Zu welchem Problem nimmt der Karikaturist Stellung?
Die Karikatur greift die Frage auf, ob die Bundesrepublik Deutschland ein Wohlfahrtsstaat geworden ist, aus dem niemand mehr aussteigen will.

3. Schritt: Was ist meine Ansicht zu dem Thema?
Der Betrachter muss für sich die Frage beantworten, ob er Deutschland für einen Wohlfahrtsstaat hält oder nicht. Er muss sich darüber klar werden, ob es seiner Meinung nach viele soziale Ungerechtigkeiten wie Kinderarmut, zu niedrige Renten oder Löhne unter dem Existenzminimum gibt. Er kann aber auch der Meinung sein, dass das soziale Netz sehr dicht geflochten ist und sich die Trittbrettfahrermentalität und das Sozialschmarotzertum allmählich breitmachen.

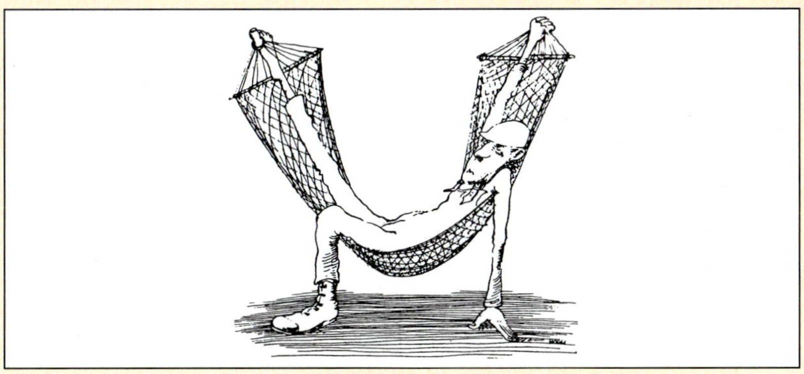

Das Wort Karikatur kommt aus dem Lateinischen carrus = Karren; im Italienischen wurde daraus caricare, was so viel wie überladen, übertreiben bedeutet. Wer die deutsche Bedeutung für das französische Wort caricature sucht, findet den Ausdruck Zerrbild. Der Karikaturist macht sich mithilfe einer Zeichnung über etwas lustig. Er übertreibt bewusst, spitzt zu und verzerrt charakteristische Züge einer Person oder einer Situation. Durch die Karikatur will er Aufmerksamkeit gewinnen und zum Nachdenken anregen.
Karikaturen sind Teil unserer Alltagskultur. Man findet sie in Tageszeitungen, Zeitschriften und Schulbüchern. Es gehört zur Allgemeinbildung, dass man Karikaturen versteht und interpretieren kann.

1. Interpretieren Sie die untere Karikatur.

2. Gestalten Sie gemeinsam an Ihrer Schule einen Schaukasten (Wandtafel).
   Sammeln Sie in Ihrer Klasse Karikaturen über wirtschaftliche Themen und stellen Sie diese mit Interpretationen aus oder organisieren Sie einen Schülerwettbewerb zum Thema Wirtschaftskarikaturen. Prämieren Sie die besten Zeichnungen und/oder veröffentlichen Sie sie in einer Schülerzeitung.

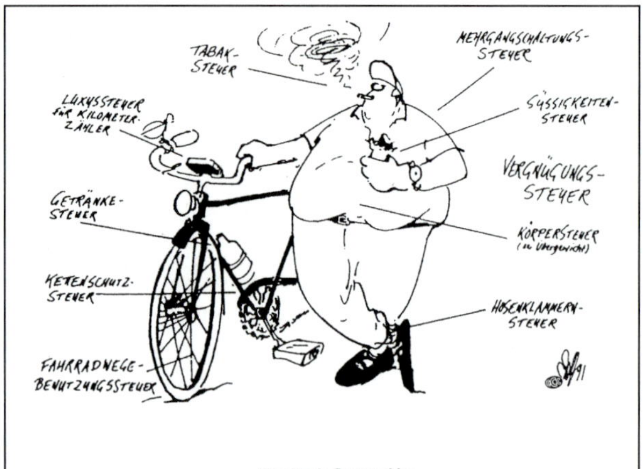

Der ideale Steuerzahler

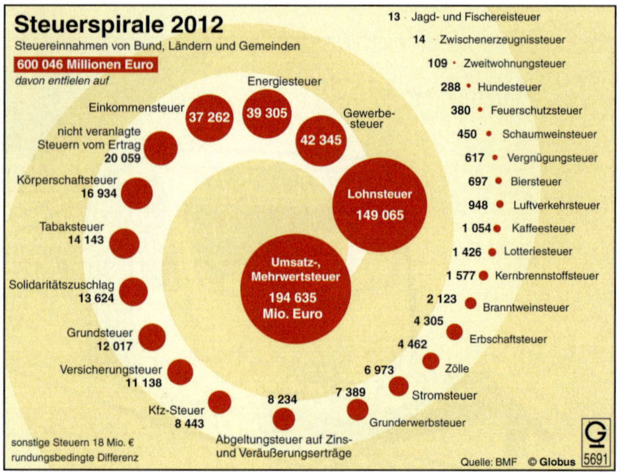

Eine Lehrerin fragt im Wirtschaftsunterricht: „Es gibt direkte und indirekte Steuern. Wer kann mir eine indirekte Steuer nennen?"
Peter meldet sich: „Die Hundesteuer!"
Die Lehrerin fragt verdutzt: „Wieso ist die indirekt?"
Darauf Peter: „Weil der Hund sie nicht selbst bezahlt."

1. Erstellen Sie eine Liste mit den Steuern, die Sie schon einmal bezahlt haben.
2. Entwickeln Sie eine Tabelle mit der Vorspalte Erhebungsart, Ertragshoheit, Tatbestand der Besteuerung. In die Kopfleiste schreiben Sie verschiedene Steuern wie z. B. Schaumweinsteuer, Lotteriesteuer, Kfz-Steuer, Grundsteuer, Jagdsteuer, Erbschaftssteuer, Branntweinsteuer. Füllen Sie die Tabelle inhaltlich auf.
3. Warum ist die Hundesteuer eine Gemeindesteuer?

2.2 Steuern im Überblick

Damit der moderne Staat das Ziel der sozialen Gerechtigkeit und der Sicherung des Wohlstandes in einer Gesellschaft verwirklichen kann, benötigt er Einnahmen. Den größten Teil der staatlichen Einnahmen bilden die Steuern.

Steuern sind ihrem Wesen nach Geldleistungen eines Bürgers, ohne dass dieser einen Anspruch auf irgendeine direkte Gegenleistung hat. Sie werden von staatlichen Institutionen erhoben, um diesen Einnahmen zu verschaffen.

Steuern können nach verschiedenen Kriterien unterteilt werden:

Nach der Art der Erhebung in direkte und indirekte Steuern
Direkte Steuern knüpfen an die wirtschaftliche Leistungsfähigkeit der Bürger an und werden den Steuerpflichtigen nach ihren Einkommens- und Vermögensverhältnissen unmittelbar auferlegt. Direkte Steuern sind z. B. die Einkommensteuer, Körperschaftsteuer und die Gewerbesteuer, indirekte Steuern sind z. B. die Mehrwert(Umsatz)steuer, die Tabaksteuer und Stromsteuer. Die Besonderheit der indirekten Steuern besteht darin, dass der Steuerschuldner, der die Steuern an das Finanzamt abführt, nicht mit dem Steuerzahler, der die Steuer aus seinem Einkommen letztlich trägt, identisch ist.

Nach der Ertragshoheit in Bundes-, Landes- und Gemeindesteuern
In einem föderativen Staat wie dem der Bundesrepublik Deutschland erfolgt die Umverteilungsleistung des Staates auf den drei Ebenen des Bundes, der Länder und der Gemeinden. Bundessteuern sind z. B. die Mineralölsteuer, Tabaksteuer und Branntweinsteuer, zu den Landessteuern gehören z. B. die Erbschaftsteuer, Kfz-Steuer und die Biersteuer. Die Gemeinden erheben die Grundsteuer, Getränkesteuer und Hundesteuer. Daneben gibt es noch Gemeinschaftssteuern, die den drei Gebietskörperschaften im Rahmen des Steuerverbundes gemeinsam zustehen, wie z. B. die Lohnsteuer und die Umsatzsteuer. Diese Steuern werden nach einem festgelegten Schlüssel auf die verschiedenen Gebietskörperschaften verteilt.

Nach dem Tatbestand der Besteuerung in Besitz-, Verkehr- und Verbrauchsteuern

Besitzsteuern gliedern sich in Personen- und Realsteuern. Zu den Personensteuern gehören die Einkommen-, Körperschaft- und Erbschaftsteuern. Realsteuern, wie die Grundsteuer, beziehen sich auf Vermögensgegenstände und werden bei denen erhoben, denen diese Gegenstände gehören.

Verkehrsteuern knüpfen an bestimmte Vorgänge im Wirtschaftsverkehr an. So besteuert die Mehrwertsteuer (Umsatzsteuer) alle entgeltlichen Lieferungen und Leistungen im Rahmen einer gewerblichen oder beruflichen Tätigkeit. Sie wird bei jedem Verkaufsvorgang auf den augenblicklichen Gesamtwert des Gutes erhoben. Demzufolge werden die schon einmal versteuerten Vorleistungen, die in ein Gut eingegangen sind, erneut belastet. Der Unternehmer kann jedoch die steuerlichen Vorleistungen als Vorsteuer abziehen. Der Endverbraucher zahlt die Umsatzsteuer in voller Höhe.

Verbrauchsteuern belasten den Verbrauch oder Gebrauch bestimmter Güter mit einer Steuer. War es in früheren Zeiten die Salzsteuer, so sind es heute die Mineralöl- und Erdgassteuer, Branntweinsteuer, Kaffee- und Biersteuer. Aber auch Strom, Alkopops, Schaumwein und Versicherungen unterliegen der Verbrauchsteuer.

Zar Peter der Große (1672–1725) verfügte im Jahr 1698 einen Erlass, der das Tragen von Bärten verbot. Da die Mehrzahl der Russen der Anordnung nicht nachkam, führte der Zar eine „Bartsteuer" ein. Gegen Bezahlung der sehr hohen Steuer konnte sich jeder Russe für einen bestimmten Zeitraum vom Abschneiden des Bartes befreien lassen. Ein Bartträger musste eine Steuermarke ständig bei sich tragen, sonst drohte ihm auf offener Straße die Rasur.

Quelle: Finanzen & Steuern INFO 2005, S. 5

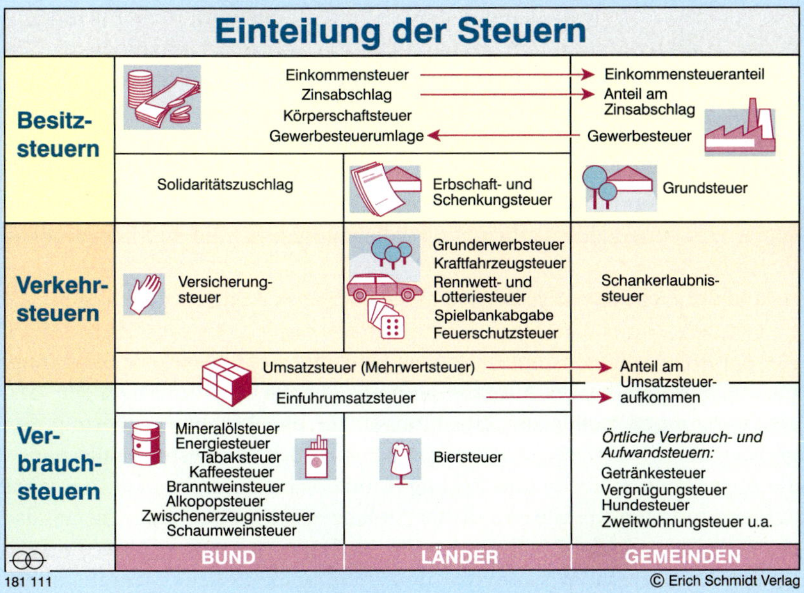

1. Wenn Sie einen Kinofilm ansehen wollen, müssen Sie eine Eintrittskarte kaufen. Im Preis für die Eintrittskarte ist die Kinosteuer (Vergnügungssteuer) enthalten.
   a) Um welche Steuerart handelt es sich bei der Kinosteuer? Unterscheiden Sie nach Erhebungsart, Ertragshoheit und Tatbestand der Besteuerung.
   b) Welche anderen Tatbestände unterliegen noch der Vergnügungssteuer?
   c) Informieren Sie sich im Internet über die Entstehung, Erhebung und die finanzielle Bedeutung der Vergnügungssteuer.

2. Entwickeln Sie eine Mind-Map mit dem zentralen Begriff „Steuern" und den verschiedenen Steuerarten.

2.3 Bundes- und Landeshaushalt

Die föderalistische Organisation der Bundesrepublik Deutschland bringt es mit sich, dass der Staatshaushalt auf den drei Entscheidungsebenen des Bundes, der 16 Länder und einer Vielzahl von Gemeinden erstellt wird.

Der Bund übernimmt in erster Linie die soziale Sicherung seiner Bürger. Darüber hinaus gehören die Verteidigung, der auswärtige Dienst, aber auch der Ausbau großer Verkehrseinrichtungen zu Wasser, zu Lande und in der Luft zu seinen Aufgaben. Der **Bundeshaushalt** ist das Spiegelbild einer Nation und gibt wertvolle Auskunft über die wirtschaftlichen und sozialen Verhältnisse der Bundesrepublik.

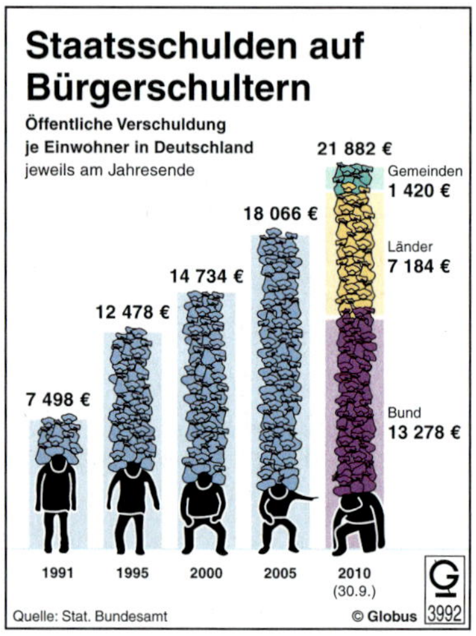

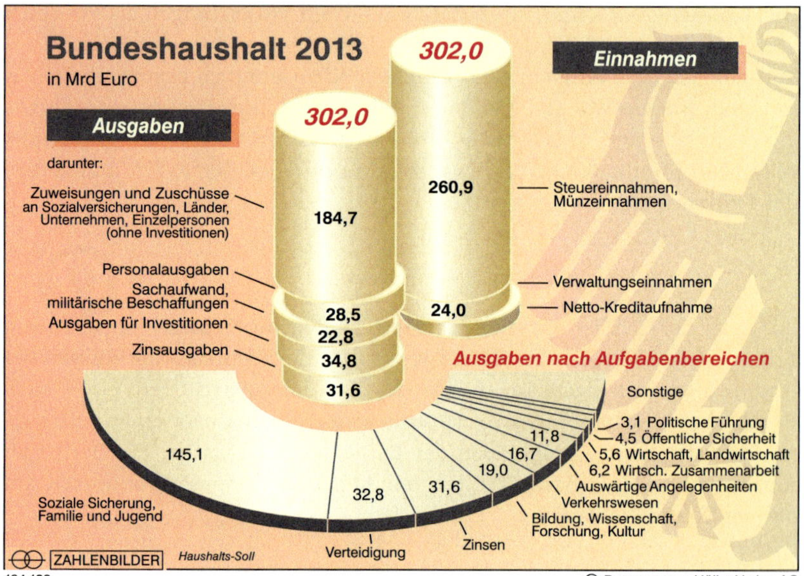

194 133 © Bergmoser + Höller Verlag AG

Die Haupteinnahmequellen des Bundes sind die Steuern; in deutlich geringerem Umfang fließen ihm Verwaltungs- und sonstige Einnahmen zu. Seit Jahren reichen jedoch die Einnahmen nicht mehr aus, um die Ausgaben zu decken, sodass eine jährliche Kreditaufnahme erforderlich ist, die zu einer steigenden Gesamtverschuldung führt. Als Ursachen für den großen Schuldenberg werden vor allem genannt:

- die Ausgaben für die deutsche Wiedervereinigung,
- die zunehmenden staatlichen Sozialleistungen für die alternde Bevölkerung
- und die Zuschüsse für die gleichbleibend hohe Zahl von Arbeitlosen.

Auf der Ausgabenseite dominieren die Leistungen für die soziale Sicherung, die allein die Hälfte des Ausgabevolumens ausmachen. Innerhalb der sozialen Leistungen stellen die Zuzahlungen für die Rentenversicherung den größten Anteil dar. Den zweitgrößten Posten des Bundeshaushalts bilden die Ausgaben für Zinsen und Tilgung (Bundesschuld) der im Laufe der Jahre aufgenommenen Kredite. An dritter Stelle steht der Verteidigungsetat, also die Ausgaben für die Bundeswehr. Von geringerem Umfang sind die Leistungen für Verkehr, Wissenschaft und Bildung, öffentliche Sicherheit oder Wirtschaftsförderung.

1. Interpretieren Sie die Grafik oben.
   a) Berechnen Sie die öffentliche Gesamtverschuldung für das Jahr 2010, gehen Sie von einer Bevölkerungszahl von 82 Millionen aus.
   b) Entwickeln Sie Vorschläge für den Abbau der Staatsschulden.
2. Der Staatshaushalt ist das Spiegelbild eines Volkes. Belegen Sie diese Aussage am Beispiel des Bundeshaushalts.

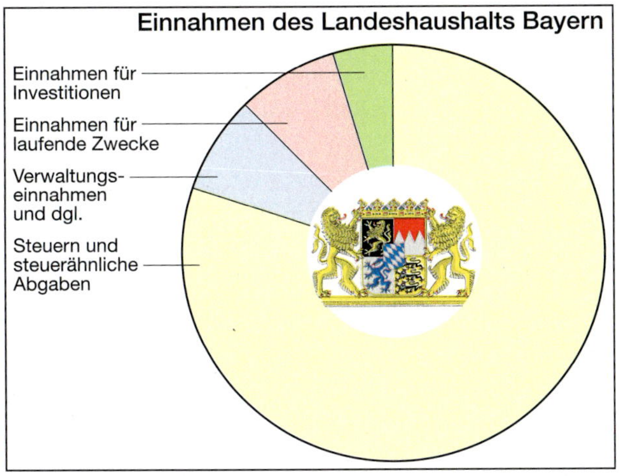

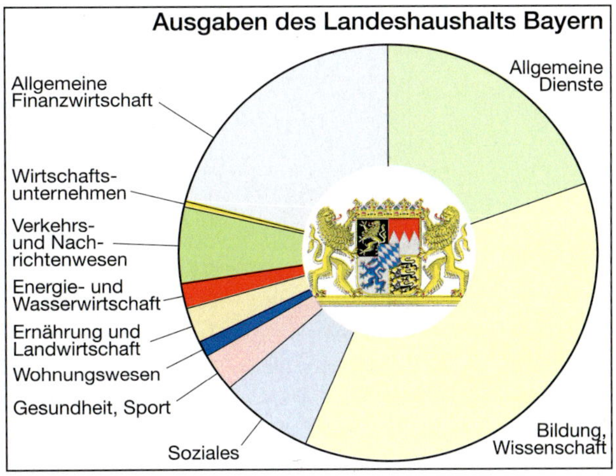

Die Schwerpunkte der Länder liegen auf dem Gebiet des Bildungswesens, also der Schulen und Hochschulen, der Rechtspflege mit Gerichten und Strafvollzug, der Polizei und der Sozialhilfe sowie des Gesundheitswesens.

Von den 16 Haushalten der Bundesländer wird exemplarisch der **Landeshaushalt Bayern** herausgegriffen.

Auch bei den Landeshaushalten bilden die Steuern und Abgaben die Haupteinnahmequellen. Verwaltungseinnahmen, z. B. aus Verkehrskontrollen, aber auch Einnahmen aus dem Schuldendienst stehen an zweiter Stelle. Zu den Einnahmen für laufende Zwecke gehören insbesondere die Zahlungen des Bundes an das Land Bayern. Einnahmen für Investitionen sind überwiegend Finanzierungseinnahmen z. B. für die Vergabe von Krediten an private Institutionen.

Betrachtet man den bayerischen Staatshaushalt nach seinen Aufgabenbereichen, so stellen die Ausgaben für „Bildung und Wissenschaft", also für allgemeinbildende Schulen, die beruflichen Schulen und die Hochschulen, den größten Posten dar. Der Posten „Allgemeine Finanzwirtschaft" enthält z. B. Beteiligungen des Freistaats Bayern an privaten Unternehmen, die Leistungen an Gemeinden z. B. für die Abwicklung von Wahlen, aber auch das Wirtschaftsförderungsprogramm für Ostbayern. Zu den „Allgemeinen Diensten" gehören die Zahlungen für die Polizei, das Gerichtswesen oder die Finanzämter. Der Posten „Soziales" beinhaltet die Ausgaben für die Krankenhäuser und Bäder sowie Zuschüsse für die Altersversorgung der Landwirte.

Die Gemeinden ergänzen die Aufgaben von Bund und Ländern entsprechend der örtlichen Verhältnisse. Sie unterhalten die Grund- und Hauptschulen, das örtliche Straßen- und Kanalnetz, aber auch Bäder und Sporteinrichtungen. Der (Verwaltungs-)**Haushalt einer Gemeinde** besteht auf der Einnahmenseite zum überwiegenden Teil aus Anteilen aus der Einkommensteuer, Gewerbesteuer und Zuweisungen von Bund und Ländern.
Wichtige Ausgabeposten sind die Aufwendungen für das Personal, z. B. der Stadtverwaltung, und die Sachaufwendungen und Sozialleistungen. Neben dem Verwaltungshaushalt erstellen die Gemeinden noch den Vermögenshaushalt, der die Ausgaben für den Straßenbau und die Einnahmen aus Grundstücksverkäufen erfasst.

1. Der Bund und auch die Länder leisten Zahlungen für z. B. Soziales und Verkehr. Erklären Sie die Unterschiede.

2. Suchen Sie nach Gründen für die unterschiedliche Verschuldung der Länder.

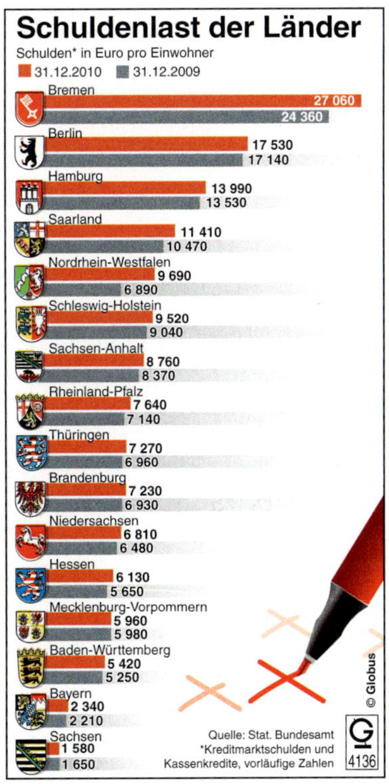

2.4 Lohn- und Einkommensteuer

Von den Steuern, die den Staatshaushalten zufließen, stellt die Einkommensteuer die Haupteinnahmequelle dar. Rechtsgrundlage für die Steuer ist das Einkommensteuergesetz (EStG).

§1 EStG
Steuerpflicht

(1) Natürliche Personen, die im Inland einen Wohnsitz oder ihren gewöhnlichen Aufenthalt haben, sind unbeschränkt einkommensteuerpflichtig. Zum Inland im Sinne dieses Gesetzes gehört auch der der Bundesrepublik Deutschland zustehende Anteil am Festlandsockel, soweit dort Naturschätze des Meeresgrundes und des Meeresuntergrundes erforscht oder ausgebeutet werden.

Nach § 2 EStG unterliegen der Einkommensteuer:

1. Einkünfte aus Land- und Forstwirtschaft,
   also die Erträge landwirtschaftlicher Betriebe oder privater Forstbetriebe.
2. Einkünfte aus Gewerbebetrieben
   Darunter versteht man Erträge von handwerklichen Betrieben, die z. B. Dachdeckereien, Schreinereien oder Bäckereien erwirtschaften.
3. Einkünfte aus selbstständiger Arbeit,
   also die Einnahmen von z. B. selbstständigen Ärzten, Rechtsanwälten oder Künstlern.
4. Einkünfte aus nichtselbstständiger Arbeit,
   wie sie Arbeiter, Angestellte oder Beamte in Form von Lohn oder Gehalt beziehen.
5. Einkünfte aus Kapitalvermögen,
   die auf Geldanlagen in Form von Zinsen, Dividenden ausbezahlt werden.
6. Einkünfte aus Vermietung und Verpachtung,
   die die Eigentümer von Gebäuden, Grundstücken oder Eigentumswohnungen erhalten.
7. sonstige Einkünfte, wie sie z. B. durch Spekulationsgeschäfte entstehen.

Die Einkommensteuer wird auf unterschiedliche Art und Weise erhoben:

- als Lohnsteuer bei Einkünften aus nichtselbstständiger Tätigkeit,
- als Abgeltungssteuer, auch Zinsabschlagssteuer genannt, die auf Zinseinkünfte und Dividenden erhoben wird,
- durch die Veranlagung aufgrund einer Steuererklärung, wie sie Land- und Forstwirte, Gewerbetreibende oder Selbstständige abgeben müssen. Hier muss der Steuerpflichtige eine Erklärung beim Finanzamt einreichen.

Die Einkommensteuer ermöglicht die Umverteilung nach sozialen Gesichtspunkten. Der sinnvolle Ausgleich zwischen Leistungsgerechtigkeit und Bedarfsgerechtigkeit (vgl. S. 91) erfolgt über den Steuertarif. Der Steuertarif der Einkommensteuer in der Bundesrepublik Deutschland beruht auf dem Grundsatz: Je höher das Einkommen, desto höher sind die zu bezahlenden Steuern. Es gilt ein Stufentarif mit Freizone, Progressionszone und zwei Proportionalzonen. Die Freizone sichert das Existenzminimum aus sozialen Erwägungen.

1. Lehrer Heindl ist verheiratet und hat zwei schulpflichtige Kinder. Von seinen verstorbenen Eltern hat er eine Eigentumswohnung und ein größeres Geldvermögen geerbt. Für welche Einkunftsarten muss er Einkommensteuer zahlen?
2. Welcher Einkunftsart sind folgende Berufe zuzuordnen?
   a) Automobilhändler
   b) Bauunternehmer
   c) Leiter des städtischen Baureferats
   d) selbstständiger Gärtnermeister
   e) Polizeirat
   f) Manager einer Kleiderfabrik

Und wann hatten Sie zum ersten Mal das Gefühl, gerne Steuern zu zahlen?

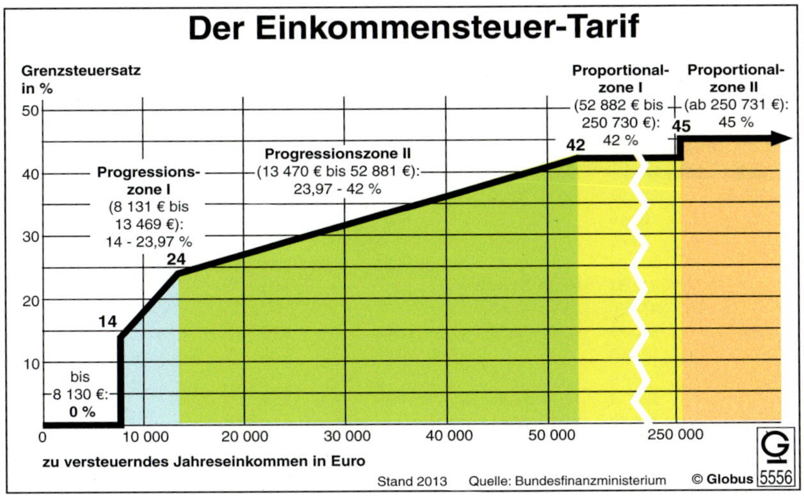

Als Einkommensteuer-Tarif wurde für 2013 festgesetzt:

- Der Grundfreibetrag bis 8.130 € ist steuerfrei.
- Die Progressionszone I (Eingangssteuersatz mit 14–23,97 %) gilt bei Einkommen von 8.131 € bis 13.469 €.
- Die Progressionszone II mit 23,97–42 % betrifft Einkommen von 13.470 € bis 52.881 €.
- Die Proportionalzone I mit 42 % gilt für Einkommen von 52.882 € bis 250.730 €.
- Die Proportionalzone II (der sogenannte Spitzensteuersatz) mit 45 % gilt für Einkommen ab 250.731 €.

Die Beträge gelten für Ledige, für Verheiratete sind sie zu verdoppeln.

Der Grenzsteuersatz ist die zusätzliche steuerliche Belastung bei der Zunahme des zu versteuernden Einkommens.

Steuerklassen berücksichtigen die familiäre Situation eines Einkommensteuerpflichtigen und sind für die Höhe der monatlichen Steuerzahlungen besonders wichtig.

Folgende Steuerklassen werden (stark verkürzt) unterschieden:

- **Steuerklasse I** gilt für ledige, geschiedene und verwitwete Arbeitnehmer.
- **Steuerklasse II** gilt für die zu Steuerklasse I genannten Arbeitnehmer, wenn ihnen der Entlastungsbetrag für Alleinerziehende zusteht.
- **Steuerklasse III** empfiehlt sich für verheiratete Arbeitnehmer, wenn lediglich ein Ehegatte berufstätig ist oder ein Ehegatte deutlich mehr verdient als der andere.
- **Steuerklasse IV** empfiehlt sich für verheiratete Arbeitnehmer, wenn beide Ehegatten annähernd gleich viel verdienen.
- **Steuerklasse V** tritt für einen der Ehegatten an die Stelle der Steuerklasse IV, wenn der andere Ehegatte in die Steuerklasse III eingereiht wird.
- **Steuerklasse VI** gilt für Arbeitnehmer, die nebeneinander von mehreren Arbeitgebern Arbeitslohn beziehen.

Die bis 2013 gültige Lohnsteuerkarte, auf der alle steuerlich bedeutsamen Daten, wie z. B. Lohnsteuerklasse, Kinderfreibeträge, Kirchensteuerabzug, eines Arbeitnehmers vermerkt waren, wurde durch ein elektronische Verfahren abgelöst.

1. H. Wagner, der Musiklehrer des Gymnasiums, ist verheiratet und hat eine Tochter, die heuer vier Wochen in den Ferien jobben will. Seine Frau arbeitet halbtags in einem Büro. Am Wochenende spielt H. Wagner in einer Band, die z. T. hohe Gagen erhält.
   Wie viele Lohnsteuerkarten benötigt Familie Wagner und welche Lohnsteuerklassen werden sie sinnvollerweise wählen?

2. In welche Steuerklassen sind folgende Arbeitnehmer eingeordnet?
   a) Ehepaar, beide berufstätig
   b) lediger Auszubildender
   c) verheirateter Arbeiter, Ehefrau ist nicht berufstätig
   d) berufstätige Ehefrau, deren Mann in Steuerklasse V eingestuft ist

Die Finanzverwaltungen von Bund und Ländern bieten den Steuerpflichtigen die Möglichkeit, ihre Einkommensteuererklärung mit dem Programm „ELSTER" (Elektronische Steuererklärung) elektronisch abzugeben.

Allgemeine Monats-Lohnsteuertabelle 2011
von 1.989,00 € bis 2.009,99 €, Kirchensteuer 9%

		Kinderfreibetrag	0.0		0.5		1		1.5		2	
ab €	**StK**	**Steuer**	SolZ	KiSt	SolZ	KiSt	SolZ	KiSt	SolZ	KiSt	SolZ	KiSt
1.989,00	I	220,08	12,10	19,80	7,92	12,96	-	6,55	-	1,43	-	-
	II	191,16	-	-	6,42	10,51	-	4,44	-	-	-	-
	III	38,66	-	3,48	-	-	-	-	-	-	-	-
	IV	220,08	12,10	19,80	9,98	16,33	7,92	12,96	5,35	9,69	-	6,55
	V	442,66	24,34	39,84	-	-	-	-	-	-	-	-
	VI	471,50	25,93	42,43	-	-	-	-	-	-	-	-
1.992,00	I	220,75	12,14	19,86	7,95	13,02	-	6,60	-	1,47	-	-
	II	191,83	-	-	6,45	10,56	-	4,49	-	-	-	-
	III	39,16	-	3,52	-	-	-	-	-	-	-	-
	IV	220,75	12,14	19,86	10,01	16,39	7,95	13,02	5,46	9,75	-	6,60
	V	443,50	24,39	39,91	-	-	-	-	-	-	-	-
	VI	472,66	25,99	42,54	-	-	-	-	-	-	-	-
1.995,00	I	221,50	12,18	19,93	7,99	13,08	-	6,66	-	1,50	-	-
	II	192,50	-	-	6,49	10,62	-	4,54	-	0,01	-	-
	III	39,50	-	3,55	-	-	-	-	-	-	-	-
	IV	221,50	12,18	19,93	10,05	16,45	7,99	13,08	5,60	9,81	-	6,66
	V	444,66	24,45	40,02	-	-	-	-	-	-	-	-
	VI	473,50	26,04	42,61	-	-	-	-	-	-	-	-
1.998,00	I	222,16	12,21	19,99	8,03	13,14	-	6,71	-	1,54	-	-
	II	193,16	-	-	6,53	10,68	-	4,59	-	0,04	-	-
	III	40,00	-	3,60	-	-	-	-	-	-	-	-
	IV	222,16	12,21	19,99	10,09	16,51	8,03	13,14	5,71	9,86	-	6,71

Auszug aus einer Lohnsteuertabelle

In den sogenannten Elektronischen Lohnsteuerabzugsmerkmalen (ELStAM) sind alle wichtigen Angaben gespeichert, die dem Arbeitgeber als Grundlage für den Lohnsteuerabzug dienen. Alle im Melderegister verzeichneten Änderungen, z. B. Heirat oder Geburt eines Kindes, die steuerrelevant sind, werden automatisch in ELStAM eingepflegt.
Bei der monatlichen Lohnabrechnung zieht der Arbeitgeber die Lohnsteuer vom Bruttolohn des Arbeitnehmers ab und überweist diese an das zuständige Finanzamt. Nach Abzug weiterer Steuern und Beiträge wird der Nettolohn ausbezahlt. Die Summe der monatlich abgezogenen Lohnsteuer wird im Rahmen des „ElsterLohn"-Verfahrens grundsätzlich elektronisch an die Finanzämter übertragen.

Der Lippenstift einer Fernsehansagerin beschäftigte die Finanzgerichte:
Können außergewöhnlich hohe Kosten, die eine Fernsehansagerin für Kosmetika aufwenden muss, wenigstens teilweise als steuerliche Werbungskosten gelten?
Nein, sagte der Bundesfinanzhof, denn solche Ausgaben lassen sich nicht eindeutig von gleichartigen Ausgaben im privaten Bereich abgrenzen. Danach hätte die Fernsehansagerin nach jedem Auftritt alles abschminken und sich anschließend, sofern erforderlich, mit getrennt zu führenden privaten Kosmetika neu verschönern müssen.
BFH, Urteil v. 6. Juli 1989-IV R 91.92/87

Zu Beginn des neuen Kalenderjahres besteht für den Arbeitnehmer die Möglichkeit, mit einer **Einkommensteuererklärung** seine individuelle Steuerbelastung möglichst genau ermitteln zu lassen. Ist z. B. die während des Jahres einbehaltene Lohnsteuer höher als die geschuldete, so kommt es zu einer Rückerstattung. Durch dieses Verfahren wird der lohnsteuerpflichtige Arbeitnehmer nicht schlechter gestellt als der Einkommensteuer zahlende Handwerker oder Selbstständige.

Der Steuerpflichtige reicht eine elektronische **Einkommensteuererklärung** bei seinem zuständigen Finanzamt ein und gibt über seine Einkommensverhältnisse Auskunft. In dieser Steuererklärung kann er Aufwendungen geltend machen, die von seinem Einkommen abgezogen werden und damit seine steuerliche Belastung mindern.

Das Einkommensteuergesetz sieht folgende steuerlichen Aufwendungen vor: **Werbungskosten** sind Aufwendungen eines Arbeitnehmers, die zur Erwerbung, Sicherung und Erhaltung seiner Einnahmen notwendig sind, also Ausgaben, die im Rahmen seines Arbeitsverhältnisses anfallen. Insbesondere handelt es sich hierbei z. B. um Fahrtkosten, Beiträge zu Berufsverbänden, Aufwendungen für Arbeitsmittel, wie z. B. Fachliteratur, Werkzeuge. Typische Berufskleidung oder Mehraufwendungen für eine doppelte Haushaltsführung gehören ebenfalls dazu. Sind die tatsächlich anfallenden Werbungskosten zu gering, wird eine Pauschale zugrunde gelegt.

Sonderausgaben sind steuerlich begünstigte Aufwendungen für die Lebensführung, die der Staat im Einzelnen festlegt. Dies sind z. B. folgende Ausgaben:
- abgeführte Kirchensteuer,
- Spenden, also Ausgaben zur Förderung mildtätiger, kirchlicher, religiöser, wissenschaftlicher Zwecke, aber auch Zuwendungen an politische Parteien und Stiftungen,
- Vorsorgeaufwendungen, z. B. für das Alter und hier insbesondere die Beiträge zu den gesetzlichen Rentenversicherungen sowie Beiträge zu bestimmten privaten Lebensversicherungen.

Außergewöhnliche Belastungen sind Aufwendungen, die den Steuerpflichtigen in besonderem Maße belasten. Das sind z. B. Krankheitskosten und Kosten bei Sterbefällen, soweit sie den Wert des Nachlasses übersteigen. Unter bestimmten Voraussetzungen gehören auch die Kosten der Wiederbeschaffung von lebensnotwendigen Gegenständen (z. B. Hausrat), die durch einen Brand oder Hochwasser verloren wurden, und die Kosten der Ehescheidung dazu. Dem Steuerzahler wird hier eine Eigenbelastung zugemutet, die sich nach der Höhe seiner Einkünfte und dem Familienstand richtet.
Das Finanzamt ermittelt anhand der Einkommensteuererklärung des Steuerpflichtigen das zu versteuernde Einkommen und erstattet die zu viel gezahlte Steuer zurück bzw. fordert die entsprechenden Beträge nach.

Neben den begünstigenden Aufwendungen kennt das deutsche Steuerrecht noch zahlreiche **Freibeträge**, wie z. B. den Kinderfreibetrag oder Ausbildungsfreibetrag, die teils aus sozialen Gründen und teils zur Vereinfachung der Steuerverfahren eingeführt wurden.

Berechnung der Steuererstattung
Einkünfte aus nichtselbstständiger Arbeit (Bruttojahreslohn)
– Werbungskosten
= Summe der Einkünfte
– Sonderausgaben
– außergewöhnliche Belastungen
= Einkommen
– Freibeträge (z. B. Kinderfreibetrag)
= zu versteuerndes Einkommen
–/+ geleistete Lohnsteuer
= Erstattungs- bzw. Nachzahlungsbetrag

!

1. Geben Sie an, um welche Art von abzugsfähigen Posten es sich bei folgenden Ausgaben handelt:
   a) Fahrtkosten
   b) Spenden
   c) Gewerkschaftsbeiträge
   d) Ausgaben für einen Pflegefall
   e) Bewerbungskosten
   f) Bausparkassenbeiträge
   g) Aufwendungen für die doppelte Haushaltsführung

2. Heiner Lebelustig ist glücklich mit seiner Frau Isolde verheiratet. Sie haben zwei Kinder im Alter von sieben und zwölf Jahren. Heiner ist Produktdesigner in einer Porzellanfabrik und verdient 36.000 € im Jahr. Die Werbungskosten belaufen sich auf 1.600 €, und Sonderausgaben hat er in Höhe von 400 €. Außergewöhnliche Belastungen liegen keine vor. Berechnen Sie das zu versteuernde Einkommen.

3. Recherchieren Sie im Internet die aktuellen Werte
   a) der Werbungskostenpauschale,
   b) des Kinderfreibetrages,
   c) der Entfernungskilometerpauschale.

1. Skizzieren Sie eine Tabelle. Schreiben Sie in die Vorspalte die Steuern und Abgaben der Lohnabrechnung. Tragen Sie in die Hauptspalte ein:
   - die Institutionen, die diese Zahlungen erhalten,
   - die Leistungen, die damit finanziert werden.
2. Suchen Sie nach Gründen für die unterschiedliche Höhe der Lehrlingsvergütung.

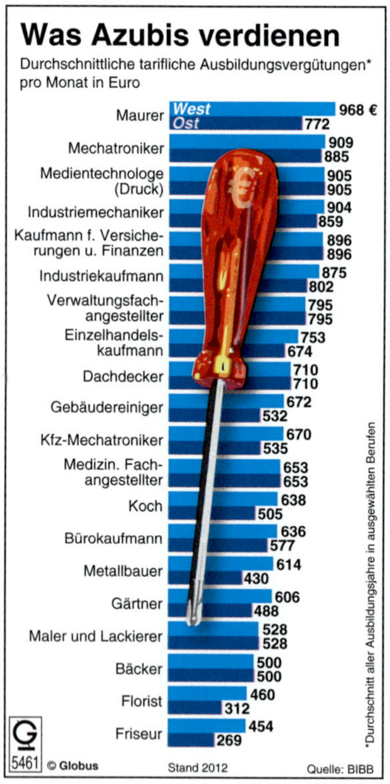

„Sie sind immer so nervös, wenn ich Ihnen das Gehalt auszahle", sagt der Chef zu seinem Angestellten.
„Ja wissen Sie, Kleinigkeiten regen mich immer auf."

2.5 Belastung mit Steuern und Beiträgen

Herr Sebastian Meier ist verheiratet und arbeitet in einer Großbäckerei. Er hat zwei schulpflichtige Kinder und seine Frau versorgt den Haushalt. Für den Monat Mai erhält er folgende Lohnabrechnung:

Abrechnung der Brutto-Netto-Bezüge	Mai 2008	Sebastian Meier
SV: 1211 StKl: III / 2,0		KK: AOK 14,0 %
Sebastian Meier Bretzelweg 18 a 12345 Semmelstadt	Back und Teig Laugenstraße 14 12345 Semmelstadt	
Lohnart	Std.	EUR/Std
Lohn		3.600,00
Steuerpfl. Bruttobezüge	3.600,00	
Lohnsteuer	429,83	
Solidaritätszuschlag	4,20	
Kirchensteuer	14,64	
Krankenversicherung	281,43	
Rentenversicherung	358,19	
Arbeitslosenversicherung	75,60	
Pflegeversicherung	30,28	
Summe der Abzüge	1.194,17	1.194,17
Nettobezüge		2.405,83
Auszahlung		2.405,83

Wichtige Posten der Lohnabrechnung sind:
- Der **Lohn** als Vergütung des Arbeitgebers an den Arbeitnehmer für seine Arbeitsleistung. Der Lohn wird mit folgenden Steuern belastet:
- Die **Lohnsteuer** wird auf Einkünfte aus nichtselbstständiger Tätigkeit erhoben. Sie wird vom Arbeitgeber einbehalten und an das zuständige Finanzamt abgeführt.
- Der **Solidaritätszuschlag** beträgt 5,5 % der Einkommen- bzw. Lohnsteuer und muss ans zuständige Finanzamt überwiesen werden. Er wurde eingeführt, um die Kosten der deutschen Wiedervereinigung zu finanzieren.
- Die **Kirchensteuer** beträgt in Bayern und Baden-Württemberg 8 % der Einkommen- bzw. Lohnsteuer, in den übrigen Bundesländern 9 %. Sie wird den Mitgliedern christlicher Religionsgemeinschaften auferlegt und vom zuständigen Finanzamt eingezogen.

Der Lohn wird noch mit den Beiträgen der gesetzlich vorgeschriebenen **Sozialversicherung** belastet. Diese Beiträge teilen sich Arbeitgeber und Arbeitnehmer in etwa zur Hälfte. Der Arbeitgeber behält die Beiträge ein und führt sie an die entsprechenden Institutionen ab. Die Beiträge zur **Krankenversicherung** werden an die Krankenkassen abgeführt und ermöglichen es dem Versicherten, die Kosten für die Behandlung bei Unfällen, Erkrankungen und Mutterschaft zu begleichen.

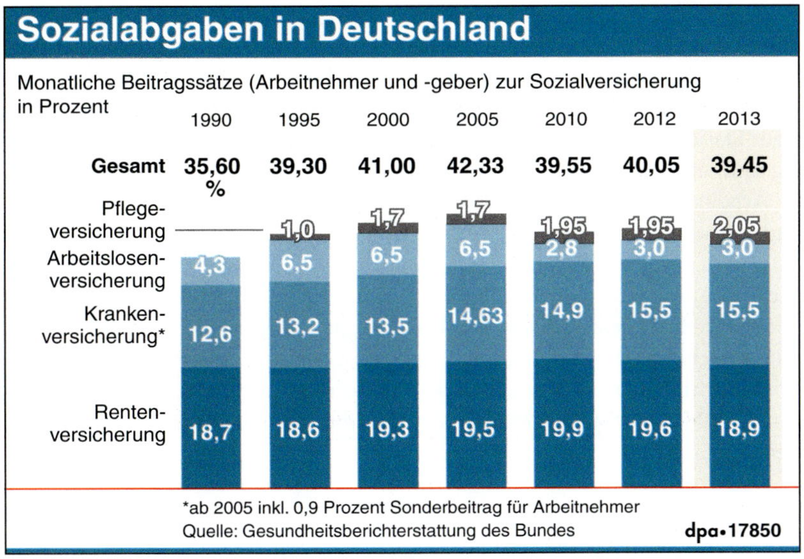

1. Halten Sie ein Kurzreferat zum Thema „Der zweite Lohn".
   a) Erläutern Sie zunächst die Ursachen für das Auseinanderdriften der „beiden Löhne".
   b) Beschreiben Sie die derzeitige Situation.
   c) Erläutern Sie die möglichen Auswirkungen in Deutschland.

2. a) Interpretieren Sie die Grafik „Was Arbeit kostet".
   b) Welche Auswirkungen haben hohe Arbeitskosten auf die internationale Wettbewerbsfähigkeit?

Der **Rentenversicherungsbeitrag** wird an die Rentenversicherungsanstalt abgeführt und ermöglicht Leistungen für Rentenzahlungen und Rehabilitationsmaßnahmen.
Aus den Beiträgen der **Arbeitslosenversicherung** werden im Falle der Arbeitslosigkeit sowohl Arbeitslosengeld bezahlt als auch Wiedereingliederungsmaßnahmen finanziert. Die Beiträge fließen an die Bundesagentur für Arbeit in Nürnberg.
Die Beiträge zur **Pflegeversicherung** werden an die Pflegekassen bei den Krankenkassen abgeführt und ermöglichen Zahlungen für die häusliche und stationäre Pflege bzw. für Pflegehilfsmittel.

Die Lohnkosten des Arbeitgebers sind höher als die Lohnzahlungen an die Arbeitnehmer. Man spricht von Personalzusatzkosten, auch „zweiter Lohn" genannt.

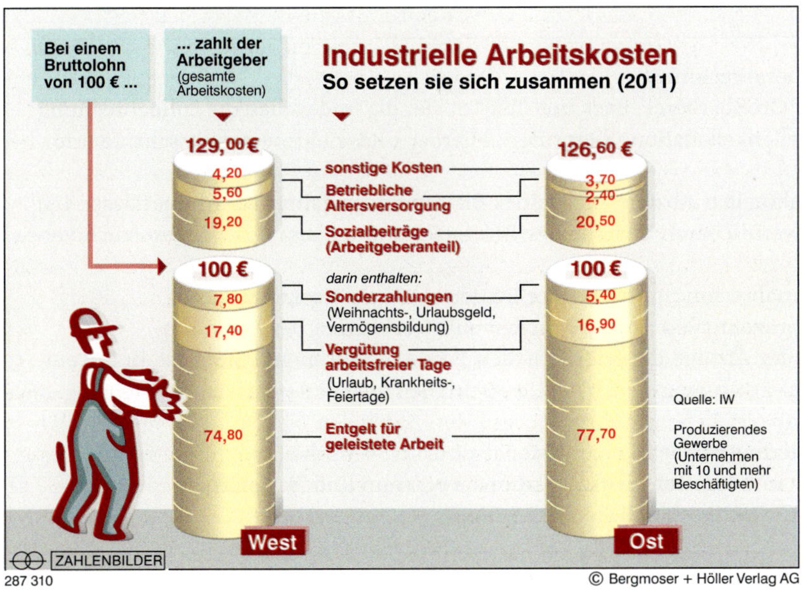

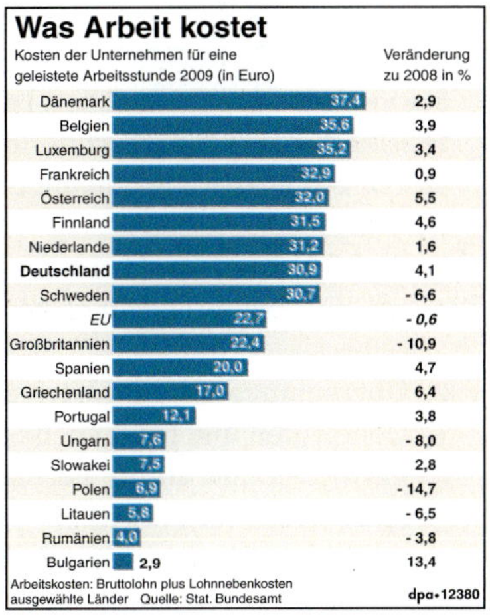

Lernzirkel

Beim **Lernzirkel**, auch Stationenlernen genannt, wird die starre Sitzordnung aufgegeben, es werden Schülergruppen gebildet und ortsfeste Stationen sowohl im Klassenzimmer, aber auch im Computerraum eingerichtet. An jeder Station finden die Schüler Materialien und Aufgaben, die sie selbstständig und ohne Anleitung des Lehrers lösen. Der Lernzirkel „Steuern" benutzt als Arbeitsmaterial für die Stationen 1 und 3 das Schulbuch. Die Stationen 2 und 4 sind mit dem Computer zu bearbeiten.

Die Reihenfolge, in der die einzelnen Stationen zu durchlaufen sind, kann unterschiedlich gestaltet werden. Die Gruppen können die Stationen 1, 2, 3 und 4 nacheinander durchlaufen, wodurch die Aufeinanderfolge der Inhalte berücksichtigt wird. Beim Lernzirkel Steuern empfiehlt es sich, vier Gruppen zu bilden, die gleichzeitig an den Stationen arbeiten und anschließend wechseln.

Soll	Haben
Wertezufluss	Werteabfluss

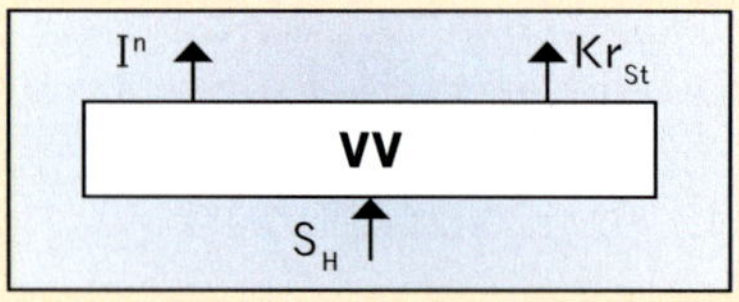

Soll	VV	Haben
S_H		I^n Kr_{st}

Station 1: Wirtschaftskreislauf

Der Wirtschaftskreislauf kann grafisch, aber auch in Kontenform dargestellt werden. Das Konto hat die Form eines T und erfasst jeweils auf der einen Seite den Wertezufluss und auf der anderen Seite den Werteabfluss.

Beim Wirtschaftskreislauf werden die Zuflüsse auf der Sollseite und die Abflüsse auf der Habenseite gebucht. Als Beispiel für die unterschiedliche Darstellung dient der Sektor Vermögensveränderung.

1. Bilden Sie für jeden Sektor des Wirtschaftskreislaufs ein Konto (H, U, St, VV) und tragen Sie die Zu- bzw. Abflüsse ein.
2. Die Ströme des Kreislaufs können auch mit Zahlen (in Mrd. €) belegt werden: $F_e = 1533$; $C_{St} = 446$; $C_H = 1066$; $I^n = 250$; $T^{dir} = 551$; $T^{ind} = 257$; $Z_H = 384$; $S_H = 300$; $Z_U = 28$. Skizzieren Sie den Wirtschaftskreislauf, tragen Sie die Beträge ein und berechnen Sie die Staatsverschuldung.

Station 2: Tabellenkalkulation Lohnsteuerabrechnung

Sie sind für die Lohnabrechnung in der Großbäckerei „Back und Teig" zuständig und wollen die Lohnabrechung des Heiner Blätterteig anhand der Tabellenkalkulation überprüfen. Hierbei sind mehrere Arbeitsschritte erforderlich:

1. Recherchieren Sie im Internet die aktuellen Abzüge für Heiner Blätterteig, 30 Jahre, Lohnsteuerklasse III, ein Kind, römisch-katholisch, in Bayern lebend, monatliches Bruttoeinkommen 2.500,00 €, gesetzlich versichert.
2. Übernehmen Sie die Posten der Lohnabrechnung von Heiner Blätterteig in ein Rechenblatt.
3. Überprüfen und berechnen Sie die prozentualen Abzüge von den entsprechenden Bezugsposten.
4. Entwickeln Sie für die Berechnung der Abzüge die erforderlichen Formeln und tragen Sie diese in die entsprechenden Felder ein.
5. Berechnen Sie den Nettolohn.
6. Nehmen Sie einmal an, Heiner Blätterteig würde in einem Monat 3.000,00 € verdienen.
   a) Welcher Nettolohn errechnet sich mit dem Tabellenkalkulationsprogramm und im Internet?
   b) Suchen Sie nach dem Grund für die unterschiedlichen Ergebnisse.

Station 3: Fehlerprotokoll Steuern
Frank war in der Stunde zum Thema „Überblick über die Steuern“ nicht ganz aufmerksam. Sein Protokoll über die Stunde enthält darum einige Fehler. Es ist Ihre Aufgabe, die Fehler zu entdecken und zu verbessern.

Protokoll über die Wirtschaftsstunde in der Klasse 10 a zum Thema:
Steuern im Überblick

1. Begrüßung
   Zu Beginn der Stunde begrüßt Wirtschaftslehrer Heindl die Schüler und legt die Folie „Steuerspirale“ auf.
2. Wesen der Steuern
   Anhand der Steuerspirale erarbeitet er das Wesen der Steuern:
   Bei Steuern handelt es sich um Naturalleistungen weniger Bürger, die dadurch einen Anspruch auf Gegenleistung erhalten. Sie werden im Auftrag der Politiker erhoben, um diesen Einnahmen zu verschaffen.
   Herr Heindl weist darauf hin, dass es Bagatellsteuern, wie z.B. die Mineralwassersteuer, Rennwettsteuer, Weinsteuer oder Tabaksteuer gibt, die dem Staat nur wenige Einnahmen bringen. Daneben gibt es noch Steuern, die hohe Einnahmen ermöglichen, wie z.B. die Biersteuer, Mineralölsteuer, Mietsteuer, Umsatzsteuer und die Vergnügungsteuer.
3. Arten der Steuern
   Nach der Art der Verteilung unterscheidet man direkte und indirekte Steuern. Bei den direkten Steuern spielt das Zufallsprinzip eine wichtige Rolle. Wen das Los trifft, der muss die Steuer direkt an das Finanzamt abführen. Direkte Steuern sind z.B. die Stromsteuer oder die Körperschaftsteuer. Bei den indirekten Steuern wie z.B. der Hundesteuer sind der Steuerschuldner und der Steuerzahler nicht identisch.
   Da die Bundesrepublik Deutschland ein konstitutiver Staat ist, wird die Steuer vom Bund, den 12 Ländern und den Gemeinden erhoben. Bundessteuern sind die Mineralölsteuer sowie die Alkopopsteuer, Versicherungssteuer und die Limonadensteuer. Zu den Ländersteuern gehören die Biersteuer, Erwerbsteuern, die Grundsteuer sowie die Erbschaftsteuer. Den Gemeinden fließen die Kaffeesteuer, Gewerbesteuer und die Spielbankabgaben zu.
   Nach dem Tatbestand der Besteuerung unterscheidet man in die Besitz-, Verkehr- und Verbrauchsteuern. Bei den Besitzsteuern ist das Eigentum von Gegenständen Grundlage der Besteuerung, wie z.B. bei der Grundsteuer. Personensteuern orientieren sich an Menschen, wie z.B. die Körperschaftsteuer. Verkehrsteuern besteuern die Gesamtheit des Straßenverkehrs. Zu ihnen gehören die Mehrwertsteuer und die Landstraßensteuer.
   Verbrauchsteuern belasten den Verbrauch von Gütern wie z.B. die Salz- und Pfeffersteuer, die Erdgassteuer aber auch die Schaumwein- und Chilisteuer.
4. Stellung der Hausaufgabe
   Zum Schluss weist der Wirtschaftslehrer die Schüler darauf hin, dass sie bis zur nächsten Stunde ein Protokoll anzufertigen haben.

Station 4: Internetrecherche Finanzen und Steuern
Die Zahlen zur finanziellen Situation in der Bundesrepublik ändern sich permanent. Aktuelle Informationen bietet das Statistische Bundesamt im Internet. Recherchieren Sie und lösen Sie mithilfe der dort veröffentlichten Daten folgende Aufgaben:

1. Berechnen und interpretieren Sie den prozentualen Anteil der Gemeinschaftssteuern, Bundes-, Landes- und Gemeindesteuern am Gesamtsteueraufkommen für das letzte Jahr der Angabe.
2. Berechnen Sie, wie viel Prozent der Steuereinnahmen die vier ertragreichsten Steuern erbringen.
3. Berechnen Sie den prozentualen Anstieg der Umsatzsteuer von 2006 auf 2007.
4. Entwickeln Sie eine Mind-Map zum Thema Steuern.

1. **Das Würfelexperiment**
Erstellen Sie anhand der folgenden Abbildungen eine Liste in Ihrem Heft. Nehmen Sie drei Würfel und würfeln Sie damit 10 Mal hintereinander.
Tragen Sie nach jedem Wurf mit Strichen in eine Liste ein, wie oft jede Zahl vorgekommen ist.

	Gewürfelte Augen		
Wurf	⚀	⚁	⚂
1	...	...	...
2	...	...	...
...	...	...	...
10	...	...	...
Ergebnis:	...	...	...

Zählen Sie zusammen, wie oft Sie jede Zahl gewürfelt haben. Wiederholen Sie das Würfelergebnis 12 Mal und tragen Sie die Ergebnisse in eine Liste ein.

	⚀	⚁	⚂
Ergebnis 1	...	...	...
Ergebnis 2	...	...	...
...	...	...	...
Ergebnis 12	...	...	...
Gesamt:	...	...	...

a) Zu welchem Ergebnis kommen Sie?
b) Stellen Sie eine Beziehung zwischen dem Würfelexperiment und dem Versicherungsprinzip her.

2.6 Prinzipien der sozialen Sicherung

Der Alltag birgt Risiken und es gibt Situationen, wie z. B. Krankheit, Pflegebedürftigkeit, den Verlust des Arbeitsplatzes oder das Älterwerden, die vielen Menschen Sorge bereiten. Um sich vor den Folgen von Schicksalsschlägen so weit wie möglich finanziell zu schützen, kann man sich zusammenschließen und Gefahrengemeinschaften bilden. Durch diese Vereinigungen können Schäden, die zwar vielen drohen, aber nur wenige wirklich treffen, bezahlt werden.

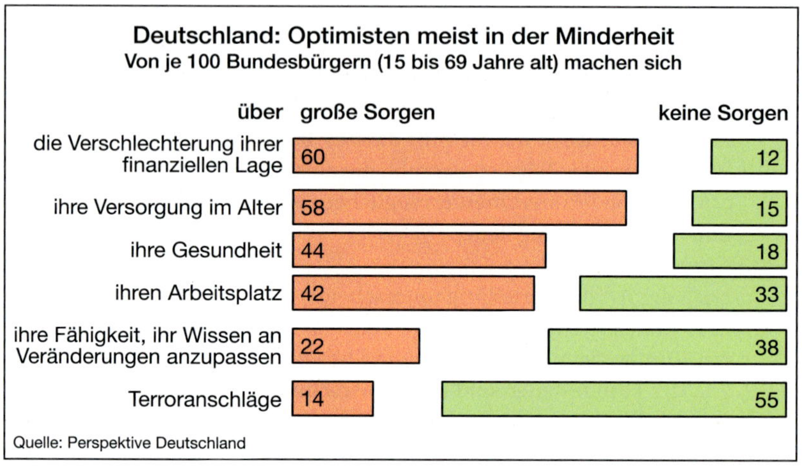

Das **Versicherungsprinzip** besteht darin, dass die Versicherungsgesellschaft mit dem Versicherten einen Vertrag abschließt, in dem sie vom Versicherten Beiträge bzw. Prämien verlangt und dafür Schutz im Versicherungsfall bietet. Diese Beiträge werden gesammelt und ein ausreichender Kapitalstock gebildet. Die Höhe der Beitragszahlungen orientiert sich z. B. an der Wahrscheinlichkeit der Versicherungsfälle, wobei oft Schadensklassen gebildet werden. Das Versicherungsgeschäft beruht auf dem Prinzip, dass nicht jeder Versicherte zu Schaden kommt und dass die eintretenden Schäden weitestgehend statistisch vorausberechnet werden können.

Das Versicherungsprinzip liegt den Individualversicherungen, wie z. B. der Hausratversicherung, Wasser- und Sturmversicherung, Lebensversicherung, Kfz-Versicherung oder der privaten Krankenversicherung zugrunde. Sie können in den meisten Fällen freiwillig abgeschlossen werden.

Bei bestimmten Lebenssituationen, wie z. B. Arbeitslosigkeit, Krankheit oder Alter, überlässt es der Staat nicht dem Einzelnen, ob und wie er Fürsorge trifft. Er verpflichtet einen genau festgelegten Personenkreis von Versicherten, Beiträge zu zahlen, und garantiert ihnen bestimmte Leistungen. Es handelt sich um die gesetzlich vorgeschriebenen Pflichtversicherungen der Kranken-, Arbeitslosen-, Renten-, Pflege- und Unfallversicherung.

Für die Pflichtversicherungen gilt das **Solidaritätsprinzip**, d.h., dass ein Bürger nicht allein für sich selbst verantwortlich ist, sondern auch für die anderen Mitglieder der Gesellschaft. Bei dieser Form der Versicherung gilt der Grundsatz: einer für alle und alle für einen. Dieses Prinzip ist das Fundament der deutschen Sozialpolitik und verlangt die Solidarität der Jungen mit den Alten, der Gesunden mit den Kranken, der Arbeitenden mit den Arbeitslosen, also der Leistungsstarken mit den Leistungsschwachen.

Beim Solidaritätsprinzip unterstützen sich die Versicherten dahingehend, dass

- die Beitragszahlungen in Abhängigkeit vom Einkommen erfolgen,
  Je höher das Einkommen eines Versicherten, desto höher sind seine Beitragszahlungen. Das gilt jedoch nur bis zu einer bestimmten Einkommensgrenze (Beitragsbemessungsgrenze). Zudem erfolgt die Beitragszahlung unabhängig vom Krankheitsrisiko.
- die Leistungen nach dem Bedürftigkeitsprinzip erfolgen.
  Die Leistungen der staatlichen Sozialversicherung sind gesetzlich geregelt, d.h., unabhängig von der Höhe des Beitrags und der Dauer der Beitragszahlung erhalten die Versicherten z.B. bei einer bestimmten Erkrankung die gleiche Leistung.

Ein weiteres Prinzip der sozialen Sicherung ist das **Subsidiaritätsprinzip**. Der Gedanke der Subsidiarität entstammt der katholischen Soziallehre des 19. Jahrhunderts und geht davon aus, dass die Sicherung und Gestaltung des eigenen Lebens vornehmlich dem einzelnen Menschen selbst und seinen Initiativen überlassen bleibt. Staatliche Eingriffe in das private Leben sollten sich auf Ausnahmesituationen beschränken, d.h., der Staat handelt nur, wenn der Einzelne oder die Familie kein menschenwürdiges Dasein mehr führen können. Die Verantwortlichkeit des Staates ist als nachrangig zu betrachten.
Konkret heißt das: Was der Einzelne im sozialen Bereich nicht schafft, muss die Familie tun. Was die Familie nicht schafft, müssen die Verwandten, Freunde und Nachbarn tun. Erst ganz zum Schluss hat der Staat soziale Hilfestellung zu leisten. Staatliche Stellen, aber auch gesellschaftliche Institutionen wie Kirchen oder Sozialverbände sollen nur helfen, wenn anderweitig keine Abhilfe möglich ist.

Armenspeisung im Mittelalter

Das Subsidiaritätsprinzip tritt in der Bundesrepublik in zwei verschiedenen Formen auf:

Beim **Versorgungsprinzip** erbringt der Staat aufgrund sozialer Erwägungen Geldleistungen, ohne dass die begünstigten Personen Eigenleistungen in Form von Beitragszahlungen erbracht haben. Zu diesen Leistungen gehören die staatliche Grundsicherung, das Kindergeld oder BAföG, aber auch die Zahlungen für Opfer von Gewalttaten. Sie werden aus Steuermitteln finanziert.

Beim **Fürsorgeprinzip** unterstützt der Staat Personen oder Familien, die nicht aus eigener Kraft für ihren Lebensunterhalt sorgen können. Es handelt sich vor allem um die Zahlung der Sozialhilfe, aber auch um Wohngeldzahlungen an einkommensschwache Mieter. Ebenso wie beim Versorgungsprinzip erfolgt die Finanzierung aus Haushaltsmitteln und es wird keinerlei Beitragsleistung vorausgesetzt.

!

1. Ein Mitschüler hat einen Verkehrsunfall erlitten und kann sechs Wochen die Schule nicht besuchen. Welche Möglichkeiten haben Sie, um sich solidarisch zu verhalten?

2. Warum ist das Sozialversicherungssystem als Pflichtversicherung konzipiert?

Kaiserliche Botschaft von Wilhelm I
V. Legislatur-Periode
Eröffnung am 17. November 1881 durch den Reichskanzler Fürst von Bismarck
(...)
Schon im Februar dieses Jahres haben Wir Unsere Überzeugung aussprechen lassen, dass die Heilung der sozialen Schäden nicht ausschließlich im Wege der Repression sozialdemokratischer Ausschreitungen, sondern gleichmäßig auf dem der positiven Förderung des Wohles der Arbeiter zu suchen sein werde. Wir halten es für Unsere Kaiserliche Pflicht, dem Reichstag diese Aufgabe von neuem ans Herz zu legen, und würden Wir mit umso größerer Befriedigung auf alle Erfolge, mit denen Gott Unsere Regierung sichtlich gesegnet hat, zurückblicken, [...]
Quelle: Stenografische Berichte über die Verhandlungen des Reichstages im Jahr 1881, Berlin

1. Beschreiben Sie, welche Grundaussage die Karikatur enthält.

2.7 Gesetzliche Sozialversicherung

Die **Geschichte der gesetzlichen Sozialversicherung** ist eng mit dem Wandel vom Agrarstaat zum Industriestaat in der zweiten Hälfte des 19. Jahrhunderts verbunden. Im Agrarstaat war die soziale Sicherung durch die Großfamilie gewährleistet, d.h., bei Krankheit und Unfällen half man sich gegenseitig. Die Entwicklung zur Industriegesellschaft brachte nicht nur eine starke Zuwanderung in die Städte mit ihren Fabriken, sondern veränderte auch die Arbeits- und Lebensbedingungen der Menschen. Arbeitszeiten bis zu 13 Stunden bei Hungerlöhnen, dunkle laute Fabriken, keinerlei Absicherung bei Unfall oder Krankheit, Mietskasernen mit kleinen Räumen und unzureichenden sanitären Einrichtungen prägten das Leben der Menschen.

Aus dieser Notsituation heraus schlossen sich die Arbeiter zu Vereinigungen, den späteren Gewerkschaften, zusammen, um gemeinsam diese Ausbeutung zu bekämpfen. Der zunehmende Druck durch die Not leidende Arbeiterschaft bewegte den Reichskanzler Otto von Bismarck, staatliche Sozialgesetze zu erlassen. Am 17. November 1881 forderte er in der „Kaiserlichen Botschaft" den deutschen Reichstag auf, Gesetze zum Schutz der Arbeiter gegen Krankheit, Unfall, Invalidität und zur Vorsorge im Alter zu beschließen.

Unter dem Reichskanzler Bismarck wurden folgende Gesetze erlassen:
1883 Regelungen zur Krankenversicherung der Arbeiter, 1884 folgte das Unfallversicherungsgesetz und 1889 das Gesetz über Invaliden- und Altersversicherung, heute als Rentenversicherung bezeichnet.

Im Jahre 1911 wurden die einzelnen Gesetze in der Reichsversicherungsordnung (RVO) zusammengefasst und die Angestellten(renten)versicherung geschaffen. Angesichts der Arbeitslosigkeit in den Jahren nach dem ersten Weltkrieg wurde 1927 eine Arbeitslosenversicherung ins Leben gerufen. Aufgrund der zunehmenden Zahl älterer und pflegebedürftiger Menschen wurde im Jahr 1995 die Pflegeversicherung in das deutsche Sozialversicherungssystem aufgenommen.

Die gesetzliche Sozialversicherung baut auf folgenden fünf Säulen auf:
Die **Krankenversicherung** erstattet dem Versicherten entweder voll oder teilweise die Kosten für die Behandlung nach Unfällen, bei Erkrankung und bei Mutterschaft.

Die **Rentenversicherung** gewährt den Versicherten z.B. Alters- und Hinterbliebenenrenten sowie Berufs- und Erwerbsunfähigkeitsrenten ebenso wie Leistungen, die der Wiederherstellung der Erwerbsfähigkeit dienen.

Die **Arbeitslosenversicherung** hat die Aufgabe, erwerbslosen Personen für eine bestimmte Zeit ein Einkommen zu sichern.

Die **Pflegeversicherung** trägt bei nachgewiesenem, erheblich erhöhtem Bedarf an pflegerischer und hauswirtschaftlicher Versorgung einen Kostenanteil der häuslichen bzw. stationären Pflege.

Die **Unfallversicherung** übernimmt nach einem Unfall im beruflichen Bereich die Kosten z.B. für die Heilbehandlung, Rehabilitation, aber auch für vorbeugende Maßnahmen.

Die gesetzliche Sozialversicherung

	Kranken-versicherung	**Renten-versicherung**	**Arbeitslosen-versicherung**	**Pflege-versicherung**	**Unfall-versicherung**
Träger	AOK, Innungs-, Betriebs-, Ersatz-krankenkassen	Deutsche Rentenver-sicherung	Bundesagentur für Arbeit	Pflegekassen bei den Kranken-kassen	Berufsgenossen-schaften
ver-sicherungs-pflichtig	alle Arbeitnehmer	alle Arbeitnehmer	alle Arbeitnehmer	Mitglieder der gesetzl./priv. Krankenkassen	alle Arbeitneh-mer
Leistungen	**Krankenhilfe** – Arzt-, Kranken-haus-, Arznei-kosten – Krankengeld – Vorsorgeunter-suchung – Mutterschafts-hilfe – Familienhilfe	**Rentenzahlung** – Altersruhegeld – Rente wegen Berufs- oder Erwerbs-unfähigkeit – Witwen- und Waisenrenten Rehabilitations-maßnahmen	– Arbeitslosen-geld I und II – Kurzarbeitergeld – Winterausfallgeld – Insolvenzausfall-geld – KV-Beiträge Arbeitsloser – Berufsberatung – Arbeitsvermitt-lung – Umschulungen – Förderung des Einstiegs in die Selbstständigkeit – Ein-Euro-Job – Vermittlung von schwer vermittel-baren Arbeits-losen	**häusl. Pflege** Sachleistungen bzw. Pflegegeld **stationäre Pflege** **sonstige Leistungen** – Pflegehilfs-mittel – technische Hilfen	**Arbeitsunfall-folgen** – Krankenhilfe – Berufshilfe – Renten an Verletzte bzw. Hinterbliebene **Unfallverhü-tung** – Aufklärung – Belehrung – Überwachung

Gesetzliche Krankenversicherung - eine für alle!

1. Ermitteln Sie aus dem Internet die Beitragsbemessungs-grenzen und die Versicherungs-pflichtgrenzen.
2. Recherchieren Sie die Beitrags-sätze.
3. Stellen Sie fest, wer die Beiträge zu entrichten hat.
4. Interpretieren Sie die Karikatur.

1. Welche Versicherung ist bei folgenden Ereignissen zuständig?
   a) Eine begeisterte Alpinskifahrerin stürzt und bricht sich das Bein.
   b) Einem Fabrikarbeiter werden am Fließband beide Hände stark gequetscht, sodass er seinen Beruf nicht mehr ausüben kann.
   c) Eine 73-jährige Dame hat eine starke Gehbehinderung und muss in ein Pflegeheim.
   d) Der Betrieb eines Beschäftigten muss infolge einer Strukturkrise seine Produktion einstellen.
   e) Ein Angestellter erreicht sein 65. Lebensjahr und tritt in den wohlverdienten Ruhestand.

2. Informieren Sie sich über Sonderregelungen bezüglich des Einzugs- bzw. Leistungsverfahrens, die bei staatlichen Beamten gelten.

3. Interpretieren Sie die Karikatur.

Wenn ein Arbeitnehmer einem regulären Arbeitsverhältnis nachgeht, muss er Beiträge für die gesetzliche Sozialversicherung leisten. Selbstständige und Freiberufler können freiwillig entscheiden, ob sie den staatlichen Pflichtversicherungen beitreten oder nicht. Ebenso können unselbstständig Beschäftigte die gesetzliche Versicherung verlassen, wenn ihr monatliches Einkommen bestimmte Höchstgrenzen überschreitet (Versicherungspflichtgrenze). Um das Solidaritätsprinzip zu verwirklichen und die Gesamtbelastung zwischen Arbeitgebern und Arbeitnehmern möglichst gerecht zu verteilen, entstand im Laufe der Zeit bei der gesetzlichen Sozialversicherung ein relativ kompliziertes Einzugsverfahren und Leistungsverfahren.

Grundlage des **Einzugsverfahrens** ist der Bruttolohn, den der Arbeitnehmer am Ende einer Arbeitsperiode von seinem Arbeitgeber erhält. Von diesem Bruttoeinkommen berechnet der Arbeitgeber die Versicherungsbeiträge, wobei sich bei der Kranken-, Renten-, Pflege- und Arbeitslosenversicherung Arbeitnehmer und Arbeitgeber die Versicherungsbeiträge in etwa zur Hälfte teilen.

Der Arbeitgeber überweist die ermittelten Versicherungsbeiträge an die zuständige Krankenkasse, z. B. die Allgemeine Ortskrankenkasse (AOK). Diese leitet die Beiträge für die Renten-, Pflege- und Arbeitslosenversicherung an die zuständigen Versicherungsträger, also die Rentenversicherungsanstalten und die Bundesagentur für Arbeit, weiter. Bei der Unfallversicherung wird der Beitrag allein vom Arbeitgeber getragen und an die zuständige Berufsgenossenschaft überwiesen. Die Höhe des Versicherungsbeitrages richtet sich nach der Gefahrenklasse und der Größe des Unternehmens.

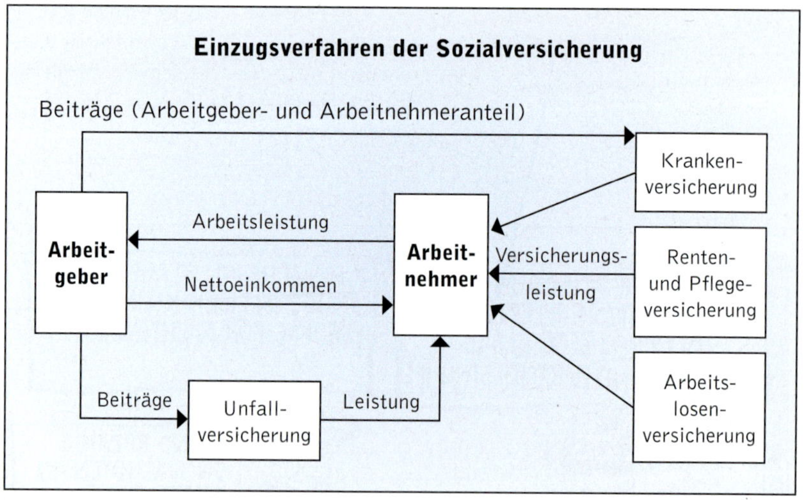

Das **Leistungsverfahren** ist dahingehend geregelt, dass bei Krankheit, Unfall, Arbeitslosigkeit, Alter oder Tod der jeweilige Versicherungsträger die gesetzlich vorgeschriebenen Zahlungen leistet. Hat ein Schüler der 10. Klasse z. B. eine Grippe und seine Eltern sind gesetzlich versichert, so übernimmt die zuständige Krankenkasse die Behandlungskosten. Hier werden jedoch das Arzthonorar und die Ausgaben für die Medikamente mit dem behandelnden Arzt und der Apotheke direkt abgerechnet. Allerdings sind bei bestimmten Leistungen wie z. B. Medikamenten genau festgelegte Zuzahlungen erforderlich.

Netz der sozialen Sicherung

Die Teilbereiche der gesetzlichen Sozialversicherung bilden den zentralen Baustein des **Systems der sozialen Sicherung**. Bei diesem System handelt es sich um ein Nebeneinander von Organisationen und Leistungen, die ganz unterschiedlich entstanden sind und verschiedene Zielsetzungen verfolgen.

Es gibt Sozialleistungen, die der Grundversorgung breiter Bevölkerungsschichten dienen, wie die erwähnte Kranken- oder Rentenversicherung. Aufgrund bestimmter Ansprüche kann man noch weitere Leistungen erhalten, wie z. B. das Kindergeld, die Familienhilfe oder das BAföG. Sie sind nur für einen begrenzten und genau festgelegten Personenkreis gedacht. Darüber hinaus gewährt der Staat einseitige Hilfen für in Not geratene Mitmenschen, wie z. B. die Sozialhilfe oder die Grundversorgung.

Weitere Bausteine der sozialen Sicherung sind z. B.:

- Das **Kindergeld** ist ein wichtiger Teil des Familienlastenausgleichs. Es wird ausbezahlt oder als monatliche Steuervergünstigung gewährt.
- Das **Elterngeld** wird Müttern oder Vätern, die ihr Kind in den ersten 12–14 Monaten selbst betreuen, ausbezahlt.
- Die öffentliche **Jugendhilfe** umfasst alle behördlichen Maßnahmen zur Förderung und Entwicklung junger Menschen. Sie beinhaltet z. B. die außerschulische Jugendbildung und die Förderung von Kindern in Tageseinrichtungen bzw. Heimerziehung.
- Das Bundesausbildungsförderungsgesetz **(BAföG)** bietet jungen Menschen die Möglichkeit, eine Ausbildung zu machen, auch wenn die Eltern die erforderlichen finanziellen Mittel nicht aufbringen können.
- Das **Arbeitslosengeld I und II** wird bei Verlust des Arbeitsplatzes bezahlt. Das Arbeitslosengeld I ist eine Sozialversicherungsleistung, setzt eine beitragpflichtige Beschäftigung voraus und errechnet sich aus dem früher bezahlten Nettolohn. Arbeitslosengeld II ist eine Steuerleistung, die so lange gezahlt wird, wie die Arbeitslosigkeit dauert.

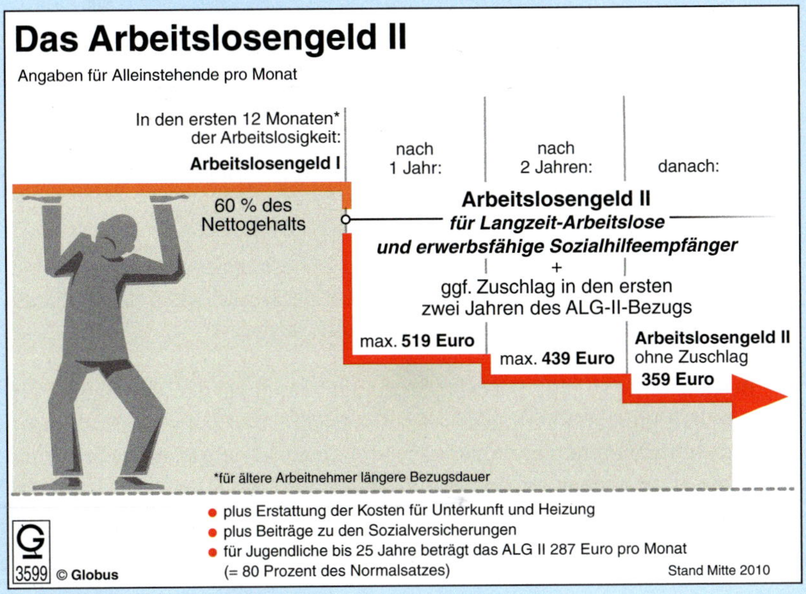

1. Informieren Sie sich über einen selbst gewählten Baustein des Systems der sozialen Sicherung ausführlich anhand des Internets. Halten Sie vor der Klasse ein Kurzreferat.
2. Suchen Sie nach Gründen für die Gewährung von Elterngeld.
3. Die öffentliche Diskussion über die Arbeitslosengeld-II-Empfänger pendelt zwischen „Sozialschmarotzer" und „neue Armutsschicht". Nehmen Sie anhand der Grafik „Das Arbeitslosengeld II" kritisch Stellung.
4. Interpretieren Sie die Karikatur.

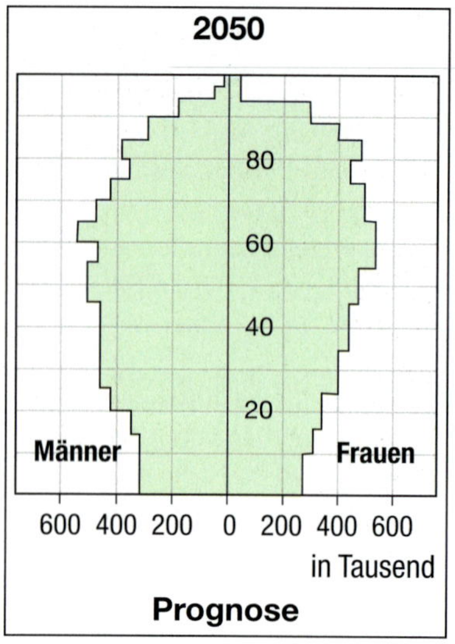

1. Die demografische Entwicklung in einem Land hängt neben der Lebenserwartung und der Geburtenzahl auch von der Zuwanderung ab. Informieren Sie sich über die Zuwanderungsströme.

2. Nehmen Sie im Rahmen einer Pro-und-Kontra-Debatte zum Thema „Heraufsetzung des Rentenalters" kritisch Stellung.

3. Die gesetzliche Rentenversicherung ist nach dem Umlageverfahren organisiert.
   a) Erläutern Sie den Begriff Umlageverfahren.
   b) Eine andere Organisationsmöglichkeit ist das Kapitalstockverfahren. Informieren Sie sich über dieses Verfahren.

2.8 Private Altersvorsorge

Die Rentenversicherung in Deutschland baut auf dem **Generationenvertrag** auf, d.h., die arbeitende Bevölkerung finanziert mit ihren Beiträgen den Lebensunterhalt der Rentner. Wie die demografische Entwicklung belegt, ist in den kommenden Jahren die Zahl der Arbeitnehmer in der Bundesrepublik rückläufig, während die Zahl der Rentner zunimmt. Die Gründe für diese Entwicklung finden sich zum einen in der steigenden Lebenserwartung der Bevölkerung, die vor allem durch die bessere medizinische Versorgung und das zunehmende Gesundheitsbewusstsein ermöglicht wird. Andererseits belegt die Alterspyramide eine Verringerung der jüngeren Bevölkerung, die vor allem durch eine sinkende Geburtenrate verursacht ist. Demzufolge stehen in der Zukunft immer mehr Rentenempfängern immer weniger Beitragzahler gegenüber. Um die jüngeren Generationen in ihren Leistungen nicht zu überfordern, ist es notwendig, dass die gesetzlichen Leistungen in Zukunft weniger stark steigen und künftige Rentnergenerationen deutlich geringere Renten erhalten.

Die Alterssicherung in der Bundesrepublik Deutschland baut auf den drei Säulen der gesetzlichen Rentenversicherung, der betrieblichen und der privaten Altersvorsorge auf.

Die **gesetzliche Rente** finanziert sich aus den Beitragsleistungen der arbeitenden Bevölkerung, wobei die vorhandenen Deckungslücken durch staatliche Zuschüsse in die Rentenkassen aufgefüllt werden.

Die **Betriebsrente** ist eine freiwillige Zusatzleistung, die der Arbeitgeber seinen Beschäftigten im Rahmen des Arbeitsverhältnisses zahlt. Die Zahlungen sind im Betriebsrentengesetz geregelt und bieten Leistungen bei Erreichen der Altersgrenze, aber auch bei Invalidität und Tod. Die Leistungen der betrieblichen Altersversorgung werden aus Beiträgen des Arbeitgebers bzw. des Arbeitnehmers finanziert und durch steuerliche Vergünstigungen seit 2002 gefördert. Allerdings werden Betriebsrenten oft nur von Großbetrieben bezahlt und sind im Mittelstand nicht üblich.

Ein weitere Säule des Systems der sozialen Absicherung bildet die **private Altersvorsorge**, mit deren Hilfe der Lebensstandard im Alter gesichert werden kann. Um die Versorgungslücke, die durch ein niedrigeres Rentenniveau entsteht, zu schließen, bieten sich zwei Möglichkeiten an:

1. Die Riester-Rente

Seit dem Jahr 2002 fördert der Staat die eigene private Vorsorge aus Steuergeldern. Sie soll die gesetzliche Rente in der Ruhestandsphase ergänzen. Diese Förderung gibt es – mit Ausnahmen – nur für jene, die in die gesetzliche Sozialversicherung einbezahlen, also alle fest angestellten Arbeitnehmer, aber z. B. auch Beamte.

Die Bezeichnung „Riester-Rente" geht auf Walter Riester zurück, der als Bundesminister für Arbeit und Sozialordnung die Förderung der freiwilligen Altersvorsorge durch eine Altersvorsorgezulage vorschlug. Anlass der Reform war die Senkung des Rentenniveaus von 70% auf 67%.

Bei der Riester-Rente schließt der Begünstigte einen förderfähigen Sparvertrag mit einer Bank. Hierbei können nur Sparformen gewählt werden, die von der Bundesanstalt für Finanzdienstleistungsaufsicht zertifiziert und benannt sind. Im Einzelnen werden folgende Anlagemöglichkeiten gefördert: Banksparpläne, private Rentenversicherungen und Fondsparpläne. Der Staat gewährt in der Einzahlungsphase eine Altersvorsorgezulage in genau geregelter Höhe. Bei bestimmten Einkommenssituationen ist auch ein steuermindernder Sonderausgabenabzug (vgl. S. 101) möglich. Die Altersvorsorgezulage fließt dabei in den Vertrag und nicht direkt an den Beitragszahler.

2. Die private Kapitalanlage

Bei entsprechendem Einkommen und sparsamer Lebensführung besteht die Möglichkeit, während des Arbeitslebens ein Vermögen aufzubauen, aus dessen Einkünften im Ruhestand zusätzliche Mittel fließen.

Solche Kapitalanlageprodukte sind:

- **Lebensversicherungen:** Hier zahlt der Versicherte während seines Arbeitslebens Beiträge ein und kann sich am Ende der Laufzeit sein eingezahltes Kapital verrenten lassen, d. h., er erhält z. B. monatliche Geldleistungen bis zu seinem Lebensende.
- **Aktienfonds:** Durch den Kauf von Wertpapieren besteht die Möglichkeit, zusätzliche Dividenden bzw. Zinseinnahmen zu erhalten.
- **Immobilien:** Wer während seines Berufslebens ein Haus oder eine Eigentumswohnung finanziert, erhält nach dessen Abzahlung Mieteinnahmen, die als zusätzliche Alterssicherung dienen können.

Drei Säulen der Altersicherung

Gesetzliche Sozialversicherung	Betriebliche Altersvorsorge	Private Altersvorsorge
– Gesetzliche Rentenversicherung – Beamtenversorgung – Berufsständische Alterssicherung für Selbstständige	Seit 2002 staatlich gefördert. Begünstigt sind Arbeitnehmer in der Privatwirtschaft	– Riester-Rente, – Private Kapitalanlage, z. B. in Lebensversicherung, – Aktienfonds, – Immobilien

Eigentumswohnungen: in Immobilien investieren

1. Nennen Sie wichtige Vor- und Nachteile, die die Anschaffung einer Immobilie mit sich bringt.
2. Informieren Sie sich im Internet über die Rürup-Rente für Selbstständige.
3. Welche Risiken bietet der Aufbau eines Aktienfonds bei der Altersversorgung?
4. Entwickeln Sie eine schematische Darstellung zur Riester-Rente mit folgenden Begriffen: Ansparphase, Auszahlungsphase, Geldanlage, monatliche Rente, Einzahlung des Versicherten, staatliche Prämie.

Der Begriff „Szenario" stammt aus dem Griechischen und bedeutet so viel wie Szene, Schauplatz einer Handlung. Er kann bis zu dem römischen Schriftsteller Seneca dem Älteren, der 55 v. Chr. bis 40 n. Chr. lebte, zurückverfolgt werden.

Für Seneca war es wichtiger zu wissen, wohin die Dinge gehen, als zu wissen, woher sie kommen.

Was ist bei der Szenariomethode zu beachten:
- bilden Sie eine Gruppe
- wenden Sie die Regeln des Brainstorming an
- entwickeln Sie ungewöhnliche Ideen, d.h. „Spinnen" ist erlaubt
- produzieren Sie viele Ideen (Quantität kommt vor Qualität)
- verwerfen Sie „Killersprüche" („Das kann nicht sein!")

Mithilfe der Szenariomethode werden Zukunftsbilder entworfen. Sie gehen von einer gegenwärtigen konflikthaltigen Situation aus und versuchen im Rahmen eines Gedankenexperiments zukünftige Zustände zu beschreiben. Hierbei müssen Sie den Weg von der Gegenwart zu den möglichen verschiedenen zukünftigen Situationen aufzeigen.

1. Schritt: die Analysephase
In dieser Phase müssen Sie eine Ausgangssituation beschreiben, wobei es sich immer um ein aktuelles gesellschaftliches Problem handelt. In unserem Fall handelt es sich um den Generationenkonflikt. Ursache dieses gesellschaftlichen Problems ist der Generationenvertrag, d.h., die Rentenzahlungen erfolgen im Umlageverfahren, und die Beitragszahlungen der jüngeren Generation ermöglichen die Rentenleistungen an die ältere Generation. Anschließend müssen Sie die wichtigsten Einflussfaktoren, die dem Problem zugrunde liegen, herausarbeiten. Da Sie die Situation der Rentenversicherung für das Jahr 2050 beschreiben sollen, wird die zahlenmäßige Entwicklung der jüngeren bzw. älteren Generation von Bedeutung sein. Wichtige Einflussfaktoren des Generationenkonflikts sind demnach
- die Geburtenrate, wobei die Rolle der Frau, die Kindergartenplätze, aber auch die Familienpolitik eine Rolle spielen,
- die Sterberate, die vom medizinischen Fortschritt und dem Gesundheitsbewusstsein der Bevölkerung beeinflusst wird,
- die Zu(Ab)wanderungsrate, wobei hier z.B. die gesetzlichen Regelungen, aber auch die Einstellung zu ausländischen Mitmenschen von Bedeutung sind.
- Darüber hinaus ist die gesamtwirtschaftliche Entwicklung für die Rentenkassen von großer Bedeutung. Wichtige Einflussfaktoren sind hier
  - das Wirtschaftswachstum und die Entwicklung der Arbeitslosenzahlen,
  - die internationale Konkurrenzfähigkeit und der Prozess der Globalisierung.

Versuchen Sie auch, die Vernetzungen und Zusammenhänge der Einflussfaktoren so weit wie möglich aufzuzeigen.

2. Schritt: die Prognosephase
In dieser Phase müssen Sie so viel Informationsmaterial wie möglich über die zukünftige Entwicklung der Einflussfaktoren sammeln. Bearbeiten Sie zunächst das auf den Seiten 115 und 116 vorhandene Material. Beschaffen Sie sich weitere Informationen.

3. Schritt: die Synthesephase
In dieser Phase müssen Sie alternative Szenarien entwerfen, die sich aus der unterschiedlichen Entwicklung der Einflussfaktoren ergeben können. Drei unterschiedliche Szenarien sind dabei zu entwickeln:
- ein positives Extremszenario (best-case), wobei es sich meist um die Lösung des gesellschaftlichen Problems handelt,
- ein negatives Extremszenario (worst-case), bei dem sich die Probleme verschärfen,
- ein Trendszenario, das die tatsächliche Fortentwicklung der Gegenwart in die Zukunft aufzeigen sollte.

Bearbeiten Sie folgendes Material:

Deutschland schrumpft weiter

Wiesbaden. (dpa) Deutschlands Einwohnerzahl nimmt weiter ab. Ende 2006 lebten in der Bundesrepublik 82.315 Millionen Menschen. Das waren 0,1 Prozent (123.000) weniger als ein Jahr zuvor, wie das Statistische Bundesamt berichtete. Das Geburtendefizit betrug im vergangenen Jahr 149.000. Das heißt: Es starben 822.000 Menschen, es kamen aber nur 673.000 Kinder zur Welt.

Etwas abgemildert wurde dieses Defizit durch einen Zuwanderungsüberschuss von 23.000 Menschen. Nach den vorläufigen Daten ging die Zahl der Geburten in Deuschland im vergangenen Jahr um 1,9 Prozent zurück. Vom Bevölkerungsrückgang waren die neuen Länder besonders betroffen. Bayern registrierte hingegen eine Zunahme.

Quelle: Neuer Weg, 6. Juni 2007

Die vergreiste Nation oder die Republik der Ruheständler

Entweder die Alten enteignen oder die Jungen ausbeuten.

Die Spitze des Problems wird 2030 erreicht.

Bringen Prämien Baby-Boom?

Visionen – Deutschland im Jahr 2050:

Wiesbaden. Die Hälfte der Bevölkerung ist älter als 48 Jahre, ein Drittel mindestens 60 Jahre. Die Einwohnerzahl wird vermutlich von heute 82,5 Millionen auf das Niveau des Jahres 1963 (rund 75 Millionen Einwohner) sinken. Durchschnittlich wird jede Frau nicht mehr als 1,4 Kinder zur Welt bringen, die Lebenserwartungen werden bei Jungs auf 81,1 Jahre und bei Mädchen auf 86,6 Jahre steigen.

Warum es zu diesem Bevölkerungsrückstand kommt? Wie schon seit 30 Jahren werden auch in den nächsten fünf Jahrzehnten mehr Menschen sterben, als Kinder zur Welt kommen. Es wird angenommen, dass die heutige jährliche Geburtenzahl von ca. 730.000 auf etwa 560.000 im Jahr 2050 sinkt. Das heißt, die Zahl der Neugeborenen wird dann nur noch halb so hoch sein wie die Zahl der jährlich Gestorbenen.

Quelle: Arbeitsgemeinschaft Jugend + Bildung e.V. (Hrsg.): Sozialpolitik, Ausgabe 2006/2007, S. 30

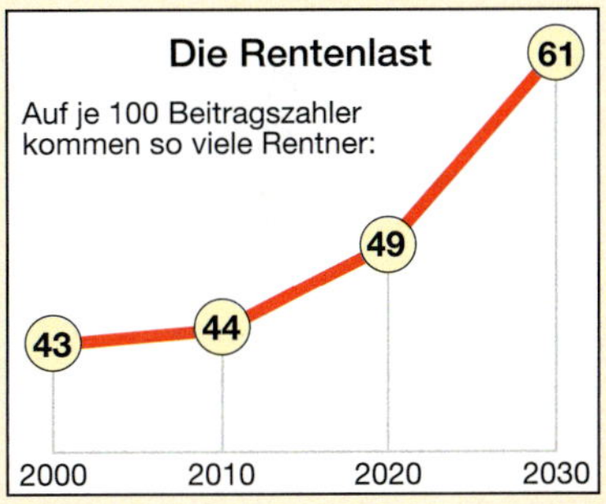

1. Interpretieren Sie die Karikaturen.
2. Diskutieren Sie Konsequenzen der steigenden Rentenlast.

Ein Rentner im Jahre 2050

Mein Name ist Tore Dubbert. Ich bin 1995 geboren und gerade (am 1. Juli 2050) pensioniert worden. Tja, das hätte in meiner Jugend niemand erwartet, dass es gelingen würde, das Renteneintrittsalter für alle Deutschen schrittweise auf 55 Jahre zu senken.
Als ich zur Schule kam, hatten wir 10 % Arbeitslose. Wegen der drohenden „Vergreisung" der Bevölkerung und weil die Arbeitslosen keine Beiträge in die Rentenkasse einzahlen konnten, wurden Rentenkürzungen beschlossen und das Renteneintrittsalter auf 67 Jahre heraufgesetzt. Wie kam es zu dem Umschwung?
Ab 2010 begann ein Umdenken in der deutschen Politik. Die Bundesregierung beschloss, dass die hohe Arbeitslosigkeit durch massive Investitionen im Bildungsbereich bekämpft werden sollte. Zur gleichen Zeit beschlossen die Gewerkschaften und Arbeitgeberverbände das Konsensmodell „Alle in einem Boot". Als Folge wuchsen Arbeitsmotivation und Kreativität der Beschäftigten. Die Wettbewerbsfähigkeit stieg und die Arbeitslosigkeit konnte bis zum Jahre 2014 auf 2,4 % gesenkt und die Reform der Sozialversicherungssysteme zügig und erfolgreich im Konsens der Sozialpartner vorangebracht werden.
Mit der heutigen Einheitsrente in Höhe von 5.320 Euro sind meine Frau und ich finanziell abgesichert, und es ist möglich geworden, bereits mit 50 Jahren in den Ruhestand zu gehen.
Quelle: nach Bernd, A.: Die Szenario-Methode. 1. Aufl. Köln 1998, S. 63

Eine generationenverbindende Idee und ihre Geburtsfehler

Ein Vertrag ist juristisch ungültig, wenn er nicht die Unterschriften aller Beteiligten trägt. Tatsächlich ist der sogenannte Generationenvertrag nie unterschrieben worden. Der Begriff beschreibt die Funktionsweise des deutschen Rentensystems, bei dem die alte, nicht mehr arbeitende Generation von dem lebt, was die Berufstätigen in die Rentenkassen einzahlen. [...]
Das Prinzip ist so simpel wie anfällig: Sind die Generationen nicht gleich groß, müssen mal weniger für viele und mal viele für wenige finanziell aufkommen. Im Moment funktioniert das Rentensystem noch. Die richtigen Probleme beginnen ab 2010, wenn die „Babyboomer-Generation" der 1950er- und 1960er-Jahre ab 2010 in den Ruhestand wechselt. Heute finanzieren 100 Arbeitnehmer etwa 50 Rentner, im Jahr 2050 werden es bereits 87 sein. Die Belastbarkeit der Erwerbstätigen stößt an ihre Grenzen. Wer arbeitet, hat immer weniger netto auf dem Gehalts- oder Lohnzettel. Weil immer weniger Berufstätige für immer mehr Rentner bezahlen müssen, droht der gesetzlichen Rentenversicherung in absehbarer Zeit der Kollaps.
Quelle: www.dieGesellschafter.de: Generationenvertrag

Der Generationenkonflikt

Argumente älterer Menschen	Argumente jüngerer Menschen
– haben das ganze Arbeitsleben eingezahlt – Dankbarkeit ist zu erwarten – haben das System nicht gewollt	– wohlhabendste Rentner der Welt – jüngere Generation verarmt – Rentner erhalten Leistungen, die sie nicht erbracht haben

2.9 Aktuelle Probleme der sozialen Sicherung

Das System der sozialen Sicherung in Deutschland hat mit Problemen zu kämpfen:
- Bei der gesetzlichen Altersvorsorge entwickelt sich ein **Generationenkonflikt**, der sich bis zum Jahr 2030 verschärfen wird und gelöst werden muss (siehe das Szenario Generationenkonflikt 2050).
- Im Gesundheitswesen besteht die Gefahr der **„Explosion der Gesundheitskosten“**.

Die Ursachen für diese Kostenexplosion sind vielfältig:
- Aufgrund der medizinischen Versorgung werden die Menschen zunehmend älter und nehmen demzufolge die sozialen Leistungen immer länger in Anspruch.
- Die Medizin ist durch einen enormen wissenschaftlichen Fortschritt gekennzeichnet, und mehr und mehr Krankheiten können durch stetig aufwendigere und teurere Geräte behandelt werden.
- In den Industrienationen leiden immer mehr Menschen an chronischen Krankheiten, die dauerhafte und zum Teil hohe Leistungen der Krankenkassen erfordern.

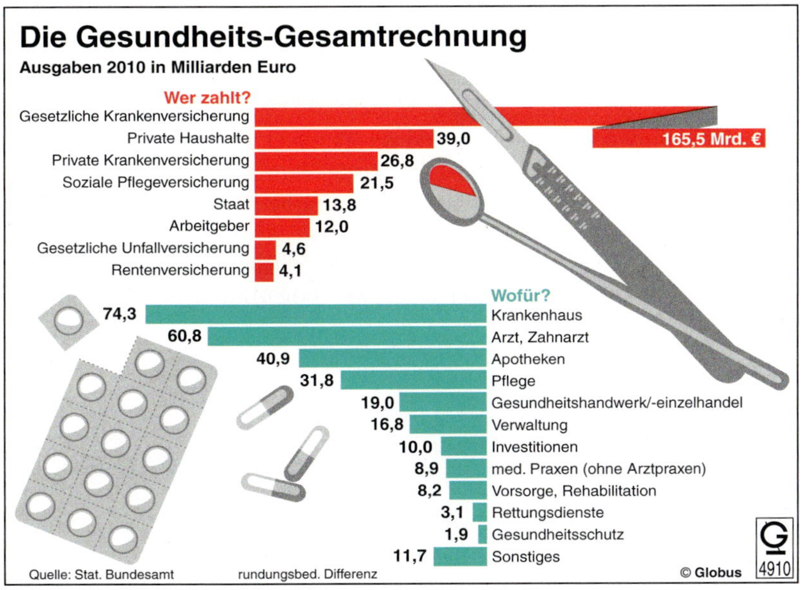

Um die Folgen der „Kostenexplosion“, die eigentlich eine Ausgabenexplosion ist, zu mindern, wurden im Rahmen mehrerer Gesundheitsreformen Leistungskürzungen, aber auch Einnahmeerhöhungen beschlossen. Beispiele für Kürzungen sind die Streichung bestimmter medizinischer Leistungen und Arzneimittel aus dem Leistungskatalog, aber auch Kürzungen bei der medizinischen Rehabilitation. Höhere Einnahmen erzielen die Sozialversicherungsträger z. B. aus der Einführung der Praxisgebühr oder den Zuzahlungen bei Arznei-, Hilfs- und Verbandsmitteln.
Ein Problem der sozialen Sicherung besteht auch darin, dass zur Finanzierung ausschließlich die Löhne, also der Faktor Arbeit, herangezogen werden. Es gibt demnach Überlegungen, weitere Einkunftsarten (z. B. Zinsen) heranzuziehen.

1. Verfolgen Sie anhand der Tagespresse ein aktuelles Problem der sozialen Sicherung in der Bundesrepublik Deutschland.
2. Interpretieren Sie die Karikatur.
3. a) Analysieren Sie die Grafik „Die Gesundheits-Gesamtrechnung“.
   b) Entwickeln Sie Vorschläge für Sparmaßnahmen.

Wichtige Begriffe
Arbeitslosenversicherung
Bedarfsgerechtigkeit
Betriebsrente
Einkommensteuer
Generationenkonflikt
Generationenvertrag
Krankenversicherung
Leistungsgerechtigkeit
Pflegeversicherung
Rentenversicherung
Riester-Rente
Solidaritätsprinzip
Sozialstaat
Steuerklassen
Steuern
Steuertarif
Subsidiaritätsprinzip
Unfallversicherung
Versicherungsprinzip

Der Staat hat in einer Gesellschaft die Aufgabe der **Umverteilung**. Vor allem die **Einnahmen aus Steuern** (direkte und indirekte) bilden die Grundlage für die Übertragungen an die Haushalte und die Unternehmen sowie den staatlichen Konsum. Bei der Umverteilung verfolgt er das Ziel der sozialen Gerechtigkeit, also den Ausgleich zwischen der Leistungs- und Bedarfsgerechtigkeit.

Steuern sind Geldleistungen eines Bürgers, ohne dass dieser einen Anspruch auf eine direkte Gegenleistung erhält. Sie werden von staatlichen Institutionen erhoben, um diesen Einnahmen zu verschaffen. Man unterteilt sie in direkte und indirekte Steuern sowie in Bundes-, Landes- und Gemeindesteuern.

Vor allem die Einkommensteuer bildet die Haupteinnahmequelle des Staates und ermöglicht dadurch die Umverteilung nach sozialen Gesichtspunkten. Sie wird auf Einkünfte aus Land- und Forstwirtschaft, Gewerbebetrieb, selbstständiger Arbeit, nichtselbstständiger Arbeit, Kapitalvermögen, Vermietung und Verpachtung sowie sonstige Einkünfte erhoben. Der Steuertarif ermöglicht die unterschiedliche Besteuerung der Bürger in Abhängigkeit von ihrem Einkommen, wobei nach Freizone, Progressionszone und Proportionalzone unterschieden wird. Die sechs verschiedenen Lohnsteuerklassen berücksichtigen die familiäre Situation des Steuerpflichtigen und sind für die monatlichen Steuerzahlungen wichtig.

Beim Einkommen aus unselbstständiger Tätigkeit werden vom Bruttolohn Steuern und Beiträge abgezogen. Zu den Steuern gehören die Lohn- bzw. Einkommensteuer, der Solidaritätsbeitrag und bei Zugehörigkeit zu einer Glaubensgemeinschaft die Kirchensteuer.
Zu den Beiträgen gehören die Sozialabgaben, also die Zahlungen an die Krankenversicherung, Rentenversicherung, Arbeitslosenversicherung und die Pflegeversicherung.

Die soziale Sicherung

Prinzipien	Zweige der gesetzlichen Sozialversicherung	weitere soziale Leistungen
Versicherungsprinzip Solidaritätsprinzip Subsidiaritätsprinzip	Krankenversicherung Rentenversicherung Pflegeversicherung Unfallversicherung Arbeitslosenversicherung	z.B. Wohngeld, Sozialhilfe, Kindergeld, Elterngeld

Die Organisation vor allem der gesetzlichen Rentenversicherung nach dem Umlageverfahren bedeutet unter sonst gleichbleibenden Bedingungen eine Zunahme des Generationenkonflikts. Um das soziale Netz zu erhalten, wird neben der gesetzlichen Sozialversicherung noch die betriebliche Altersvorsorge und die private Altersvorsorge vor allem über die Riester-Rente gefördert. Ein weiteres Problem der sozialen Sicherung besteht in der „Kostenexplosion", die durch Leistungskürzungen und Einnahmenerhöhungen gedämpft wird.

1. a) Entwickeln Sie den Wirtschaftskreislauf mit den Sektoren Haushalt, Unternehmen, Vermögensveränderung und Staat. Tragen Sie die entsprechenden Kreislaufströme ein.
   b) Beschreiben Sie die möglichen Auswirkungen einer Erhöhung der direkten Steuern auf die gesamtwirtschaftliche Situation.

2. Erklären Sie die Begriffe Leistungs- und Bedarfsgerechtigkeit und stellen Sie Beziehungen zur sozialen Gerechtigkeit her.

3. a) Was versteht man unter Steuern?
   b) Entwickeln Sie eine Tabelle zum Thema Steuern. Tragen Sie in die Vorspalte die Begriffe Besitzsteuern, Verkehrsteuern, Verbrauchsteuern und in die Kopfzeile Bund, Länder und Gemeinden ein. Füllen Sie die Tabelle mit den entsprechenden Steuern auf.
   c) Erklären Sie die Begriffe direkte und indirekte Steuern und geben Sie jeweils zwei Beispiele an.

4. a) Nennen Sie die sieben Einkunftsarten, die das Einkommensteuergesetz unterscheidet, und geben Sie jeweils zwei Beispiele an.
   b) Welches Prinzip liegt dem Steuertarif der Bundesrepublik zugrunde und in welche Zonen wird die Besteuerung unterteilt?
   c) Nennen Sie die sechs Steuerklassen und beschreiben Sie die entsprechenden familiären Situationen.

5. a) Nennen Sie zunächst in tabellarischer Form die Steuern und Beiträge, die vom Bruttolohn abgezogen werden.
   b) Erläutern Sie die Gründe für die jeweiligen Abzüge.
   c) Welchen Institutionen fließen die Abzüge zu?

6. Erläutern Sie die Prinzipien, die dem Konzept der sozialen Sicherung zugrunde liegen.

7. a) Beschreiben Sie die Entstehungsgeschichte der gesetzlichen Sozialversicherung in der Bundesrepublik Deutschland.
   b) Entwickeln Sie eine Tabelle mit den Säulen der gesetzlichen Sozialversicherung. Unterscheiden Sie hierbei nach Trägern und Leistungen.
   c) Erläutern Sie die Wesensmerkmale des Einzugs- und des Leistungsverfahrens.
   d) Neben der gesetzlichen Sozialversicherung gibt es noch weitere Bausteine der sozialen Leistungen. Beschreiben Sie die wichtigsten.

8. a) Was versteht man unter Umlage- bzw. Kapitalstockverfahren?
   b) Durch das Konzept des Generationenvertrags kam es zum Generationenkonflikt. Erläutern Sie die beiden Begriffe.

9. a) Beschreiben Sie die drei Säulen der privaten Altersvorsorge.
   b) Wie funktioniert die Riester-Rente?

10. a) Nennen Sie Gründe für die Kostenexplosion im Gesundheitswesen.
    b) Welche Maßnahmen wurden zur Behebung der Kostenexplosion ergriffen?

Der Begriff Demokratie kommt aus dem Altgriechischen und bedeutet „Herrschaft des (einfachen) Volkes". Sie steht damit im Gegensatz zu:
- Monarchie: erbliche Herrschaft eines Einzelnen (z. B. eines Königs),
- Theokratie (wörtlich: „Gottesherrschaft"): gemeint ist die Herrschaft von Führern,
- Diktatur: Herrschaft von Personen oder Personengruppen, die häufig mit Gewalt an die Macht gekommen sind (z. B. Militärdiktatur).

Die ursprüngliche Demokratie im antiken Rom oder Athen lässt sich kaum mit der in unserer heutigen Zeit vergleichen.

In Athen und Rom gab es rechtlose Sklaven und ungleiche Rechte für die übrigen Bürger. Mit dem Aufstieg zur Großmacht wurde die Demokratie durch Stimmenkauf unterwandert und letztendlich von Militärdiktaturen abgelöst.

Sklavenmarke mit der Inschrift: „Halte mich, wenn ich fliehe, und bring mich meinem Herrn Viventius auf dem Landsitz des Callistus zurück."

3 Öffentliches Recht als Handlungsrahmen

3.1 Grundsätze der Rechtsstaatlichkeit – Demokratie und Menschenrechte

Artikel 20 GG:

(1) Die Bundesrepublik Deutschland ist ein demokratischer und sozialer Bundesstaat.

(2) Alle Staatsgewalt geht vom Volke aus. Sie wird vom Volke in Wahlen und Abstimmungen und durch besondere Organe der Gesetzgebung, der vollziehenden Gewalt und der Rechtsprechung ausgeübt.

(3) Die Gesetzgebung ist an die verfassungsmäßige Ordnung, die vollziehende Gewalt und die Rechtsprechung sind an Gesetz und Recht gebunden.

(4) Gegen jeden, der es unternimmt, diese Ordnung zu beseitigen, haben alle Deutschen das Recht zum Widerstand, wenn andere Abhilfe nicht möglich ist.

Die Demokratien der Antike in Athen und Rom gelten als Vorläufer unserer Form. Sie waren in Wirklichkeit „meilenweit" von den heutigen Demokratien entfernt, fehlten damals doch wesentliche Eigenschaften, wie das **allgemeine Wahlrecht** und die **Gleichberechtigung** aller Bürger. Die moderne Demokratie hat ihre Wurzeln in der Zeit der Aufklärung und musste vom Volk über lange Zeit hinweg erkämpft werden, als Reaktion auf den Machtmissbrauch Einzelner. Sie hat sich im Laufe der Geschichte immer wieder flexibel an veränderte Gegebenheiten angepasst, konnte die jeweiligen Probleme bewältigen und wird deshalb heute als bestmögliche Herrschaftsform angesehen.

Wichtige Aufgaben einer Demokratie sind
- die **Kontrolle der Regierung**,
- die **Verhinderung von willkürlichen Gerichtsurteilen** und
- eine **breite Zustimmung des Volkes** bei Entscheidungen von weitreichender Bedeutung.

Die Hauptaufgabe eines modernen Staates besteht darin, allen Bürgern ein Leben in Würde und Freiheit zu gewähren. Außerdem müssen (wirtschaftlich) Stärkere ihre Verantwortung gegenüber den Schwächeren wahrnehmen. Daraus lassen sich die bereits angesprochenen sozialen Ziele ableiten, wie die Absicherung gegen wirtschaftliche Folgen von z. B. Krankheit, Unfall, Invalidität und Arbeitslosigkeit. Der moderne Staat hat auch Verantwortung zu tragen für den Schutz und die Förderung der Familien, insbesondere für die Bildung der Kinder sowie die Integration der Jugendlichen in sozialer, kultureller und politischer Hinsicht.

Ein sozialer Rechtsstaat wie die Bundesrepublik Deutschland hat dem einzelnen Bürger Grundrechte zu gewähren, die sein Leben, seine Freiheit, sein Eigentum schützen und ihm soziale Sicherheit garantieren. Dies wird im Grundgesetz zum Ausdruck gebracht, insbesondere in den Artikeln 1 bis 3.

Artikel 1 GG steht für den Schutz der Menschenwürde.

Ein Frankfurter Lehrer wurde im Mai 1999 wegen Beleidigung und Körperverletzung im Amt vom Gericht zu 6.400 DM Geldstrafe verurteilt. Mit Äußerungen wie „Türkenknaben können sich nicht benehmen", „Am Flughafen stehen genug Maschinen nach Istanbul", „Du bist Gast hier, benimm dich auch so", hatte der Studienrat einen 13-jährigen Schüler beleidigt. Die Körperverletzung bestand darin, dass der Lehrer den Jungen am Ohr gezogen hatte und so aus dem Klassenzimmer zwingen wollte. Klassenkameraden sagten aus, die Klasse sei an diesem Tag in der Vertretungsstunde des Pädagogen sehr unruhig gewesen und der 13 Jahre alte Türke fiel dabei besonders auf. Offenbar brachte er den hilflosen Lehrer zur Weißglut. Der Richter kam zu dem Schluss, bei allem Verständnis für die schwierige Situation seien dem Lehrer „pädagogische und rechtliche Grenzen für sein Verhalten gesetzt". Diese seien mit dem Verhalten und den Bemerkungen des Lehrers überschritten.
Quelle: nach FAZ, 5.5.1999

Art. 1 GG

(1) Die Würde des Menschen ist unantastbar. Sie zu achten und zu schützen ist Verpflichtung aller staatlichen Gewalt.

(2) Das Deutsche Volk bekennt sich darum zu unverletzlichen und unveräußerlichen Menschenrechten als Grundlage jeder menschlichen Gemeinschaft, des Friedens und der Gerechtigkeit in der Welt.

(3) Die nachfolgenden Grundrechte binden Gesetzgebung, vollziehende Gewalt und Rechtsprechung als unmittelbar geltendes Recht.

Dass die Würde des Menschen nicht nur von anderen angetastet werden kann, zeigen z. B. die täglichen Talkshows, wo viele Menschen z. T. aus Geltungssucht unter dem Beifall der Studiogäste intime Details veröffentlichen und somit selbst leichtsinnig mit ihrer eigenen Würde umgehen.

Artikel 2 GG garantiert die Freiheit der Person.

Art. 2 GG

(1) Jeder hat das Recht auf die freie Entfaltung seiner Persönlichkeit, soweit er nicht die Rechte anderer verletzt und nicht gegen die verfassungsmäßige Ordnung oder das Sittengesetz verstößt.

(2) Jeder hat das Recht auf Leben und körperliche Unversehrtheit. Die Freiheit der Person ist unverletzlich. In diese Rechte darf nur aufgrund eines Gesetzes eingegriffen werden.

Die Mädchen und Jungen, die sich auf die Eckbank der leeren Bahnhofshalle setzten, kamen aus einem Jazzkonzert. Ihr Gespräch verstummte rasch. Einer nach dem anderen legten sie den Kopf auf die Schulter ihres Nebenmannes. Der erste Zug fuhr um 4.46 Uhr. Zwei Transportpolizisten, einen Schäferhund an der Leine, erschienen in der Tür, wandten sich der Bank zu und zupften die Schlafenden am Ärmel. „Entweder Sie setzen sich gerade hin oder Sie verlassen den Bahnhof. Ordnung muss sein!" „Wieso Ordnung?", fragte einer der Jungen, nachdem er sich aufgerichtet hatte. „Sie sehen doch, dass jeder seinen Kopf gleich wieder gefunden hat." „Wenn Sie frech werden, verschwinden Sie sofort, verstanden?" Die Polizisten gingen weiter. Die jungen Leute lehnten sich nach der anderen Seite. Zehn Minuten später kehrte die Streife zurück und verwies sie des Bahnhofs. Draußen ging ein feiner Regen nieder. Der Zeiger der großen Uhr wippte auf die Eins wie ein Gummiknüppel.
Quelle: Reiner Kunze: Die wunderbaren Jahre. Lyrik – Prosa – Dokumente, hrsg. von Karl Corino, Büchergilde Gutenberg, Frankfurt 1978

1. Suchen Sie in Ihrer lokalen Tageszeitung einen Artikel über die Jugend. Schreiben Sie ihn so um, dass sich dieser Artikel auf Ihre eigene Person bezieht. Versuchen Sie nun zu ergründen, welchen Stellenwert der Autor Jugendlichen zumisst.

Alle Bürger haben Anspruch auf die freie Entfaltung ihrer Persönlichkeit. Dabei sind Konflikte vorprogrammiert. Der Staat hat daher die Aufgabe, für einen gerechten Interessenausgleich zu sorgen. Wenn er regelnd durch Gesetzgebung, vollziehende Gewalt und Rechtsprechung eingreift, muss er sich an die Grundrechte halten. Wird ein Bürger in seinen Grundrechten verletzt, kann er den Rechtsweg bis vor das Bundesverfassungsgericht einschlagen.

Art. 3 GG

(1) Alle Menschen sind vor dem Gesetz gleich.

(2) Männer und Frauen sind gleichberechtigt. Der Staat fördert die tatsächliche Durchsetzung der Gleichberechtigung von Frauen und Männern. [...]

(3) Niemand darf wegen seines Geschlechtes, seiner Abstammung, seiner Rasse, seiner Sprache, seiner Heimat und Herkunft, seines Glaubens, seiner religiösen und politischen Anschauungen benachteiligt oder bevorzugt werden. Niemand darf wegen seiner Behinderung benachteiligt werden.

Verfassung und Realität – ein Widerspruch?

1. Suchen Sie im Internet (Statistisches Bundesamt), ob es auch heute noch solche Unterschiede bei der Entlohnung zwischen Frau und Mann gibt.

2. Erkundigen Sie sich, welche Grundrechte den Bürgern in der Bundesrepublik Deutschland in den Artikeln 4 bis 19 GG garantiert werden.

Gleichheit vor dem Gesetz

Artikel 3 GG gewährt Gleichheit vor dem Gesetz.

Zahlen des Statistischen Bundesamtes zeigen, dass weibliche Arbeitnehmer im Durchschnitt einiges weniger verdienen als ihre männlichen Kollegen. Der Abstand ist zwar geringer geworden, denn nach einer Differenz des durchschnittlichen Monatseinkommens im produzierenden Gewerbe lag die Differenz 1990 bei 29 %, während man für das Jahr 1999 einen Unterschied von „nur noch“ 25 % feststellen konnte. Die Ursachen für die Unterschiede seien im Allgemeinen die gleichen: weniger qualifizierte Ausbildung, kürzere Berufszeiten.
Quelle: Statistisches Bundesamt

Da alle Menschen Individuen sind, ist mit der Gleichheit eher eine Chancengleichheit für alle Menschen gemeint, insbesondere die politische und soziale Gleichheit. Das bedeutet, dass sich jeder Bürger persönlich und beruflich frei entfalten kann und die Möglichkeit zur demokratischen Mitwirkung haben sollte.

3.2 Rechtsstaatlichkeit und Gewaltenteilung

Immer, wenn sich Menschen in Form eines Staates organisieren, besteht die Gefahr, dass diejenigen, die regieren, die Staatsgeschäfte nicht allein zum Wohle der gesamten Bevölkerung führen, sondern um sich selbst zu bereichern.

Immer wieder gelang es „Herrschercliquen", die Macht an sich zu binden, die es ihnen ermöglichte, unangenehme Personen oder Personengruppen, wie z. B. politische Gegner, unter falschen Anschuldigungen ins Gefängnis zu stecken bzw. liquidieren zu lassen.

Um solcher Willkür zu begegnen, ist eine Kontrolle notwendig. Der beste Weg dazu scheint zu sein, die von John Locke und Montesquieu entwickelten Ideen von der Teilung der Staatsgewalt aufzugreifen. Nach diesem Prinzip der **Gewaltenteilung** unterscheidet man:

- die **Legislative** (gesetzgebende Gewalt), ausgeübt durch das Parlament, die gewählte Volksvertretung;
- die **Exekutive** (ausführende Gewalt) durch Regierung und Verwaltung;
- die **Judikative** (richterliche Gewalt oder Rechtsprechung) durch die Gerichte.

Diese drei Säulen der Gewaltenteilung müssen sich gegenseitig kontrollieren, um eine Machtanhäufung zu vermeiden. Für die Praxis bedeutet dies, dass Parlament, Regierung und Beamte (insbesondere Polizei und Gerichte) voneinander unabhängig und die verschiedenen Bevölkerungsgruppen auf jeder Ebene ausreichend vertreten sind. Weiterhin sollte der Staat seine Beschäftigten angemessen entlohnen, damit diese für Korruption und Betrug nicht anfällig sind.

In der Bundesrepublik Deutschland versucht man das Ziel der Gewaltenteilung so zu erreichen:

Neben dieser „horizontalen Gewaltenteilung" ist in der Bundesrepublik auch eine „vertikale Gewaltenteilung" verwirklicht, das heißt eine Teilung der Staatsgewalt auf Ebene der Gemeinden, der Länder und des Bundes. Auch das Bestehen einer hohen Hürde für Verfassungsänderungen (jeweils 2/3-Mehrheit in Bundestag und Bundesrat) verstärkt das Prinzip der Gewaltenteilung (konstitutionelle Gewaltenteilung):

Nach dem 30-jährigen Krieg (1618-1648) hofften viele auf ein Ende der Machtkämpfe zwischen den rivalisierenden lokalen Herrschern durch einen starken König. Letztendlich änderte sich an den Verhältnissen kaum etwas. Korruption und Günstlingswirtschaft ersetzten die ehemaligen Fürsten.

John Locke (1632–1704) war ein bedeutender englischer Philosoph. Er war einer der Hauptvertreter der englischen Aufklärung. Locke argumentierte, dass Regierungen nur legitim sind, wenn sie die Akzeptanz der Regierten finden und die Naturrechte Leben, Freiheit und Eigentum beschützen.

Charles-Louis de Secondat, Baron de la Brede et de **Montesquieu** (1689–1755), französischer Jurist und Philosoph. Wie Locke behauptete er, dass die Freiheit des Individuums am besten durch eine Teilung der Staatsmacht zu sichern sei.

1. Erläutern Sie die Umsetzung des Prinzips der Gewaltenteilung für die Bundesrepublik Deutschland. Lesen Sie dazu die im Schaubild angeführten Artikel des Grundgesetzes.

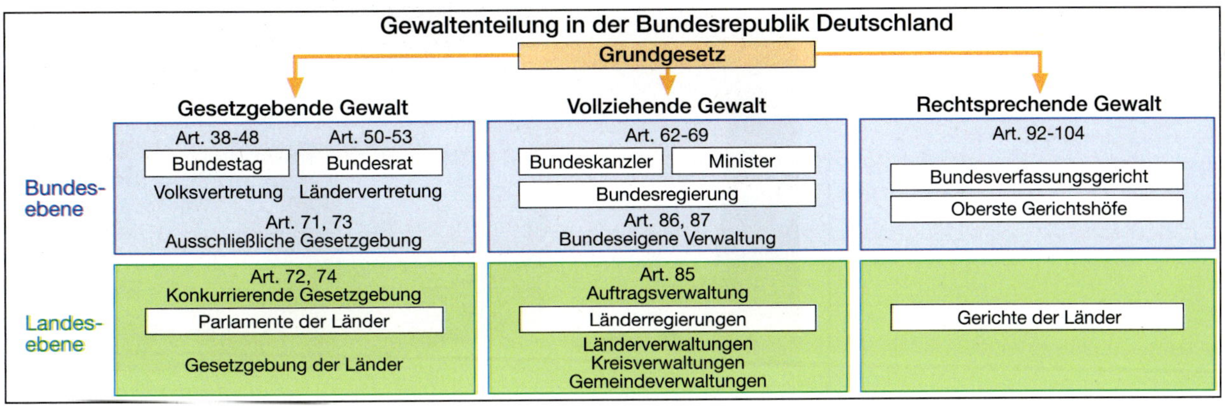

Menschenrechte – Beispiele:

Art. 5 Allgemeine Erklärung der Menschenrechte: Schutz vor Folter

Art. 18 Allgemeine Erklärung der Menschenrechte: Gedanken-, Gewissens- und Religionsfreiheit

In einem Rechtsstaat genügt es nicht, die Menschenrechte zu verwirklichen. Das Grundgesetz führt in seinen grundlegenden Artikeln (1–19) noch weitere Grundrechte an, wie z. B. Glaubens-, Versammlungs- und Vereinigungsfreiheit. Die Rechtsstaatlichkeit erfordert darüber hinaus, dass man versucht, die geltende Rechtsordnung mit verhältnismäßigen Mitteln durchzusetzen.

Rechtsstaatlichkeit erfordert auch den Schutz des Einzelnen vor übereilten und übermäßigen Eingriffen des Staates. Eine Maßnahme muss angemessen sein, darf nicht weiter gehen, als der Zweck es rechtfertigen würde, und sie muss geeignet sein, den erwünschten Erfolg zu erreichen. Die **Verhältnismäßigkeit** der Mittel muss gewahrt bleiben. Betroffen davon sind in erster Linie die Maßnahmen der Verwaltung.

Verwaltungsbestimmungen dürfen nur auf gesetzlichen Grundlagen basieren. Es gilt der **Gesetzesvorbehalt**, d. h., für das Eingreifen der Verwaltung bei Angelegenheiten, die den Bürger betreffen, ist eine Rechtsnorm erforderlich. Das Eingreifen muss aber auch rechtmäßig sein, es dürfen keine Gesetze verletzt werden (**Vorrang des Gesetzes**).

Artikel 103 Abs. 2 des Grundgesetzes garantiert das **Rückwirkungsverbot**: „Eine Tat kann nur bestraft werden, wenn die Strafbarkeit gesetzlich bestimmt war, bevor die Straftat begangen wurde.“ Die Rückwirkung von Gesetzen ist unzulässig, wenn das Gesetz Sachverhalte erfasst, die sich vor Erlass des Gesetzes ereigneten.

Hat man für eine Straftat bereits vor Gericht gestanden, so darf nicht noch ein zweites Mal geklagt werden. Es gilt der Grundsatz des **Verbots der Mehrfachbestrafung** für dieselbe Straftat.

Der Staat hat dafür Sorge zu tragen, dass die Grundsätze der Rechtssicherheit und Rechtsklarheit gewahrt bleiben.

Videogerichtsverhandlung in Brandenburg via Internet und ISDN

3.3 Funktionen des Rechts

In der Bundesrepublik Deutschland leben mehr als 80 Millionen Menschen. Hauptaufgabe des Rechts ist es, das Zusammenleben der Menschen zu schützen und zu ordnen.
Die wohl ursprünglichste Funktion des Rechts ist es, gewaltsame Auseinandersetzungen zwischen den Menschen zu vermeiden, den **inneren Frieden zu sichern**. Es darf nicht jeder Einzelne bei Konflikten seine eigene Position mit aller Macht, eventuell mit eigener Faust, durchzusetzen versuchen. Das Gewaltmonopol liegt beim Staat.

In einer Gesellschaft mit unterschiedlichen Vorstellungen und Meinungen muss Konflikten vorgebeugt werden. Schon beim Erlass von Gesetzen hat der Staat die teilweise unterschiedlichen Interessenlagen zu berücksichtigen. Im Mietrecht z. B. sind einerseits die Interessen der Vermieter zu berücksichtigen, andererseits ist der Mieter zu schützen. So ist neben Kündigungsfristen auch der Umfang von Mieterhöhungen zu regeln.
Bei Konflikten ist es Aufgabe der Gerichte, für einen gerechten **Interessenausgleich** zu sorgen. Unsere Rechtsordnung verbietet es, sein Recht privat, „auf eigene Faust", durchzusetzen. Selbstverständlich darf sich das Opfer einer Straftat nicht an dem Täter rächen. Ein Gläubiger darf einem Schuldner nichts entwenden, um es als Druckmittel zur Eintreibung der Schuld einzusetzen. In beiden Fällen ist der Rechtsweg zu beschreiten. Der Staat muss eine Vielzahl von Rechtsnormen schaffen, um die **Ordnung** aufrechtzuerhalten.

Wichtig ist neben der Gewährleistung des Friedens auch, dem Einzelnen so viel **Freiheit** wie möglich zu geben. Diese Freiheit findet dort ihr Ende, wo sie in die Freiheit eines anderen eingreift.
Einerseits muss es das Recht eines jeden sein, mit seinem Eigentum zu verfahren, wie er möchte, aber nur so lange, wie er nicht die Rechte eines anderen verletzt. Ein Grundstückseigentümer darf auf seinem Grundstück nicht alte Gummireifen verbrennen, weil dadurch eine Beeinträchtigung der Nachbarn durch Rauch, Geruch und eventuell giftige Abgase entsteht.
Der Staat sollte aber seinen Bürgern, dort wo es möglich ist, die Freiheit geben, in eigener Verantwortung Rechtsbeziehungen aufzubauen. Dies äußert sich z. B. in der **Privatautonomie** (Vertragsfreiheit).

Art der Vertragsfreiheit	**Abschlussfreiheit**	**Formfreiheit**	**Inhaltsfreiheit**
Bedeutung	Freiheit, ob und mit wem man Verträge abschließt	freie Gestaltung der Vertragsform	freie Wahl des Inhalts des Vertrages
Grenzen	Kontrahierungszwang	Form per Gesetz vorgeschrieben	Verstoß gegen Gesetze
Beispiel	ärztliche Behandlung im Notfall	notarielle Beurkundung bei Grundstücksverkäufen	Verkauf von Drogen

Das Recht schützt und ordnet das Zusammenleben der Menschen ...

... und garantiert Freiheit

1. Suchen Sie nach Beispielen, in welcher Weise das Eigentum eines anderen beeinträchtigt werden kann.
2. Finden Sie weitere Vertragsinhalte, die entweder gegen gesetzliches Verbot verstoßen oder sittenwidrig sind.
3. Erkundigen Sie sich, wie der Staat versucht, den Jugendlichen als Arbeitnehmer besonders zu schützen.

Wenn der Staat nicht eingreift, werden die Schwachen in einer Gesellschaft benachteiligt. Die Aufgabe des Staates ist es nicht nur, sozial Schwächere materiell zu unterstützen, sondern sie auch vor einer sozialen „Ausbeutung" durch Stärkere zu schützen. Ein Beispiel hierfür sind die zahlreichen Gesetze zum **Schutz** der Arbeitnehmer, wie Kündigungsschutz, Jugendarbeitsschutz, Mutterschutz, Lohnfortzahlung im Krankheitsfall, Arbeitszeitbestimmungen usw.

Unsere Gesellschaft unterliegt einem raschen Wandel. Dieser ist vor allem bedingt durch den schnellen Fortschritt in unserer Technologie. Dadurch verändern sich auch die Lebensbedingungen für den Menschen. Wir werden im Durchschnitt immer älter. Die Errungenschaften in der Medizin und der Hygiene sorgen dafür. Der Staat hat sich dabei immer aufs Neue einzustellen auf umwälzende Veränderungen durch die Weiterentwicklung seiner Rechtsordnung. So dienen inzwischen dem Umweltschutz zahlreiche eigene Gesetze wie das Atomgesetz, das Chemikaliengesetz, das Immissionsschutzgesetz. Das Leben und die Gesundheit des Menschen müssen vor Übergriffen geschützt werden, z. B. durch ein Lebensmittelgesetz.

2006 wurde das Urheberrecht neu geregelt. Presse und Fachleute kamen vielfach zu dem Ergebnis: „Neues Urheberrecht – es bleibt alles anders." Die Frage, was man denn nun kopieren darf, ist nach wie vor nicht leicht zu beantworten.
Damit ist klar: Nicht nur die Gesetzgebung ist gefragt, sondern auch unsere Richter, da sie sich durch die Weiterentwicklung ihrer Rechtsprechung, also die Auslegung vorhandener Gesetze (das sogenannte Richterrecht), diesem rasanten Tempo der Entwicklung anpassen müssen.

Forschung im Genlabor

Minotaurus, der Stiermensch

Q

WTO-Klage zu Gentechnik:
In ihrer Klage gegen die EU kritisierten Argentinien, Kanada und die USA das Zulassungsverfahren der EU für den Anbau von gentechnisch veränderten Organismen und sprachen von Handelshemmnissen. Bereits im August 2004 hatte der Bundesrat der Schweiz erklärt, mit einem wissenschaftlich nicht fundiert begründeten Einfuhrverbot müsste man mit Schwierigkeiten in den Außenhandelsbeziehungen, allenfalls mit Klagen wegen der Verletzung von Staatsverträgen rechnen. Hinweise, dass auch der Schweiz eine WTO-Klage drohe, gebe es bislang aber nicht.
Quelle: www.schweizerbauer.ch/htmls/artikel_8582.html

Genforschung: Forscher wollen Mensch und Tier vermengen
Britische Gentechniker wollen Erbmaterial von Menschen und Rindern vermengen. Sie wollen Genmaterial aus menschlichen embryonalen Stammzellen in Eizellen von Kühen einpflanzen. Damit soll die Forschung zur Behandlung wie Parkinson und Alzheimer vorangetrieben werden. Bedenken äußerte C. MacKellar vom Schottischen Rat für Bioethik. „Damit könnte man beginnen, die Unterscheidung zwischen Tieren und Menschen zu untergraben", warnte er. Die Aufsichtsbehörde Human Fertilisation and Embryology Authority hat über den Genehmigungsantrag des Forscherteams zu entscheiden.
Quelle: www.schweizerbauer.ch/htmls/artikel_11659.html

Alois verursacht einen Unfall

3.4 Rechtsgebiete

Autofahrer Alois missachtet die Vorfahrt eines Schulbusses und verursacht dadurch einen Verkehrsunfall, bei dem mehrere Fahrschüler verletzt werden und am Bus ein Sachschaden in Höhe von 8.000 € entsteht. Alois äußert gegenüber der Polizei, er hätte den Bus übersehen. Eine fachärztliche Untersuchung ergibt, dass die Sehkraft des 65-jährigen Autolenkers zur Führung eines Kfz nicht mehr ausreicht.

Dieser Verkehrsunfall hat aus juristischer Sicht Konsequenzen:

Öffentliches Recht:
Dem Autofahrer Alois wird durch die Verwaltungsbehörde die Fahrerlaubnis entzogen. Dies stellt eine hoheitliche Maßnahme des Staates gegenüber einem einzelnen Bürger dar.

Zum öffentlichen Recht zählen alle Vorschriften, die das Verhältnis der Träger der öffentlichen Gewalt zu den Bürgern regeln und die durch ein Über- und Unterordnungsverhältnis gekennzeichnet sind.

Strafrecht:
Das Strafgericht verurteilt Alois aufgrund seiner Verfehlungen zu einer Geldstrafe. Es könnte ebenfalls den Führerschein einziehen.

Das Strafrecht regelt staatliche Eingriffsmöglichkeiten bei Verstößen gegen Straftatbestände. Strafgerichte dürfen sogar einen Freiheitsentzug anordnen. Systematisch gehört das Strafrecht zum öffentlichen Recht. Es wird jedoch wegen seiner Bedeutung als eigenes Rechtsgebiet verstanden, das für verbotenes Verhalten Sanktionen vorsieht.

Privatrecht (Zivilrecht):
Ob den Fahrgästen, dem Busfahrer und dem Bushalter Schadensersatz zugesprochen wird, entscheidet die Zivilgerichtsbarkeit.

Das Privat- oder Zivilrecht regelt die Rechtsbeziehungen der Bürger zueinander sowie die von Gemeinschaften zu ihren Mitgliedern (z. B. Vereine).

§ 3 StVG
Entziehung der Verkehrserlaubnis
(1) Erweist sich jemand als ungeeignet oder nicht befähigt zum Führen von Kraftfahrzeugen, so hat ihm die Fahrerlaubnisbehörde die Fahrerlaubnis zu entziehen. [...]

§ 69 StGB
Entziehung der Fahrerlaubnis
(1) Wird jemand wegen einer rechtswidrigen Tat, die er bei oder im Zusammenhang mit dem Führen eines Kraftfahrzeugs oder unter Verletzung der Pflichten eines Kraftfahrzeugführers begangen hat, verurteilt [...], so entzieht ihm das Gericht die Fahrerlaubnis, wenn sich aus der Tat ergibt, dass er zum Führen von Kraftfahrzeugen ungeeignet ist. [...]

§ 315c StGB
Gefährdung des Straßenverkehrs
(1) Wer im Straßenverkehr
1. ein Fahrzeug führt, obwohl er
a) infolge des Genusses alkoholischer Getränke oder anderer berauschender Mittel oder
b) infolge geistiger oder körperlicher Mängel
nicht in der Lage ist, das Fahrzeug sicher zu führen, oder
2. grob verkehrswidrig und rücksichtslos
a) die Vorfahrt nicht beachtet, [...] und dadurch Leib oder Leben eines anderen Menschen oder fremde Sachen von bedeutendem Wert gefährdet, wird mit Freiheitsstrafe bis zu fünf Jahren oder mit Geldstrafe bestraft. [...]

§ 249 BGB
Art und Umfang des Schadensersatzes

[...]

(2) Ist wegen Verletzung einer Person oder wegen Beschädigung einer Sache Schadensersatz zu leisten, so kann der Gläubiger statt der Herstellung den dazu erforderlichen Geldbetrag verlangen. [...]

§ 253 BGB
Immaterieller Schaden

[...]

(2) Ist wegen einer Verletzung des Körpers, der Gesundheit, [...] Schadensersatz zu leisten, kann auch wegen des Schadens, der nicht Vermögensschaden ist, eine billige Entschädigung in Geld gefordert werden.

Nicht immer, wenn der Staat handelt, muss öffentliches Recht zugrunde gelegt werden. Eine Gebietskörperschaft (Bund, Länder, Gemeinden) handelt privatrechtlich, wenn sie beispielsweise Kauf-, Werk- oder Arbeitsverträge schließt.

1. Entscheiden Sie, ob in folgenden Fällen Privatrecht oder öffentliches Recht anzuwenden ist.
   a) Die Stadt Neumarkt verlangt von Frau Meier Hundesteuer.
   b) Die Gemeinde Berngau beauftragt Malermeister Mohn mit dem Außenanstrich des Schulgebäudes.
   c) Malermeister Mohn schließt mit der VGK eine Kfz-Haftpflichtversicherung ab.

Rechtsgebiete:

Öffentliches Recht	**Privatrecht (Zivilrecht)**
Das Interesse der Allgemeinheit ist betroffen.	Es geht um das Interesse eines Einzelnen.

Öffentliches Recht:

Überordnung

Staat

↕

Bürger

Unterordnung

Privatrecht (Zivilrecht):

Bürger

↔ Gleichordnung ↔

Bürger

Beispiele (Öffentliches Recht):	Beispiele (Privatrecht):
– Staats- und Verfassungsrecht – Verwaltungsrecht (Steuerrecht, Baurecht, Umweltschutzrecht, Gewerberecht)	– bürgerliches Recht – Handelsrecht – Wertpapierrecht – Gesellschaftsrecht – Arbeitsrecht

Strafrecht

Richterinnen und Richter des Bundesverfassungsgerichts

Bundesverfassungsgericht in Karlsruhe

Bundesgerichtshof in Karlsruhe

Gerichtsbarkeit

Das oberste Bundesgericht ist das Bundesverfassungsgericht mit Sitz in Karlsruhe. Es ist nach Art. 93 GG z. B. für folgende Bereiche zuständig:

- Auslegung des Grundgesetzes,
- Vereinbarkeit von Bundes- und Landesrecht mit dem Grundgesetz,
- Verfassungsbeschwerden von Bürgern wegen Verletzung der Grundrechte durch die öffentliche Gewalt,
- Verfassungswidrigkeit von Parteien.

Entscheidungen des Bundesverfassungsgerichts sind bindend für die Gebietskörperschaften, Gerichte, Verwaltungsbehörden sowie für alle Bürger.

Das Bundesverfassungsgericht

Präsidentin
zugleich Vorsitzende des Zweiten Senats

Vizepräsidentin
zugleich Vorsitzende des Ersten Senats

Erster Senat – wählt die Hälfte der Richter jedes Senats: **Wahlausschuss des Deutschen Bundestages** (12 Mitglieder)

Zweiter Senat – wählt die Hälfte der Richter jedes Senats: **Bundesrat**

Zweige der Gerichtsbarkeit

Ordentliche Gerichtsbarkeit	Besondere Gerichtsbarkeit
– allgemeine Gerichtsbarkeit • freiwillige Gerichtsbarkeit • streitige Gerichtsbarkeit – Strafgerichtsbarkeit	– Verwaltungsgerichtsbarkeit – Arbeitsgerichtsbarkeit – Sozialgerichtsbarkeit – Finanzgerichtsbarkeit

1. Informieren Sie sich im Internet über die Zusammensetzung des Ersten und des Zweiten Senats des Bundesverfassungsgerichts.
2. Erkundigen Sie sich am Amtsgericht über dessen Organisationsstruktur.
3. Erstellen Sie ein Kurzreferat über den Aufbau der Europäischen Gerichtsbarkeit.

Die **ordentlichen Gerichte** sind grundsätzlich für alle bürgerlichen Rechtsstreitigkeiten zuständig.

Die **freiwillige Gerichtsbarkeit** regelt zahlreiche Rechtsangelegenheiten schon im Vorfeld, um Rechtsstreitigkeiten zu vermeiden.
Zu den wichtigsten Organen der freiwilligen Gerichtsbarkeit gehören neben den Amtsgerichten die Jugendämter, Standesämter und die Notariate. Die Organe der freiwilligen Gerichtsbarkeit fällen keine Urteile. Ihre Entscheidungen werden als „Beschluss“ oder „Verfügung“ bezeichnet. Als Aufgabenbereiche bieten sich ihnen die Führung von Grundbüchern, Beurkundungen (Testamente, Grundstückskäufe), Ernennung von Betreuern, Vollstreckungssachen, Führen von Registern (z. B. Handelsregister).

Die ordentlichen **Gerichte in Zivilsachen** regeln v. a. Streitigkeiten über zivilrechtliche Ansprüche, Ehesachen, Familiensachen (z. B. elterliche Sorge) sowie Streitigkeiten über Ansprüche aus dem ehelichen Güterrecht.

Die ordentlichen **Gerichte in Strafsachen** werden je nach Schwere der Straftat in folgenden Stufen der Gerichtsbarkeit am **Amtsgericht** tätig:
- Ein Strafrichter als **Einzelrichter** entscheidet bei Vergehen, die im Wege der Privatklage, also nicht durch Klage des Staatsanwalts, verfolgt werden und wenn maximal eine Freiheitsstrafe von zwei Jahren droht.
- Höchstens vier Jahre Freiheitsstrafe sind zu erwarten, wenn ein **Schöffengericht** (ein Berufsrichter, zwei Laienrichter) entscheidet. Ist die zu verhandelnde Sache umfangreicher, kann dies einen zweiten Berufsrichter erforderlich machen (**erweitertes Schöffengericht**).
- **Jugendgericht** bzw. **Jugendschöffengericht** werden tätig, wenn Jugendliche (14–17 Jahre) oder Heranwachsende (18–21 Jahre) betroffen sind. Bei den Heranwachsenden entscheiden Reife und Entwicklung, ob Jugend- oder Erwachsenenstrafrecht zur Anwendung kommt.

Die **besondere Gerichtsbarkeit** wird unterteilt in:

Verwaltungsgerichtsbarkeit	**Arbeitsgerichtsbarkeit**	**Sozialgerichtsbarkeit**
– Kontrolle der Verwaltung – Schutz vor fehlerhafter Ausübung der Staatsgewalt	– Schlichtung von arbeits- und betriebsverfassungsrechtlichen Streitigkeiten	(Sonderform der Verwaltungsgerichtsbarkeit) – sozialrechtliche Fragen
Beispiele: – Aufsichtsbeschwerden bei Pflichtverletzungen von Beamten – Anfechtung von Verwaltungsakten (z. B. Rentenbescheid)	Beispiele: – Streitigkeiten zwischen Arbeitgeber und Arbeitnehmer – Unklarheiten bei Tarifverträgen	Beispiele: – Angelegenheiten der Sozialversicherung – Streitigkeiten mit der Bundesagentur für Arbeit

i

Instanzen der ordentlichen Gerichte:
Bundesgerichtshof
Oberlandesgericht
Landgericht
Amtsgericht

Die jeweils nächsthöhere Hierarchiestufe ist Berufungs- bzw. Revisionsinstanz für die jeweils darunterliegende Stufe.

Berufung ist gegen ein Urteil der ersten Instanz zulässig (Frist meist ein Monat). Dabei werden anders als bei der Revision nicht nur Rechtsfragen überprüft, sondern es wird auch der Sachverhalt neu ermittelt (Anhörung neuer Zeugen, Zulassung anderer Beweismittel).

Eine **Revision** ist grundsätzlich gegen Urteile des Landgerichts zulässig und kann nur damit begründet werden, dass das Urteil auf einer Verletzung eines Gesetzes beruht.

Als man dies im Dorf erfuhr,
war von Trauer keine Spur.
Witwe Bolte, mild und weich,
Sprach: „Sieh da, ich dacht' es gleich!"
„Jajaja!", rief Meister Böck,
„Bosheit ist kein Lebenszweck!"
Drauf so sprach Herr Lehrer Lämpel:
„Dies ist wieder ein Exempel!"
„Freilich", meint' der Zuckerbäcker,
„Warum ist der Mensch so lecker!"
Selbst der gute Onkel Fritze
Sprach: „Das kommt von dumme Witze!"
Doch der brave Bauersmann
Dachte: Wat geiht meck dat an!
Kurz, im ganzen Dorf herum
Ging ein freudiges Gebrumm:
„Gott sei Dank! Nun ist's vorbei
Mit der Übeltäterei!"
Quelle: Wilhelm Busch: Und die Moral von der Geschichte, Bertelsmann 1959

3.5 Das Strafrecht

Aufgaben des Strafrechts – Strafzwecke
Wilhelm Buschs Geschichte von Max und Moritz und ihren sieben Lausbubenstreichen und deren ach so grausigem Ende gehört zu den Klassikern der Kinderliteratur. Wie viele Kinder haben sich schon gefragt, ob es denn gerecht sei, dass die beiden, immerhin ebenfalls noch Kinder, für ihre Streiche mit dem Leben bezahlen müssen. Ist diese Strafe angemessen? Welchen Zweck erfüllt eine Strafe?

Das aus dem Alten Testament (5. Buch Moses 19,21) stammende Zitat „Auge um Auge, Zahn um Zahn" kennzeichnet das Vergeltungsprinzip. Gleiches wurde mit Gleichem vergolten. Im germanischen Recht entwickelten sich bald humanere Strafformen. Täter bzw. ihre Sippe konnten den Geschädigten deren Rache „abkaufen". Ein Sühnevertrag zwischen den Beteiligten stellte den Rechtsfrieden wieder her. Im Zuge des Feudalismus wurde die Erteilung von Strafen zur Einnahmequelle der Landesherren.

Die Staatsgewalt setzte sich immer mehr durch und es entstanden die ersten Strafgesetze. Eine wichtige Rolle spielte dabei die „Carolina", die 1532 auf dem Reichstag zu Regensburg von Kaiser Karl V. erlassene „Peinliche Gerichtsordnung". Sie hieß so, weil die dort vorgesehenen Strafen ausschließlich auf Schmerz und Pein ausgerichtet waren, Freiheitsstrafen spielten kaum eine Rolle. Erst im 16. und 17. Jahrhundert entwickelte sich von England ausgehend die „moderne" Freiheitsstrafe. Man wollte damit insbesondere das Betteln und die Landstreicherei unterbinden.

In manchen Ländern wird auch heute noch die Todesstrafe vollstreckt. In Deutschland wurde nach den unzähligen Justizmorden der NS-Diktatur die Todesstrafe mit Artikel 102 GG abgeschafft.

Im Buch Exodus steht:
„Wenn sich Männer raufen und eine schwangere Frau stoßen, so dass herauskommen ihre Leibesfrüchte, aber [sonst] kein schlimmeres Unglück entsteht, so muss dem Schuldigen eine Geldbuße auferlegt werden, wie der Ehegatte sie ansetzt, doch er soll nach dem Ermessen der Schiedsrichter geben. Wenn aber ein schlimmeres Unglück entstanden ist, so sollst du geben: Lebendige Seele an Stelle von lebendiger Seele, Auge an Stelle von Auge, Hand an Stelle von Hand, Fuß an Stelle von Fuß, Brandmal an Stelle von Brandmal, Wunde an Stelle von Wunde, Strieme an Stelle von Strieme" (Ex 21, 22–24)

Gustav Radbruch berichtet eine typische Begebenheit:
„Da hatte etwa im zweiten Jahrzehnt des 16. Jahrhunderts in Glotterbad einer namens Hans Ganser den Kriegsknecht Ludi Schnetz ein Pulvermennli genannt, der ihn mit hitzigem Streich und Stich zu Tode verwundet. Was geschah dem Täter? Die Witwe des Erschlagenen ist mit einer Buße von zehn Kronen zufrieden (denn er war von je ein Taugenichts gewesen), und der Totschläger tut, die brennende Kerze in der Hand, an der Kirchentür öffentliche Buße."
Quelle: Bundeszentrale für politische Bildung: www.bpb.de/publikationen/R111G16.html (Seite 2)

17-Jähriger soll Polizisten bei Krawallen getötet haben
Donnerstag, 8. Februar 2007, 16:57 Uhr

Nach dem gewaltsamen Tod eines Polizisten bei Ausschreitungen am Rande eines Fußballspiels in Italien steht ein 17-Jähriger unter dringendem Tatverdacht.
[...] Die Polizei von Catania hatte den Verdächtigen in der Nacht zum Mittwoch zusammen mit drei weiteren Minderjährigen festgenommen, nachdem sie ihn auf Videoaufnahmen erkannt hatte. Italienischen Medienberichten zufolge war der Jugendliche der Polizei bereits als Störer bekannt.
[...] Das Innenministerium gab unterdessen bekannt, dass von den insgesamt 31 Fußball-Stadien der ersten und zweiten Liga in Italien nur sechs den Sicherheitsbestimmungen entsprechen. Die Regierung beschloss strenge neue Sicherheitsmaßnahmen für Fußballspiele.
[...] Mit drastischen Maßnahmen müssen auch die Fans rechnen: Für Gewalt gegen Polizisten drohen bis zu 15 Jahre Haft, Stadionverbote können auch ohne Verurteilung ausgesprochen werden. Nach den gewalttätigen Ausschreitungen am vergangenen Freitag waren am Wochenende sämtliche Spiele der Profi- und Amateurligen in Italien abgesagt worden.
Quelle: http//de.news.yahoo.com/08022007/286/.

1. Diskutieren Sie mit Ihren Mitschüler(n)/innen über den Sinn bzw. die Wirksamkeit der von der italienischen Regierung getroffenen Maßnahmen.

Strafzwecke
„Strafe ist also Vergeltung, Rückgabe von Gleichwertigem. Die zu vergeltende Tat ist nicht bloß Anlass der Vergeltung. Sie bestimmt auch Art und Maß der Vergeltung. Die Vergeltung stellt das Gleichgewicht, das durch die Tat gestört wurde, wieder her. Sie ist somit ein Akt der ausgleichenden Gerechtigkeit."
Quelle: Vital Schwander, Das Schweizerische Strafgesetzbuch, 2. Auflage. 1964, S. 18

„Wer auf vernünftige Weise zu strafen gedenkt, der züchtigt nicht wegen des schon begangenen Unrechts [...], sondern um des zukünftigen willen, damit hinfort weder der Täter selbst wieder Unrecht begehe noch auch die anderen, welche sehen, wie er bestraft wird."
Quelle: Platon, Protagoras

Die beiden Stellungnahmen zum Zweck des Strafens zeigen die beiden gegensätzlichen Straftheorien auf:

1. Absolute Strafzwecke:
Das Recht orientiert sich an der Vergangenheit. Es wird gestraft, weil Fehler begangen wurden. Der Täter soll sich auf sich selbst besinnen, soll sich wandeln, sich mit der Gesellschaft versöhnen. Die Strafe soll begangenes Unrecht ausgleichen.

2. Relative Strafzwecke:
Das Recht hofft auf die Zukunft. Es wird gestraft, um künftigen Verfehlungen vorzubeugen. Potenzielle Täter sollen abgeschreckt, Straffällige gebessert und Rechtstreue in ihrem Normendenken bestärkt werden. Ist der Täter für die Allgemeinheit gefährlich, ist die Gesellschaft vor ihm zu schützen (Sicherungsverwahrung).

Absolute Strafzwecke	**Relative Strafzwecke**	
Vergangenheitsorientierung	Zukunftsorientierung	
	Prävention	
Vergeltung	**Spezialprävention**	**Generalprävention**
ausgleichende Gerechtigkeit	Wirkung auf den Täter	Wirkung auf alle
	Resozialisierung	Normbekräftigung
Sühne	Unschädlichmachung	Abschreckung

In jüngerer Zeit wird auf einen neuen Aspekt des Strafens hingewiesen, den **Täter-Opfer-Ausgleich**. Durch die Konfrontation mit dem Opfer soll dem Täter sein Unrecht unmittelbar vor Augen geführt werden, was auch seine Resozialisierung erleichtern würde.

Straftat und Ordnungswidrigkeit

Das Ziel jeglichen Rechts und damit auch des Strafrechts ist die Regelung des friedlichen Zusammenlebens der Mitglieder einer Gesellschaft. Seit Langem gilt das Gewaltmonopol des Staates, d.h., der Staat allein hat das Recht, begangenes Unrecht zu ahnden und Strafen zu verhängen.

Das Strafrecht wird zunächst in zwei Bereiche unterteilt:
- Das **formelle Strafrecht** führt die Bestimmungen auf, nach denen ein Strafverfahren abläuft. Die Strafprozessordnung (**StPO**) legt den Ablauf eines Strafverfahrens fest.
- Im **materiellen Strafrecht** sind die strafbaren Handlungen definiert. Weiterhin wird festgestellt, wann eine Person straffällig wird. Die wichtigste gesetzliche Grundlage in diesem Sinne ist das Strafgesetzbuch (StGB). Daneben gibt es einige strafrechtliche Nebengesetze (z.B. Waffengesetz, Straßenverkehrsgesetz, Atomgesetz, Bundesjagdgesetz).

Der Begehung einer Unrechtshandlung muss nicht immer eine kriminelle Absicht zugrunde liegen. Eine geringfügige Geschwindigkeitsüberschreitung im Straßenverkehr oder „Falschparken" kann nicht mit schwerem Raub oder Totschlag verglichen werden. Sogenannte „Bagatelldelikte" werden deshalb nach dem „Gesetz über Ordnungswidrigkeiten" (**OWiG**) geahndet. Der Gesetzgeber unterscheidet demnach zwischen Verfehlungen mit geringem Unrechtsgehalt (**Ordnungswidrigkeiten**) und solchen mit schwerem Unrechtsgehalt (**Straftaten**). Auch bei den Straftaten unterscheidet der Gesetzgeber nach der „Schwere" des Delikts in **Vergehen** (z.B. Diebstahl) und **Verbrechen** (z.B. Raub).

Rechtswidrige Handlungen

Ordnungswidrigkeiten	**Straftaten**	
	Vergehen	**Verbrechen**
– Verursachen unzulässigen Lärms – Parken in eingeschränktem Halteverbot	– Diebstahl – Gefährdung des Straßenverkehrs	– Raub – Mord
Verfolgung durch eine Verwaltungsbehörde; kein Strafregistereintrag; Ahndung: Bußgeld; Rechtsbehelf gegen Bußgeldbescheid	Verfolgung durch die Staatsanwaltschaft; Strafregistereintrag; Ahndung: Geld- und/oder Freiheitsstrafe Rechtsmittel (Berufung, Revision)	

Durch die Unterscheidung der Begriffe lässt es sich vermeiden, weniger schwerwiegende Verstöße als kriminelle Handlungen darzustellen. Bußgeldverfahren helfen, die Gerichte zu entlasten, weil zeitlich und finanziell aufwendige Strafverfahren unnötig werden.

Q

§ 1 OWiG

(1) Eine Ordnungswidrigkeit ist eine rechtswidrige und vorwerfbare Handlung, die den Tatbestand eines Gesetzes verwirklicht, das die Ahndung mit einer Geldbuße zulässt.
[...]

§ 12 StGB

Verbrechen und Vergehen

(1) Verbrechen sind rechtswidrige Taten, die im Mindestmaß mit Freiheitsstrafe von einem Jahr oder darüber bedroht sind.
(2) Vergehen sind rechtswidrige Taten, die im Mindestmaß mit einer geringeren Freiheitsstrafe oder mit Geldstrafe bedroht sind.
[...]

§ 242 StGB
Diebstahl

(1) Wer eine fremde bewegliche Sache einem anderen in der Absicht wegnimmt, die Sache sich oder einem Dritten rechtswidrig zuzueignen, wird mit Freiheitsstrafe bis zu fünf Jahren oder mit Geldstrafe bestraft.
(2) Der Versuch ist strafbar.

§ 249 StGB
Raub

(1) Wer mit Gewalt gegen eine Person oder unter Anwendung von Drohungen mit gegenwärtiger Gefahr für Leib oder Leben eine fremde bewegliche Sache einem anderen in der Absicht wegnimmt, die Sache sich oder einem Dritten rechtswidrig zuzueignen, wird mit Freiheitsstrafe nicht unter einem Jahr bestraft.
(2) In minder schweren Fällen ist die Strafe Freiheitsstrafe von sechs Monaten bis zu fünf Jahren.

§ 1 StGB
Keine Strafe ohne Gesetz
Eine Tat kann nur bestraft werden, wenn die Strafbarkeit gesetzlich bestimmt war, bevor die Tat begangen wurde.

Grundsätze im Strafrecht und Aufbau einer Straftat

Folgende Grundsätze gelten im deutschen Strafrecht:
- Ein Deutscher, der eine strafbare Handlung begeht, wird nach deutschem Recht bestraft, unabhängig davon, ob er diese im In- oder im Ausland begangen hat.
- Es gilt das Rückwirkungsverbot, d.h., eine Tat kann nur bestraft werden, wenn diese vor Begehung der Tat unter Strafe gestellt war (vgl. § 1 StGB).
- Eine Bestrafung ohne Schuld ist nicht möglich. Grundsätzlich ist nur vorsätzliches Handeln strafbar (Fahrlässigkeit nur, wenn sie ausdrücklich erwähnt wird). Kinder können nicht bestraft werden, da sie schuldunfähig (strafunmündig) sind.
- Die „Schwere" der Handlung ist in ihrer Ahndung zu berücksichtigen.
- Die Sanktionen, welche die Betroffenen befürchten müssen, sollen diese in ihrer Freiheit und ihrem Ansehen nicht unverhältnismäßig treffen und erst recht nicht über die Zeit der Strafe hinaus Nachteile verursachen.

1. Erklären Sie den Unterschied zwischen formellem und materiellem Strafrecht.
2. Erläutern Sie kurz die Grundsätze im Strafrecht.
3. Erkundigen Sie sich über weitere Gesetze (neben Strafrecht und Betäubungsmittelgesetz), in denen strafbare Handlungen geahndet werden.

Fallbeispiel:
An einem in der Stadt abgestellten Fahrrad des Schülers S werden die beiden Reifen entwendet. Der Rest des Rades wird zerstört.

Der Täter macht sich nur strafbar, wenn er tatbestandsmäßig, rechtswidrig und schuldhaft gehandelt hat.
Deshalb wird das Gericht bei einem Delikt immer in drei Schritten prüfen:
- Tatbestandsmäßigkeit
- Rechtswidrigkeit
- Schuld

Die **Tatbestandsmäßigkeit** einer strafbaren Handlung ist gegeben, wenn eine Handlung einen strafbaren Tatbestand verwirklicht. Was strafbar ist, ist hauptsächlich im Strafgesetzbuch, aber auch in anderen Gesetzen (z. B. im Betäubungsmittelgesetz) geregelt.

In vorliegendem Fall nimmt der Dieb die beiden Reifen (eine **fremde bewegliche Sache**) dem Schüler (er ist Eigentümer) weg, in der Absicht, sie sich anzueignen (er will sie **seinem Eigentum zuordnen**). Die Tatbestandsmäßigkeit ist gemäß § 242 StGB (**Diebstahl**) erfüllt. Die Zerstörung des Fahrrads stellt eine weitere Straftat (Sachbeschädigung) dar, die darüber hinaus ebenfalls untersucht und gegebenenfalls bestraft werden müsste.

Die Rechtsfolge des § 242 StGB tritt zunächst noch nicht ein. Der Täter wird nicht ohne Überprüfung der **Rechtswidrigkeit** seiner Handlung verurteilt. Rechtswidrig ist eine Handlung, wenn sie im Widerspruch zur Rechtsordnung steht. In der Regel ist diese bereits durch die Tatbestandsmäßigkeit gegeben. Eine Tat wäre dann nicht rechtswidrig, wenn Rechtfertigungsgründe gegeben wären. Rechtfertigungsgründe sind z.B. Notwehr (§ 32 StGB) und Notstand (§ 34 StGB, § 228 BGB). Diese kommen im gegebenen Fall offensichtlich nicht in Betracht. Infrage käme lediglich die nicht gesetzlich geregelte rechtfertigende Einwilligung. Es liegt weder das Einverständnis des Schülers vor, wodurch die Tatbestandsmäßigkeit der Handlung untermauert wird, noch liegt eine rechtfertigende Einwilligung vor. Diese ist z. B. gegeben, wenn ein Patient in eine Operation einwilligt. Es kommt bei einer Operation zwar nach § 223 StGB zu einer tatbestandsmäßigen Körperverletzung, die aber durch die Einwilligung des Patienten gerechtfertigt ist.

Als Letztes ist die Schuld des Täters zu prüfen. Die **Schuldfähigkeit** (§§ 19–21 StGB) eines Täters ist grundsätzlich Voraussetzung für seine strafrechtliche Verantwortlichkeit.
Entscheidend könnte das Alter des Täters sein. Kinder bis 13 Jahre sind schuldunfähig, Jugendliche (14–17 Jahre) bedingt schuldfähig. Nach § 3 JGG (Jugendgerichtsgesetz) muss die Schuldfähigkeit positiv festgestellt werden, was von der geistigen und sittlichen Entwicklung des Jugendlichen abhängt. Bei Heranwachsenden (18–20 Jahre) und Erwachsenen unterstellt man zunächst Schuldfähigkeit.
Nach § 17 StGB ist das Bewusstsein, Unrecht zu handeln, Voraussetzung für die Schuldfähigkeit. Es genügt nicht nur die Einsicht des Täters, dass sein Handeln rechtlich verboten ist, bereits das potenzielle Unrechtsbewusstsein genügt.

§ 32 StGB
Notwehr
(1) Wer eine Tat begeht, die durch Notwehr geboten ist, handelt nicht rechtswidrig.
(2) Notwehr ist die Verteidigung, die erforderlich ist, um einen gegenwärtigen rechtswidrigen Angriff von sich oder einem anderen abzuwenden.

§ 228 StGB
Einwilligung
Wer eine Körperverletzung mit Einwilligung der verletzten Person vornimmt, handelt nur dann rechtswidrig, wenn die Tat trotz der Einwilligung gegen die guten Sitten verstößt.

§ 19 StGB
Schuldunfähigkeit des Kindes
Schuldunfähig ist, wer bei Begehung der Tat noch nicht vierzehn Jahre alt ist.

§ 20 StGB
Schuldunfähigkeit wegen seelischer Störungen
Ohne Schuld handelt, wer bei Begehung der Tat wegen einer krankhaften seelischen Störung, wegen einer tiefgreifenden Bewusstseinsstörung oder wegen Schwachsinns oder einer schweren anderen seelischen Abartigkeit unfähig ist, das Unrecht der Tat einzusehen oder nach dieser Einsicht zu handeln.

§ 3 JGG
Verantwortlichkeit
Ein Jugendlicher ist strafrechtlich verantwortlich, wenn er zur Zeit der Tat nach seiner sittlichen und geistigen Entwicklung reif genug ist, das Unrecht der Tat einzusehen und nach dieser Einsicht zu handeln. [...]

Freie Fahrt für 16-Jährige?
Hamburg – Der neue Führerschein der Klasse S löst in Hamburg eine Debatte aus: Ab Februar 2005 dürfen laut EU-Beschluss auch schon 16-Jährige mit PS-gedrosselten Fahrzeugen durch die Straßen fahren. Diese sogenannten Mini-Autos ähneln äußerlich einem Kleinwagen, sind jedoch leichter und nur 45 Kilometer pro Stunde schnell – und geraten in die Kritik des ADAC und des Fahrlehrerverbands. „Durch die geringe Geschwindigkeit stellen die Fahrzeuge ein Verkehrshindernis dar und provozieren Auffahrunfälle", sagt ADAC-Sprecher Matthias Schmitting. Anders sieht das der verkehrspolitische Sprecher der CDU, Klaus-Peter Hesse: „Der Führerschein schult die Fahrpraxis der Jugendlichen und verhindert dadurch Unfälle."
Quelle: Hamburger Abendblatt, 27.9.2004, jb, S. 15

„Leichtmobile",
Mini-Trikes und Quads (drei- und vierrädrige Freizeitfahrzeuge) dürfen 16-Jährige fahren. Voraussetzungen: Spitzengeschwindigkeit des Fahrzeuges maximal 45 Stundenkilometer; Führerschein Klasse S (mindestens 14 Theorie- und sechs Fahrstunden ohne Sonderfahrten)

1. Diskutieren Sie mit Freunden und mit Ihren Eltern über den Artikel des Hamburger Abendblattes.

Eine weitere Voraussetzung für das Vorliegen einer Schuld des Täters ist die **Schuldhaftigkeit**, d.h., es muss Vorsatz oder Fahrlässigkeit zugrunde liegen. **Vorsatz** liegt vor, wenn der Handelnde um den Erfolg seiner Handlung weiß und diesen auch bewusst herbeiführen will. Der Dieb im vorliegenden Fall hat mit der Absicht gehandelt, als er die beiden Reifen entwendete. Somit liegt Vorsatz vor und die Handlung war schuldhaft.

Fahrlässig handelt, wer bei sorgfältiger Prüfung der Situation den Erfolg seiner Handlung vorhersehen hätte können, diese Sorgfaltspflicht jedoch verletzt. Beispiel: Bei einer Fahrt von der Schule nach Hause nimmt der 18-jährige Kollegiat fünf Mitschüler in seinem Auto mit, obwohl das Kfz nur für fünf Personen zugelassen ist. Er kommt in einer Kurve von der Fahrbahn ab. Ein Mitfahrer kommt ums Leben. Der Fahrzeugführer hat sich der fahrlässigen Tötung schuldig gemacht.

Prüfschema bei Straftaten:

Tatbestandsmäßigkeit

objektiver Tatbestand (betrifft äußere Umstände der Tathandlung) | subjektiver Tatbestand (betrifft innere Einstellung des Täters zur Tat)

↓

Rechtswidrigkeit
(Ausnahme: Rechtfertigungsgründe, wie z. B. Notwehr)

↓

Schuld

Schuldfähigkeit (Alter, Einsicht) | Schuldhaftigkeit (Vorsatz, Fahrlässigkeit)

Das Strafverfahren

Das Strafverfahren dient der Durchsetzung des staatlichen Gewaltmonopols. Ziel eines solchen Verfahrens ist die Ahndung von Straftaten durch Geld- und Freiheitsstrafen.

Ein Strafverfahren wird ausgelöst durch die Erstattung einer Strafanzeige bei der Staatsanwaltschaft, bei Gericht oder sinnvollerweise bei der Polizei, da diese ohnehin die sich anschließenden Ermittlungen zu führen hat. Erhärtet sich im Laufe der Ermittlungen ein Anfangsverdacht, beantragt die Staatsanwaltschaft bei Gericht den Erlass eines Strafbefehls oder sie erhebt Anklage. Ansonsten wird das Ermittlungsverfahren eingestellt.

Vor welchem Gericht der Strafprozess durchgeführt wird, richtet sich nach der Schwere der Straftat und dem daraus zu erwartenden Strafmaß sowie nach dem Wohn- und dem Tatort. Einfache oder mittelschwere Straftaten (z. B. Straßenverkehrsdelikte, Körperverletzung, Diebstahl) fallen in den Zuständigkeitsbereich des Amtsgerichts. Bei schweren Straftaten (z. B. Raub und Totschlag) ist eine Strafkammer des Landgerichtes zuständig.

Der Ablauf einer grundsätzlich öffentlichen Hauptverhandlung ist in der Strafprozessordnung (StPO) geregelt:

Aufruf und Belehrung der Zeugen durch den Vorsitzenden; Zeugen verlassen den Gerichtssaal

↓

Vernehmung des Angeklagten zur Person und zum Werdegang

↓

Verlesung der Anklage durch den Staatsanwalt

↓

Vernehmung „zur Sache": der/die Angeklagte wird zu den Beschuldigungen befragt und kann dazu Stellung nehmen

↓

Beweisaufnahme: Feststellung von Schuld oder Unschuld des Angeklagten mithilfe von Beweismitteln (z. B. Zeugenaussagen, Tatortbesichtigung, Urkunden, Sachverständigengutachten)

↓

Plädoyer des Staatsanwalts (inkl. Antrag auf Bestrafung)

↓

Plädoyer des Verteidigers (inkl. Antrag, evtl. auf Freispruch)

↓

Der/die Angeklagte hat das letzte Wort

↓

Das Gericht zieht sich zur Urteilsfindung zurück

↓

Urteilsverkündung „im Namen des Volkes"

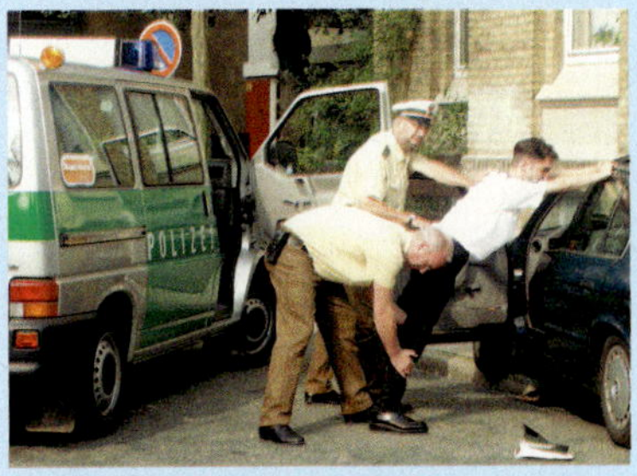

Festnahme durch Polizei

Gerichtsverhandlung

Verbüßung der Freiheitsstrafe

Beteiligte am Strafverfahren:

Richter:
Die Richter sind in der Ausübung ihrer Rechtssprechungsfunktion persönlich und sachlich unabhängig. In der Hauptverhandlung üben bei bestimmten Gerichten Laienrichter (Schöffen) das Richteramt mit gleichem Stimmrecht wie die Berufsrichter aus. Entscheidungen außerhalb der Hauptverhandlung werden nur von Berufsrichtern erlassen.

Staatsanwaltschaft:
Sie ist ein dem Gericht gleichgeordnetes Organ der Rechtspflege. Ihre Aufgabe ist es, das Ermittlungsverfahren abzuwickeln und in der Hauptverhandlung die Antragstellung zu übernehmen.

Verteidigung:
Der Verteidiger steht als unabhängiges Organ der Rechtspflege dem Beschuldigten zur Seite und ist Gericht und Staatsanwaltschaft gleichgeordnet. Der Verteidiger ist auf Wahrheit und Gerechtigkeit verpflichtet, darf also nichts Unwahres vorbringen. Jeder Angeklagte kann einen bei einem Gericht zugelassenen Rechtsanwalt wählen. Wenn er dies unterlässt, ist ihm bei schwerwiegenden Tatbeständen vom Gericht ein Pflichtverteidiger zuzuordnen.

Protokollführer:
Er fertigt über die Hauptverhandlung eine Niederschrift an, die den Gang und die Ereignisse der Hauptverhandlung wiedergibt und im Nachhinein einen eventuellen Verstoß gegen gesetzliche Bestimmungen nachweist.

Angeklagter:
Gegen ihn richtet sich das Strafverfahren.

1. Besuchen Sie eine Gerichtsverhandlung (Strafprozess) am Amtsgericht und vergleichen Sie die Sitzordnung mit der in nebenstehender Abbildung.

2. Informieren Sie sich über die Unterschiede zu einem Zivilprozess.

Sitzordnung - Große Strafkammer beim Landgericht

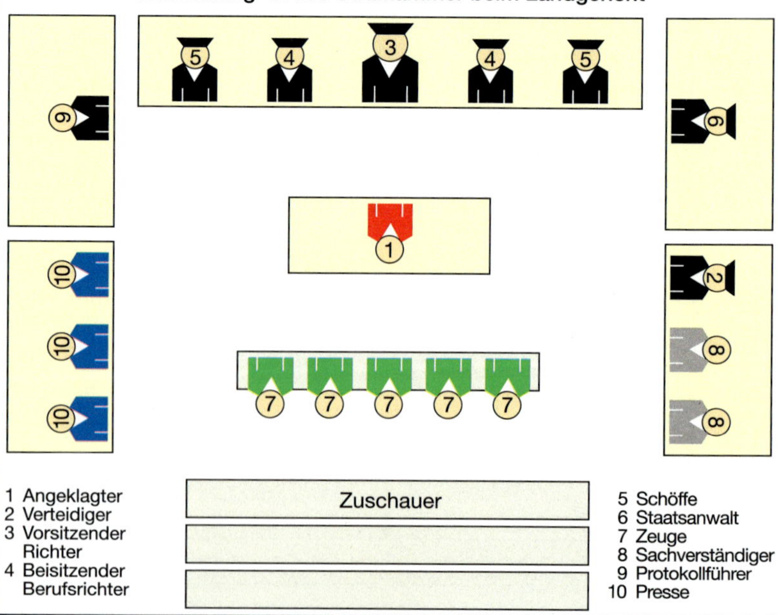

1 Angeklagter
2 Verteidiger
3 Vorsitzender Richter
4 Beisitzender Berufsrichter
5 Schöffe
6 Staatsanwalt
7 Zeuge
8 Sachverständiger
9 Protokollführer
10 Presse

3.6 Das Jugendstrafrecht

Geltungsbereich und Ziele

Die meisten Straftaten werden in den Lebensjahren zwischen 14 und 21 Jahren begangen. Man führt dies auf den in dieser Phase entwicklungsspezifischen Drang zurück, die Grenzen auszuloten. Leider werden dabei häufiger die Grenzen überschritten und man kann nicht mehr von „dummen Jungenstreichen" sprechen. Die Jugendkriminalität besitzt glücklicherweise meist nur einen vorübergehenden Charakter, mit zunehmendem Alter nimmt die Straffälligkeit ab.

Selbstverständlich muss ein Fehlverhalten auch bei Jugendlichen (14–17 Jahre) und Heranwachsenden (18–21 Jahre) geahndet werden. Im Vordergrund steht dabei jedoch weniger der Sühnegedanke, sondern vielmehr der Erziehungsgedanke. Dort, wo Erziehungsberechtigte evtl. zum Teil schon versagt haben, versucht der Staat pädagogisch auf den Jugendlichen einzuwirken. Um den Besonderheiten der Jugendkriminalität nachzukommen, hat der Gesetzgeber das Jugendstrafrecht besonders geregelt:

Lebensalter und strafrechtliche Verantwortung

unter 14 Jahren	14 bis 17 Jahren	18 bis 21 Jahren	ab 21 Jahren
Kinder	Jugendliche	Heranwachsende	Erwachsene
strafunmündig	Jugendstrafrecht		
	zwingend	möglich	zwingend
Handeln der Kinder hat keine strafrechtlichen Folgen	Strafe nach der sittlichen und geistigen Reife des Jugendlichen	Erwachsenenstrafrecht	

Ein Jugendlicher ist strafrechtlich verantwortlich, wenn er zum Zeitpunkt der Tat nach seiner sittlichen und geistigen Entwicklung reif genug ist, das Unrecht seiner Tat einzusehen und nach dieser Einsicht zu handeln.

Bei Heranwachsenden wendet der Richter im Wesentlichen die für einen Jugendlichen geltenden Vorschriften an, wenn die Persönlichkeit des Täters bei Berücksichtigung der „Umweltbedingungen" eine sittliche bzw. geistige Entwicklung aufzeigt, die der eines Jugendlichen entspricht. Darüber hinaus muss die Tat der Art, den Umständen und den Beweggründen nach eine Jugendverfehlung sein.

Begeht ein Jugendlicher oder ein Heranwachsender eine Straftat, so sind neben den Vorschriften der Strafprozessordnung (StPO), des Gerichtsverfassungsgesetzes (GVG) und des Strafgesetzbuches (StGB) auch die Bestimmungen des Jugendgerichtsgesetzes (JGG) anzuwenden. Die Strafbarkeit richtet sich zunächst nach den Straftatbeständen des StGB, jedoch wird der Strafrahmen des StGB durch das JGG aufgehoben.

1. Die Zahl der Jugendstraftaten sinkt zwar seit den 1980er-Jahren beständig, der Anteil an Gewaltdelikten nimmt jedoch kontinuierlich zu. Suchen Sie nach Gründen für diese Entwicklung.

2. Nehmen Sie Stellung zur Aussage verschiedener Organisationen, die Strafmündigkeit sollte auf zwölf Jahre herabgesetzt werden.

3. Recherchieren Sie im Internet eine Statistik zu den Straftaten von Kindern und Jugendlichen.

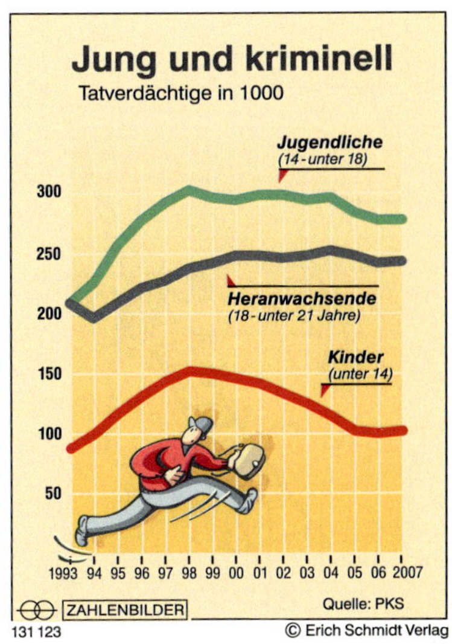

§ 5 JGG
Die Folgen der Jugendstraftat

(1) Aus Anlass der Straftat eines Jugendlichen können Erziehungsmaßregeln angeordnet werden.
(2) Die Straftat eines Jugendlichen wird mit Zuchtmitteln oder Jugendstrafe geahndet, wenn Erziehungsmaßregeln nicht ausreichen.
(3) Von Zuchtmitteln und Jugendstrafe wird abgesehen, wenn die Unterbringung in einem psychiatrischen Krankenhaus oder einer Erziehungsanstalt die Ahndung durch den Richter entbehrlich macht.

Rechtsfolgen
Aus § 5 JGG ergibt sich ein Stufenverhältnis der Rechtsfolgen:

3. Stufe: **Jugendstrafe** (§§ 17–18)
Dauer für Jugendliche: sechs Monate bis fünf Jahre (bei Mord max. zehn Jahre);
Dauer für Heranwachsende: max. zehn Jahre

2. Stufe: **Zuchtmittel** (§§ 13–16)
- **Verwarnung**
- **Auflage:** z. B.: Wiedergutmachung des verursachten Schadens, soweit möglich; Entschuldigung beim Geschädigten; Zahlung eines Geldbetrages zugunsten einer gemeinnützigen Einrichtung;
- Jugendarrest
  - Freizeit und Kurzarrest
  - Dauerarrest (mindestens eine, höchstens vier Wochen)

1. Stufe: **Erziehungsmaßregeln** (§§ 9–12)
- Erteilung von **Weisungen** (Ge- oder Verbote, welche die Lebensführung des Jugendlichen regeln und seine Erziehung fördern), z. B.:
  - Meidung bestimmter Orte (z. B. Gaststätten o. Ä.)
  - Teilnahme an Kursen (z. B. Gewaltprävention)
  - Erbringung von Arbeitsleistungen (z. B. im Altenheim)
  - Suche bzw. Annahme einer Ausbildungs-/Arbeitsstelle
- Anordnung von **Erziehungsbeistandschaft**
- Anordnung von **Heimerziehung** oder Unterbringung in einer sonstigen **betreuten Wohnform**

Bei der Auswahl der Maßnahmen des Gerichts steht nicht so sehr die Schuld des Täters im Mittelpunkt, vielmehr die positive Einwirkung auf die Entwicklung des jungen Straftäters. Das wird besonders bei den Erziehungsmaßregeln deutlich. Die Laufzeit von Weisungen darf zwei Jahre nicht überschreiten. Kommt der Jugendliche den Weisungen nicht nach, können bis zu vier Wochen Jugendarrest verhängt werden.

Wenn die Erziehungsmaßregeln nicht ausreichen, kommen Zuchtmittel zur Anwendung. Ihre Wirkung soll durchaus auch präventiv sein. Insbesondere der Jugendarrest als Maßnahme hat eine abschreckende Wirkung. Der kurzfristige Arrest soll an das Ehrgefühl des Jugendlichen appellieren und soll ihm bewusst machen, dass er Unrecht begangen hat und die daraus resultierenden Folgen aufzeigen.

Letztendlich kann eine Jugendstrafe verhängt werden, die als echte Kriminalstrafe durchaus repressiven Charakter hat. Sie wird verhängt, wenn Erziehungsmaßregeln oder Zuchtmittel nicht mehr ausreichen oder wenn wegen der Schwere der Schuld eine Strafe erforderlich ist. Im Vollzug soll aber weiterhin erzieherisch auf den Täter eingewirkt werden, indem er eine schulische oder berufliche Ausbildung erhält sowie zu Ordnung sinnvoller Freizeitgestaltung angeleitet wird. Weiterhin versucht man soziale Bindungen des Gefangenen, insbesondere zu seiner Familie, zu stärken bzw. zu schaffen.

3.7 Rechtliche Regelungen zum Schutz der Umwelt

Eine heiße Geschichte
Der neue UNO-Ausschuss für Klimawandel präsentiert den Klimareport
Herbststürme und Frühlingstemperaturen haben die Angst vor dem Klimawandel zum Jahresbeginn tiefer denn je ins Bewusstsein der Menschen getrieben. Doch die Stimmung könnte sich noch weiter verdüstern, wenn heute die Experten und Vertreter von 154 Staaten in Paris den vierten IPCC-Klimabericht der Vereinten Nationen vorlegen. [...]
Quelle: www.heute.de/ZDFheute vom 02.02.2007

Diese Meldung wurde von der deutschen Bevölkerung mit großem Entsetzen aufgenommen.

Umweltprobleme müssen, um gelöst werden zu können, zunächst einmal als solche von den Menschen wahrgenommen werden. Willy Brandt, der spätere Bundeskanzler, zog 1961 mit dem Slogan „Blauer Himmel über der Ruhr" in den Wahlkampf und wurde damals belächelt. Heute sehen über 90% der Bevölkerung den Umweltschutz als eine der bedeutendsten politischen Aufgaben, ca. 60% sind der Meinung, dass wir auf eine Umweltkatastrophe zusteuern, wenn wir so weitermachen wie bisher.

Arten der Umweltbelastung
Die Umweltprobleme sind vielfältig und können sich äußern als
- quantitative Umweltprobleme: Der Verbrauch eines bestimmten Umweltgutes übersteigt dessen Regenerationsfähigkeit (z. B.: es wird mehr Grundwasser entnommen als zufließt); und
- qualitative Umweltprobleme: Der Zustand eines Umweltgutes verschlechtert sich materiell (z. B.: Grundwasser wird durch landwirtschaftliche Überdüngung verseucht).

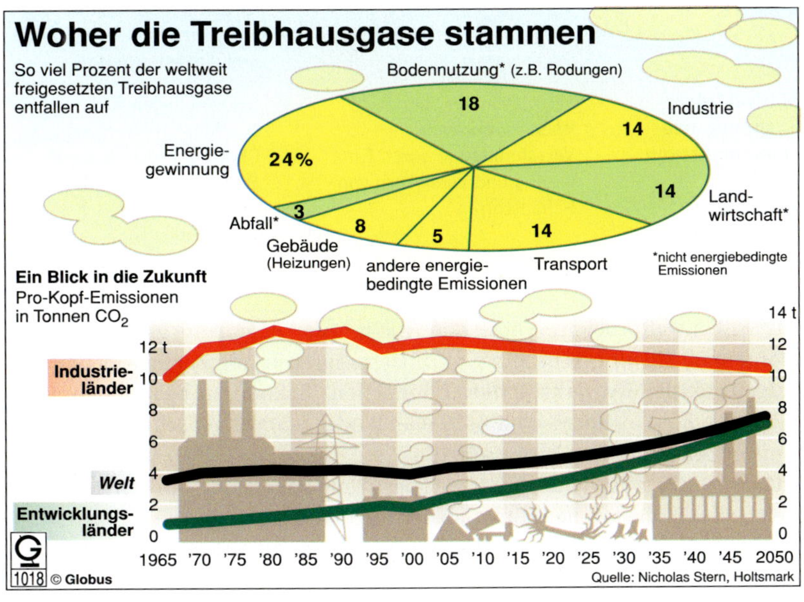

Der sogenannte IPCC-Bericht ist die wichtigste wissenschaftliche Grundlage für die Internationale Klimapolitik. Der UNO-Ausschuss für Klimawandel (IPCC = Intergovernmental Panel on Climate Change) wurde 1988 vom UNO-Umweltprogramm und der Weltorganisation für Meteorologie (WMO) gegründet. Seine Aufgabe ist nicht nur, alle Daten über die Erderwärmung und deren Auswirkungen zu analysieren. Die 2.500 beteiligten Wissenschaftler entwickeln auch konkrete Maßnahmen. Alle fünf bis sechs Jahre legen sie ihren Bericht vor.
Quelle: www.heute.de/ZDFheute vom 02.02.2007

1. Interpretieren Sie die Karikatur.
2. Werten Sie die Grafik „Woher die Treibhausgase stammen" bezüglich der Verteilung und der Herkunft der Treibhausgase aus.
3. Überlegen Sie, welche Maßnahmen man zur Reduzierung dieser Treibhausgase ergreifen könnte.

Der Mensch heizt die Erde auf
Die wichtigsten Erkenntnisse aus dem Weltklimarats-Bericht

PARIS – Der Weltklimarat (IPCC) hat den bislang alarmierendsten Bericht zur Erderwärmung vorgelegt: Bis zum Jahr 2100 werden die Temperaturen auf der Erde wahrscheinlich mehr als doppelt so schnell steigen wie im vergangenen Jahrhundert. Die wichtigsten Punkte:

- **Die Temperatur:** Bis 2100 wird mit einem Anstieg zwischen 1,1 und 6,4 Grad Celsius gerechnet. Die Schätzungen seien heute sicherer als je zuvor. Im vergangenen Jahrhundert erwärmte sich die Erde um 0,8 Grad.
- **Der Meeresspiegel:** Infolge des Klimawandels wird der Meeresspiegel nach Schätzung der Forscher um 18 bis 59 Zentimeter steigen. In den Berechnungen ist die jüngste, überraschend starke Eisschmelze in Grönland und der Antarktis nicht berücksichtigt. Wenn das Abschmelzen des Polareises fortschreitet, sind weitere zehn bis 20 Zentimeter möglich.
- **Die Stürme:** Die Intensität von Hurrikans und Taifuns wird wahrscheinlich zunehmen. Die steigende Zahl von Orkanen und tropischen Wirbelstürmen seit 1970 ist nach Ansicht der Experten vermutlich von Menschen verursacht. (AP)

Quelle: Neumarkter Nachrichten, 3.2.2007

Die größten Umweltprobleme betreffen die Atmosphäre und das Klimasystem, die Ozeane, die biologische Vielfalt von Böden und Gewässern.

Umweltschädigung	Ursachen	Folgen
Zerstörung der Atmosphäre	– Anstieg von Kohlenstoffdioxid durch Verbrennen fossiler Rohstoffe (z. B. Erdöl, Kohle) – Ausdünnung der Ozonschicht der Stratosphäre (z. B. durch FCKW und Methylbromide in Kühlstoffen und Düngemitteln) – Treibhausgas Methan aus der Landwirtschaft (Reisanbau, Wiederkäuer)	– globale Erwärmung und Klimawandel – Wechselwirkung mit anderen Umweltproblemen (z. B. Veränderungen in Tier- und Pflanzenwelt) – steigende UV-Belastung und damit erhöhtes Hautkrebsrisiko – Ertragseinbußen in der Landwirtschaft durch Verminderung der Fotosynthesetätigkeit der Pflanzen
Verlust der Artenvielfalt	– schwindender Anteil unberührter Natur durch wachsende Bevölkerung – Flächenversiegelung und Flussbegradigungen – Abholzung der Regenwälder – Überfischung der Meere	– Gefährdung der Stabilität der Ökosysteme mit erhöhter Anfälligkeit gegenüber Schädlingen (vgl. Monokulturen)
Belastung der Meere	– Meeresverschmutzung durch Verklappung von Abfällen und Schadstoffen – Tankerunfälle – Einleitung von Industrieabfällen entlang der Küsten	– Meere binden Kohlenstoffdioxid aus der Atmosphäre, sind aber bereits weitgehend gesättigt – erhöhte Meerestemperatur fördert Algenwachstum, wodurch wiederum dem Wasser Sauerstoff entzogen wird; dadurch Fischsterben
Herabsetzung der Bodenqualität	– Bevölkerungswachstum bedingt Flächengewinnung durch Rodung, Überweidung und Absenkung des Grundwasserspiegels	– Ressourcenkonflikte – umweltbedingte Migration – Desertifikation mit Auswirkungen auf die Atmosphäre und die Artenvielfalt
Süßwasserverknappung und -verschmutzung	– Verschwendung beim Wasserverbrauch, – Verschmutzung durch Einleitung und Versickern von Schadstoffen	– Erkrankungen durch verseuchtes Trinkwasser (z. B. Cholera, Flussblindheit) – Bodenversalzung und Bodenerosion – Unterernährung

Diese Umweltprobleme betreffen nicht alle Regionen gleichermaßen. Momentan ist einerseits eine Stabilisierung, z. T. sogar eine leichte Verbesserung, der Umweltsituation in „reichen“ Staaten zu beobachten, während sich Entwicklungs- und Schwellenländer einer drastisch ansteigenden Umweltbelastung ausgesetzt sehen.
So konnte z. B. auch in der VR China der Trend steigender Umweltbelastung, welche durch die rasche Industrialisierung und den wachsenden Lebensstandard (z. B. zunehmende Motorisierung) hervorgerufen wurde, trotz Eingreifen der Regierung nicht gestoppt werden.

Maßnahmen zum Schutz der Umwelt

Im Vergleich zu anderen globalen Politikfeldern hat sich die internationale Klimapolitik rasant entwickelt. Nach harten Verhandlungen wurde 1997 in Japan das nach dem Konferenzort benannte Kyoto-Protokoll verabschiedet. Das Hauptaugenmerk der weltweiten Abkommen richtet sich auf die Vermeidung bzw. die Reduktion der Treibhausgase, d.h., vorrangig ist zunächst die Reinhaltung der Luft. Um die hochgesteckten Ziele zu erreichen, bedient sich die Politik verschiedener Maßnahmen, die durch Gesetze und Verordnungen umgesetzt werden müssen.

- **Grenzwerte**
  Seit 1999 hat die EU verschiedene Richtlinien über Grenzwerte erlassen. Ziele dieser Richtlinien sind die Festlegung von Grenzwerten für die Konzentration schädigender Stoffe in der Luft (aber auch im Wasser und im Boden). Bei diesen Grenzwerten handelt es sich um Mindestanforderungen. Die einzelnen Mitgliedstaaten können auch strengere Grenzwerte festlegen. Das Festlegen solcher Grenzwerte erfordert natürlich auch eine Kontrolle durch Messung und Beurteilung der Konzentration der Stoffe in der Luft. Weiterhin müssen sachdienliche Informationen über diese Konzentrationen zusammengestellt und der Öffentlichkeit zugänglich gemacht werden.

Rechtliche Aufgaben sind die Formulierung dieser als Gesetzesnormen in der Umweltschutzgesetzgebung, Verordnungen zur Durchführung von Kontrollen und die Rechtsprechung mit Erteilung von Sanktionen im Falle eines Verstoßes.

- **Umweltabgaben**
  Umweltabgaben sollen zu sparsamem Umgang mit Umweltgütern (Luft, Wasser, Boden, Ressourcen wie Erdöl) motivieren und zur Finanzierung staatlicher Sanierungs- und Umweltschutzmaßnahmen beitragen. Bereits im Vertrag zur Gründung der Europäischen Gemeinschaft wurde festgelegt, dass der Verursacher für die Umweltschäden aufkommt (**Verursacherprinzip**). Durch diese Umweltabgaben sollen Substitutionsprozesse ausgelöst werden. Zur Gruppe dieser Umweltabgaben gehören z.B. die **Abwasser-Abgaben**, **Müllabfuhr-Gebühren** und die **Ökosteuer**. Abwasser-Abgaben und Müllabfuhr-Gebühren werden direkt beim Verursacher erhoben.

Natürliche Emissionen von Schadstoffen:
- Vulkanismus: tägliche Emission des Kilauea auf Hawaii: 70 t Schwefel, 223 t Fluorwasserstoff und 50 t Chlorwasserstoff;
- Gewitter: Stickstoffoxide;
- Sandstürme: Staubpartikel;
- Stoffwechselprodukte von Tieren und Pflanzen: Schwefelwasserstoff und Methan

Quelle: dc2.uni-bielefeld.de/dc2/umweltw/f3-luft.htm

Beispiele für Grenzwerte laut EU-Richtlinien für den Umweltschutz

Schwefeldioxid: 350 µg/m³ im Stundenmittel dürfen nicht öfter als 24-mal im Jahr erreicht werden (Toleranzmarge 43 %; jährliche Reduzierung 20-%-Punkte)

„Feinstaub“: 50 µg/m³ innerhalb von 24 Stunden dürfen nicht öfter als 35-mal im Jahr überschritten werden (Toleranzmarge 50 %)

Ozon-Zielwert: höchster 8-Stunden-Mittelwert eines Tages (120 µg/m³) darf an max. 25 Tagen im Jahr überschritten werden (Alarmschwelle: 240 µg/m³ als 1-Stunden-Mittelwert während drei aufeinanderfolgender Stunden)

Ökosteuern nutzen das Steuerrecht zur Finanzierung umweltpolitischer Maßnahmen. Es handelt sich um indirekte Steuern auf den Energieverbrauch bzw. auf umweltschädliches Verhalten. Sie ist keine eigene neue Steuerart und besteht im Wesentlichen aus drei Teilsteuern, der Stromsteuer, der „aufgestockten" Mineralölsteuer und den Anpassungen bei der Kfz-Steuer (für erhöhte Feinstaub- bzw. CO_2-Belastung).

Die bisher gezeigten Maßnahmen (z. B. Verbote, Gebote, Auflagen) der „klassischen" Umweltpolitik sind ordnungsrechtliche Maßnahmen. In letzter Zeit setzt man z. T. auf dezentrale und marktwirtschaftliche Instrumente, die **Umweltlizenzen**.

Umweltlizenzen sind handelbare Umweltnutzungsrechte für eine bestimmte Menge von Emissionen (Emissionshandel). Eine zulässige Gesamtemission wird in einzelne Lizenzen gestückelt und an emittierende Unternehmen verteilt. Jedes Unternehmen darf nur die Schadstoffmenge emittieren, für die es die entsprechende Lizenz hat. Wer einen höheren Ausstoß hat, muss Lizenzen bei denjenigen kaufen, die diese nicht mehr benötigen.

Ein bewusster Klimaschutz wird wohl die größte Aufgabe des 21. Jahrhunderts sein. Sie erfordert ein besseres Verständnis der komplexen Vorgänge in unserer Atmosphäre und in den Ozeanen. Künftige Regelungen müssen alle Faktoren berücksichtigen, die unser Klima beeinträchtigen können. Es genügt nicht, gesetzliche Regelungen zu schaffen. Die Entwicklung eines stärkeren Umweltbewusstseins beim Einzelnen ist dringend erforderlich.

Der schonende und sparsame Umgang mit unserer Umwelt bzw. mit unseren Ressourcen hilft den weltpolitischen Frieden zu sichern. Dies muss auch unser aller Ziel sein. Statt die Meinung zu vertreten, man selbst könne nichts dazu beitragen, sollte man sein Verhalten überdenken und jede Möglichkeit ergreifen, umweltschonend zu handeln. Nicht nur für den Staat und die Wirtschaft, also die anderen, gilt der alte Werbespruch eines großen Mineralölkonzerns: „Es gibt viel zu tun, packen wir es an!"

1. Recherchieren Sie im Internet Grenzwerte anderer Schadstoffe.
2. Erkundigen Sie sich, wie hoch die Abwasser-Abgaben und die „Müllabfuhr-Gebühren" in Ihrer Wohngemeinde sind.
3. Informieren Sie sich über den Steueranteil an Treibstoffpreisen.
4. Erklären Sie, warum für Heizöl und Dieselkraftstoff, obwohl sie identische Produkte sind, unterschiedliche Preise existieren.
5. Herbert von Karajan sagte einmal: „Lärm ist der hörbare Müll unserer Zivilisation." Was meinte er damit?

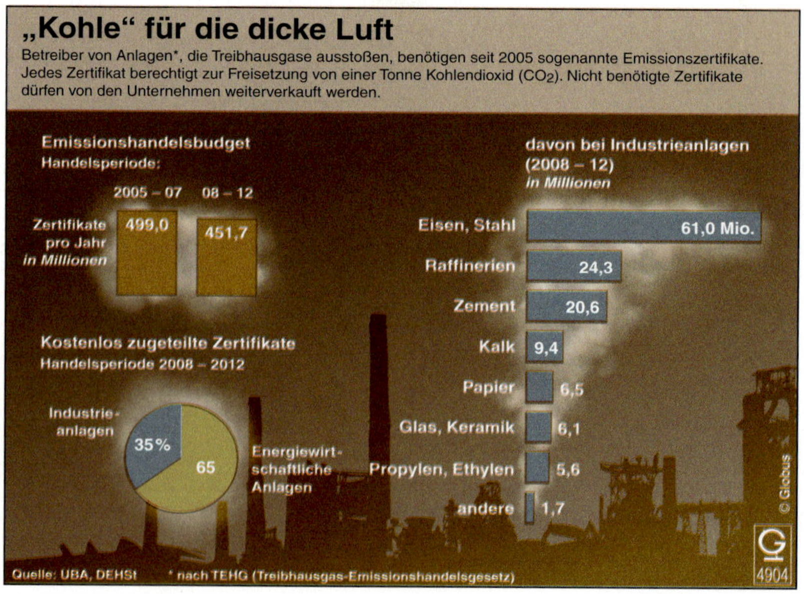

Überall, wo Menschen in einer Gemeinschaft leben, kommt es zu Konflikten. **Aufgabe des Rechts** ist es, ein friedliches Zusammenleben in einer Gesellschaft zu garantieren. Dazu muss ein Ordnungsrahmen geschaffen werden, der Einzelne muss geschützt werden und Fehlverhalten ist zu ahnden. Daraus lassen sich die Funktionen des Rechts ableiten: **Friedens-, Ordnungs-, Schutz- und Straffunktion.**

Das Gewaltmonopol liegt dabei beim Staat. Wichtig ist, dass die Staatsregierung demokratisch durch das Volk bestimmt wird und dass dem Staat bei Ausübung seiner Gewalt Grenzen durch das Grundgesetz und die Menschenrechte gesetzt sind. Das Prinzip der Gewaltenteilung in Legislative, Exekutive und Judikative scheint die beste Lösung dafür zu sein, die Staatsgewalt nicht in einer Hand zu belassen.

Sollte es zu Streitigkeiten der einzelnen Bürger untereinander kommen, entscheidet der Staat im **Privatrecht** (Gleichordnungsprinzip). Ist die Allgemeinheit vor einzelnen Bürgern zu schützen oder fühlt sich der einzelne Bürger vom Staat ungerecht behandelt, ist das eine Angelegenheit des **öffentlichen Rechts** (Prinzip der Über- und Unterordnung).

Da es in einer Gesellschaft soziale Unterschiede gibt, ist es Aufgabe des Staates, die Schwächeren besonders zu schützen. Dazu gehören insbesondere Kinder und Jugendliche. Neben dem Schutzgedanken des Rechts spielt der Erziehungsgedanke eine große Rolle, was sich nicht nur im Privatrecht, sondern auch im **Strafrecht** zeigt, insbesondere bei den Strafmaßnahmen. Der Schwerpunkt der Bestrafung im Jugendstrafrecht liegt eindeutig in der Prävention, ist also zukunftsorientiert.

Die Schutzfunktion des Rechts ist auch bei unserem Umgang mit unserer Umwelt der Kerngedanke. Die meisten rechtlichen Maßnahmen zum **Umweltschutz** haben ordnungspolitischen Charakter. In der jüngsten Zeit versucht man immer mehr, den Umweltschutz mit marktwirtschaftlichen Instrumenten, wie Umweltlizenzen, zu fördern. Dabei werden Lizenzen an Industrieunternehmen verteilt, die dazu berechtigen, Schadstoffe in einem bestimmten Umfang auszustoßen, und die wiederum gehandelt werden können.

Friedens- Ordnungs-
Funktion
Schutz- Straf-

Gewaltenteilung
Exekutive
Legislative Judikative

Privatrecht	**Öffentliches Recht**
Bürger ⟷ Bürger	Staat ↕ Bürger

Wichtige Begriffe:
Erziehungsmaßregeln
Fahrlässigkeit
Friedensfunktion
Gesetzesvorbehalt
Gewaltenteilung
Grenzwerte
Interessenausgleich
Öffentliches Recht
Ökosteuer
Ordnungsfunktion
Ordnungswidrigkeit
Privatautonomie
Privatrecht
Rechtsstaatlichkeit
Rückwirkungsverbot
Schutzfunktion
Strafrecht
Straftat
Tatbestandsmäßigkeit
Umweltabgaben
Umweltlizenz
Vorsatz
Zuchtmittel

Golfschläger ist ein gefährliches Werkzeug

Ein Golfschläger ist im rechtlichen Sinne als ein gefährliches Werkzeug einzustufen. Ein entsprechendes Urteil fällte ein Münchner Amtsrichter. Er verhängte gegen eine 28 Jahre alte Frau aus München wegen gefährlicher Körperverletzung eine Bewährungsstrafe von sieben Monaten. Die Frau hatte auf ihren 30 Jahre alten Mann mit einem Golfschläger eingeschlagen und ihn gefährlich am Ohr verletzt. Die Frau, die sich nach dem Streit von ihrem Mann trennte, hat sich laut Gerichtsakten mit ihrem Mann über „finanzielle, partnerschaftliche und erzieherische" Meinungsunterschiede gestritten.

Q

§ 224 StGB
Gefährliche Körperverletzung

(1) Wer die Körperverletzung
1. durch Beibringung von Gift oder anderen gesundheitsschädlichen Stoffen,
2. mittels einer Waffe oder eines anderen gefährlichen Werkzeugs,
3. mittels eines hinterlistigen Überfalls,
4. mit einem anderen Beteiligten gemeinschaftlich oder
5. mittels einer das Leben gefährdenden Behandlung

begeht, wird [...] in minderschweren Fällen mit Freiheitsstrafe von drei Monaten bis zu fünf Jahren bestraft.

[...]

1. Erläutern Sie knapp die Grundlagen der Rechtsstaatlichkeit.
2. Warum besitzt der Staat das Gewaltmonopol?
3. Erklären Sie den Unterschied zwischen Privatrecht und öffentlichem Recht.
4. Erläutern Sie die Systematik der Strafzwecke.
5. Erklären Sie den Begriff „Schuldfähigkeit".
6. Beschreiben Sie den Ablauf eines Strafverfahrens.
7. Lesen Sie den nebenstehenden Fall „Golfschläger ist ein gefährliches Werkzeug" und beurteilen Sie ihn mithilfe der ebenfalls nebenstehenden Norm des StGB.
   a) Erklären Sie mithilfe der Paragraphen 223 und 224 StGB den Unterschied zwischen einfacher und gefährlicher Körperverletzung.
   b) Der Richter musste bei seiner Entscheidung eine Subsumtion vornehmen. Beschreiben Sie diesen Vorgang anhand des Falles.
   c) Der Richter setzte die Strafe zur Bewährung aus. Geben Sie Gründe an, die ihn dazu veranlasst haben konnten.
8. Viele Kinder und Jugendliche verbringen häufig täglich mindestens ebenso viel Zeit vor dem Fernsehgerät wie in der Schule. Auch über Videos und Computerspiele konsumieren sie Morde, Körperverletzungen und andere Gewalttaten.
   a) Kontrollieren Sie die Programmübersicht einer „Fernsehzeitschrift" über eine Woche hin auf Actionfilme und Thriller.
   b) Diskutieren Sie in der Klasse über weitere Gründe für die Zunahme der Gewaltbereitschaft in unserer Gesellschaft. Finden Sie auch Maßnahmen, dieser zunehmenden Gewaltbereitschaft zu begegnen.

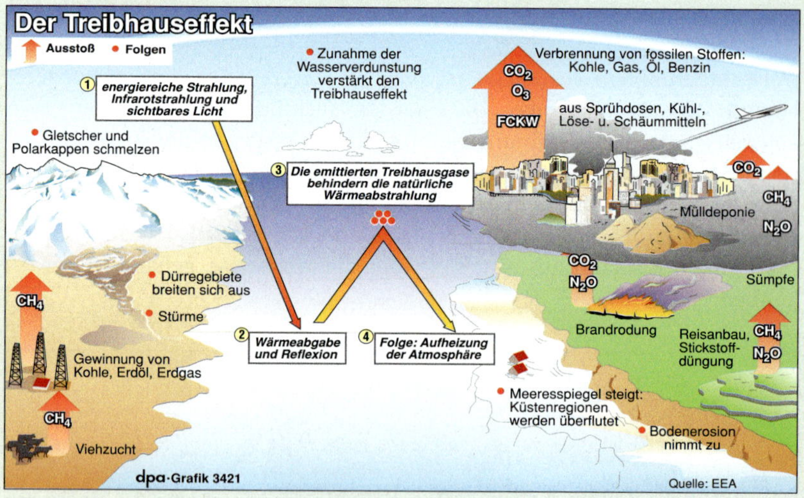

9. Fassen Sie in eigenen Worten knapp zusammen, wodurch der Treibhauseffekt entsteht und welche Folgen er hat.
10. Mithilfe welcher Maßnahmen glaubt man, einer Ausdehnung des Treibhauseffektes entgegenwirken zu können?
11. Begründen Sie, warum der Gesetzgeber und die Rechtsprechung seit Jahren ein besonderes Auge auf den Umweltschutz richten.
12. Suchen Sie in der Tageszeitung Berichte über Umweltsünden und stellen Sie sie in der Klasse vor.

III Europäische Einigung und weltwirtschaftliche Verflechtungen

Weltwirtschaftliche Verflechtungen

1 Internationale Wirtschaftsbeziehungen

Die Welt wächst zusammen ... die Produkte internationaler Konzerne sind uns heute häufig näher als die Güter, welche die nationalen Anbieter herstellen. Uns alle betreffen die zunehmende internationale Arbeitsteilung und die Globalisierung.

Die Entwicklungen haben Einfluss auf Haushalte, Unternehmen und staatliche Einrichtungen gleichermaßen. Deutschland ist als rohstoffarmes Land stark vom **Import** abhängig, um die Produktion der Güter zu ermöglichen. Die erstellten Fertigprodukte müssen auf dem Weltmarkt wiederum bestehen, um das Wirtschaftswachstum zu sichern. Das jährlich hohe Exportvolumen sichert viele Arbeitsplätze in Deutschland.

Die internationale Arbeitsteilung ermöglicht es einzelnen Ländern, Standortfaktoren zu nutzen, wie beispielsweise die geografische Lage oder ein bestimmtes Lohnniveau, und somit negative Faktoren für den Handel, wie z. B. Rohstoffarmut und Arbeitskräftemangel, auszugleichen.

Der internationale Handel bietet den Unternehmen die Möglichkeit, neue Märkte zu erschließen, die benötigten Ressourcen zu beziehen und die erstellten Produkte möglichst vielen Haushalten zur Verfügung zu stellen. Diese profitieren von der Waren- und Dienstleistungsvielfalt. Darüber hinaus können Arbeitskräfte weltweit tätig werden und das Kapital kann auf internationalen Finanzmärkten investiert werden.

1. Erarbeiten Sie aus der nebenstehenden Grafik die Bedeutung der Weltregionen für den internationalen Handel.

2. Beschreiben Sie, welche Nachteile eine starke außenwirtschaftliche Verflechtung für die inländische Wirtschaft haben kann.

Die Volkswirtschaften können sich auf die Produktion der Waren und Dienstleistungen konzentrieren, welche für sie am wirtschaftlichsten ist. Neue Beschaffungs- und Absatzmärkte können erschlossen werden. Die internationale Zusammenarbeit führt zur Kooperation der Länder untereinander und zu gemeinsamen Zielen auf verschiedenen Ebenen – zwischen einzelnen Ländern, der Europäischen Union oder internationalen Verflechtungen wie z. B. der OPEC.
Gleichzeitig zeigen sich die negativen Effekte und Gefahren der internationalen Wirtschaftsbeziehungen. Die Abhängigkeiten der einzelnen Staaten wachsen, der Wettbewerb zwischen den international tätigen Unternehmen verschärft sich, Arbeitskräfte und -plätze wandern ab. Die Umweltprobleme steigen z. B. durch das erhöhte Transportaufkommen. Handelskonflikte zwischen Staaten und die Benachteiligung einzelner Länder, vor allem der Schwellenländer, zeigen sich in diesem zunehmenden Standortwettbewerb. Die Konkurrenz tritt nicht mehr nur innerhalb eines Staates auf, sondern ist international anzutreffen. Durch neue Informations- und Kommunikationstechnologien wie das Internet werden diese Effekte noch verstärkt und beschleunigt. Dies zeigt, dass gerade auf internationaler Ebene Vereinbarungen über den Ablauf des Handels getroffen werden müssen, um den negativen Auswirkungen begegnen zu können.

Beispiele für Institutionen der Weltwirtschaft

OECD	WTO	G8 (Great Eight)
Organization for **E**conomic **C**o-Operation and **D**evelopment	**W**orld **T**rade **O**rganization	Deutschland, Frankreich, Großbritannien, Italien, Japan, Kanada, Russland und USA
Liberalisierung des Welthandels	Abbau von Handelsbeschränkungen	regelmäßiger Wirtschaftsgipfel der führenden acht Wirtschaftsnationen

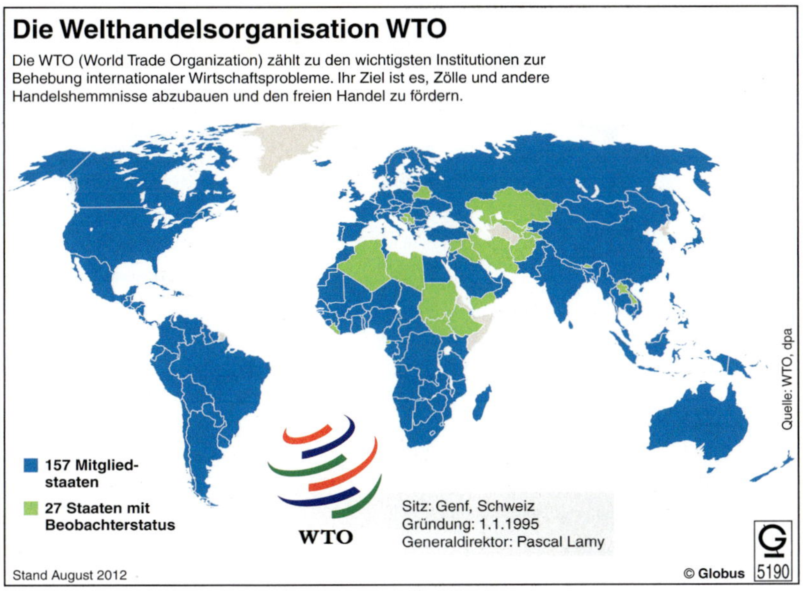

OPEC (**O**rganization of **P**etroleum **E**xporting **C**ountries): Die Organisation Erdöl exportierender Länder betreibt für die Mitgliederländer eine gemeinsame „Ölpolitik", unter anderem, um sich gegen einen Preisverfall abzusichern, z. B. durch die Festlegung von Förderquoten.

1. Sammeln Sie Begriffe, die Ihnen spontan zum Thema Globalisierung einfallen.
2. Nennen Sie nationale und internationale Produkte, welche Sie häufig verwenden. Welche Unternehmen produzieren diese Güter?
3. Informieren Sie sich im Internet über die drei Institutionen OECD, WTO und G8.

1. Beschreiben Sie, welche Güter zur Entstehung des internationalen Handels beigetragen haben, und erklären Sie, warum gerade diese für den Handel geeignet waren.
2. Finden Sie heraus, welche Institutionen im mittelalterlichen Handel eine Rolle spielten. Ergänzen Sie Ihre Informationen durch eine Recherche im Internet.
3. Recherchieren Sie im Internet weitere historische Handels- oder Seewege und stellen Sie diese in einer Präsentation dar.

1.1 Geschichte des internationalen Handels

Die alte Salzstraße, der Handel mit Gewürzen und Gold sowie die Weihrauch- oder die Seidenstraße – verbunden mit vielen Geschichten und Abenteuern ist der internationale Handel offensichtlich keine Erfindung der Neuzeit. Bereits die Phönizier, Karthager, Nabatäer und später auch die Griechen und die Römer betrieben auf See- und Landwegen Handel. Schon im alten Ägypten, in Syrien und im heutigen Jordanien gab es Handelsvereinigungen. Im Mittelalter blühte der Handel in Europa entlang der großen Handelsstraßen und Seewege. Die oberitalienischen Städte wuchsen zu Handels- und Finanzregionen. Später wurden Städte wie Brügge oder Antwerpen bedeutend.

Kaufleute schlossen sich zu Handelsgesellschaften wie z.B. der Hanse zusammen. Große Unternehmerfamilien wie die Tucher in Nürnberg oder die Fugger in Augsburg spielten eine bedeutende Rolle im internationalen Handel.

Eine der ältesten Handelsrouten der Welt stellt die Weihrauchstraße dar. Das aromatische Harz des boswellia sacra Baumes zählte zu den begehrtesten Handelsgütern der antiken Welt. In Ägypten wurde Weihrauch ebenso verbrannt wie an den Höfen indischer Maharadschas. In Rom wurde er in Gold

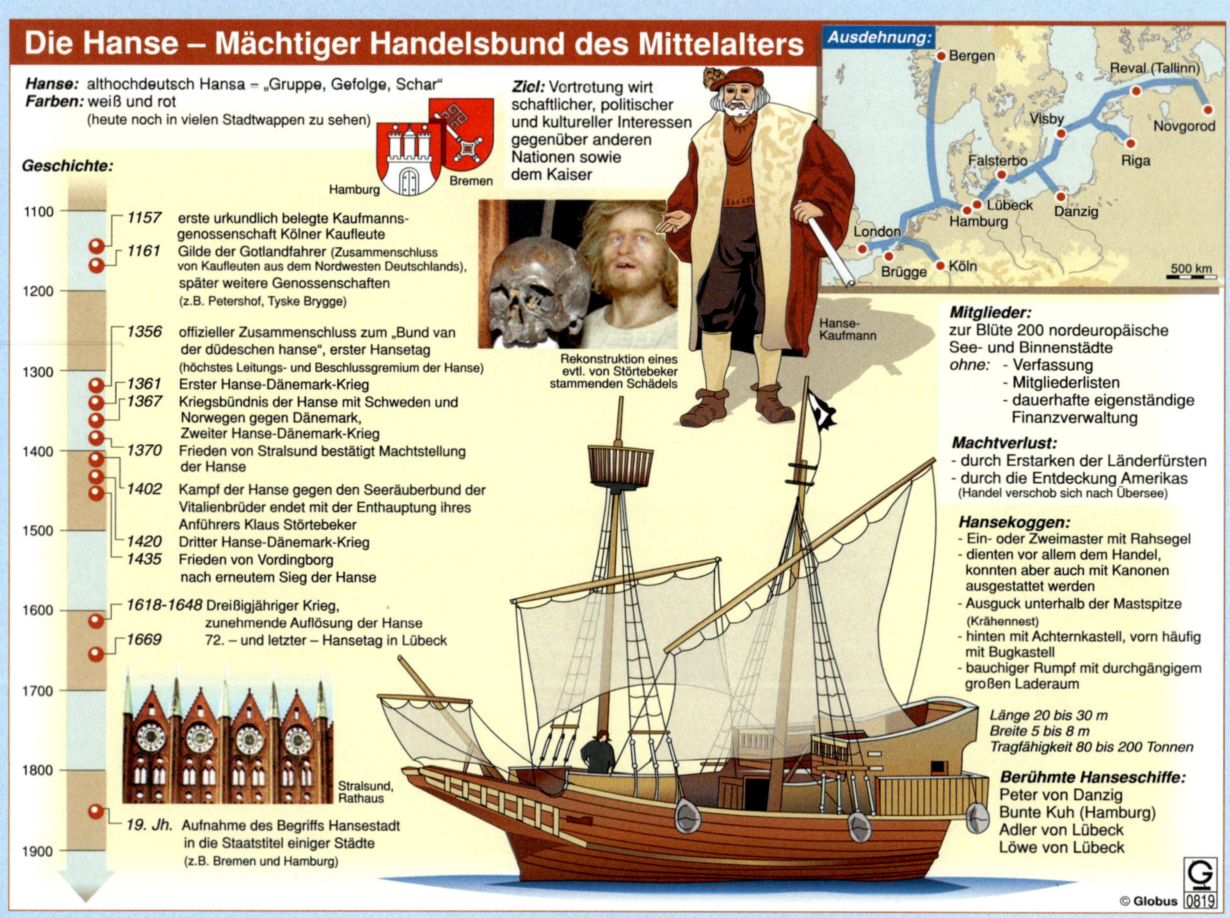

aufgewogen. Über Tausende von Kilometern wurde er gehandelt; es entstand die Handelsroute der „Weihrauchstraße".

Wie der wohl bekannteste aller Wohlgerüche des Orients gewonnen wurde und vor allem woher genau er stammte, blieb den Abnehmern verborgen. Die Karawanenführer bewahrten ihr Schweigen, die Produzenten wurden reich. Neben Weihrauch wurden auch andere Waren wie Gewürze und Edelsteine gehandelt.

En Saharonim, Avdat, Petra, Chalutza – das sind klangvolle Namen an der nördlichen Weihrauchstraße. An dieser Straße liegen Karawansereien, Dörfer und Städte. Und dazwischen die Wüste: Krater, Berge, Steine, Sand, Wasserstellen. Heute gehört dieser Teil zum Negev, der Wüste in Israel. Früher lag dort das Reich der Nabatäer, Herrscher über die Handelswege, über die das kostbare Gut Weihrauch vom südlichen Arabien in die Metropolen Europas gebracht wurde. Etwa 40 Kilometer lang war damals eine Tagesetappe auf einem Handelsweg. Die Händler waren im Orient bis zu 100 Tage, auf dem Weg von Europa nach Asien sechs bis acht Jahre unterwegs. Die Weihrauchstraße erzählt auch von der Globalisierung im Altertum und von Großmächten sowie Nomaden, die in der Nische der Wüste ein eigenes Reich gründeten.

Der internationale Handel wird heute hauptsächlich von den Industrieländern bestimmt. Rohstoffe haben an Bedeutung zwar nicht verloren, doch steigen die Exportpreise für Fertigwaren der Industrieländer bedeutend schneller als die Rohstoffpreise der Waren aus Schwellen- oder Entwicklungsländern. Entsprechend ist die Wirtschaftskraft verteilt (siehe Grafik). Der Transport auf den heutigen „Handelsrouten" hat sich beschleunigt. Auf dem Land-, See- und Luftwege werden die Güter schnell in alle Welt verteilt. Durch die Informations- und Kommunikationstechnologie können vor allem Dienstleistungen und Daten in Sekundenschnelle weltweit angeboten werden. Somit steigt deren Bedeutung im internationalen Handel.

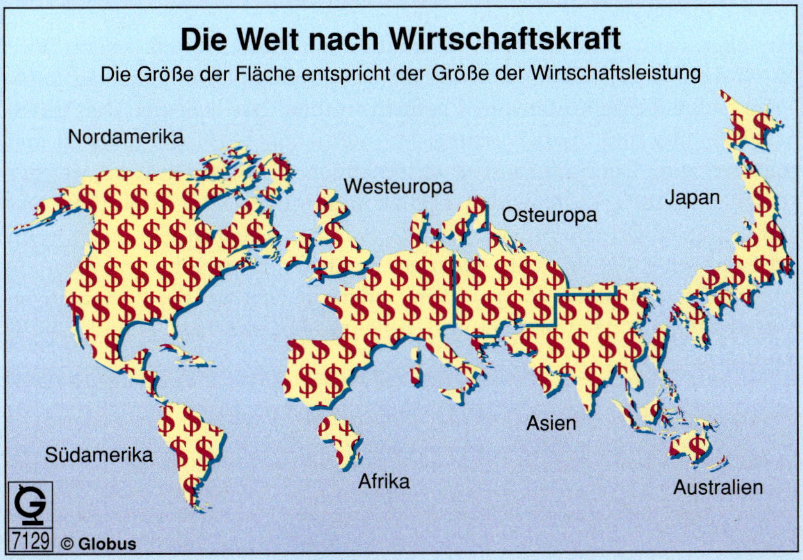

i

Die **Wirtschaftsleistungen** können anhand des BIP (Bruttoinlandprodukt) oder des BNE (Bruttonationaleinkommen) verschiedener Länder verglichen werden. Idealerweise wird das BIP/BNE pro Kopf betrachtet.

!

1. Die Bedeutung der Länder im Welthandel verändert sich.
   a) Erarbeiten Sie ausgehend von der Grafik eine Übersicht über die Staaten, von denen der Welthandel heute bestimmt wird.
   b) Überlegen Sie, wie die Grafik auf dieser Seite in einigen Jahren aussehen könnte und welche Länder an Bedeutung gewinnen.

2. Recherchieren Sie im Internet aktuelle Daten dazu,
   a) welche Güter oder Dienstleistungen heute im internationalen Handel von Bedeutung sind.
   b) welche Länder im internationalen Handel tatsächlich an Bedeutung gewinnen und welche Änderungen sich in der Wirtschaftsleistung ergeben haben.

1.2 Gründe und Voraussetzungen für den internationalen Handel

Pfirsichernte auf den Kanaren

Warum nicht Kiwi aus Finnland und Lachs aus Österreich – warum wurde der MP3-Player nicht in Madagaskar entwickelt?

Historisch wie auch aktuell können die Hintergründe für den internationalen Handel auf zwei wesentliche Voraussetzungen zurückgeführt werden. Erstens liegen natürliche Gründe vor, da ein Gut beispielsweise nicht vorhanden ist oder aufgrund fehlender Produktionsfaktoren (Arbeit und Wissen, Natur, Kapital) nicht produziert werden kann. Das Land kann nun auf das Gut verzichten oder andere Produkte verwenden. Sinnvoll ist jedoch der Import der Güter, um den Gütermangel zu beheben. Zweitens gibt es kostenbedingte Gründe, die dazu führen, dass der Import von Gütern vorteilhaft ist. Durch Kosten- und Preisvorteile können bestimmte Produkte im Ausland günstiger produziert werden.

High-Tech-Standort

Gründe für internationalen Handel

Kostenunterschiede und Verfügbarkeit der Produktionsfaktoren

Umwelt	Arbeit und Wissen	Kapital
z. B. Qualität und Menge der verfügbaren Bodenschätze, Energie, Klimabedingungen etc.	z. B. Leistungsbereitschaft der Arbeitskräfte, Ausstattung der Informations- und Kommunikationstechnologien	z. B. Stand der Produktionsanlagen, der Infrastruktur, Investitionsbedingungen

Der Wohlstand lässt sich durch den Außenhandel steigern, indem jedes Land sich auf die Produktion der Güter konzentriert, die es am kostengünstigsten herstellen kann, d.h., wenn es einen **absoluten Kostenvorteil** besitzt. Wird im Umkehrschluss dazu ein ausländisches Produkt kostengünstiger angeboten, sollte dieser Kostenvorteil genutzt werden. Das bedeutet, dass durch Arbeitsteilung und Spezialisierung der internationale Handel nötig ist und gefördert wird. Dennoch kann es wirtschaftlich sein, dass ein Land, welches keinen absoluten Kostenvorteil besitzt, bestimmte Güter exportiert. Das heißt, dass es Gründe für den Handel zwischen Ländern gibt, auch wenn ein Land selbst die Produkte günstiger herstellen kann. Ein Land kann die internationale Arbeitsteilung nutzen, indem es sich auf die **komparativen Kostenvorteile** konzentriert. Zum Beispiel produzieren Land A und Land B Baumwolle und Kakao.

1. Überlegen Sie, wie Deutschland ohne internationalen Handel aussehen würde.
2. Erstellen Sie eine Liste von Gütern und Dienstleistungen, bei deren Produktion Deutschland aufgrund der Produktionsfaktoren Vor- bzw. Nachteile hat.
3. Entwerfen Sie ein eigenes Beispiel zu absoluten und komparativen Kostenvorteilen.

	Land A	Land B
Baumwolle	20	10
Kakao	15	13

mit 100 Arbeitseinheiten produzierte Güter im jeweiligen Land

Land A besitzt bei Baumwolle und bei Kakao einen absoluten Kostenvorteil. Dennoch ist es von Vorteil, wenn sich jedes Land auf ein Produkt spezialisiert:
Der Kostenvorteil von Land A ist bei der Spezialisierung von Land A auf die Produktion von Baumwolle (20 : 10) größer als bei Kakao (15 : 13). Land B hat somit einen komparativen Kostenvorteil bei der Produktion von Kakao. Die Wertschöpfung beider Länder könnte erhöht werden durch die Spezialisierung von Land A auf Baumwolle und von Land B auf Kakao. Beide Länder könnten international mehr Güter tauschen und somit ihren Wohlstand erhöhen.
Durch die internationale Arbeitsteilung kann die Produktivität in verschiedenen Ländern gefördert werden. Dadurch können sich Vor- und Nachteile ergeben, je nachdem, zu welchen Bedingungen die exportierten und importierten Güter gehandelt werden. Diese nennt man **Terms of Trade** (ToT). Steigen die ToT für ein Land, so vergrößert sich der Vorteil aus dem Außenhandel, da das Land für den gleichen Exporterlös mehr importieren kann.
Angenommen, zwei Länder betreiben in einem Zwei-Güter-Modell Handel miteinander. Land A stellt Computer her, Land B Kakao.

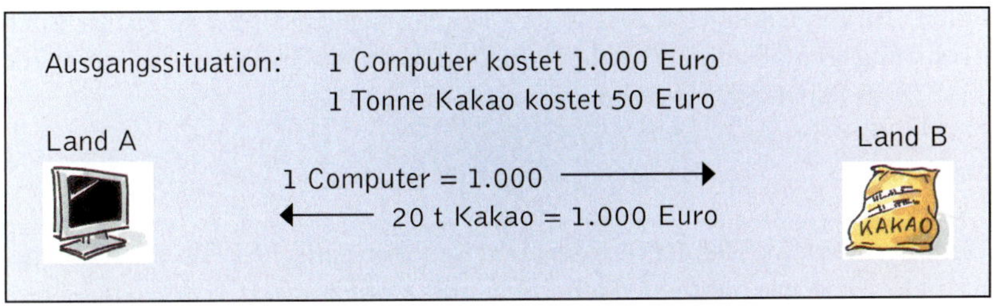

Ein Computer aus Land A kostet 1.000 Euro, der Preis einer Tonne Kakao liegt bei 50 Euro. Somit kostet ein Computer 20 t Kakao. Nimmt man an, dass die Preise für Computer von 1.000 auf 1.100 Euro steigen, während der Preis für Kakao konstant bleibt, so kann Land A für einen Computer nun 22 t Kakao kaufen. Land B muss mehr exportieren, um den gleichen Computer zu importieren, die Terms of Trade haben sich für Land B verschlechtert.

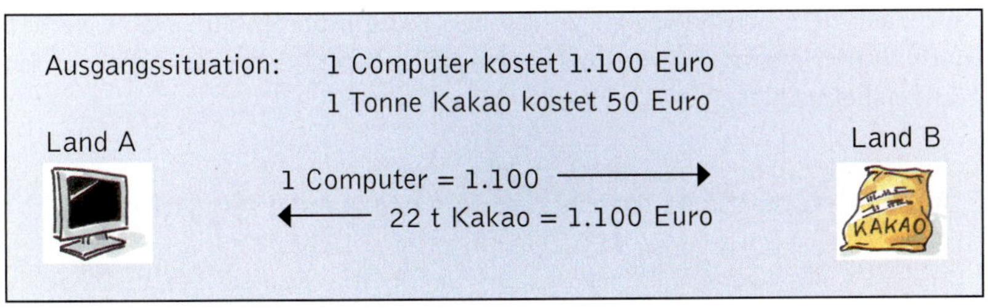

Besonders für die Entwicklungsländer, die häufig auf nur ein Gut spezialisiert sind und oft landwirtschaftliche Produkte exportieren, welche nicht preisstabil sind, kann es dabei um das ökonomische Überleben gehen. Manche Entwicklungsländer haben kein unentbehrliches Gut wie das Öl anzubieten, bei dem man die Preise weit hochtreiben kann und dank der dadurch verbesserten Terms of Trade ein größeres Stück vom weltweiten Reichtum an sich zieht. Die armen Länder haben keine Möglichkeit auszuweichen, wenn sie auf Öl als Energiequelle nicht verzichten können. Sie müssen immer mehr Produkte exportieren, um die gleiche Menge Öl zu importieren.

Terms of Trade (ToT):
Messgröße für das Verhältnis von exportierten zu importierten Gütern

$$\text{ToT} = \frac{\text{Exportpreise}}{\text{Importpreise}}$$

1. Recherchieren Sie die Entwicklung der deutschen Außenhandelspreise für Einfuhr und Ausfuhr auf der Website des Statistischen Bundesamtes.

1.3 Formen des internationalen Handels

Der „Stahlkrieg"
US-Präsident George W. Bush hat Importzölle für die meisten Stahlerzeugnisse von bis zu 30 Prozent verhängt. Damit soll die amerikanische Stahlbranche vor ausländischer Konkurrenz geschützt werden. Die US-Entscheidung ist weltweit auf Kritik gestoßen. Wichtige Handelspartner kündigten Klagen und mögliche Handelsbeschränkungen zum Schutz der eigenen Märkte an. Die Europäische Union und Japan bezeichneten die Pläne als Vorstoß gegen internationale Handelsregeln. (...) „ Die Entscheidung der USA, auf den Weg des Protektionismus zurückzukehren, ist ein schwerer Rückschlag für das Welthandelssystem", sagte EU-Handelskommissar Pascal Lamy. Die EU wird möglicherweise gezwungen sein, den eigenen Markt vor Stahlmengen zu schützen, die statt in die USA nun nach Europa fließen können ... auch für entgangene Stahlexporte würde die EU Ausgleich verlangen. Betroffen von der Einführung der Zölle sind neben den großen Stahlproduzenten Russland, Südkorea und Brasilien auch Deutschland, Frankreich, die Niederlande, Türkei, China und Australien. Nur Kanada und Mexiko räumt Bush erwartungsgemäß einen Sonderstatus ein, da diese mit den USA über die NAFTA in Partnerschaft stehen.
Quelle: www.n-tv.de, 6. März 2002

6.4.2007: Bush hebt Stahlzölle auf
Die Stahlindustrie und die Europäische Union haben die Aufhebung der umstrittenen US-Stahl-Schutzzölle mit Erleichterung begrüßt. Der drohende Handelskrieg konnte so vermieden werden.
(Quelle: www.tagesspiegel.de, 06.04.2007)

Der internationale Handel verfolgt nicht nur ökonomische Ziele, auch übergeordnete Ziele wie Freiheit, Sicherheit und Gerechtigkeit sollen angestrebt werden. Der **Freihandel** als Modell des internationalen Waren-, Dienstleistungs- und Kapitalverkehrs ohne jegliche Einschränkungen steht dabei dem **Protektionismus** – bei dem nur der Staat berechtigt ist, die außenwirtschaftlichen Beziehungen zu kontrollieren – gegenüber. In der Realität gibt es verschiedene Stufen der Integration, um den Handel mit anderen Ländern zu unterscheiden.
Den Vorzügen offener Grenzen steht grundsätzlich nichts entgegen. Wenn jedoch die Wirtschaft im eigenen Land bedroht ist, kommen allzu häufig die Rufe nach dem Schutz vor ausländischen Billigimporten auf. Dann werden Maßnahmen ergriffen, welche den Handel beschränken, die sogenannten Handelshemmnisse.

NAFTA: **N**orth **A**merican **F**ree **T**rade **A**greement: Nordamerikanisches Freihandelsabkommen

Freihandel: Güter können ohne Handelsbeschränkungen ex- oder importiert werden.

Protektionismus: (lat. protegere = bedecken, beschützen), heimische Wirtschaftsbereiche werden durch staatliche Eingriffe in den Außenhandel vor der ausländischen Konkurrenz geschützt

Außenwirtschaftliche Instrumente, um den Handel zu beschränken

preispolitische Maßnahmen	mengenpolitische Maßnahmen	währungspolitische Maßnahmen	Integrations- und entwicklungspolitische Maßnahmen
export- und importbehindernd bzw. -fördernd durch Zölle, Subventionen, Steuern etc.	Kontingente, Quoten, Ein- und Ausfuhrverbote	Auf- und Abwertung der Wechselkurse, feste und flexible Wechselkurse	internationale Abkommen über Zölle, Währungen, gemeinsame Märkte usw.

1. Erläutern Sie die unterschiedlichen politischen und wirtschaftlichen Interessen und möglichen Folgen, welche beim „Stahlkrieg" verfolgt werden.
2. Stellen Sie dar, inwiefern Freihandelszone und Protektionismus in der Realität vorkommen.

Unter Handelshemmnissen versteht man protektionistische Maßnahmen, die den freien Außenhandel und somit den freien internationalen Wettbewerb insgesamt einschränken und dazu dienen, die eigene Volkswirtschaft zu schützen. Ziel ist es, nicht international wettbewerbsfähige Unternehmen so lange zu schützen, bis diese sich im globalen Wettbewerb behaupten können.
Die Möglichkeiten, die einheimische Wirtschaft durch protektionistische Maßnahmen zu schützen, sind vielfältig. Die klassischen Maßnahmen zur Beeinflussung des Außenhandels sind überwiegend Zölle, z.B. auf die Einfuhr von Pkw, oder Kontingente, d.h. mengenmäßige Einfuhrbeschränkungen. Zölle werden dabei meist als Prozentsatz des Produktwertes festgelegt. Diese sogenannten **tarifären Handelshemmnisse** verändern die Preise der eingeführten Güter und Dienstleistungen. Beispielsweise werden innerhalb der EU Mindestpreise für Agrareinfuhren festgelegt, die i.d.R. über dem Weltmarktpreis liegen. Schwankungen der Weltmarktpreise haben also keinen Einfluss auf den Preis im Inland. Diese Maßnahmen werden von der WTO aber immer weiter abgebaut.

1. Interpretieren Sie die Karikatur. Überlegen Sie, welche Möglichkeiten ein Land besitzt, den Handel zu beeinflussen.
2. Definieren Sie tarifäre und nicht-tarifäre Handelshemmnisse und nennen Sie jeweils ein Beispiel.
3. Diskutieren Sie die Vor- und Nachteile des Einsatzes von tarifären und nicht-tarifären Handelshemmnissen.
4. Überlegen Sie, inwieweit der Auf- oder Abbau von Handelshemmnissen die Konjunktur im Inland beeinflussen kann.

Dagegen gewinnen indirekte Maßnahmen, wie beispielsweise ein früherer Erlass der französischen Behörden, dass der Import aller japanischen Videorekorder über ein sehr kleines Zollamt in Poitiers abgewickelt werden musste, immer mehr an Bedeutung. Obwohl kein hoher Zolltarif in Kraft war, konnte Japan nur sehr wenige Videorekorder in Frankreich absetzen, da das einzige zur Importabwicklung autorisierte Zollamt mit großen Importen völlig überfordert war. Diese sogenannten **nicht-tarifären Handelshemmnisse** umfassen Maßnahmen wie
- Kontingente (Beschränkung der Einfuhrmenge),
- spezielle Grenzformalitäten (Importlizenzen, Zollabwicklung etc.),
- anspruchsvolle Produktstandards hinsichtlich Sicherheits-, Umwelt-, Gesundheits- und Verbraucherschutz (z.B. DIN-Normen etc.),
- Verpflichtung zu Kompensationsgeschäften (Zwang, Waren des Landes, in das importiert wird, zu einem bestimmten Prozentsatz abzunehmen),
- Exportsubventionen zur Erleichterung des Absatzes im Ausland,
- direkter oder indirekter Aufruf der Bevölkerung zum Boykott bestimmter Waren bzw. zum Kauf nationaler Produkte.

Bananen nach Importherkunft

Gemeinschaftsbanane: angebaut in der EU, v.a. Griechenland, Spanien, Portugal und den französischen Überseedepartements z.B. La Réunion)

AKP-Banane: importiert aus den früheren Kolonien in Afrika, Karibik, Pazifik

Dollarbanane: Bananen aus Süd- und Mittelamerika, deren Handel von US-amerikanischen Firmen kontrolliert wird (Chiquita, Dole, Del Monte etc.)

EU-Bananenmarktordnung (GMOB)

Ziele:
- Schutz der Produktion von Gemeinschaftsbananen und Bananen aus früheren Kolonien
- Gewährleistung von angemessenen Bananenpreisen für Erzeuger und Verbraucher

Inhalt:
- Qualitäts- und Vermarktungsnormen (Länge mind. 14 cm)
- Höchstmenge für Gemeinschaftsbananen und Beihilfen bei Erlöseinbußen
- Stilllegungsprämien für Kleinproduzenten
- Kontingente und Zölle für AKP- und Dollarbananen
- z.B. Kontingent für AKP-Bananen (857.700 t p.a.); Zollkontingent für Dollarbananen und andere Länder (2,5 Mio. t p.a.); Mengenzoll auf Dollarbananen (75 Euro/t), andere Länder zollfrei

Importe, die das Kontingent überschreiten:
Dollarbananen: 737 Euro/t
andere Länder außer AKP: 537 Euro/t

1.4 Alles Banane – oder der Bananenkrieg – handelspolitisches Verhalten der EU

Warum sollte eine Banane mindestens 14 Zentimeter lang sein – gemessen über die äußere Wölbung vom Stielansatz bis zur Spitze!?

Bereits 1957 wurde für Europa festgelegt, dass die Mitgliedsstaaten AKP-Bananen bis zu einem gewissen Kontingent importieren müssen. Für Drittlands-(Dollar-)Bananen gilt ein Zollsatz von 20%. Nur die BRD durfte die Dollarbananen zollfrei und ohne Mengenbeschränkung einführen. Da die Dollarbananen sehr preisgünstig in Lateinamerika produziert wurden, waren sie deutlich billiger als die Bananen aus den AKP-Staaten, die teilweise unter ungünstigen Bedingungen Bananen anbauen. Diese Situation war den Produzenten in den AKP-Staaten nicht recht, da sie so vom Markt verdrängt wurden. Es kam zu ersten außenhandelspolitischen Maßnahmen.

Die EU setzte diese fort, indem sie am 1. Juli 1993 eine **Gemeinsame Marktordnung für Bananen** (GMOB) einführte. Seit dieser Zeit herrscht der sogenannte Bananenkrieg um Marktanteile. Die EU begrenzte Importe der gelben Frucht aus Mittel- und Südamerika, wo US-Multis wie Dole und Chiquita riesige Plantagen bewirtschaften. Gegenüber diesen Dollarbananen hatten die Kleinbauern aus den AKP-Staaten keine Chance.

Der europäische Markt ist mengenmäßig für den Bananenhandel bedeutend. Jede dritte exportierte Banane wird in Europa verzehrt, jede zehnte in Deutschland. Zudem können Importeure aufgrund der Marktordnung einen Zusatzgewinn abschöpfen, da in der EU das Preisniveau um 38% über dem Weltmarkt liegt.

Nach der ursprünglichen GMOB wurde ein Mengenkontingent für Bananen von europäischen Produzenten (v.a. Frankreich und Spanien) reserviert, die hohe Subventionen erhalten. Ein weiteres Kontingent besteht für die AKP-Länder, deren Bananen zollfrei importiert werden müssen. Die andere Hälfte war für zollpflichtige Importe aus Lateinamerika vorgesehen. Die für den

Import notwendigen Lizenzen wurden kontingentiert, wogegen es Widerstand gab. Auf Betreiben von Chiquita und Dole haben die USA zusammen mit Mexiko, Guatemala und Ecuador vor der WTO geklagt und eine Streitschlichtung gefordert, bei der diese als Schiedsrichter auftritt.

Der zum „Bananenkrieg" erkorene Konflikt zwischen den USA und der EU ist eine der härtesten Auseinandersetzungen der beiden Wirtschaftsmächte. Als Schiedsrichter fungiert die Welthandelsorganisation (WTO).
Verschärfend wirkt, dass Bananen in Deutschland nur von wenigen großen Handelsunternehmen vertrieben werden. Diese vertreiben fast nur Dollarbananen. Aufgrund ihrer mächtigen Stellung richtet sich die Kritik an der gesamten Bananenanbau-Politik auch an diese Konzerne. Selbst nach der neuen EU-Bananenmarktordnung von 1993 mussten sie nur sehr geringe Umsatzeinbußen hinnehmen. Sie erhöhten durch ihre vorhandene Marktmacht einfach die Verkaufspreise.

Niedrige Erzeugerpreise bedingen niedrige Löhne. Die miserable Lage der Landarbeiter in den Bananenplantagen ist bekannt: niedrige Löhne, lange Arbeitszeiten, Gesundheitsgefährdung durch Einsatz von Chemikalien. Der Umweltschutz steht hintenan. Bereits 2001 wurden aufgrund des WTO-Panels spezielle Vereinbarungen mit Ecuador und den USA getroffen, welche 2005 für die neuen EU-Länder übernommen wurden. Am 20. September 2006 hat die Europäische Kommission den Vorschlag für eine Reform der Bananenmarktordnung beschlossen. Die Beihilferegelung für Bananen wird abgeschafft und auf die Regionen in äußerster Randlage der EU (Kanarische Inseln, Martinique, Guadeloupe und Madeira) übertragen. Bananen sind für die vier Regionen in äußerster Randlage von größter wirtschaftlicher und sozialer Bedeutung.

Aus einer Bananenpolitik eskaliert ein Handelskrieg

09/94:	Klagen beim GATT gegen die EU
10/95:	Neu geschaffene WTO diskutiert EU-Bananenpolitik
04/96:	USA fordern WTO-Streitschlichtung zur EU-Bananenpolitik
05/97:	WTO-Streitschlichtung erklärt EU-Bananenpolitik für illegal
06/97:	EU appelliert gegen den Entscheid
09/97:	WTO bestätigt den Entscheid
01/98:	WTO setzt EU „deadline" für die Umsetzung
08/98:	EU ändert Bananenpolitik, USA weist Reform zurück, da weiterhin protektionistisch
10/98:	USA drohen mit Vergeltung
11/98:	USA präzisieren ihre Sanktionen
07/01:	Reform der GMOB, bis 2006 sollen Quoten entfallen und ein reines Zollsystem eingeführt werden
09/06:	Reform der GMOB von EU-Kommission beschlossen

Bananenkrieg

GATT (General Agreement on Tariffs and Trade): allgemeines Zoll- und Handelsabkommen, gehört zu den Aufgaben der WTO

1. Fassen Sie den Bananenkrieg zwischen den USA und der EU kurz zusammen.
2. Beschreiben Sie die außenhandelspolitischen Maßnahmen, welche im EU-Bananenmarkt zum Einsatz kommen.
3. Beurteilen Sie, für welche Staaten die EU-Bananenmarktordnung Vor- oder Nachteile erbrachte und nennen Sie diese.
4. Interpretieren Sie die Karikatur.
5. Recherchieren Sie im Internet, welche Konflikte der WTO aktuell zur Schlichtung vorgelegt werden.

i

1992 startete der gemeinnützige Verein **TransFair** seine Arbeit mit dem Ziel, benachteiligte Produzentenfamilien in Afrika, Asien und Lateinamerika zu fördern und durch den fairen Handel ihre Lebens- und Arbeitsbedingungen zu verbessern. TransFair handelt nicht selbst mit Waren. Der Verein vergibt vielmehr sein Siegel für fair gehandelte Produkte. Seit Neuestem gibt es Bananen mit Fairtrade-Siegel. Diese stammen immer aus biologischem Anbau. So profitieren vom Kauf der Früchte sowohl die Menschen als auch die Umwelt.

In einem Rollenspiel können Sie in die Haut einer anderen Person schlüpfen und diese bei der WTO-Streitschlichtung vertreten. Achten Sie dabei auf die vorgegebenen Rollenanweisungen und erarbeiten Sie aus den vorhandenen Texten und Informationen Argumentationen für Ihren Standpunkt.

Konflikt: Die GMOB regelt seit 1993 die Einfuhrmengen für Bananen in die EU. Man verständigt sich nun darauf, die Kontingente abzuschaffen und nur noch Zölle zu erheben. Die EU fordert einen höheren Zoll von 176 €/t für importierte Bananen. Die AKP-Staaten können weiter jedes Jahr 775.000 t Bananen zollfrei einführen. Die Dollarbananenproduzenten finden das unfair. Sie halten den Zoll für zu hoch und wollen erneut vor der WTO klagen.

1. Vorbereitungsphase

Um Ihre Gruppe vor der WTO richtig vertreten zu können, müssen Sie sich intensiv vorbereiten. Sammeln Sie Informationen und überlegen Sie sich gezielte Argumentationen – dazu müssen Sie fachlich fit sein! Beachten Sie dabei, um welchen Konflikt es sich genau handelt.

- Einteilung der Klasse in die Gruppen der Akteure
  Gruppe 1: WTO (Streitschlichter)
  Gruppe 2: EU-Kommission
  Gruppe 3: Dollarbananenproduzenten
  Gruppe 4: AKP-Bananenproduzenten
  Gruppe 5: Gemeinschaftsbananenproduzenten
  Gruppe 6: EU-Bananenkonsumenten
- Lesen Sie Ihre Rollenkarte genau durch und erarbeiten Sie fundiert Argumente, um Ihre Akteure vor der WTO zu vertreten.
- Lesen Sie dazu den Text mit den Neuerungen zur Bananenpolitik genau durch und notieren Sie die wichtigsten Aussagen.
- Wiederholen Sie die wichtigsten Informationen der Seiten 156–157.
- Benennen Sie zwei Gruppensprecher, die Ihre Situation/Meinung vor der WTO und den anderen Akteuren vortragen und diese vertreten. Sie müssen zuerst Ihre Situation kurz darstellen (zwei Minuten) und diese später überzeugend diskutieren (Argumente).

Anregungen für die Vorbereitung:

- Diskutieren Sie in Ihrer Gruppe, welche Auswirkungen die höheren Zölle bzw. der Wegfall der Kontingente für Sie haben.
- Beschreiben Sie, warum gerade Sie geschützt werden müssen bzw. warum Sie aus den bisherigen Regelungen Vor- oder Nachteile haben.

Vorbereitung

Rollenspiel

2. Spielphase

Sie vertreten Ihre Akteure vor der WTO. Sie sind die Fürsprecher. Einleitend können Sie kurz Ihre Situation/Meinung darstellen, danach müssen Sie Ihre Vorstellung gegenüber den anderen Mitgliedern verteidigen oder diese überzeugen. Beachten Sie dabei genau Ihre Rollenanweisungen.

Die verschiedenen Akteure stellen jeweils zwei Minuten ihre Situation/Meinung zum Konflikt dar und diskutieren anschließend die Argumente. Die Vertreter der WTO eröffnen die Streitschlichtung und achten auf die Einhaltung der Sprechzeit sowie die zielgerichtete Argumentation der Akteure. Alle nicht direkt beteiligten Schüler/innen beobachten das Rollenspiel und machen sich Notizen entsprechend der Beobachtungsaufgaben.

Beobachtungsaufgaben:
1. Beschreiben Sie, was am Spiel der Gruppe positiv war.
2. Notieren Sie zu den einzelnen Akteuren, wie glaubwürdig und überzeugend diese waren.
3. Überprüfen Sie, ob das Rollenspiel so verläuft, wie Sie es in der Gruppe in der Vorbereitung besprochen haben.
4. Überlegen Sie, wie man das Rollenspiel verbessern könnte.
5. Benennen Sie die Akteure, die Sie am meisten überzeugt haben, und begründen Sie, warum.

Nachbereitung

3. Nachbereitungsphase

Notieren Sie während und nach dem Spiel Ihre Beobachtungen (beachten Sie die Beobachtungsaufgaben). Teilen Sie der Klasse Ihre Beobachtungen mit und diskutieren Sie, wie das Rollenspiel verlaufen ist. Nehmen Sie am Ende zu den jeweiligen Inhalten Stellung: Inwieweit ist das handelspolitische Verhalten der EU sinnvoll?

Q

EU: Importeure besorgt. Quotensystem fällt. Drastisch höhere Importzölle. Früchte könnten 20 % teurer werden.

Kurz vor Jahresende will Mike Port noch mal ins Fitness-Studio. „Ein bisschen Kraft und Ausdauer tanken für den Kampf, der uns im kommenden Jahr bevorsteht", scherzt der Hamburger Bananenhändler. Dann beginnt für den Chef von Port International nämlich ein Wettbewerb, wie ihn die Branche seit gut einem Jahrzehnt nicht mehr erlebt hat. Am 1. Januar 2006 will die EU das bisherige Quotensystem für die Einfuhr der krummen Früchte aus Südamerika abschaffen, gleichzeitig aber die Importzölle von derzeit 75 Euro pro Tonne drastisch auf 176 Euro erhöhen. Während einige Hamburger Importeure davon ausgehen, dass es durch die Veränderung der Zölle zu deutlich höheren Bananenpreisen für den Endverbraucher kommen könnte, erwarten andere durch den Wegfall der Quoten eher, dass die großen Anbieter mit Kampfpreisen auf den Markt gehen und mittelständische Betriebe verdrängen. „Der Markt steht vor einem Chaos", sagt der Hamburger Bananenexperte Deggelmann dem Abendblatt. In den vergangenen zwölf Jahren konnten nur diejenigen Betriebe Bananen aus Südamerika nach Europa einführen, die eine entsprechende Lizenz hatten. (...) Dieses abgeschottete System will die EU nun durch die höheren Zölle ersetzen. Nicht ohne Eigennutz: Immerhin 350 Millionen Euro pro Jahr lassen sich nach Branchenschätzungen so in die Kassen der chronisch klammen Gemeinschaft spülen. Offiziell handelt die EU allerdings auf Druck der WTO, die seit Jahren ein faireres Handelssystem anmahnt. (...) „Das neue System ist unfair und hat keine Aussicht, vor der WTO Bestand zu haben", sagt Jörg Doberstein, Chef der Afrikanischen Fruchtkompagnie in Hamburg. Er importiert jährlich etwa 110 000 Tonnen Bananen aus Südamerika und verwendet ausschließlich eigene Lizenzen. „Für uns würde sich der Import der Früchte durch die höheren Zölle enorm verteuern", sagt Doberstein. „Das ginge natürlich auf unsere Marge, würde aber sicher auch an den Endverbraucher weitergegeben werden." Eine Verteuerung der Bananen von 20 % im Supermarkt oder auf dem Wochenmarkt hält er für denkbar. Davon ist Konkurrent Mike Port nicht überzeugt. „Es könnte im Gegenteil sein, dass die großen Handelskonzerne nach dem Wegfall der Quoten den Markt mit Ware überschwemmen und die Preise nach unten drücken", sagt er. Erste Anzeichen dafür gebe es schon. „Wir sind für einen Preiskampf gerüstet, auch wenn wir als Mittelständler einem Großkonzern finanziell natürlich nicht ewig Paroli bieten können." Port, der seine Ware überwiegend aus Ecuador, Kolumbien, Peru, Costa Rica und der Dominikanischen Republik bezieht, hat sich zudem schon vor Jahren mit dem Import von Transfairbananen eine Nische geschaffen, die ohnehin höhere Preise zulässt. Außenstehende Experten halten es aber auch für möglich, dass die Bananenpreise trotz der Freigabe der Importe weitgehend konstant bleiben. „Die höheren Zölle auf der einen und der Wegfall der Kosten für die Einfuhrlizenzen auf der anderen Seite könnten sich für viele Bananenhändler aufheben", sagt Wilhelm Ellinger, Obstexperte der Zentralen Markt- und Preisberichtstelle für Agrarprodukte (ZMP). Ein neues WTO-Treffen ist für die kommende Woche festgesetzt.

Quelle: nach Hamburger Abendblatt, 10. Dezember 2005, www.abendblatt.de, 10.04.2007

Bananenernte in Ghana

Rollenkarte AKP-Bananenproduzenten
Die GMOB bedeutet für Sie indirekte Entwicklungshilfe, die aufgrund der historischen Verbindungen der ehemaligen Kolonien zu Europa nicht entfallen darf. Die zukünftigen Lösungen können also nicht zu Ihrem Nachteil ausfallen. Sie meinen dennoch, dass die indirekten Hilfen in direkte umzuwandeln sind. Die Auflösung der Quoten ist durch andere Hilfen zu kompensieren. Die Schutzzölle für Dollarbananen müssen hoch sein; Ihnen muss der zollfreie Import möglich sein.

„Dollar-Bananen" in der Reifekammer

Rollenkarte Dollarbananenproduzenten
Sie sind der Meinung, dass nicht nur die Quoten, sondern auch die Zölle abgeschafft werden müssen, da sich der Preis auf dem Markt frei durch Angebot und Nachfrage bilden soll. Die Konsumenten sollen nach Bedürfnissen und Qualität entscheiden. Die Erhöhung der Zölle und die Bevorzugung der AKP-Staaten ist für Sie nicht akzeptabel.
Die Unterstützung der EU kann Ihrer Meinung nach durch direkte Hilfen erreicht werden. Generell wären Ihnen Zölle lieber als Kontingente, da Sie diese durch entsprechende Senkung der Produktionskosten – zu Lasten Ihrer Arbeiter oder der Umwelt durch geringeren biologischen Anbau und erhöhte Düngung – ausgleichen können. Sie vermuten, dass die Europäer hinter ihrer Zollmauer die Produktion ausweiten und die Dollarbananen, die derzeit über 60 % des EU-Verbrauchs decken, weiter zurückdrängen wollen. Der Verkauf von Transfairbananen sollte in der EU gefördert werden, da Sie hierbei mehr Gewinn machen können. Für diese fordern Sie Zollfreiheit. Die Forderung der EU nach höheren Qualitätsstandards wird mit dem Verweis auf die bestehenden Regelungen von Ihnen abgelehnt, ansonsten sollen die bisherigen Normen (Länge etc.) verschärft werden.

Rollenkarte WTO-Vertreter
Als Vertreter der WTO übernehmen Sie die Eröffnung der Streitschlichtung und die Diskussionsleitung. Als Erstes rufen Sie die verschiedenen Akteure auf, die ihre Meinung in zwei Minuten darstellen können. Als Zweites leiten Sie die Diskussion ein, das bedeutet, Sie müssen die Akteure zur konstruktiven Diskussion anhalten. Dabei kann es sein, dass Sie die Diskussion „anheizen oder abkühlen" müssen!
Sie vertreten die Meinung, dass der freie Handel so weit wie möglich gewahrt werden muss, sehen aber die Probleme der einzelnen Akteure und versuchen einen Kompromiss zu finden. Informieren Sie sich über die Standpunkte und suchen Sie einen sinnvollen Mittelweg!
Sie sind zudem der Meinung, dass die Erhöhung der Zölle bei den Dollarbananenproduzenten dazu führt, dass diese die Produktionspreise drücken und trotz Zölle in den Markt einsteigen. Die Senkung der Produktionspreise würde nachteilig für die Arbeiter im Produktionsland sein oder auf Kosten der Umwelt (Düngung etc.) umgesetzt werden.

WORLD TRADE ORGANIZATION

Logo der WTO

Rollenkarte Gemeinschaftsbananenproduzenten
Sie sind der Meinung, dass die EU für den Schutz Ihrer Produkte innerhalb der Mitgliedsländer zuständig ist und sowohl Quoten und Zölle beibehalten werden müssen. Auf jeden Fall ist die Erhöhung der Zölle in Ihrem Sinne. Die Qualitätssicherung soll von der EU übernommen werden, damit keine Billigbananen den Markt überschwemmen. Soziale und ökologische Standards werden bei Ihnen gewährleistet. Würden die Quoten fallen, müssten innerhalb der EU viele Arbeitskräfte entlassen werden, und auf eine ökologische Produktion könnte nicht mehr geachtet werden.

Logo von TransFair

Rollenkarte EU-Kommission
Sie vertreten die EU bei der WTO-Streitschlichtung. Bereits seit der Einführung der GMOB 1993 bereitet die Regelung Probleme. Sie befinden sich im Interessenskonflikt zwischen den verschiedenen Akteuren. Trotz der Ermahnungen der WTO halten Sie die vorhandene Quotenregelung für die AKP-Staaten als indirekte Entwicklungshilfe für legitim, als Unterstützung aus der historischen Verantwortung für die ehemaligen Kolonien, und sind daher bereit, die Zölle für den Schutz der AKP-Staaten zu erhöhen.
Die Forderungen der Dollarbananenproduzenten weisen Sie im Hinblick auf die enormen Absatzmöglichkeiten in Kanada und den USA sowie die herausragende Marktmacht und der Größe der Konzerne zurück.
Die Forderungen der Konsumenten nach Preissenkungen halten Sie für nicht sinnvoll, da dies zu Arbeitsplatzverlusten in der EU sowie in den Erzeugerländer führen könnte. Hinzu kommt, dass die Qualität der Bananen sinken könnte. Wichtiger wären eine Unterstützung unterentwickelter Länder und die Förderung der Transfairbananen. Die Abschaffung der bisherigen Kontingente verbunden mit höheren Zöllen stellt für Sie eine Möglichkeit dar, die AKP-Staaten direkt zu unterstützen und die Gemeinschaftsbananen sowie die Randgebiete der EU zu fördern. Generell fordern Sie eine höhere Qualität der Produkte.

EU-Flagge

Rollenkarte EU-Konsumenten
Ihrer Meinung nach sorgt die EU durch die höheren Zölle nur für die Erhöhung der Preise. Sie fordern niedrigere Preise bei gleichbleibender Qualität. Somit halten Sie die Abschaffung der Quoten für richtig und sind gegen höhere Zölle. Die verschiedenen Produzenten können Ihrer Meinung nach die Produktionspreise senken. Wichtiger wären Ihnen Regelungen zur Qualität und zum Schutz der Arbeiter vor Ort, daher wollen Sie strengere Produktstandards und Präferenzen (Vorzüge) für Bio- oder Transfairbananen. (Normalerweise dürfen die Konsumenten nicht mitmachen, aber hier haben sie eine Stimme!)

Konsumenten

Integrationsstufen wirtschaftlicher Zusammenschlüsse

Das Lichten eines Hochwaldes – Karikatur zur Gründung des Zollvereins 1834

Zoll- und Mautlinien in Deutschland
38 Zoll- und Mautlinien in Deutschland lähmen den Verkehr im Innern und bringen ungefähr dieselbe Wirkung hervor, wie wenn jedes Glied des menschlichen Körpers unterbunden wird, damit das Blut ja nicht in ein anderes überfließe. Um von Hamburg nach Österreich, von Berlin in die Schweiz zu handeln, hat man zehn Staaten zu durchschneiden, zehn Zoll- und Mautordnungen zu studieren, zehnmal Durchgangszoll zu bezahlen.
Quelle: F. List: Für einen wirtschaftlichen Zusammenschluss der deutschen Staaten, in: G. Schmölders: Geschichte der Volkswirtschaftslehre. Überblick und Leseproben, Rowohlt, Reinbek, 1996, S. 181 f.

Der deutsche Wirtschaftswissenschafter Friedrich List (1789–1846) gilt als Wegbereiter des Deutschen Zollvereins von 1833/34, welcher die deutsche Einheit auf wirtschaftlichem Gebiet förderte und den Aufschwung der deutschen Industrie beschleunigte.

Handelshemmnisse sind versteckte Maßnahmen, um die eigene Wirtschaft zu schützen. Dennoch gehen der freie Außenhandel und die damit verbundene internationale Arbeitsteilung auf die Erkenntnis zurück, dass jedes Land mit den vergleichsweise geringsten Kosten produziert und insgesamt der Wohlstand der Länder erhöht wird. Ein Land, welches Handelsschranken abbaut, wird i. d. R. das gleiche Wirtschaftswachstum erfahren wie nach einem größeren technologischen Fortschritt. Ein Land, welches sich von der restlichen Welt abschottet, wird dagegen Nachteile erfahren, wie folgendes Beispiel verdeutlicht:

Das gesamte BIP von Peru liegt kurz unter demjenigen der Stadt München. Stell dir vor, was passieren würde, wenn der Stadtrat von München den Stadtbewohnern verbieten würde, mit den Menschen, die außerhalb der Stadtgrenzen leben, Handel zu treiben. Ohne die Möglichkeit der Vorteile des Handels auszunutzen, müsste München alle seine Produktions- und Konsumgüter selbst herstellen. Der Lebensstandard würde sofort sinken und sich im Laufe der Zeit weiter verschlechtern. Genau dies geschah mit Ländern, wie z. B. Argentinien, welches im zwanzigsten Jahrhundert vor allem nach innen gerichtete Maßnahmen verfolgte. Im Gegensatz dazu erzielten nach außen offene Länder, wie z. B. Süd-Korea, Singapur und Taiwan, hohe Wachstumsraten der Wirtschaft.
Quelle: nach Mankiw, G.: Grundzüge der VWL, Schäffer-Poeschel 1999, S. 575

1. Interpretieren Sie die Karikatur.
2. Lesen Sie den Text „Zoll- und Mautlinien in Deutschland" aufmerksam durch und fassen Sie die Aussagen im Hinblick auf den Freihandel kurz zusammen.
3. Wiederholen Sie die Vor- und Nachteile des Freihandels.

Der Abbau von Handelshemmnissen zwischen Staaten kann über verschiedene idealtypische Integrationsstufen verlaufen.
Die **Freihandelszonen** (auch Freihandelsassoziation genannt) als erste Stufe wirtschaftlicher Zusammenschlüsse umfassen den gesamten Güter- und Dienstleistungsverkehr. Die Mitgliedsländer verpflichten sich in Verträgen, zwischen ihnen bestehende Handelshemmnisse zu beseitigen. Es gibt keine

Importzölle und zwischen den Partnerländern herrscht Freihandel. Allerdings gibt es gegenüber Drittländern keine gemeinsame Handelspolitik, jedes Land hat seine eigenen Außenzölle. Um zu verhindern, dass Waren aus Drittländern über das Land mit dem geringsten externen Zolltarif in die Freihandelszone gelangen, müssen den Waren sog. Ursprungszertifikate beigelegt werden, aus denen das Herkunftsland hervorgeht. Der Güter- und Dienstleistungsverkehr mit anderen Mitgliedsländern muss in einer Freihandelszone weiterhin kontrolliert werden. Ein bekanntes Beispiel ist die NAFTA.

In **Zollunionen** werden neben der Beseitigung der Zölle zwischen den Mitgliedsländern gemeinsame Zolltarife für Drittländer vereinbart. Innerhalb der Zollunion erfolgt somit eine Abschaffung der Ein- und Ausfuhrzölle, während nach außen die Zolltarife und Zollvorschriften vereinheitlicht werden. Die Zollpolitik ist somit nur ein Teil einer komplexeren Handelspolitik. Meist wird die Handelspolitik gegenüber Drittländern aufeinander abgestimmt. Für den Binnenverkehr ist kein Nachweis über das Ursprungsland erforderlich, da alle einen gemeinsamen Außenzoll haben und nicht die Gefahr besteht, dass alle Güter über das Land mit dem geringsten Zoll eingeführt werden. Beispiele für Zollunionen sind der deutsche Zollverein (1834) und die Europäische Wirtschaftsgemeinschaft (EWG) von 1957.

Anders als bei vielen anderen Integrationsformen, die ausschließlich auf den Güterverkehr und Dienstleistungen abstellen, sind beim **Gemeinsamen Markt** zusätzlich Bewegungen der Produktionsfaktoren Arbeit und Kapital uneingeschränkt liberalisiert. Dies bedeutet Niederlassungsfreiheit für Unternehmen, Freizügigkeit für Arbeitskräfte und freien Kapitalverkehr. Bei der EWG kann ab 1970 von einem gemeinsamen Markt gesprochen werden.

Ein weiterer Schritt dieser Integrationsstufe ist der **Binnenmarkt**. Hierbei wird durch wirtschaftspolitische Absprachen verhindert, dass Produktionsfaktoren nur in bestimmte Länder des Binnenmarktes wandern. Es bedarf eines gemeinsamen Ordnungsrahmens in der Wettbewerbspolitik. Außerdem muss die Steuerpolitik ein Stück weit harmonisiert werden. Der Europäische Binnenmarkt vereinigt seit 1993 die Märkte der Mitgliedsstaaten der Europäischen Union (EU). Der Binnenmarkt der EU ist ein Raum ohne Binnengrenzen, in dem der freie Verkehr von Waren, Dienstleistungen, Personen und Kapital gewährleistet ist.

Die letzte Integrationsstufe lässt sich in zwei Abschnitte unterteilen:

In einer **Wirtschaftsunion** erfolgt zusätzlich zum freien Güterverkehr und zu uneingeschränkten Bewegungen der Produktionsfaktoren Arbeit und Kapital ein hohes Maß an Abstimmung der nationalen Wirtschaftspolitiken oder deren Vereinheitlichung, z. B. gemeinsame Geldpolitik. Es handelt sich um die höchste Stufe internationaler ökonomischer Integration, in der die Mitgliedsländer lediglich noch Regionen der ökonomischen Union sind. Das Ziel einer Wirtschaftsunion liegt damit in der Schaffung einheitlicher ökonomischer Verhältnisse. Ziel der Europäischen Union ist die Wirtschaftsunion.

Eine weitere Stufe der Integration ist die **Währungsunion**. Dabei können die nationalen Währungen nicht mehr zum Zweck der gegenseitigen Abschottung gebraucht werden, z. B. durch feste Wechselkurse oder die Einführung einer gemeinsamen Währung. Die EU ist z. B. seit 1999 eine Währungsunion.

!

1. Kurzpräsentation:
   a) Bilden Sie in der Klasse Gruppen mit bis zu vier Personen.
   b) Jede Gruppe übernimmt eine Integrationsstufe.
   c) Finden Sie anhand des Textes und der grafischen Darstellung auf Seite 164 heraus, was Ihre Form der Integration kennzeichnet.
   d) Stellen Sie Ihr Thema auf einer Folie klar, übersichtlich und lesbar dar.
   e) Beschreiben Sie die jeweilige Integrationsstufe anhand eines Beispiels.
   f) Präsentieren Sie die von Ihnen bearbeitete Integrationsstufe Ihren Mitschüler/-innen – Sie haben jeweils vier Minuten Zeit.

   Achten Sie noch einmal auf die Hinweise zur Präsentation auf Seite 62.

2. Recherchieren Sie im Internet weitere Wirtschaftszusammenschlüsse über Ländergrenzen hinweg und ordnen Sie diese den verschiedenen Integrationsstufen zu.

3. Ordnen Sie die verschiedenen Formen des Freihandels zwischen die beiden Modellleitbilder (Freihandel und Protektionismus) ein, indem Sie diese in eine logische Abfolge der Beschränkungen bringen.

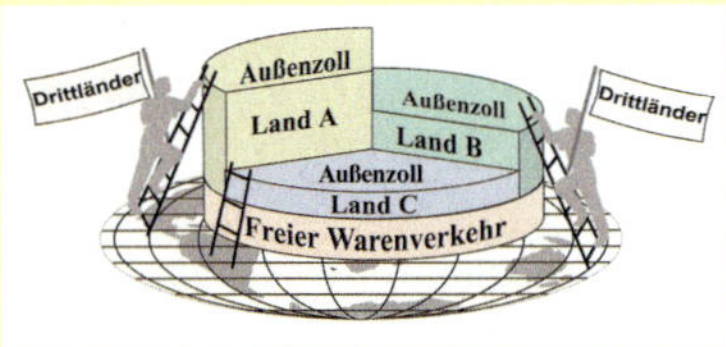

Freihandelszone

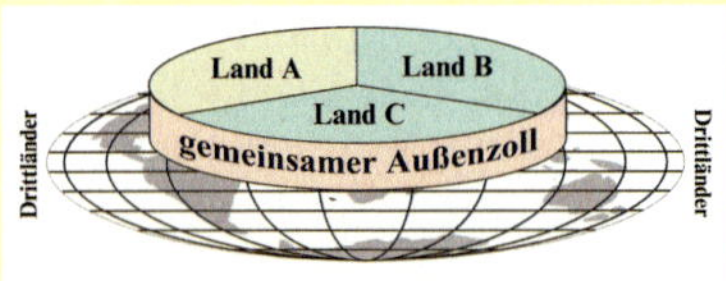

Zollunion

Gemeinsamer Markt

Der Hintergrund für einen freien Außenhandel liegt darin, dass bei einer internationalen Arbeitsteilung jedes Land die Erzeugnisse anbieten wird, die es mit den vergleichsweise niedrigsten Kosten produzieren kann. Dabei kann es sein, dass ein Land ein Gut generell billiger produziert und somit einen absoluten Kostenvorteil hat. Es lohnt jedoch auch eine Betrachtung der sogenannten komparativen Kosten. Die Produktionskosten eines Gutes A werden dabei im Verhältnis zu den Produktionskosten eines Gutes B ausgedrückt. Ist das Kostenverhältnis des Gutes A zum Gut B kleiner als im Ausland, besitzt das betrachtete Land einen komparativen (relativen) Vorteil.
Gründe für internationalen Handel liegen in den Kostenunterschieden und der Verfügbarkeit der Produktionsfaktoren (Arbeit und Wissen, Natur, Kapital).

Vor- und Nachteile des Außenhandels

Vorteile	Nachteile
Verbesserung der Güterversorgung durch – Nutzung von Kostenvorteilen – Erhöhung der Produktvielfalt	Abhängigkeit von Weltmarktpreisen
Schaffung von Arbeitsplätzen in Sektoren mit Kostenvorteilen	Verlust von Arbeitsplätzen in Bereichen mit Kostennachteilen
Sicherung des Friedens zwischen den Ländern	Abhängigkeiten zu Liefer- und Abnehmerstaaten
	Durch die Spezialisierung und Arbeitsteilung werden innerhalb einer Volkswirtschaft Monostrukturen aufgebaut.

Messgröße für das Verhältnis von exportierten zu importierten Gütern

$$\text{Terms of Trade (ToT)} = \frac{\text{Exportpreise}}{\text{Importpreise}}$$

Die wichtigste Organisation zur Überwachung der Spielregeln im internationalen Handel ist die WTO. Ihre Ziele sind die Liberalisierung des Welthandels durch den Abbau von tarifären und nicht-tarifären Handelshemmnissen sowie die Förderung des Lebensstandards und der Beschäftigung.

Außenwirtschaftspolitische Instrumente, um den Handel zu beschränken:
- preispolitische Maßnahmen
- mengenpolitische Maßnahmen
- währungspolitische Maßnahmen
- integrations- und entwicklungspolitische Maßnahmen

Wichtige Begriffe
Binnenmarkt
Export
Freihandel
GMOB
Handelshemmnisse
Import
Kostenvorteile
Protektionismus
Terms of Trade

V

Stufen regionaler Integration
- Freihandelszone
- Zollunion
- gemeinsamer Markt
- Wirtschaftsunion
- Währungsunion

1. Erklären Sie, auf welche Erkenntnis der freie Außenhandel und die internationale Arbeitsteilung zurückgehen.

2. Stellen Sie die Vor- und Nachteile des internationalen Handels für Haushalte, Unternehmen und den Staat gegenüber.

3. Interpretieren Sie die folgende Karikatur im Hinblick auf den internationalen Handel.

4. Beschreiben Sie, welche Organisationen die Regeln des internationalen Handels überwachen und welche Ziele diese verfolgen.

5. Diskutieren Sie die Verantwortung der Industrieländer im Hinblick auf die Terms of Trade hinsichtlich der Schwellen- und Entwicklungsländer.

6. Überlegen Sie sich Beispiele für Güter- und Dienstleistungen in Deutschland, welche Ihrer Meinung nach vor internationalem Handel geschützt werden sollten. Begründen Sie Ihre Meinung.

7. Stellen Sie dar, warum die Öffentlichkeit die Vorteile des Freihandels nicht immer zu schätzen weiß.

8. Diskutieren Sie die folgende Überschrift eines Spiegel-Artikels:

G 8: Gipfel der Ungerechtigkeit
Stahlfabrikanten aus Indien, Ölbarone aus Russland, Internet-Unternehmer aus China: Nie zuvor ist der Wohlstand so schnell gewachsen – doch nie war er so ungleich verteilt. Die globale Konfliktlinie zwischen Arm und Reich provoziert Spannungen. Wie lässt sich der Gegensatz überwinden?
Quelle: DER SPIEGEL (23/2007), 04.06.2007

9. Interpretieren Sie die nebenstehende Grafik.

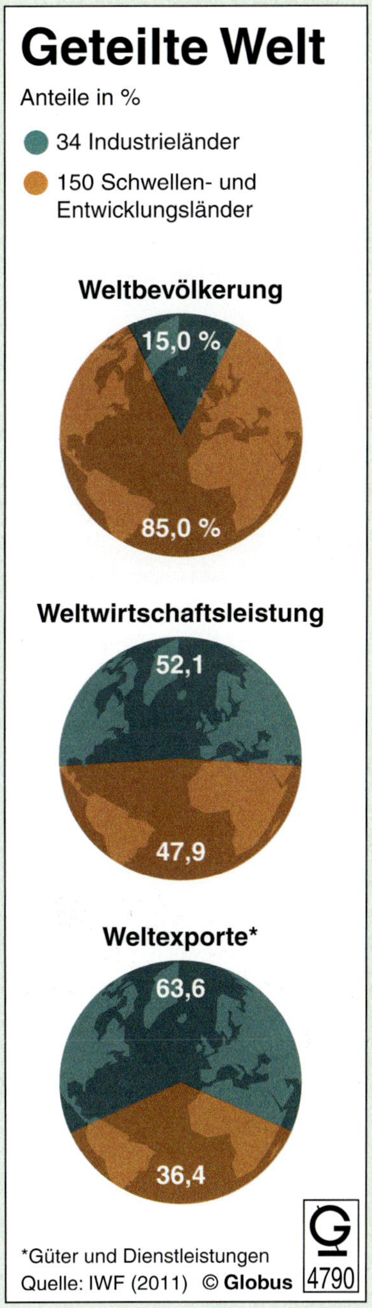

Flagge der EU. Der Kreis der zwölf goldenen Sterne steht für Einheit, Solidarität und Harmonie zwischen den europäischen Völkern.

Europa auf dem Stier. Europa war die Tochter des Königs Agenor aus Phönizien. Zeus entführte Europa nach Kreta, indem er sich in einen weißen Stier verwandelte.

1. Überlegen Sie sich, welche Vorteile Sie durch die EU haben.
2. Diskutieren Sie mit Ihrem Tischnachbarn, wie Sie zur EU stehen.
3. Erstellen Sie in Ihrem Heft einen Zeitstrahl zur Geschichte der EU mit den jeweiligen Mitgliedsländern.

2 Die Europäische Wirtschafts- und Währungsunion

2.1 Der Weg zur EU

„Da liegt Europa. Wie sieht es aus? Wie ein buntgestrichenes Irrenhaus. Die Nationen schuften auf Rekord: Export! Export! Die anderen! Die anderen sollen kaufen! Die anderen sollen Weine saufen! Die anderen sollen Schiffe heuern! Die anderen sollen die Kohle verfeuern! Wir? Zollhaus, Grenzpfahl und Einfuhrschein: wir lassen nicht das geringste herein. Wir nicht. Wir haben ein Ideal: Wir hungern. Aber streng national."
Quelle: Kurt Tucholsky: Europa, In: Die Weltbühne, 1932

Keiner würde heute Europa beschreiben wie Tucholsky damals. Das aktuelle Europa wird immer mehr zur Einheit: Das Reisen zwischen den Ländern ohne Grenzen, Transport der Waren ohne Zölle und in vielen Ländern ein Zahlungsmittel: der Euro. Dennoch war es ein langer Weg bis zu den heutigen Freiheiten. Die EU ist kein Staat, sondern vielmehr eine übernationale (supranationale) Organisation der Mitgliedsstaaten, die einen Teil ihrer Hoheitsrechte auf diese übertragen haben.

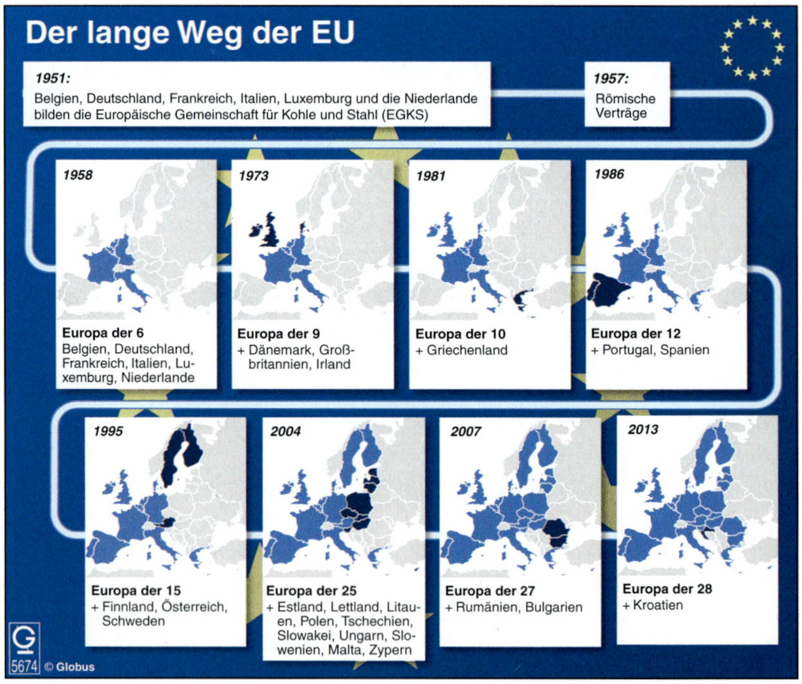

Bereits lange gibt es die Idee von einem einheitlichen Europa, dennoch sind uns heute die Motive und Gründe für die Entwicklung der EU oft nicht mehr klar – obwohl diese gerade heute von Bedeutung sind, wie die Gewährleistung von Sicherheit und Frieden, der Abbau von Grenzen, der wirtschaftliche Wohlstand für alle.

Nach dem Zweiten Weltkrieg sah der damalige Bundeskanzler Konrad Adenauer für Westdeutschland nur eine Chance: die Integration in ein vereintes Westeuropa. Der Kalte Krieg zwischen Ost und West zeigte, dass die Alliierten nicht auf das Potenzial Westdeutschlands verzichten konnten. Unter der Leitung des französischen Außenministers Robert Schuman wurde ein Plan zur Eingliederung Westdeutschlands in das Bündnis der westlichen Nationen entwickelt. Ein erster Schritt war, die französische und die deutsche Kohle- und Stahlproduktion einer gemeinsamen Behörde zu unterstellen. Symbolcharakter hatte dieser Plan, da zu dieser Zeit Kohle und Stahl von enormer wirtschaftlicher Bedeutung waren. Zudem trugen gerade die Industriezweige, die im Krieg durch die Waffenproduktion die Vernichtung vieler ermöglichten, nun zum ersten Einigungsschritt bei. Frankreich, Italien, die Benelux-Staaten und Deutschland gründeten 1952 die **Europäische Gemeinschaft für Kohle und Stahl** (EGKS), auch Montanunion genannt.

Adenauer und Schumann bringen die Montanunion auf den Weg (1951).

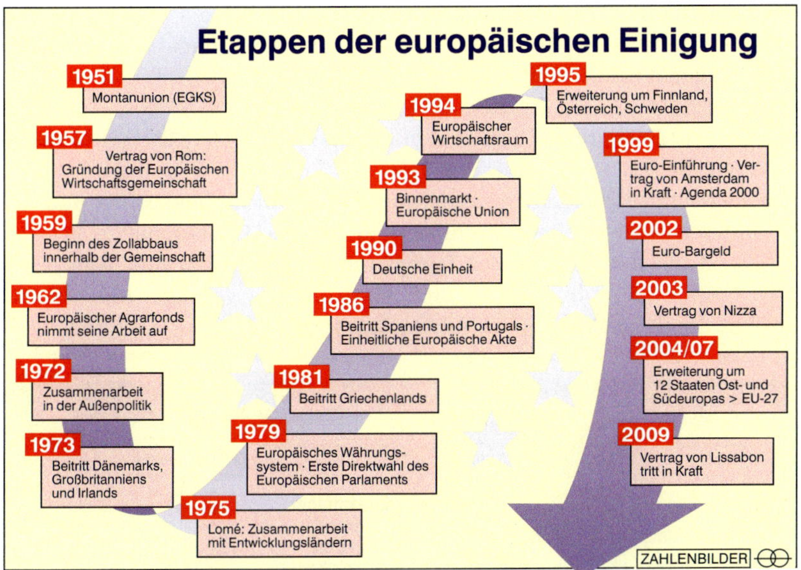

© Bergmoser + Höller Verlag AG 714 005

Unterzeichnung der Verträge EWG und EURATOM in Rom

Somit war ein erster Schritt getan – in der weiteren Entwicklung führte vor allem das Aufkommen billigen Erdöls als neuer Energieträger dazu, dass Kohle und Stahl an Bedeutung verloren. Die Schwerindustrie unterlag großen sozialen und finanziellen Problemen. Daher unternahmen die sechs Mitgliedsstaaten einen weiteren Schritt zur Verflechtung, um mit den damaligen Großmächten USA und Sowjetunion mitzuhalten. Sie unterzeichneten 1957 die „Römischen Verträge" über die Gründung der **Europäischen Wirtschaftsgemeinschaft** (EWG) und der **Europäischen Atomgemeinschaft** (EURATOM), womit die Grundlage für ein einheitliches Wirtschaftsgebiet ohne Binnenzölle und gemeinsamen Außenzoll geschaffen wurde. Bereits hier wurde das Ziel einer Wirtschafts- und Währungsunion beschlossen.

Die weitere Integration erfolgte am 1. Juli 1967 durch den in Brüssel festgelegten Zusammenschluss von EGKS, EWG und EURATOM zur Europäischen Gemeinschaft (EG). Ein gemeinsamer Rat und eine gemeinsame Kommission wurden eingesetzt. Durch den wirtschaftlichen Zusammenschluss entwickelte sich der gemeinschaftliche Handel sehr erfolgreich und immer neue Staaten traten der EG bei (siehe Grafik).

!

1. Erstellen Sie anhand der Informationen im Buch und mittels Recherche im Internet eine Übersicht über die wichtigsten politischen und wirtschaftlichen Ereignisse in der EU.

2. Interpretieren Sie die Karikatur hinsichtlich ihrer Bedeutung für die heutige EU.

3. Recherchieren Sie im Internet, welche Länder aktuell an der EU teilnehmen und welche einen Beitritt anstreben.

Prinzipien der Kompetenzordnung

- Prinzip der **Einzelermächtigung**: Organe der Gemeinschaft dürfen nur dann Rechtsnormen erlassen, wenn sie durch die Gemeinschaftsverträge dazu explizit ermächtigt sind
- Prinzip der **Subsidiarität**: EG darf in den Bereichen, die nicht in ihre ausschließliche Zuständigkeit fallen, nur eingeschränkt tätig werden, falls die Ziele der in Betracht gezogenen Maßnahmen auf Ebene der Mitgliedsstaaten nicht ausreichend erreicht werden können.
- Das Prinzip der **Verhältnismäßigkeit**: EG-Rechtsetzung darf grundsätzlich nur Maßnahmen ergreifen, die geeignet, erforderlich und angemessen sind.

Dennoch blieben auch Krisen nicht aus, und vor allem in den 1970er-Jahren geriet die Gemeinschaft unter Druck: Die Wirtschaft stagnierte, die Arbeitslosigkeit wuchs und die einzelnen Staaten hatten Strukturprobleme. Die nationalen Interessen und das Kompetenzgerangel zwischen den Institutionen bis hin zu Finanzkrisen belasteten die EG.

So wurden 1987 die bisherigen Verträge durch die **Einheitliche Europäische Akte** (EEA) erweitert und reformiert. Ziel war die Vollendung des einheitlichen Binnenmarktes bis Ende 1992, die Stärkung des Europäischen Parlaments und die Einbeziehung weiterer Bereiche wie z.B. der Umweltpolitik. Die Hindernisse des innergemeinschaftlichen Handels, wie sie z.B. in Papierkrieg, Bürokratie, Grenzformalitäten und Wartezeiten bestanden, sollten abgeschafft werden.

Diesem Schritt folgte 1992 der **Vertrag von Maastricht**, mit dem die **Europäische Union** (EU) gegründet wurde. Die Kompetenzen der EG wurden erweitert und nach dem Einzelermächtigungs-, dem Solidaritäts- und dem Verhältnismäßigkeitsprinzip geregelt.

Die EU wurde somit auf drei Säulen errichtet, den Europäischen Gemeinschaften, basierend auf den Verträgen zur EGKS, EWG und EURATOM, den Regelungen zur gemeinsamen Außen- und Sicherheitspolitik und der Zusammenarbeit der Bereiche Justiz und Inneres. Ein besonderer Schwerpunkt ist die Realisierung der **Europäischen Wirtschafts- und Währungsunion** (EWWU) in drei Stufen. Eine Änderung des Vertrages über die EU erfolgte durch den **Vertrag von Amsterdam** 1997.

Europäische Gemeinschaft (EG)

Durch den Vertrag von Maastricht wurde die Europäsche Wirtschaftsgemeinschaft (EWG) zur Europäischen Gemeinschaft (EG), wodurch zum Ausdruck kommt, dass nicht mehr nur eine Wirtschaftsgemeinschaft, sondern außerdem eine politische Union angestrebt wird. Ein weiterer Schwerpunkt ist die Schaffung einer europäischen Währungsunion. Dazu wurde die Europäische Zentralbank (EZB) mit Sitz in Frankfurt am Main als „Hüterin der Währung“ unabhängig von den Weisungen der Regierungen der Mitgliedsstaaten eingerichtet. Im Vorfeld wurde 1994 das Europäische Währungsinstitut gegründet, welches die bis dahin autonome Geldpolitik koordinierte und die Vorarbeiten für die EZB leistete. 1999 trat dann die Währungsunion für die Staaten (vgl. S. 174), welche die im Vertrag von Maastricht festgelegten Konvergenzkriterien erfüllten, ebenfalls in Kraft. Die Folge waren unwiderruflich feste Wechselkurse, eine gemeinsame Geldpolitik und eine einheitliche Währung. 1998 nahm die EZB ihre Arbeit auf und am 01.01.2002 wurde der Euro als Bargeld in elf Staaten eingeführt.

1. Interpretieren Sie die Karikatur hinsichtlich der Regelungen zum Vertrag von Maastricht.

Nach dem Vertrag von Amsterdam lagen die Ziele der EU vor allem in der
- Förderung des wirtschaftlichen und sozialen Fortschritts, eines hohen Beschäftigungsniveaus sowie einer ausgewogenen Entwicklung,
- Behauptung der Identität der EU auf internationaler Ebene, insbesondere durch die gemeinsame Außen- und Sicherheitspolitik (GASP),
- Stärkung des Schutzes der Rechte der Bewohner der Mitgliedsstaaten durch die Einführung einer Unionsbürgerschaft,
- Erhaltung und Weiterentwicklung der Union als Raum der Freiheit, der Sicherheit und des Rechts,
- Wahrung und Weiterentwicklung des gemeinschaftlichen Besitzstandes.

Ein weiterer Punkt war die Verabschiedung des Stabilitäts- und Wachstumspaktes zur Sicherung der Stabilität. Die Konvergenzkriterien müssen demnach auch nach dem Beitritt zur Währungsunion eingehalten werden.
Doch auch weiterhin unterliegt die EU einem stetigen Wandel. Mit dem 2003 in Kraft getretenen **Vertrag von Nizza** stieß die Europäische Union das Tor nach Osten auf. Die Institutionen der EU mussten auf die Osterweiterung vorbereitet werden, um handlungsfähig zu bleiben, da eine Gemeinschaft mit 25, 28 oder mehr Staaten nicht mehr funktioniert wie mit nur sechs Staaten bei ihrer Gründung. Eine angestrebte EU-Verfassung musste jedoch aufgegeben werden. An ihre Stelle trat 2009 der **Vertrag von Lissabon**, der wesentliche Inhalte des Verfassungsvertrags enthält und die Handlungsfähigkeit der EU verbessern soll.

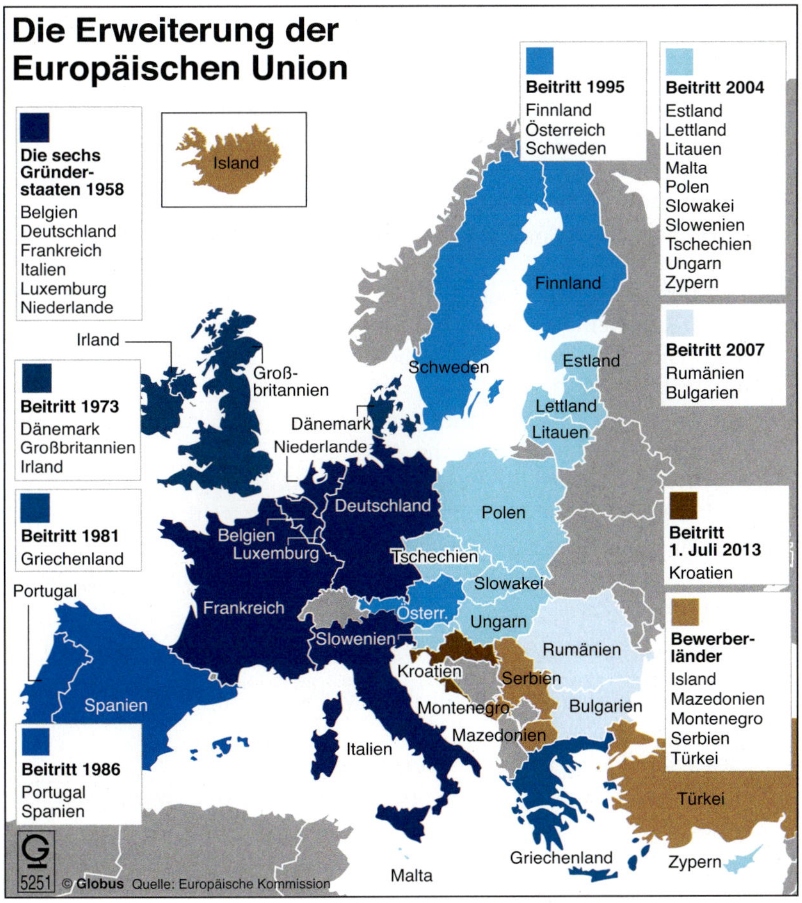

Kopenhagener Kriterien:
Für die Aufnahme in die EU müssen die beitrittswilligen Länder die „Kopenhagener Kriterien" erfüllen.
- institutionelle Stabilität als Garantie für demokratische und rechtsstaatliche Ordnung
- funktionsfähige Marktwirtschaft sowie die Fähigkeit, dem Wettbewerbsdruck und den Marktkräften innerhalb der EU standzuhalten
- Verpflichtungen, die aus dem Beitritt entstehen, sowie die Ziele der EU und der EWWU müssen übernommen werden

1. Informieren Sie sich im Internet über die neuesten Entwicklungen der EWWU.

2. Stellen Sie dar, worin der Unterschied zwischen einer Währungsunion und einer Währungsreform besteht.

„A cartoon tells more in a few lines than do ten thousand words", says a critic and he is right (David Lowe).

Ablauf einer KARIKA-Tour:

1. Interpretieren Sie die Karikaturen der Reihe nach gemeinsam mit Ihrem Tischnachbarn (jeweils drei Minuten).
2. Notieren Sie die wichtigsten Antworten zu den folgenden Schritten in Stichpunkten.

Interpretation einer Karikatur:

Wahrnehmung

1. Wahrnehmung

Was sehen Sie? Beschreiben Sie, was Sie beim Betrachten der Karikatur sehen. Gehen Sie dabei folgendermaßen vor:

- Was ist das Thema der Karikatur?
- Werden bekannte Personen, Figuren oder Gegenstände dargestellt?
- Wie werden diese dargestellt (Gestik, Mimik, Körperhaltung, Kennzeichen)?
- Welche Symbole/Stilmittel tauchen auf, welche Bedeutung haben sie?
- Was ist besonders wichtig?

Analysieren

2. Analysieren

Was will uns der Karikaturist mitteilen? Deuten Sie die Absicht des Zeichners:

- In welcher Situation werden die Beteiligten dargestellt?
- Wer/Was wird durch die Karikatur kritisiert?
- Welche Funktion haben die Symbole/Stilmittel?
- In welchem Zusammenhang stehen Bild und Text?

Stilmittel und Symbole deuten:

Bei Karikaturen ist es wichtig, die Details zu betrachten, wie z. B.

- die Figuren (Typisierung oder Individualisierung, Größe etc.)
- Anordnung der Figuren (Position oben/unten, Größenverhältnis etc.)
- Symbole und Zeichen sowie deren Zuordnung
- Textteil: Beitrag zum Verständnis, Verhältnis Text – Bild

Beispiele für Symbole/Zeichen:

- Personifikationen auflösen, z. B. Engel = Frieden, Geier = Pleite, Mars = Krieg, Marianne = Frankreich, Michel (Mann mit Zipfelmütze) = Deutschland
- Symbole deuten: Zepter, Krone, Hammer und Sichel, Anzug, Blaumann, Helm, Zylinder, Hut, Aktentasche etc.
- Mensch-Tier-Vergleich: Krebs (geht rückwärts), Maulwurf (blind)
- natürliche Metaphern wie Unwetter, Flut, schwarz-weiß, dick-dünn
- politische Metaphern wie Gleichgewicht, Abschreckung, Entspannung
- historisches Wissen über Situationen, Personen einbeziehen, z. B. Napoleon, Bismarck etc.

Interpretieren

3. Interpretieren

In welchem Kontext steht die Karikatur? Welche Wirkung erzeugt die Karikatur bei euch?

- Welcher Konflikt/welches Problem wird dargestellt?
- Betrifft die Karikatur die Vergangenheit, die Gegenwart oder die Zukunft?
- Was ist die Intention/welche Meinung vertritt der Zeichner/Sie selbst?

„O.K, WIR SAGEN >HEREIN<, ABER NUR GAAANZ LANGSAM!“

„Doppelhaus mit Brandmauer“

Mutter Europa und ihre Kinder

EUROPÄISCHE GEMEINSCHAFT

2.2 Europa als Wirtschaftsgemeinschaft

Zentrales Element des Zusammenschlusses der Mitgliedsstaaten der EU war die Errichtung eines gemeinsamen Binnenmarktes. Bereits bei der Gründung der EWG war ein gemeinsamer Markt vorgesehen, erst 1985 einigten sich die Mitgliedsstaaten auf den Abbau der Schranken innerhalb der EG.

Die Aufhebung der Handelsschranken ermöglicht vor allem kleineren Ländern einen verstärkten Export. Durch den gemeinsamen Auftritt als europäischer Wirtschaftsraum ist die EU ein bedeutender Konkurrent gegenüber den USA und Japan im Weltwirtschaftsgeschehen. Aufgrund des größeren Wettbewerbs erhofft man sich zudem eine höhere Preis- und Produktvielfalt für die Produzenten und Konsumenten. Letztendlich kann die EU durch gemeinsame Forschung und Entwicklung auf dem Weltmarkt Vorteile erarbeiten. Dennoch kann auch die gemeinsame EU-Politik nicht alle wirtschaftlichen Probleme und Entwicklungen abschwächen. In einzelnen Ländern kommt es zu steigender Arbeitslosigkeit, Konkurrenzdruck und Betriebsverlagerungen.

1. Recherchieren Sie im Internet die wichtigsten Handelspartner der EU und die wesentlichen Exportartikel.
2. Nennen Sie die ökonomischen Vorteile eines Binnenmarktes.
3. Interpretieren Sie die Karikatur ausführlich.
4. Ordnen Sie die im Text aufgeführten Probleme den jeweiligen Freiheiten zu.

EU-Mitgliedsstaaten und Euroländer
Durch die Erweiterung der Mitgliedsstaaten und der Eurozone verändern sich immer wieder die politischen, ökonomischen und gesellschaftlichen Strukturen in der EU. Die Ziele und die Organisation der EU müssen immer wieder neu definiert werden, und die Steuerbarkeit einer großen Gemeinschaft wird immer schwieriger. Regionale und globale Interessen treffen aufeinander und müssen abgestimmt werden. Daher sollen die Grundlagen und Regeln der künftigen Zusammenarbeit in der EU-Verfassung (die noch nicht ratifiziert wurde) gestärkt werden. Diskutieren Sie eins der folgenden Themen im Klassenverband:

EU-Flagge

1. Themenwahl
Thema 1: Rechtliche Regelungen, die auf EU-Ebene getroffen wurden, sollten immer sofort für alle Mitgliedsstaaten gelten.
Thema 2: Die Öffnung der EU nach Osten und die neuen Beitrittsländer vernichten in Deutschland Arbeitsplätze.
Thema 3: Die wirtschaftlichen Unterschiede der neuen Beitrittsländer sind zu groß – das schwächt die gesamte EU.
Thema 4: Die Erweiterung der EU wirkt sich positiv auf das Wirtschaftswachstum in Europa aus.
Thema 5: Der Wettbewerb auf dem Arbeitsmarkt wird durch den Binnenmarkt immer heftiger – Jugendliche müssen auf einem internationalen Arbeitsmarkt agieren.
Thema 6: Um eine große Gemeinschaft steuern zu können, sollten weitere Politikbereiche wie Steuern, Sozialsysteme und Ähnliches angepasst werden.
Thema 7: Nur die EU-Länder, die den Euro eingeführt haben, sind vollwertige Mitglieder.

Themenwahl

2. Planung und Vorbereitung
- Teilen Sie Ihre Klasse in gleich viele Pro- und Kontra-Gruppen ein.
- Suchen Sie Informationen zu Ihrem Thema im Internet, in Lexika, Büchern etc. Bereiten Sie fundierte und begründete Argumente vor.
- Notieren Sie Argumente und überlegen Sie sich ein Eingangsstatement.
- Planen Sie die Diskussion sorgfältig.
- Erstellen Sie ein Handout für alle in der Gruppe, damit die Pro- und Kontra-Argumente festgehalten werden.

Planung

3. Durchführung
- Jede Kontra-Gruppe sucht sich eine Pro-Gruppe.
- Aus jeder Gruppe übernimmt einer die Diskussionsleitung (zwei Diskussionsleiter).
- Diskutieren Sie das Thema in der Gruppe.
- Diskutieren Sie anschließend das Thema im Plenum – hierbei übernehmen wieder zwei Personen die Diskussionsleitung.
- Bestimmen Sie für jede Seite Protokollanten, die Ihre wichtigsten Argumente festhalten und auf einem Handout oder Plakat notieren.

Durchführung

4. Zusammenfassung
Fassen Sie im Klassenverband die Ergebnisse der Diskussion zusammen und überlegen Sie, ob sich Ihre Meinung verändert hat.

Drei Stufen zur EWU auf Grundlage der Einheitlichen Europäischen Akte (Delors-Bericht):

1990: Liberalisierung des Geld- und Kapitalverkehrs, z. B. die Aufhebung der Kapitalverkehrskontrollen in der EG, die Einbeziehung aller Währungen der EG-Mitgliedsstaaten in den EWS-Wechselkursmechanismus, eine grundlegende Konsolidierung der Staatshaushalte etc.

1994: Schaffung des Europäischen Systems der Zentralbanken (ESZB) (als Vorläufer wird das Europäische Währungsinstitut EWI geschaffen). Um eine stabile Währung zu schaffen, wurde die Teilnahme an die im Maastrichter Vertrag festgelegten Konvergenzkriterien gebunden.

1999: Wechselkurse werden unwiderruflich festgelegt. Einführung des Euro als gemeinsame Währung – mit einer Übergangszeit von drei Jahren als Giralgeld – in elf Mitgliedsstaaten. Die Europäische Zentralbank (EZB) ist als unabhängige Institution und Nachfolgeinstitution des Europäischen Währungsinstituts für die Geldpolitik verantwortlich; alle nationalen Zentralbanken sind untergeordnete Institutionen.

1. Recherchieren Sie, welche Länder aktuell an der Euro-Zone teilnehmen und welche einen Beitritt anstreben.

2.3 Die Europäische Währungsunion

Ein weiterer Schritt in Richtung Integration und Abbau von Handelshemmnissen stellte innerhalb der EU das Ziel der gemeinsamen Währung dar. Bereits 1979 wurde ein erster Schritt unternommen, ein **Europäisches Währungssystem** (EWS I) einzuführen. Eine neue Währungseinheit, der **ECU** (European Currency Unit), wurde als Rechengröße geschaffen. Der ECU bestand aus einem Korb der Währungen aller Mitgliedsstaaten, in den jede einzelne Währung mit einem bestimmten Betrag einging. Der Korbanteil richtete sich nach dem wirtschaftlichen Gewicht des Landes (Anteil des Landes am BNE der EU). Der ECU wurde wie eine Währung behandelt, war aber nie gesetzliches Zahlungsmittel. Die Währungen schwankten nur noch in engen Bandbreiten zueinander und hatten somit einen gemeinsamen Bezug zu außereuropäischen Währungen. Ziel war es, durch diesen **Wechselkursmechanismus** (WKM I) stabile Wechselkurse in der Euro-Zone zu schaffen und dadurch den Handel innerhalb der EU vor Wechselkursschwankungen zu schützen. Vorher hatten die Unternehmen – durch die schwankenden Kurse – kaum Kalkulationsgrundlagen und konnten somit nicht langfristig planen und investieren. Man wollte zudem neben dem Dollar und dem Yen einen dritten Währungsblock etablieren.

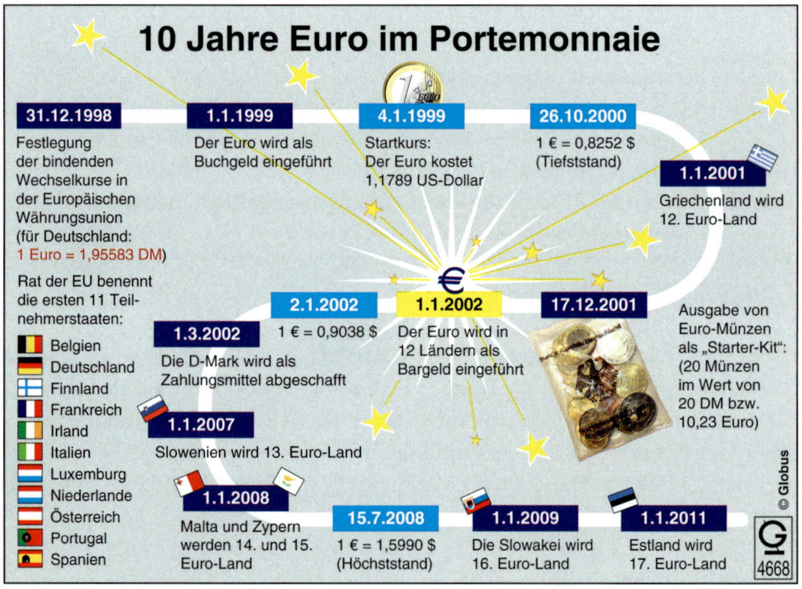

Im Jahr 1999 wurde der Euro als Buchgeld in elf der damals 15 Mitgliedsstaaten eingeführt und ersetzte den ECU. Am 1.1.2002 wurde der Euro dann für die Bürger der Euro-Länder zum Bargeld. Heute gilt der Euro bereits in mehr Ländern als Zahlungsmittel. Bestimmte Länder, die den Euro nicht eingeführt haben, diesen aber anstreben, halten ihre Währungen innerhalb des **EWS II** (Nachfolger des EWS) bzw. dem **WKM II** in einer Bandbreite von maximal +/– 15 Prozent (z. B. Estland, Lettland und Litauen), Dänemark +/– 2,25 Prozent.

Wichtigste Institution der europäischen Währungsunion wurde die **Europäische Zentralbank** (EZB), welche für die Stabilität des Euro sorgt und die Geldpolitik der Gemeinschaft gestaltet.

Für die Teilnahme an der Währungsunion wurden sog. **Konvergenzkriterien** (Konvergenz, lat.: Annäherung) festgelegt:
- Die **Preissteigerungsrate** darf nicht mehr als 1,5 % über der Inflationsrate der drei stabilsten Länder liegen.
- Die **Gesamtverschuldung** eines Staates darf nicht über 60 % des Bruttoinlandsproduktes liegen und die **Neuverschuldung** darf maximal 3 % des BIP betragen.
- Das langfristige **Zinsniveau** darf maximal 2 % über dem der drei stabilsten Länder liegen.
- Die Währung darf mindestens zwei Jahre die vereinbarte Bandbreite der **Wechselkurse** im EWS II bzw. WKM II nicht verlassen haben und nicht abgewertet worden sein.

1. Erläutern Sie die Bedeutung der Konvergenzkriterien für die EU.

Diese Konvergenzkriterien sind von den Euro-Ländern einzuhalten, um eine stabile Währung zu sichern. Dies wurde auf dem EG-Gipfel 1996 in Dublin im sog. **Stabilitäts- und Wachstumspakt** festgelegt, wodurch den Euro-Ländern ein relativ ausgeglichener Staatshaushalt garantiert werden soll.
Die jährlich stattfindende Überprüfung der Euro-Länder erfolgt durch den Rat der Wirtschafts- und Finanzminister. Es hat sich allerdings spätestens in Folge der weltweiten Wirtschafts- und Finanzkrise ab 2008 gezeigt, dass sowohl die Überwachung zur Einhaltung der Konvergenzkriterien als auch Sanktionierungen schwierig sind. So hatten beispielsweise einige Länder vor Beginn ihrer Euro-Mitgliedschaft einen Gesamtschuldenstand von deutlich über 60 % ihres Bruttoinlandsproduktes und andere Länder veröffentlichten Zahlen zum Schuldenstand, die nicht der Wirklichkeit entsprachen.
Als sich im Zuge der Weltwirtschafts- und Finanzkrise der hohe Verschuldungsstand einiger Euro-Länder, wie z. B. Griechenland und Irland, offenbarte, wurden zunächst kurzfristige „**Rettungspakete**" für diese Länder geschnürt. Gleichzeitig wurden „**Konjunkturpakete**" zur Ankurbelung der Wirtschaft beschlossen. Eine mittelfristige, zeitlich begrenzte Maßnahme war der sog. „**Rettungsschirm**", mit dem betroffene Länder z. B. Kredite gegen Auflagen erhalten konnten.
Eine langfristige Maßnahme zur Stabilisierung einzelner Volkwirtschaften im Euro-Raum ist der „**Europäische Stabilitätsmechanismus**" (**ESM**), mit dem überschuldete Mitgliedsstaaten Kredite zu Sonderkonditionen gewährt werden. Die Kreditvergabe ist allerdings an klare Bedingungen geknüpft. So wird z. B. die Unterstützung nur gewährt, wenn sie zur Stabilisierung der Eurozone unerlässlich ist und strikte Auflagen hinsichtlich einer wirtschaftlichen Reform eingehalten werden. Eine weitere langfristige Maßnahme ist der „**Vertrag über Stabilität, Koordinierung und Steuerung in der Wirtschafts- und Währungsunion**", kurz „**Fiskalpakt**", der im Frühjahr 2012 beschlossen wurde. Dieser umfasst folgende Kernpunkte:
- Schuldenbremse: Das jährliche Staatsdefizit darf 0,5 % der Wirtschaftsleistung nicht übersteigen.
- Defizitverfahren: Bei Überschreitung der Schuldengrenze wird dieses Verfahren automatisch ausgelöst und kann nur durch eine Zwei-Drittel-Mehrheit der Finanzminister gestoppt werden. Liegt die Gesamtverschuldung über 60 % der Wirtschaftsleistung, wird eine Reduzierung um ein zuvor festgelegtes Maß pro Jahr gefordert.
- Strafen: Verstößt ein Land gegen die Verschuldungsgrenze, ist eine Geldstrafe von bis zu 0,1 % der Wirtschaftsleistung zu zahlen.
- Voraussetzung für den ESM: Der Beitritt zum Fiskalpakt ist die Voraussetzung, Mittel aus dem ESM zu erhalten.

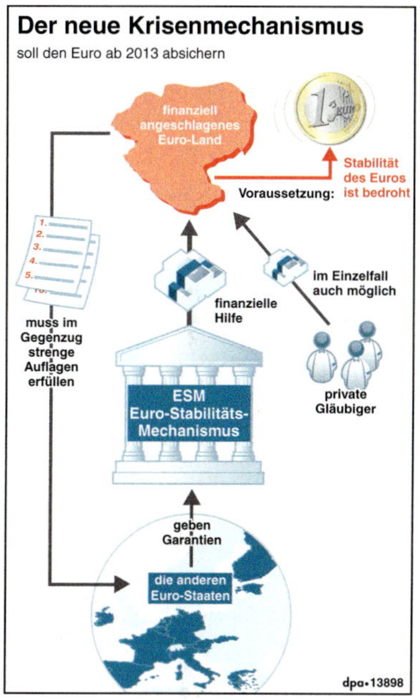

Defizitverfahren gegen Frankreich eröffnet
Luxemburg – Die EU-Finanzminister haben gestern in Luxemburg das Strafverfahren gegen Frankreich wegen überhöhter Neuverschuldung im Jahr 2002 eröffnet. Paris muss bis zum 3. Oktober Schritte einleiten, um 2004 unter die Defizit-Grenze von drei Prozent vom Bruttoinlandsprodukt zu kommen. Frankreich ist neben Deutschland und Portugal das dritte EU-Land, das die Kriterien nicht erfüllt ...
abendblatt.de, 4. Juni 2003

Frankreich zuerst entlastet
Die EU stoppt erst das Defizitverfahren gegen Frankreich, dann das gegen Deutschland. Das teilte die EU-Kommission am Mittwoch mit. Man wolle erst bestätigte Zahlen für 2006 haben.
Manager-magazin.de, 29.11.2006

Entscheidung der EU-Finanzminister: Defizitverfahren gegen Deutschland eingestellt
Die Finanzminister der Europäischen Union haben das Defizitverfahren gegen Deutschland endgültig eingestellt. Damit ist die Gefahr von Milliardenbußen nach vier Jahren abgewendet.
Sueddeutsche.de, 05.06.2007

Wirtschaftliche Portraits europäischer Länder
Nehmen Sie die EU-Länder unter die Lupe! Inwiefern erfüllen heute die Länder die Konvergenzkriterien? Können EU-Länder, die noch keinen Euro haben, jederzeit beitreten? Wie sieht die wirtschaftliche Lage der Länder aus, was sind ihre wichtigsten Branchen, wie hoch ist der Export- und Importanteil? Suchen Sie sich ein Land aus und überprüfen Sie es!

Aufgabe: Erstellen Sie ein Plakat zu den wichtigsten wirtschaftlichen Daten eines EU-Mitgliedsstaates, z. B. BIP, Konvergenzkriterien, Bevölkerung.

Vorgehensweise:
Schritt 1: Bilden Sie Arbeitsgruppen und einigen Sie sich auf einen EU-Mitgliedsstaat. Kein Mitgliedsstaat soll doppelt bearbeitet werden.
Schritt 2: Beschaffung von Informationen im Internet und zu Hause:
- Suchen Sie in Lexika, Büchern, im Internet und sammeln Sie Material.
- Achten Sie auf die Zuverlässigkeit und die Seriosität der Quellen.

Schritt 3: Werten Sie die Informationen aus und bereiten Sie sie auf:
- Welche Informationen wollen Sie wie auf dem Plakat präsentieren?
- Fassen Sie Texte zusammen, erstellen Sie Tabellen und Grafiken, etc.

Schritt 4: Erstellen Sie Ihr Plakat und beachten Sie Folgendes:
- Ist das Plakat ansprechend gestaltet, zieht es die Aufmerksamkeit auf sich?
- Gelingt es, komplexe Sachverhalte auf eine Aussage zu reduzieren?
- Achten Sie auf Übersichtlichkeit, Wirkung, Stilmittel, Verbindung von Thema und Darstellung, Vollständigkeit, Aussagekraft, Richtigkeit etc.

Schritt 5: Bereiten Sie die Präsentation des Plakates in der Klasse vor.

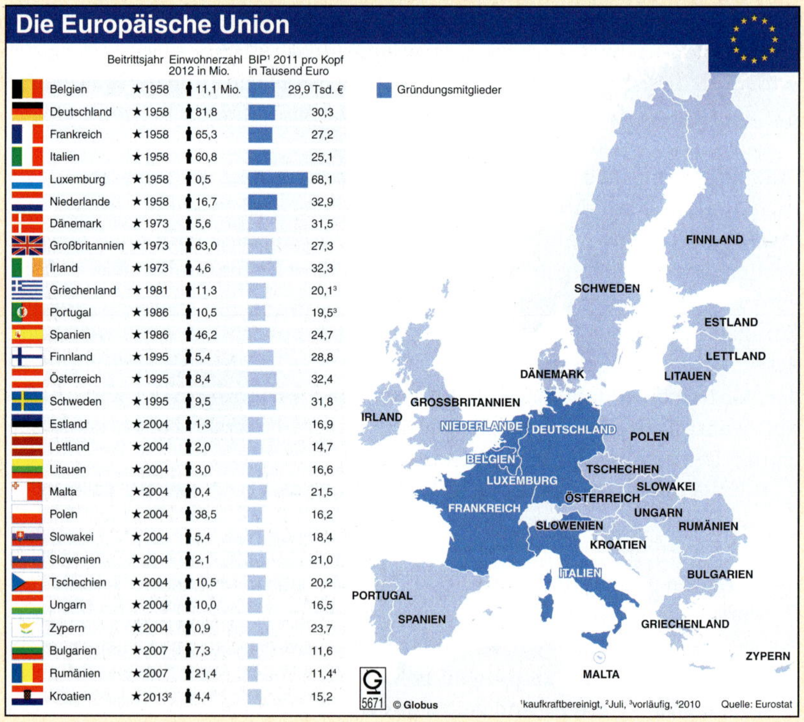

	Beitrittsjahr	Einwohnerzahl 2012 in Mio.	BIP[1] 2011 pro Kopf in Tausend Euro
Belgien	★1958	11,1 Mio.	29,9 Tsd. €
Deutschland	★1958	81,8	30,3
Frankreich	★1958	65,3	27,2
Italien	★1958	60,8	25,1
Luxemburg	★1958	0,5	68,1
Niederlande	★1958	16,7	32,9
Dänemark	★1973	5,6	31,5
Großbritannien	★1973	63,0	27,3
Irland	★1973	4,6	32,3
Griechenland	★1981	11,3	20,1[3]
Portugal	★1986	10,5	19,5[3]
Spanien	★1986	46,2	24,7
Finnland	★1995	5,4	28,8
Österreich	★1995	8,4	32,4
Schweden	★1995	9,5	31,8
Estland	★2004	1,3	16,9
Lettland	★2004	2,0	14,7
Litauen	★2004	3,0	16,6
Malta	★2004	0,4	21,5
Polen	★2004	38,5	16,2
Slowakei	★2004	5,4	18,4
Slowenien	★2004	2,1	21,0
Tschechien	★2004	10,5	20,2
Ungarn	★2004	10,0	16,5
Zypern	★2004	0,9	23,7
Bulgarien	★2007	7,3	11,6
Rumänien	★2007	21,4	11,4[4]
Kroatien	★2013[2]	4,4	15,2

2.4 EU-Recht und dessen Bedeutung für die EU-Mitgliedsstaaten

Die Schaffung der vier Freiheiten stellt die Basis zur Vollendung des Binnenmarktes dar. Doch trotz der vielen Schritte in Richtung des gemeinsamen Marktes ist das Ziel noch lange nicht erreicht. Durch technologische, politische, gesellschaftliche und ökologische Fortschritte müssen immer wieder Anpassungen vorgenommen werden. Der Binnenmarkt unterliegt einem ständigen Wandel, dem die Vorgaben und Richtlinien angepasst werden, damit die Schranken weiter abgebaut werden können.

Daran arbeiten die verschiedenen Organe der EU. Der **EU-Rat** legt die Leitlinien der EU-Politik fest. Bei der Einführung oder Erneuerung von Gesetzen werden meist von der **EU-Kommission** Vorschläge an den **EU-Ministerrat** eingereicht (Initiativrecht), der dann je nach Ressort (z. B. Umweltminister aller EU-Länder bei Fragen zur Ökologie) zusammentrifft und unter Mitwirkung des **Europäischen Parlaments** entscheidet (Legislative). Die EU-Kommission wacht zudem als Exekutive über die Einhaltung des EU-Rechts. Die Gesetzmäßigkeit des Handelns und die Einhaltung des Gemeinschaftsrechts werden durch den **Europäischen Gerichtshof** (Judikative) gewährleistet.

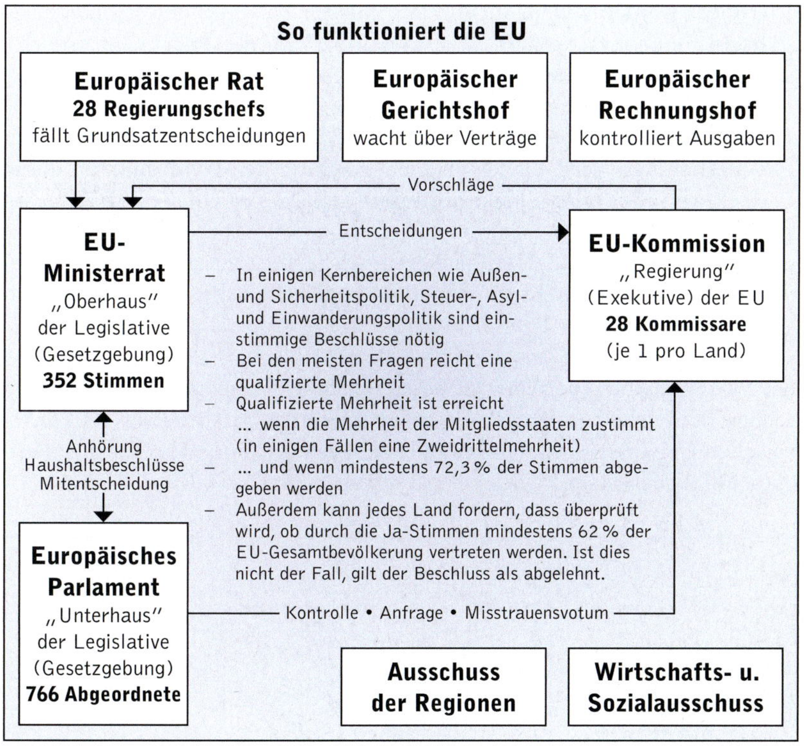

Stand: 2013

Der **Wirtschafts- und Sozialausschuss** (WSA) kann zu bestimmten Fragen des Ministerrates oder der Kommission Stellung nehmen. Ebenso kann dies der **Ausschuss der Regionen** als Repräsentant der Länder und einzelnen Regionen der EU. Bei Fragen zur Währungspolitik wird die **EZB** gehört. Sie hat in diesem Fall Initiativrecht bei der Rechtsetzung und kann Verordnungen erlassen, soweit dies zur Erfüllung ihrer Aufgaben notwendig ist.

„Schau an, die Literatur hat aber doch enorme Fortschritte gemacht seit Moses!"

Organe der EU

Europäischer Rat: Rat der Staats- und Regierungschefs, gibt die Leitlinien vor.

EU-Ministerrat: Wichtigstes Entscheidungsorgan der EU, entscheidet über Rechtsakte der EU. Zusammensetzung je nach Thema, Sitz in Brüssel.

EU-Kommission: „Regierung der EU" mit Sitz in Brüssel hat Initiativrecht im Gesetzgebungsverfahren und ist für die Einhaltung und Durchführung des EU-Rechts verantwortlich.

EU-Parlament: Es kann von der Kommission Vorschläge für verschiedene Bereiche verlangen, ist am Gesetzgebungsverfahren beteiligt, stellt den EU-Haushaltsplan auf und kontrolliert die Ausgaben der EU. Sitz in Luxemburg.

Europäischer Gerichtshof: Kontrolliert die Gesetzmäßigkeit des Handelns der Gemeinschaftsorgane und die Einhaltung des EU-Vertrages durch die Mitgliedsstaaten. Sitz in Luxemburg.

Europäischer Rechnungshof: Er legt den Jahresbericht zum Haushalt vor und eine Erklärung zur Zuverlässigkeit der Rechnungsprüfung. Sitz in Luxemburg.

Rechtsetzungsverfahren

- **Zustimmungsverfahren:** Das Parlament kann den Rechtsakten, die der Ministerrat, beschließt, zustimmen oder nicht. In bestimmten Fällen muss das Parlament mit der absoluten Mehrheit seiner Mitglieder zustimmen (Vetorecht), z. B. besondere Aufgaben der EZB, Beitritt neuer Mitgliedsstaaten etc.
- **Mitentscheidungsverfahren:** Sollte zwischen Rat und Parlament keine Einigung zustande kommen, wird aus Vertretern der beiden ein Vermittlungsausschuss gebildet. Scheitert dieser, so scheitert das Rechtsetzungsverfahren. Beispiele: Diskriminierung aus Gründen der Staatsangehörigkeit, des Geschlechts, der Rasse, der ethnischen Herkunft, der Religion oder der Weltanschauung, einer Behinderung, des Alters oder der sexuellen Ausrichtung
- **Verfahren der Zusammenarbeit:** Das Parlament kann den Vorschlag des Rates abändern; der Rat beschließt aber letztendlich allein. Bereiche: Verbot des bevorrechtigten Zugangs zu den Finanzinstituten, Verbot der Haftung für die Verbindlichkeiten der Mitgliedsstaaten etc.
- **Konsultationsverfahren:** Die Kommission schlägt vor, der Rat entscheidet. Allerdings müssen verschiedene Phasen durchlaufen werden, in denen der WSA und der Ausschuss der Regionen je nach dem Gegenstand des Rechtsakts gehört werden.

1. Interpretieren Sie die Karikatur.

Tritt ein Land der EU bei, wird auch die Rechtsordnung der EG für dieses bedeutsam, neben dem bestehenden Völkerrecht und dem staatlichen Recht. Das Gemeinschaftsrecht stellt dann eine eigene Rechtsordnung dar. Das EU-Recht geht auf viele Verträge, Dokumente und Richtlinien zurück und wird unterteilt in das Primär- und das Sekundärrecht. Das „**Primärrecht**" der Europäischen Union umfasst die Verträge als sog. Verfassungsrecht. In den Verträgen sind die Grundprinzipien der Union festgelegt, insbesondere die Zuständigkeit der Akteure des Gemeinschaftssystems und die Rechtsetzungsverfahren. Die Verträge werden von den Regierungen der Mitgliedsstaaten erarbeitet und müssen anschließend ratifiziert werden (z. B. Vertrag zur Gründung der EG bzw. EU, Beitrittsverträge, EU-Verfassung usw.).

Aus den verschiedenen Verträgen wird anschließend das „**Sekundärrecht**" abgeleitet. Dabei lassen sich folgende Vorschriften unterscheiden:

- **Verordnungen**, welche unmittelbar in allen EU-Mitgliedsstaaten rechtlich verbindlich und gültig sind, ohne eine weitere Umsetzung in nationales Recht.
  Beispiel: EG-Verordnung 178/2002 zur Lebensmittelsicherheit
- **Richtlinien**, diese müssen von den Mitgliedsstaaten innerhalb einer bestimmten Frist umgesetzt werden. Die Mitgliedsstaaten entscheiden dabei selbstständig über die Wahl der Mittel, mit denen diese Ziele erreicht werden sollen. Richtlinien müssen entsprechend in nationales Recht umgesetzt werden. Wird dies innerhalb der Frist nicht erreicht, wird die Richtlinie wie erlassen gültig.
  Beispiel: Feinstaubrichtlinie (99/30/EG)
- **Entscheidungen und Beschlüsse**, diese können an Mitgliedsstaaten, Unternehmen oder Einzelpersonen gerichtet sein und sind für diese direkt rechtlich verbindlich, bedürfen somit keiner Umsetzung in nationales Recht.
- **Empfehlungen und Stellungnahmen**, sie haben steuernden und normierenden Charakter, sind unverbindlich und gelten nur als generelle Ratschläge.

Bei Nichteinhaltung der Verträge oder fehlender Umsetzung der Richtlinien drohen den einzelnen Staaten Vertragsverletzungsverfahren vor dem Europäischen Gerichtshof. Als letztes Mittel dienen Zwangsgelder für die jeweiligen Mitgliedsstaaten.

Die Umsetzung des EU-Rechts in der Praxis

Entscheidend für die Funktionsfähigkeit des Binnenmarktes ist die Abstimmung bzw. Harmonisierung bestimmter rechtlicher Regelungen in den EU-Staaten – daher müssen die von der EU erlassenen Richtlinien umgesetzt werden. Bürger und Unternehmen der Staaten sollen die vier Freiheiten definitiv nutzen können. Dennoch zeigen sich gerade in der praktischen Umsetzung der Richtlinien große Probleme.

Q

Binnenmarkt: Kommission mahnt Umsetzung von EU-Recht in sieben Mitgliedstaaten an

Die Europäische Kommission hat beschlossen, Vertragsverletzungsverfahren gegen sieben Mitgliedstaaten weiterzuverfolgen, die eine oder mehrere Binnenmarktrichtlinien noch nicht in innerstaatliches Recht umgesetzt haben. Wegen Nichtmitteilung von Umsetzungsmaßnahmen ruft sie jetzt in folgenden Fällen den Gerichtshof der Europäischen Gemeinschaften (EuGH) an: Tschechien (Richtlinien über die Anerkennung ärztlicher bzw. zahnärztlicher Qualifikationen), Estland (Postdienste), Griechenland und Italien (Modernisierung der Rechnungslegung), Luxemburg und Schweden (zusätzliche Beaufsichtigung von Finanzkonglomeraten) sowie Griechenland (Sanierung und Liquidation von Kreditinstituten). Darüber hinaus erhalten zwei Länder gemäß Artikel 228 EG-Vertrag sogenannte mit Gründen versehene Stellungnahmen, in denen die Kommission sie auffordert, unverzüglich bestimmten EuGH-Urteilen nachzukommen. Der Gerichtshof hatte Frankreich wegen Nichtumsetzung der Urheberrechtsrichtlinie aus dem Jahr 2001 verurteilt, Luxemburg wegen Nichtumsetzung von EU-Vorschriften über den rechtlichen Schutz biotechnologischer Erfindungen. Falls Frankreich und Luxemburg der Aufforderung der Kommission nicht nachkommen, kann die Kommission beim Gerichtshof als letztes Mittel die Verhängung von Zwangsgeldern beantragen. (Brüssel, 10.01.2006)

Quelle: www.europa.eu, 10.1.2006

Q

Öffentliche Aufträge: Kommission drängt in sieben Mitgliedstaaten auf Umsetzung von EU-Recht

Die Europäische Kommission hat beschlossen, Belgien, Finnland, Griechenland, Luxemburg, Portugal, Spanien und Schweden vor dem Europäischen Gerichtshof zu verklagen, da sie immer noch nicht die nationalen Maßnahmen zur Umsetzung bestimmter Richtlinien über öffentliche Aufträge mitgeteilt haben. Die betroffenen Mitgliedstaaten haben es versäumt, eine oder mehrere der folgenden Richtlinien über das öffentliche Auftragswesen in nationales Recht umzusetzen: Richtlinie 2004/18/EG über die Koordinierung der Verfahren zur Vergabe öffentlicher Bauaufträge, Lieferaufträge und Dienstleistungsaufträge; Richtlinie 2004/17/EG über die Auftragsvergabe durch Auftraggeber im Bereich der Wasser-, Energie- und Verkehrsversorgung sowie im Telekommunikationssektor und Richtlinie 2005/51/EG. Die Frist für die Umsetzung der Bestimmungen dieser Richtlinie lief am 31. Januar 2006 ab. (Brüssel, 21.03.2007)

Quelle: www.europa.eu, 21.3.2007

Q

Der Kommissar Charlie McCreevy für Binnenmarkt und Dienstleistungen nimmt Stellung zur Mahnung der Kommission: „Die Mitgliedstaaten haben in jüngster Zeit beeindruckende Fortschritte bei der Umsetzung von Binnenmarktrichtlinien erzielt (...). Einige Mitgliedstaaten hinken der Entwicklung jedoch immer noch hinterher. Dadurch können Bürger und Unternehmen in der EU nicht uneingeschränkt von den Vorteilen des Binnenmarkts profitieren und ebenso wenig von Maßnahmen, auf die sich ihre Regierungen verständigt haben. Ich möchte noch einmal betonen, dass die Kommission ihr Möglichstes tut, um den Mitgliedstaaten bei der fristgerechten Umsetzung von EU-Recht zu helfen, dass sie sich aber auch weiterhin nicht scheuen wird, nötigenfalls bis vor den Gerichtshof zu ziehen."

Quelle: www.europa.eu

!

1. Finden Sie Gründe, warum die Richtlinien nicht umgesetzt werden.
2. Ordnen Sie die nicht umgesetzten Richtlinien den vier Freiheiten im Binnenmarkt zu.
3. Beurteilen Sie die Aussage von Charlie McCreevy hinsichtlich ihrer Bedeutung für die Bürger und Unternehmen der EU.
4. Diskutieren Sie die Bedeutung und die Notwendigkeit der Umsetzung des EU-Rechts in nationales Recht anhand der abgedruckten Artikel.

Die Umsetzung des EU-Rechts ist sehr vielschichtig und trifft in allen Mitgliedsländern auf unterschiedliche innerstaatliche Regelungen, Werte und Ansichten. Ein Beispiel für die langwierige Umsetzung einer EU-Richtlinie in Deutschland stellt der **Europäische Haftbefehl** dar, welcher die grenzüberschreitende Verfolgung und Auslieferung von Straftätern ermöglichen soll. Lange Zeit ging das Thema durch die Presse, daher sollt ihr dieses anhand verschiedener Zeitungsausschnitte erfassen.

Konfrontation

5-Schritt-Lese-Methode
Gehen Sie folgendermaßen vor, um die Texte leichter zu verstehen:

1. Verschaffen Sie sich als Erstes einen groben Überblick über den Zeitungsartikel (Überschrift, Abschnitte, Schlüsselwörter, bekannte Begriffe) – überfliegen Sie den Text.
2. Überlegen Sie sich, um welche Fragen und Probleme es geht und worauf der Artikel eine Antwort gibt.
3. Lesen Sie den Text gründlich. Steht der Text nicht wie hier im Schulbuch, unterstreichen Sie die wichtigsten Aussagen (keine ganzen Sätze) – hier schreiben Sie diese in Ihr Heft! Notieren Sie gleichzeitig unbekannte Begriffe und klären Sie diese mit einem Lexikon oder mit der Lehrkraft.
4. Fassen Sie den Artikel in einzelnen Abschnitten zusammen und formulieren Sie kurze Überschriften.
5. Wiederholen Sie die wichtigsten Informationen des Textes. Anhand der Schlüsselwörter können Sie der ganzen Klasse einen kurzen Vortrag über die Zeitungsartikel halten.

Wenden Sie die gelernten Schritte auf die folgenden Artikel an.

Q

Der Europäische Haftbefehl vor dem Bundesverfassungsgericht (BVerfG)
09.03.2005: Die grenzüberschreitende Kriminalitätsbekämpfung sieht sich durch die Personal- und Gebietshoheit der Staaten erheblichen Schwierigkeiten ausgesetzt. Kraft seiner Souveränität kann ein Staat frei entscheiden, inwiefern er in seinem Hoheitsgebiet bzw. durch seine Staatsangehörigen begangene Taten verfolgt. (...). Im Allgemeinen lehnen die Staaten dabei die Auslieferung ihrer eigenen Staatsangehörigen ab. So auch in Deutschland: Nach Art. 16 Abs. 2 S. 1 GG darf kein Deutscher an einen anderen Staat ausgeliefert werden. Mit der Einführung des sog. Europäischen Haftbefehls hat die EU die Hürden für die grenzüberschreitende Strafverfolgung erheblich vermindert. Grundlage dafür ist ein sog. Rahmenbeschluss des EU-Ministerrates. Danach kann jeder EU-Mitgliedstaat gegen jede Person in der EU für bestimmte Handlungen einen Haftbefehl erlassen und die Auslieferung fordern. Dieser Haftbefehl ist für das gesamte EG-Gebiet verbindlich. (...) Die Bürger der EU werden damit dem direkten Zugriff einer fremden Staatsgewalt ausgesetzt, ohne dass ihr Heimatstaat ihnen Schutz gewähren dürfte. Das EU-Regime sah sich daher von Anfang an erheblicher Kritik ausgesetzt. Gleichwohl hat die Bundesrepublik den Rahmenbeschluss – wenn auch verspätet – mit Wirkung zum 23. August 2004 umgesetzt. (...)
Quelle: www.referendare.net, 9.3.2005

Karlsruhe stoppt EU-Haftbefehl – Keine Auslieferung von Deutschen

Mutmaßliche Straftäter mit deutschem Pass dürfen vorerst auch nicht mehr ans europäische Ausland ausgeliefert werden. Das Bundesverfassungsgericht hat das deutsche Gesetz zum Europäischen Haftbefehl am 18. Juli für nichtig erklärt. Damit gab das Karlsruher Gericht der Verfassungsbeschwerde des unter Terrorverdacht stehenden Deutsch-Syrers Mamoun Darkazanli statt, der nach Spanien ausgeliefert werden sollte. Er wurde umgehend aus der Haft entlassen. (...)

Nach den Worten der Richter scheidet eine Auslieferung Deutscher grundsätzlich aus, wenn die Straftat auf deutschem Boden begangen worden ist. Bei Taten mit „maßgeblichem Auslandsbezug" könnten dagegen – ein neues Gesetz vorausgesetzt – auch Verdächtige mit deutschem Pass an die Justizbehörden anderer Länder überstellt werden. Zudem mahnte Karlsruhe einen stärkeren Rechtsschutz gegen Auslieferungsentscheidungen an.

Quelle: dpa: Das Parlament, Nr. 30–31/25.07.2005, www.bundestag.de

1. Lesen Sie die nebenstehenden Artikel aufmerksam durch.
2. Notieren Sie zu den einzelnen Artikeln Stichpunkte in Ihr Heft.
3. Stellen Sie den Verlauf der Einführung des EU-Haftbefehls in Deutschland dar.
4. Erklären Sie anhand des Beispiels, inwiefern das EU-Recht als Quelle nationalen Rechts gilt.
5. Beschreiben Sie, in welcher Hierarchie das europäische und das deutsche Recht stehen.

Europäischer Haftbefehl kommt

Der Bundestag hat am Donnerstag, dem 29. Juni 2006, das Europäische Haftbefehlsgesetz (16/544) verabschiedet. Der sogenannte europäische Haftbefehl soll Auslieferungsverfahren zwischen den Mitgliedstaaten der Europäischen Union vereinfachen und verkürzen. (...). Ein früheres Gesetz über die internationale Rechtshilfe in Strafsachen wurde vom Bundesverfassungsgericht im Juli 2005 wegen Unvereinbarkeit mit dem Grundgesetz aufgehoben. Die Verfassungsrichter forderten ein gesetzliches Prüfprogramm bei der Auslieferung Deutscher zur Strafverfolgung und bemängelten, dass eine richterliche Überprüfung von Auslieferungsbewilligungen nicht vorgesehen sei.

Das neue Gesetz enthält die vorgeschlagenen Änderungen. Demnach ist die Auslieferung eines Deutschen unter anderem nur zulässig, wenn grundsätzlich die spätere Rücküberstellung in die Bundesrepublik zur Vollstreckung einer verhängten Freiheitsstrafe gesichert ist.

Quelle: www.bundestag.de/aktuell/archiv/2006/europ_haft/

Texte kreativ erfassen: Fiktives Interview

1. Versetzen Sie sich in die Situation eines Journalisten, der einen Experten befragt (z. B. einen Professor oder Anwalt für Europarecht).
2. Suchen Sie im Zeitungsbericht nach Aussagen, die Sie als Antworten des Befragten benutzen können und formulieren Sie dann die Fragen dazu.

Frage: Welche Hintergründe führten dazu, dass der EU-Haftbefehl ins Leben gerufen worden ist?

Antwort: Die grenzüberschreitende Kriminalitätsbekämpfung sieht sich durch die Personal- und Gebietshoheit der Staaten erheblichen Schwierigkeiten ausgesetzt.

Fiktives Interview

Artikel 39 EU-Vertrag

(1) Innerhalb der Gemeinschaft ist die Freizügigkeit der Arbeitnehmer gewährleistet.

(2) Sie umfasst die Abschaffung jeder auf der Staatsangehörigkeit beruhenden unterschiedlichen Behandlung der Arbeitnehmer der Mitgliedstaaten in Bezug auf Beschäftigung, Entlohnung (...).

Artikel 49 EU-Vertrag

Die Beschränkungen des freien Dienstleistungsverkehrs innerhalb der Gemeinschaft für Angehörige der Mitgliedstaaten, die in einem anderen Staat der Gemeinschaft als demjenigen des Leistungsempfängers ansässig sind, sind (...) verboten.

Artikel 81 EU-Vertrag

(1) Mit dem Gemeinsamen Markt unvereinbar und verboten sind alle Vereinbarungen zwischen Unternehmen, Beschlüsse von Unternehmensvereinigungen und aufeinander abgestimmte Verhaltensweisen, welche den Handel zwischen Mitgliedstaaten zu beeinträchtigen geeignet sind und eine Verhinderung, Einschränkung oder Verfälschung des Wettbewerbs innerhalb des Gemeinsamen Marktes bezwecken oder bewirken, (...)

1. Werten Sie die Artikel des EU-Vertrages aus.

2. Diskutieren Sie die „Abstellungspflicht für Nationalspieler" und beurteilen Sie, ob diese mit dem EU-Recht vereinbar ist.

Was hat das EU-Recht mit Fußball zu tun?

Abstellungspflicht für Nationalspieler: Auch Atlético Madrid verklagt FIFA auf Schadensersatz

Der spanische Fußball-Erstligist Atlético Madrid hat den Internationalen Fußballverband (FIFA) auf Schadensersatz in Höhe von 2,5 Millionen Euro verklagt. Atlético, das verletzungsbedingt sechs Monate auf seinen Stürmer Maxi Rodríguez verzichten musste, meint, die FIFA-Bestimmungen über die Abstellung von Nationalspielern ohne finanziellen Ausgleich für die Vereine verstoßen gegen Europäisches Gemeinschaftsrecht. Der Argentinier Rodríguez hatte sich im Oktober 2006 in einem Länderspiel der Nationalelf seines Landes gegen Spanien einen Kreuzbandriss zugezogen und war sechs Monate ausgefallen. Nach der Satzung der FIFA sind Vereine verpflichtet, ihre Nationalspieler zu bestimmten Länderspielen abzustellen, müssen aber für die Versicherung ihrer Profis selbst aufkommen. Darin sieht Atlético einen Verstoß gegen EU-Recht, das unter anderem die Dienstleistungsfreiheit garantiert. Das Madrider Handelsgericht nahm die Klage zur Verhandlung an. Atlético folgt mit der Klage dem Beispiel des belgischen Erstligisten SC Charleroi, der ein Grundsatzurteil vor dem Europäischen Gerichtshof (EuGH) anstrebt. Die Belgier hatten mit Unterstützung der G-14, einem Zusammenschluss der finanzstärksten europäischen Fußballvereine, die FIFA auf Schadensersatz verklagt, nachdem sich ihr marokkanischer Nationalspieler Abdelmadjid Oulmers bei einem Länderspiel schwer verletzt hatte und sieben Monate aussetzen musste.

Das Gericht in Charleroi hatte den „Fall Oulmers" dem EuGH vorgelegt. In einem sogenannten „Vorabentscheidungsverfahren" wird der EuGH prüfen, ob die Abstellungsregelung der FIFA im Einklang mit Bestimmungen des EU-Vertrages, insbesondere dem Freizügigkeitsgebot (Art. 39) und der Dienstleistungsfreiheit (Art. 49), steht und ob die FIFA mit der einseitigen Festlegung möglicherweise gegen das Kartellverbot (Art. 81) verstößt und eine marktbeherrschende Stellung missbraucht (Art. 82). (...)

Quelle: www.sportrechturteile.de

Artikel 82 EU-Vertrag

Mit dem Gemeinsamen Markt unvereinbar und verboten ist die missbräuchliche Ausnutzung einer beherrschenden Stellung auf dem Gemeinsamen Markt oder auf einem wesentlichen Teil desselben durch ein oder mehrere Unternehmen, soweit dies dazu führen kann, den Handel zwischen Mitgliedstaaten zu beeinträchtigen.

Dieser Missbrauch kann insbesondere in Folgendem bestehen:

(...) c) der Anwendung unterschiedlicher Bedingungen bei gleichwertigen Leistungen gegenüber Handelspartnern, wodurch diese im Wettbewerb benachteiligt werden;

d) der an den Abschluss von Verträgen geknüpften Bedingung, dass die Vertragspartner zusätzliche Leistungen annehmen, die weder sachlich noch nach Handelsbrauch in Beziehung zum Vertragsgegenstand stehen.

Was hat der Binnenmarkt mit den Transferregeln im Fußball zu tun?
Eines der Grundprinzipien des Binnenmarktes ist der freie Personenverkehr einschließlich der Freizügigkeit der Arbeitnehmer. Dabei dürfen Arbeitnehmer der Mitgliedstaaten nicht aufgrund ihrer Staatsangehörigkeit unterschiedlich behandelt werden, zum Beispiel in Bezug auf Beschäftigung, Entlohnung und sonstige Arbeitsbedingungen. Eine Rolle spielte der Grundsatz der Freizügigkeit der Arbeitnehmer unter anderem beim sogenannten Bosman-Urteil.

Ausgangslage war, dass der alte Fußballverein des belgischen Profi-Fußballers Jean-Marc Bosman nach Ablauf seines Vertrages eine Ablösesumme fordern konnte, wenn Bosman von einem neuen Verein unter Vertrag genommen würde. Dies entsprach den geltenden Transferregeln. Außerdem betraf der Fall die Frage, ob nationale und internationale Sportvereinigungen oder Sportverbände durch spezielle Bestimmungen den Zugang ausländischer Spieler, die Bürger eines EU-Mitgliedstaates sind, zu den von ihnen veranstalteten Wettbewerben beschränken dürfen.

Bosman beantragte bei einem nationalen Gericht, die Transferregeln und die sogenannten Ausländerklauseln für auf ihn nicht anwendbar zu erklären. Seiner Ansicht nach verletzten sie sowohl die EU-Wettbewerbsregeln als auch die Bestimmungen der Union über die Freizügigkeit der Arbeitnehmer. Der Europäische Gerichtshof entschied im Rahmen eines Vorabentscheidungsverfahrens.

Der Europäische Gerichtshof vertrat im Bosman-Urteil die Auffassung, dass die Transferregeln im Widerspruch zu den Bestimmungen des EG-Vertrags über die Freizügigkeit der Arbeitnehmer stehen. Diese Regeln beeinflussen direkt den Zugang der Spieler zum Arbeitsmarkt in den anderen Mitgliedstaaten und können so die Freizügigkeit der Arbeitnehmer beeinträchtigen. Der Gerichtshof wies die Argumente zurück, Transferregeln würden in erster Linie das finanzielle und sportliche Gleichgewicht zwischen den Vereinen aufrechterhalten und die Suche nach Talenten sowie die Ausbildung der jungen Spieler unterstützen. Der Gerichtshof glaubte, dass diese Ziele auch mit anderen Mitteln erreicht werden könnten, die die Freizügigkeit der Arbeitnehmer nicht beeinträchtigen.

Darüber hinaus befand der Gerichtshof, dass es Sportvereinen nach den Bestimmungen des EG-Vertrags zur Freizügigkeit der Arbeitnehmer nicht erlaubt sei, Regeln aufzustellen, wonach Fußballvereine in den offiziellen Spielen, die die Vereine veranstalten, nur eine begrenzte Zahl von Berufsfußballspielern einsetzen können, die Bürger anderer Mitgliedstaaten sind.
Quelle: www.europarl.at, 14.8.2007

Nach dem Urteil wurden die Transferzahlungen eingestellt. Heute versuchen die Fußballclubs, durch neue Verträge das Urteil zu umgehen. Daher ist vor allem die Kontrolle und die Weiterentwicklung des Rechts entscheidend.

Jean-Marc Bosman vor der Urteilsverkündung (1995).

Torsten Kienass, Eishockey-Profi bei den Nürnberg Ice Tigers, hat vor dem Bundesarbeitsgericht ein Urteil erstritten, das das Bosman-Urteil des Europäischen Gerichtshofs bestätigt (1996).

2.5 Die Außenwirtschaft im Modell des Wirtschaftskreislaufs

Vielfältige internationale wirtschaftliche Verflechtungen sind im Zuge zunehmender Globalisierung Alltag in der Handelswelt. Ungleich verteilte Rohstoffvorkommen, Wissensvorsprung oder Preisgefälle haben mittlerweile einen regen Welthandel entstehen lassen, an dem die deutsche Wirtschaft erheblich beteiligt ist. Die Abhängigkeit von Energielieferungen und anderen Rohstoffen sowie das Interesse an niedrigpreisigen ausländischen Produkten führen zu einer erheblichen Importquote. Dem steht ein umfangreicher Export vieler qualitativ hochwertiger Industrieprodukte gegenüber, die international konkurrenzfähig sind.

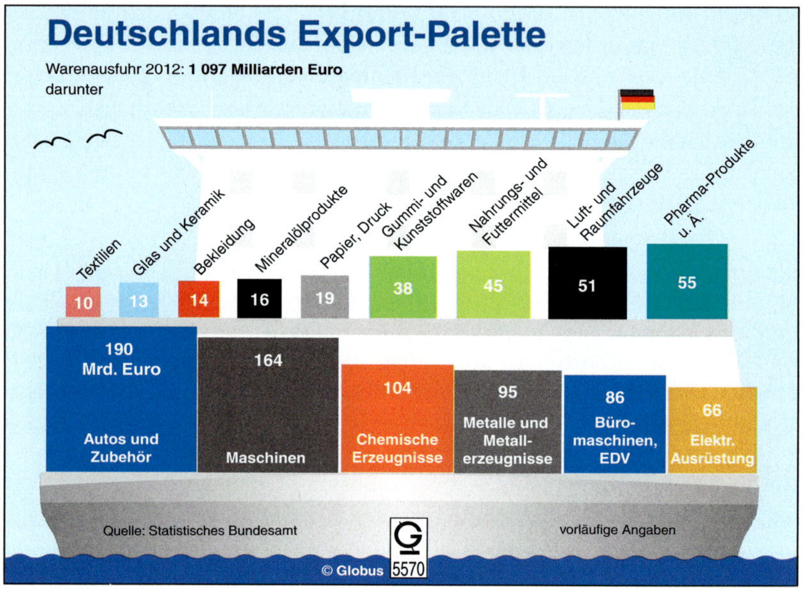

1. Entwickeln Sie zur Wiederholung das Kreislaufmodell einer geschlossenen Volkswirtschaft mit den vier Sektoren.

Um Bedeutung und Wirkung des Außenhandels verständlicher darzulegen, wird das Modell des Wirtschaftskreislaufs um den Sektor Ausland erweitert. Der Außenhandel findet mit vielen verschiedenen Handelspartnern statt. Alle Staaten, mit denen eine Volkswirtschaft Handel betreibt, werden zum Sektor Ausland zusammengefasst. Das Ausland steht mit dem Inland durch Exporte und Importe in Verbindung. **Exporte (X)** sind der Verkauf von Waren und Dienstleistungen vom Inland an das Ausland. **Importe (M)** sind der Kauf von Waren und Dienstleistungen aus dem Ausland. Da im Kreislaufmodell wegen der Wertgleichheit der Ströme nur die Geldströme dargestellt werden, fließt der Geldstrom für die Exporte ins Inland und der für Importe ins Ausland.

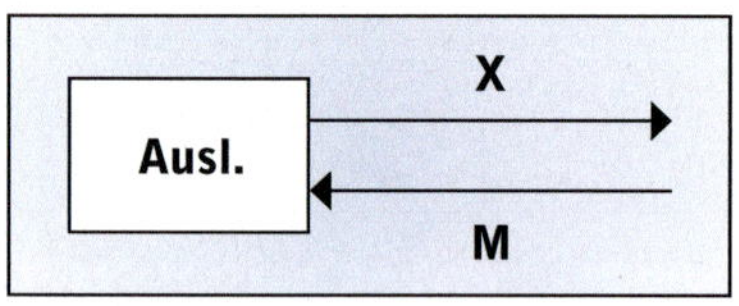

Zur Vereinfachung wird angenommen, dass der Handel mit dem Ausland nur über die Unternehmen abgewickelt wird. Abweichend vom Modell betreiben auch Haushalte direkt Außenhandel mit dem Ausland, z. B. durch Dienstleistungsimporte bei Auslandsurlauben. Ebenso tritt der Staat mit dem Ausland in Beziehung, indem er z. B. Entwicklungshilfe an Länder der Dritten Welt leistet. Durch diese Vereinfachung wird der Wirtschaftskreislauf durch die beiden Ströme X und M erweitert, die den Sektor Ausland mit dem Sektor Unternehmen verbinden.

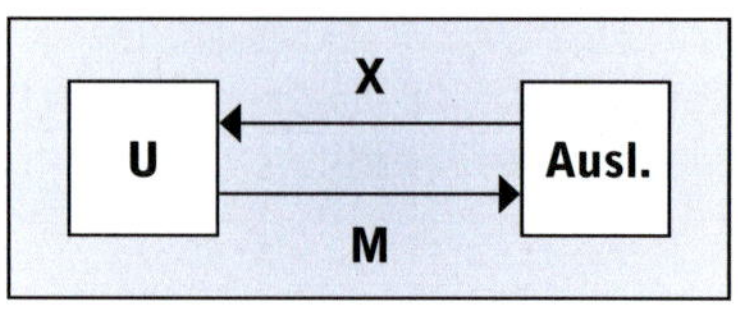

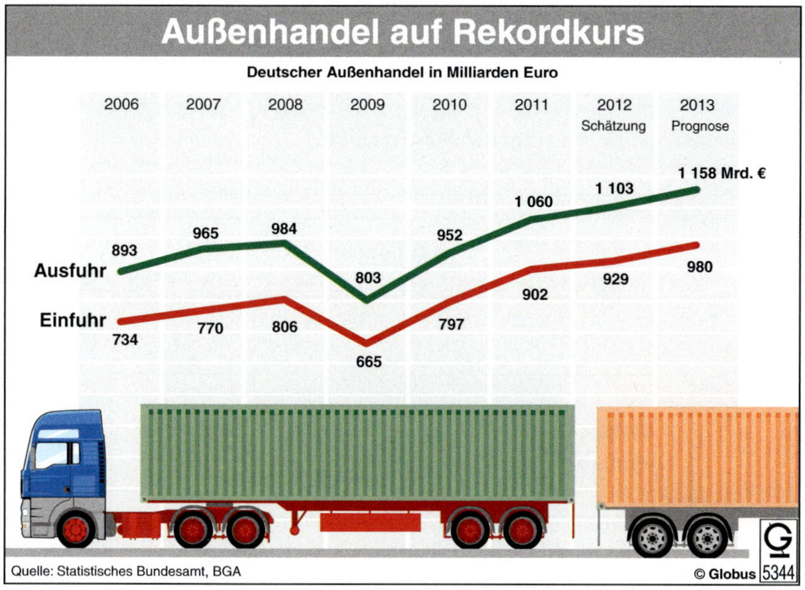

Die Grafik zeigt, dass in Deutschland seit Jahren ein Außenhandelsüberschuss herrscht. Außenhandelsüberschuss beschreibt die Situation, dass mehr Sachgüter und Dienstleistungen exportiert als importiert werden. Für die Bundesrepublik Deutschland ergibt sich ein geteiltes Bild. Einige Branchen erwirtschaften jedes Jahr einen deutlichen Überschuss. Dies trifft besonders auf die Automobilindustrie und den Maschinenbau zu. Andere Branchen haben international einen Wettbewerbsnachteil, sodass sich beständig Außenhandelsdefizite ergeben. Ein Außenhandelsdefizit beschreibt die Situation, in der die Importe die Exporte übersteigen. Diese Situation ergibt sich zum Beispiel in der Textilindustrie, aber auch im Bereich von Rundfunk, Fernsehtechnik, Computern und Büromaschinen. Das Modell des Wirtschaftskreislaufs differenziert nicht nach den einzelnen Branchen. Alle Export- und Importerzeugnisse werden jeweils in einem Strom zusammengefasst.

Die Export- und Importtätigkeit läuft in einer Volkswirtschaft ohne Abstimmung nebeneinanderher, sodass sich üblicherweise Exporte und Importe nicht entsprechen. Überwiegen die Exporte, ergibt sich ein positiver **Außenbeitrag**, sind die Exporte geringer als die Importe, ist ein negativer Außenbeitrag gegeben. Unter Außenbeitrag versteht man die Differenz zwischen Export und Import.
Der Außenbeitrag wirkt unmittelbar auf das Vermögen einer Volkswirtschaft. Ein positiver Außenbeitrag erhöht das Vermögen einer Volkswirtschaft, ein negativer vermindert das Vermögen. Die Vermögensveränderung wird im Kreislaufmodell im Sektor VV erfasst. Ein positiver Außenbeitrag entspricht einer Investition, die die Volkswirtschaft im Ausland tätigt. Damit entsteht ein Strom vom Sektor Vermögensänderung zum Sektor Ausland.

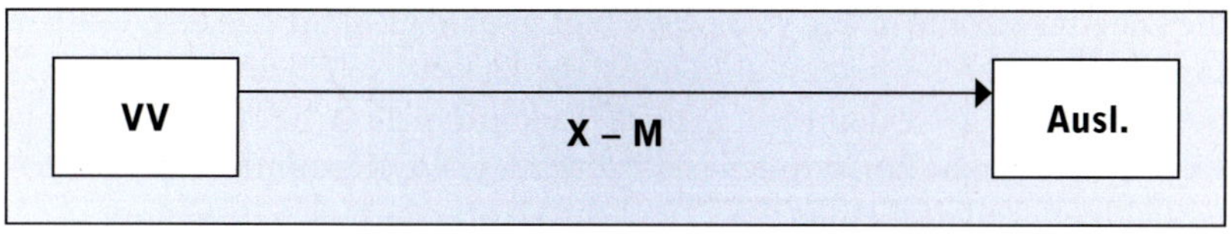

1. Verwenden Sie die Grafik „Außenhandel auf Rekordkurs" und beschreiben Sie, wie sich Import und Export im dargestellten Zeitraum entwickelt haben.

2. Erläutern Sie, welche Konsequenzen der Ausfuhrüberschuss für die Wirtschaft in der Bundesrepublik Deutschland hat.

3. Klären Sie zur Wiederholung, welche Besonderheit der Sektor VV gegenüber den anderen Sektoren des Kreislaufmodells hat.

Familie Weber im Wirtschaftskreislauf

1. In einer offenen Volkswirtschaft mit fünf Sektoren erhöht sich der Konsum der Haushalte.
   a) Beschreiben Sie, welche Auswirkungen diese Verhaltensänderung für die Ströme des Sektors Haushalt hat.
   b) Stellen Sie dar, wie sich die Veränderung der Konsumgüternachfrage auf die Sektoren Unternehmen und Staat auswirkt.
   c) Überlegen Sie, welche Konsequenzen eine Erhöhung der Kreditaufnahme durch den Staat für die Volkswirtschaft hat.

Das vollständige Kreislaufmodell beinhaltet fünf Sektoren, von denen die vier Sektoren Unternehmen, Haushalt, Staat und Ausland durch Aggregation, d.h. Zusammenfassung vieler Wirtschaftssubjekte, entstanden sind. Der Sektor Vermögensveränderung dient als Rechengröße zur Erfassung der Vermögensveränderung einer Volkswirtschaft.

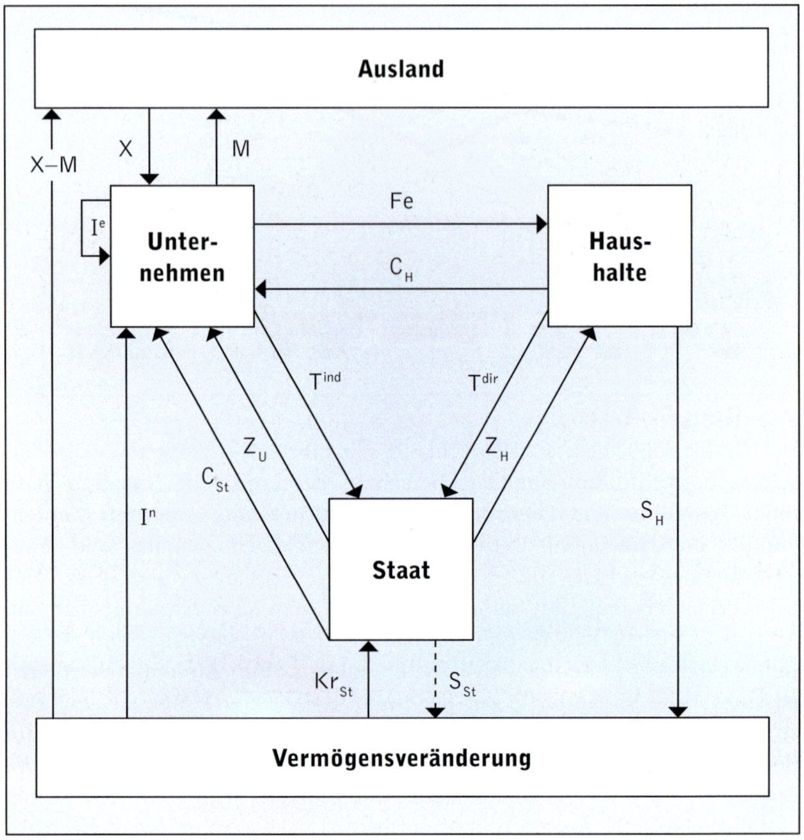

Für die einzelnen Sektoren ergeben sich somit die nachfolgenden Gleichungen:

	Abströme	Zuströme
U	$Fe + T^{ind} + I^{e} + M$	$C_{H} + C_{St} + I^{e} + Z_{U} + X$
H	$C_{H} + T^{dir} + S_{H}$	$Fe + Z_{H}$
VV	$Kr_{St} + I^{n} + (X-M)$	S_{H}
St	$Z_{U} + Z_{H} + C_{St}$	$T^{dir} + T^{ind} + Kr_{St}$
Ausl.	X	$(X-M) + M$

Das Kreislaufmodell eignet sich, um wirtschaftliche Analysen und Prognosen zu erstellen. Verändert sich ein Strom im Kreislauf, ist zu erwarten, dass sich die anderen Ströme in der Volkswirtschaft in naher Zukunft ändern werden. Ergibt die Analyse etwa eine Erhöhung der Exporte, so ist zu erwarten, dass die Produktion gesteigert wird, in naher Zukunft mehr Arbeitskräfte benötigt werden, bald mehr Einkommen gezahlt werden, der Konsum und die Steuereinnahmen steigen werden usw. Die Wirtschaft wächst also insgesamt.

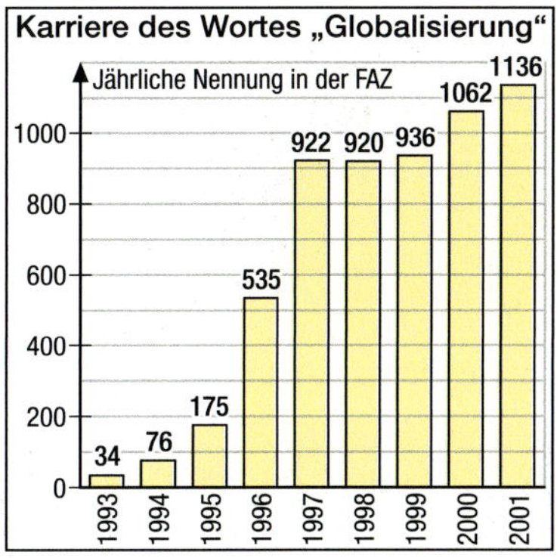

Vor 1990 verwendete niemand den Begriff „Globalisierung".

2.6 Globalisierung

Wenn sich Schülerinnen und Schüler in einer nepalesischen Kleinstadt im Internetcafé über ein Auslandsstudium informieren, wenn eine deutsche Firma ihre Hemden in Kambodscha nähen lässt, wenn Ananasbauern in Ghana ihre Ernte nach EU-Standards zertifizieren lassen – dann hat das etwas mit Globalisierung zu tun. Unter Globalisierung versteht man die zunehmende Vernetzung der Welt: wirtschaftlich, sozial und politisch. Der Begriff umschreibt verschiedene Prozesse, die durch den wachsenden Handel mit Gütern, Dienstleistungen und Kapital, durch moderne Kommunikationsmittel, neue Technologien und durch die größeren Bewegungsmöglichkeiten der Menschen entstanden sind. Die Globalisierung hat das Leben aller Menschen verändert, in allen Regionen der Welt, in Industrieländern genauso wie in Entwicklungsländern.

Quelle: www.bmz.de, 14.8.2007

1. Sammeln Sie an der Tafel Begriffe, die Sie mit der Globalisierung in Verbindung bringen.
2. Werten Sie die Grafik aus.
3. Beobachten Sie eine Woche lang, wie häufig der Begriff „Globalisierung" in der Tagespresse auftaucht.
4. Interpretieren Sie die Karikatur.
5. Entwerfen Sie ein Symbol für die Globalisierung.

Globalisierung – für die einen ein Schreckgespenst, für die anderen fast ein „Allheilmittel". Eine Vielzahl an Veränderungen wird auf die Globalisierung zurückgeführt. Für ihre Befürworter ist sie durch die internationale Arbeitsteilung und die funktionsfähigen Märkte sowie den Abbau von Handels- und Wettbewerbsbeschränkungen ein Weg zu effizienterem Wirtschaften. Für die Kritiker dagegen führen die Marktkräfte nicht immer zu erwünschten und positiven Effekten. Die wachsende internationale Verflechtung wird als Gefahr für Regionen, soziale Gesichtspunkte und die Umwelt gesehen, für die sich keiner verantwortlich fühlt. Die weltweit tätigen Unternehmen haben die Macht im internationalen Wirtschaftsgeschehen und sind keinerlei gesellschaftlichen Kontrollen unterworfen. Die Globalisierungsgegner sehen in ihr den Ursprung für politische und wirtschaftliche Instabilität sowie zunehmende soziale Ungleichheit in und zwischen Staaten. Ein neues Schlagwort ist der „internationale Terrorismus", der sich den Prozess der Globalisierung und dessen Möglichkeiten zunutze macht.

Ursachen der Globalisierung

Die **ökonomischen Ursachen** liegen vor allem in der Deregulierung der Güter- und Faktormärkte. Bereits seit dem Zweiten Weltkrieg wurden die Handelshemmnisse weltweit abgebaut, um die Vorteile der internationalen Arbeitsteilung zu nutzen. Das Handelsvolumen stieg immer mehr an, der technische Fortschritt und die Entwicklung neuer Produkte beschleunigten sich. Neben den Gütermärkten wurden auch im Kapitalverkehr immer mehr Beschränkungen und Kontrollen abgebaut. Der entscheidende Durchbruch gelang durch die Entwicklung der Informations- und Kommunikationstechnologie seit Anfang der 1970er-Jahre. Haushalte und Unternehmen können ihr Vermögen nun dort anlegen, wo es die höchsten Erträge bringt. Kein Gut ist so schnell und einfach zu bewegen wie Kapital. Enorme Beträge können binnen kürzester Zeit rund um die Welt transferiert werden.

Ein weiteres, sehr mobiles Gut ist das Wissen. Unternehmen nutzen moderne Kommunikationstechnologien, um durch den direkten Anschluss an die Beschaffungs- und Absatzmärkte Kosten zu sparen. Es werden immer mehr multinationale Unternehmen gebildet, um weltweit agieren zu können, und die Investitionen im Ausland steigen immer mehr an. Doch nicht nur die Unternehmen, auch die Konsumenten beschleunigen den Prozess der Globalisierung, indem nicht mehr die heimischen Produkte, sondern die Produktvielfalt der Welt auf dem Angebotstisch liegt.

Neben den ökonomischen Entwicklungen haben zur globalen Vernetzung ebenfalls die **technischen Ursachen** beigetragen. Die Entwicklung der Computer, des Internets und des Mobiltelefons, Glasfaserkabel, Satellitentechnik, Digitalisierung und Miniaturisierung ermöglichen den Transfer von Wissen und Informationen in Sekundenschnelle an ferne Orte der Welt. Menschen können über weite Entfernungen hinweg kommunizieren, Projekte entwickeln und arbeiten. Ohne diese technischen Errungenschaften wäre die Globalisierung undenkbar.

Kennzeichen der Globalisierung

- weltweite Absatzmöglichkeiten für die Unternehmen
- länderübergreifende Produktionsprozesse
- internationale Konkurrenz um Arbeit und Kapital
- enge Verflechtung der internationalen Finanzmärkte
- Aufbau länderübergreifender Informations- und Kommunikationsnetze
- Herausbildung von „global players" durch Unternehmenszusammenschlüsse und strategische Allianzen

Wirtschaftliche Freiheit: Basis für Wachstum und Beschäftigung

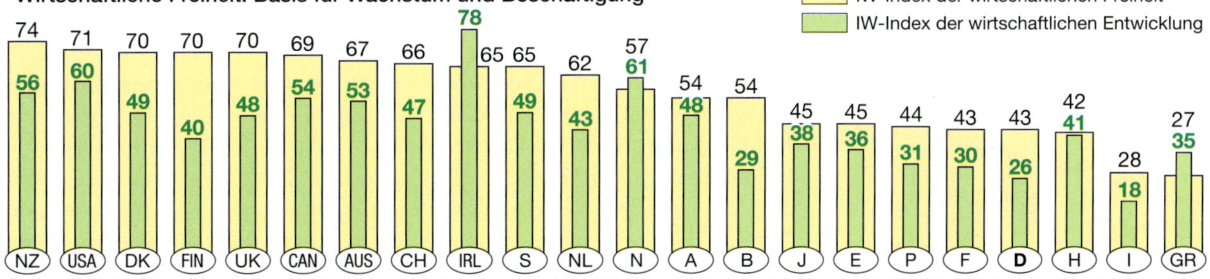

IW-Index der wirtschaftlichen Freiheit: Bewertung der wirtschaftlichen Freiheit auf einer Skala von 0 (= geringste Freiheit) bis 100 (= größte Freiheit) im Schnitt der Jahre 2000 bis 2005; IW-Index der wirtschaftlichen Entwicklung: Bewertung der wirtschaftlichen Performance auf einer Skala von 0 (= geringste) bis 100 (= größte Performance) anhand von verschiedenen Wachstums- und Beschäftigungsindikatoren für die Jahre 2000 bis 2005; Quelle: Institut der deutschen Wirtschaft Köln.

Politische Veränderungen stellen eine weitere Ursache der weltweiten Verflechtung dar. Die Entwicklungen von 1989 bis 1991 in den Ländern Mittel- und Osteuropas haben die politischen Rahmenbedingungen geändert. Die Öffnung der Märkte und der Wandel zur Marktwirtschaft ermöglichten den Austausch von Sachgütern und Dienstleistungen sowie den Produktionsfaktoren Arbeit und Wissen, Natur und Kapital. Durch das Ende des Kalten Krieges und den Zusammenbruch des Sozialismus konnten Handelsbeziehungen in diese Länder aufgebaut und das Wirtschaftswachstum gefördert werden. Gerade Länder, die auch politisch wirtschaftliche Freiheiten erreicht haben, können von den Entwicklungen profitieren.

Eine weitere Ursache ist der weltweite **soziokulturelle Wandel**. Die Mobilität der Menschen nimmt zu. Arbeiten und leben im Ausland – zumindest für eine gewisse Zeit ist das keine Seltenheit. Deutsche Produkte sind weltweit ebenso bekannt wie Produkte anderer Länder. Fußgängerzonen in New York, Frankfurt und Madrid unterscheiden sich bei den Geschäften nicht mehr wesentlich. Durch die Medien werden die Produkte und Wertvorstellungen in die entlegensten Regionen gesendet. Lebensstile und Normen gleichen sich allmählich an. Die weltweite Vereinheitlichung der kulturellen Eigenheiten birgt die Gefahr des Verlustes der sozialen Identität. Meist sind aber die Ursachen in allen Bereichen nicht von den Auswirkungen trennbar.

Wirtschaftliche Freiheit: Deutschland kann mehr wagen

Gesamtwertung für die zehn untersuchten Kriterien: 1 = größte ökonomische Freiheit bis 5 = geringste ökonomische Freiheit

Rang		
1	Hongkong	1,28
2	Singapur	1,56
3	Irland	1,58
4	Luxemburg	1,60
5	Vereinigtes Königreich	1,74
8	Dänemark	1,78
9	Australien	1,84
9	USA	1,84
12	Kanada	1,85
12	Finnland	1,85
15	Schweiz	1,89
16	Niederlande	1,90
18	Österreich	1,95
19	Deutschland	1,96
19	Schweden	1,96
22	Belgien	2,11
27	Japan	2,26
30	Portugal	2,29
33	Spanien	2,33
44	Frankreich	2,51
57	Griechenland	2,80

Skala: 0 – 1 – 2 – 3

Kriterien: Steuerbelastung, Regulierung, Staatseinfluss auf das Bankwesen, Freizügigkeit des Außenhandels, Lohn- und Preiskontrollen, Offenheit für Auslandsinvestoren, Staatseinfluss auf die Wirtschaft, Geldwertstabilität, Sicherheit für Eigentumsrechte, Bedeutung der Schattenwirtschaft; Stand: 2006; Quelle: Heritage Foundation.

1. Werten Sie die Grafiken aus.
2. Interpretieren Sie die Karikaturen zur „Globalisierung".
3. Erstellen Sie eine Definition des Begriffs „Globalisierung".
4. Diskutieren Sie, inwiefern die dargestellten Ursachen der Globalisierung auch Folgen dieser sein könnten.
5. Klären Sie in diesem Zusammenhang, was man unter dem „Henne und Ei"-Problem versteht.

Folgen der Globalisierung

Demo gegen WTO und Globalisierung

Arbeitsbedingungen in Billiglohnländern kritisiert. Globalisierungsgegner greifen mp3-Player-Produktion von Musicblaster an

Die Meldungen über die katastrophalen Arbeitsbedingungen in China und Indien häufen sich. Ein Beispiel aus Wuhan/China zeigt die erschreckenden Auswirkungen der Produktion in Billiglohnländern. Die Bezahlung der Arbeiter liegt weit unter dem gesetzlichen Mindestlohn, bei bis zu 15 Stunden Arbeitszeit pro Tag. Hinzu kommt, dass die Beschäftigten nicht sitzen dürfen und kaum Pausen haben. Die bis zu 200.000 Beschäftigten wohnen in einer der größten Elektronikfabriken der Welt in unzumutbaren Unterkünften. Auch Musicblaster lässt seine mp3-player dort produzieren.
Die meisten Firmen weisen die Vorwürfe zurück. Die Produktion laufe nach festen Regeln ab, die im firmeneigenen „Musicblaster Supplier Code of Behaviour“ festgehalten wurden. Dies sind klare Vorgaben zum Schutz der Arbeitnehmer, so ein Sprecher von Musicblaster. Es ist jedoch bekannt, dass in China die Einhaltung gesetzlicher Mindeststandards nicht durchgesetzt wird und eine gewerkschaftliche Organisation kaum möglich ist. Musicblaster profitiert von den niedrigen Lohnkosten und beruft sich auf einen schriftlichen Verhaltenskodex, der weder kontrollierbar noch durchsetzbar ist. „Musicblaster ist nicht nur Markenname für trendige Produkte, sondern auch für ausbeuterische Arbeitsbedingungen“, so ein Globalisierungsgegner.

Die Globalisierung hat neben den positiven Effekten – wie z. B. die Erhöhung des weltweiten Wohlstands, die Produktvielfalt und die Verbesserung der Lebensbedingungen in einzelnen Ländern – auch negative Folgen. Häufig werden diese mit Begriffen wie Neoliberalismus und Raubtierkapitalismus in Verbindung gebracht, bei dem sich die führenden Industrienationen auf Kosten anderer bereichern. Von Chancen und Visionen wird inzwischen nur noch selten gesprochen. Es stellt sich die Frage, ob die Globalisierung die Ursache der Probleme darstellt oder diese verschärft.

1. Interpretieren Sie die dargestellte Grafik.
2. Erstellen Sie eine Mind-Map über die wirtschaftlichen, sozialen und ökologischen Folgen der Globalisierung.

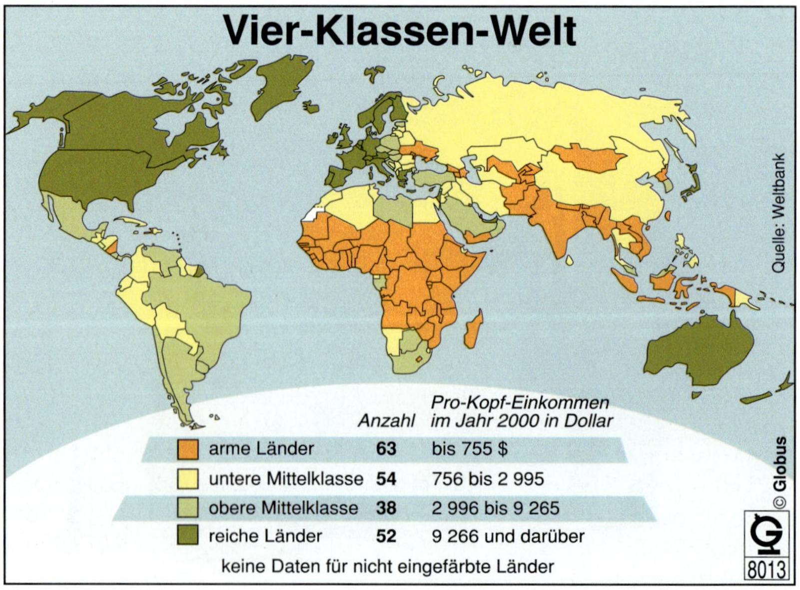

Die Globalisierung hat die Prozesse der Wirtschaft verändert. Die Nutzung der Ressourcen wird optimiert und der weltweite Lebensstandard könnte angeglichen werden. Dennoch sind viele Regionen die Verlierer oder können zu solchen werden. Durch die Öffnung der Länder für den internationalen Handel durchlaufen diese einen Strukturwandel. Aufgrund der auftretenden Konkurrenz auf dem Weltmarkt werden die Wirtschaftssektoren eines Landes, welche keine komparativen Vorteile haben, Verluste erleiden und aufgrund der verbilligten Einfuhrmöglichkeiten schrumpfen. Jeder Ort auf der Welt wird zur Produktionsstätte und zum Absatzmarkt: Dort, wo die Lohnkosten am niedrigsten sind oder die Arbeitnehmer am qualifiziertesten, wird der Standort gewählt.

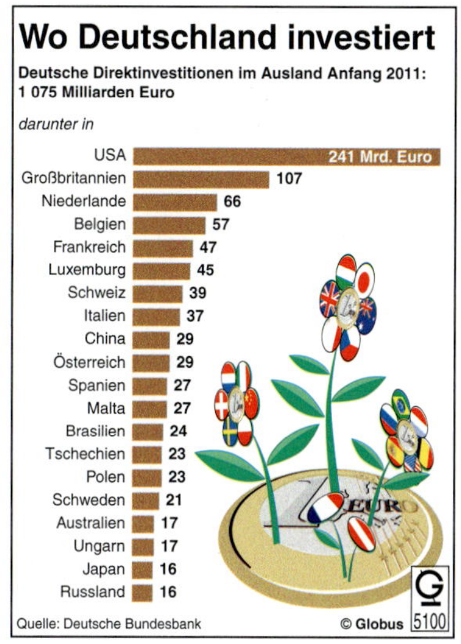

Im Jahr 2008 importierte Deutschland 141,5 Millionen Jeans für zusammen 1,4 Milliarden Euro, darunter

aus ...	in Millionen Stück	pro Hose im Einfuhrwert von durchschnittlich ...
China	48,47	6,93 €
Bangladesch	28,59	4,72 €
Türkei	14,65	15,21 €
Pakistan	12,70	6,56 €
Tunesien	5,41	18,78 €
Italien	3,73	24,29 €
Niederlande	3,39	20,43 €
Honkong	2,81	6,53 €
Belgien	2,02	20,95 €
Macao	2,02	6,49 €
Polen	1,94	17,07 €
Indonesien	1,88	6,46 €
Tschechien	1,86	26,06 €

Quelle: Statistisches Bundesamt

Das Kapital fließt weltweit immer schneller. An jedem Geschäftstag werden im internationalen Devisenhandel durchschnittlich eine Billion Dollar umgesetzt. Ein Großteil des Handels wird durch Wechselkursspekulationen bestimmt. Diese belasten die Wirtschaft von Entwicklungsländern und kleinen Industriestaaten, die sensibel auf Kursschwankungen reagieren.
Die Folgen: Unternehmen erwirtschaften keine Gewinne mehr und müssen schließen, Arbeitplätze gehen verloren. Dies kann vor allem in Regionen, die sich auf einzelne Wirtschaftszweige spezialisiert haben, zur existenziellen Bedrohung werden. Häufig werden diese Entwicklungen durch Subventionen des Staates abgeschwächt, was aber oft wiederum zu Verzerrungen im Wettbewerb führt und die Entwicklung nur verzögert.
Die Wirtschaft wandelt sich und die Welt wird durch die Medien überall zugänglich: Der Zugang zu Wissen kann, richtig genutzt, die Möglichkeit des Aufstiegs in ein besseres Leben bieten, aber auch die Gefahr bergen, bei der rasanten Entwicklung nicht mithalten zu können. Hinzu kommen neue Medien wie das Internet, welche eine weltweite Kommunikation ermöglichen. Virtuelle Welten und soziale Kontakte im Netz werden geografisch unabhängig. Es entsteht eine Informationsgesellschaft, die computerisiert überall auf Informationen zugreifen kann.

1. Finden Sie im Internet konkrete Beispiele über die Folgen der Globalisierung und erstellen Sie dazu ein Handout.

2. Informieren Sie sich, welche gesellschaftlichen Gruppierungen sich für oder gegen die Globalisierung einsetzen.

3. Diskutieren Sie folgende Aussage: „Globalisierung ist eine Chance für alle."

Der Begriff Nachhaltigkeit stammt ursprünglich aus der Forstwirtschaft des 17. Jahrhunderts. Er bedeutet, dass man nicht mehr ernten soll, als in der Natur nachwachsen kann. Heute versteht man unter Nachhaltigkeit, dass auf die nachfolgenden Generationen, also auf unsere Nachkommen, mehr Rücksicht genommen wird. Auch sie brauchen Rohstoffe und Bodenschätze wie zum Beispiel Holz, Wasser, Erdöl und Kohle.

Beispiele für internationale Abkommen zum Schutz der Umwelt:

- Internationales Artenschutzabkommen von 1973
- Montrealer Protokoll von 1987
- Baseler Konvention von 1989
- UN-Konferenz für Umwelt und Entwicklung in Rio de Janeiro 1992
- Kyoto-Protokoll von 1997
- Milleniumserklärung von 2000
- Weltklimakonferenzen

1. Informieren Sie sich über die oben genannten Abkommen und deren Ziele.
2. Informieren Sie sich im Internet über weitere internationale Abkommen zum Schutz vor negativen Folgen der Globalisierung.
3. Interpretieren Sie die Karikatur.
4. Diskutieren Sie in der Klasse die Vor- und Nachteile der Globalisierung bzw. der Regionalisierung.
5. Finden Sie Beispiele, wie sich die Globalisierung auf Ihren Alltag auswirkt.

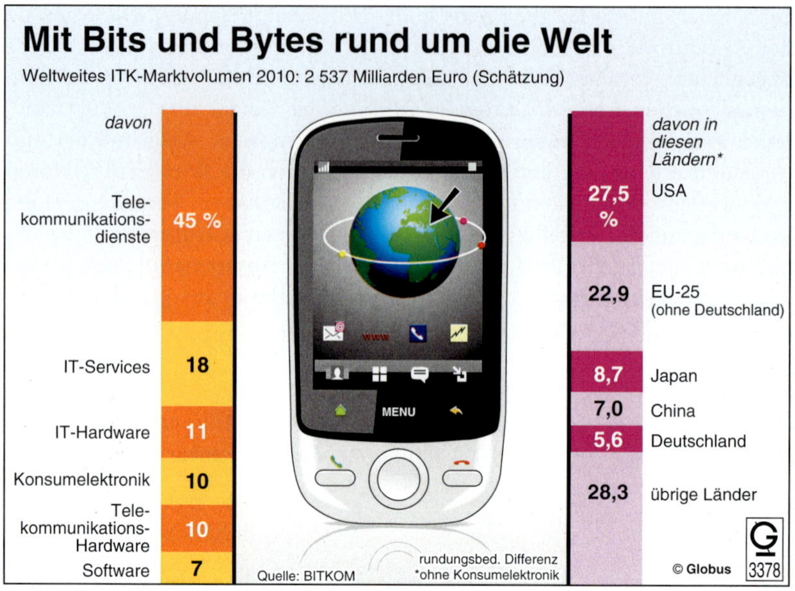

Ein weiterer Aspekt ist die steigende Mobilität der Menschen, die Welt wird zu einem „globalen Dorf“. Dies wirkt sich auch auf die Umwelt aus. Die wachsende Weltbevölkerung, der zunehmende Konsum sowie die Kenntnis der Möglichkeiten führt dazu, dass auch Entwicklungsländer beginnen, Industrien aufzubauen und am gewinnträchtigen Export teilzuhaben. Ihnen stellt sich die Aufgabe, wirtschaftlichen und technischen Fortschritt mit einer ökologischen Nachhaltigkeit zu vereinen, da geringe Umweltstandards geringe Kosten und somit einen Standortvorteil darstellen. Die Folgen sind wachsende Müllberge, verseuchtes Grundwasser, hohe Luftverschmutzung usw., die nicht an den Grenzen haltmacht.

Die USA und große Länder wie China und Russland verbrauchen mit Abstand die meiste Energie und haben den größten Kohlendioxid-Ausstoß. Alle Staaten tragen daher die Verantwortung dafür, Alternativen zu entwickeln, Energie zu sparen und den Entwicklungsländern umweltschonende Techniken zur Verfügung zu stellen.

Mountainbiketour

Wandern auf dem Heidipfad

3 Wechselkurse

3.1 Währungsrechnen

Eigentlich wollten Sie alleine in den Urlaub fahren, doch da findet Ihre Familie für den Sommerurlaub folgende Anzeige – die auch Sie als Mountainbike-Profi anspricht:

Wo imposante Berge und wunderschöne Seen, reizvolle Städte und sanftes Hügelland gemeinsame Sache machen, geht für Familien die Sommer-Action so richtig ab! Die Schweiz hat so viele Gesichter, wie die Familie Beine hat. Alle kommen auf ihre Kosten beim diesjährigen Alpen-Mountainbike-Cross. Ein besonders interessantes Pauschalangebot „Cross-Alp“ findet von Mai bis September statt, mit Ü/F im Hotel, inkl. geführten Mountainbiketouren und Après-Bike-Party.
EUR 80,– oder CHF 105,– pro DZ (Bezahlung in EUR oder in CHF)

Ein besonderes Schmankerl ist das Eseltrekking durch den Thurgau, wo es viel zu sehen und zu staunen gibt (Ü/F inkl. Führung und Esel mit Ausrüstung für 2 Tage CHF 159,– p. P.), und wie im Bilderbuch ist ein Familientag auf den Spuren von Johanna Spyri am Heidipfad, mit Besuch beim Almöhi und im Maislabyrinth (CHF 17,50 p. P.).

Sortenkurse (1 € =) (Stand: 23.09.2013)

Land	Währung	Code	Ankauf	Verkauf
USA	US-Dollar ($)	USD	1,4195	1,2848
Großbritannien	Pfund Sterling (£)	GBP	0,8851	0,8014
Schweiz	Schweizer Franken	CHF	1,2950	1,1727
Dänemark	Dänische Krone	DKK	7,8315	7,0830
Schweden	Schwedische Krone	SEK	9,0611	8,1685
Türkei	Neue Türkische Lira	TRY	2,8812	2,5010
Japan	Yen (¥)	JPY	140,7709	126,7962

1. Was müssen Sie tun, um das Angebot richtig zu beurteilen?

1. Ihre Familie überlegt, ob Sie das Hotel in der Schweiz in Euro oder Schweizer Franken (CHF) bezahlen. Da Sie das Geld vor der Abfahrt noch bei der Bank tauschen müssen, werden Sie beauftragt, die günstigere Variante zu berechnen:
   a) Wie viele CHF bekommen Sie für 80,– € von der Bank? Achten Sie auf den richtigen Wechselkurs.
   b) Welche Variante der Bezahlung ist die günstigere? Wie viele CHF können Sie pro Übernachtung im DZ sparen?

2. Sie fahren in die Schweiz und buchen das komplette Programm mit Eseltrekking und Familientag für vier Personen. Sie haben nicht mehr genug CHF und müssen erneut tauschen. In einer Schweizer Bank lautet der Wechselkurs 100,– CHF = 64,53 €.
   a) Berechnen Sie, wie viele CHF Sie noch benötigen.
   b) Wie viel Euro müssen Sie tauschen, um den Betrag in CHF zu bezahlen?

3. Herr Jakamoto, ein japanischer Freund Ihrer Familie, fährt mit in die Schweiz und möchte noch in Deutschland 150.000 Yen (¥) in CHF tauschen. Dies ist nur möglich, wenn er zuerst seine Yen in Euro tauscht und diese dann in CHF wechselt. Wie viele Schweizer Franken bekommt er von der Bank?

4. Nach zwei Wochen kommen Sie aus der Schweiz zurück und haben noch 477,– CHF übrig, da das Eseltrekking wegen Regen abgesagt wurde. Wie viel Euro bekommen Sie von der Bank, wenn Sie die CHF zurücktauschen?

Der **Außenwert** zeigt den Wert einer Währung in ausländischer Währung, dem gesetzlich gültigen Zahlungsmittel in einem Land. Dabei kann man anhand von Bar- oder Buchgeld verschiedene Währungsarten unterscheiden, bei denen ebenfalls ein unterschiedlicher Wechselkurs besteht:

Währung
- Inlandswährung
- Auslandswährung
  - Sorten: Ausländische Münzen und Banknoten (Sortenkurs)
  - Devisen: Schecks und Bankguthaben in ausländischer Währung in den Händen von Inländern (Devisenkurs)

Der Wechselkurs beschreibt dabei das Austauschverhältnis der Währungen untereinander. Es gibt zwei verschiedene Möglichkeiten, die jeweiligen Wechselkurse anzugeben:

Mengennotierung: z. B. 1,– EUR = 1,2325 US-$; der Wechselkurs ist die Menge ausländischer Währungseinheiten, die man für eine Einheit der inländischen Währung erhält (Im „Euroland" seit 1.1.99 üblich).

Preisnotierung: 1,– US-$ = 0,8114 Euro; der Wechselkurs ist der Preis in inländischer Währung, den man für 1,100 oder 1.000 ausländische Währungseinheiten zahlen muss (war in Deutschland vor 1.1.1999 üblich).

Neben Sorten- und Devisenkurs unterscheiden die Banken zudem den An- und den Verkaufskurs, da ein Kunde für die Währung etwas mehr bezahlen muss, wenn er diese kauft, als wenn er sie wieder an die Bank zurückverkaufen möchte.

Im Beispiel handelt es sich beim Schweizer Wechselkurs in obiger Liste also um einen Sortenkurs in Mengennotierung. Beim Tausch von Euro in CHF brauchen wir den Verkaufskurs, da die Bank uns den CHF verkauft. Wir bekommen für einen Euro 1,4940 Schweizer Franken. Für 100,– Euro erhalten wir 149,40 Schweizer Franken (x = 100,– • 1,4940). Brauchen wir genau 100,– CHF, müssen wir dagegen 66,93 Euro dafür bezahlen (x = 100,– • 1,4940).

Ankaufskurs	**Verkaufskurs**
Der Kunde gibt ausländische Währung an die Bank zurück – aus Sicht der Bank handelt es sich um einen Kauf.	Der Kunde kauft ausländische Währung von der Bank. Aus Sicht der Bank handelt es sich um einen Verkauf.

Bei internationalen Geschäften sind natürlich die Devisenkurse wichtiger. Diese sind auch günstiger, da die Bank das Geld nicht ständig bereithalten, verwalten und sichern muss.

3.2 Die Wechselkursbildung

Gemüse aus den Niederlanden, der MP3-Player aus Japan, Kaffee aus Brasilien... Welthandel in Milliardenhöhe bedeutet eine Vielzahl von Verträgen, die über Ländergrenzen hinweg geschlossen wurden. Inhalt: Ware gegen Geld. Der Import von Gemüse aus den Niederlanden nach Deutschland gestaltet sich vergleichsweise einfach, da in Euro gezahlt wird. Verfügen die Handelspartner über unterschiedliche Währungen, müssen sie sich auf eine Währung für ihre Geschäfte einigen. Muss der Handelspartner in ausländischer Währung bezahlen und verfügt nicht über diese Geldmittel, ist ein Devisengeschäft notwendig.

Devisen sind ausländische bargeldlose Zahlungsmittel. Darunter fallen unter anderem Guthaben bei ausländischen Banken oder in einer Fremdwährung geführte Konten im Inland.
Ausländisches Bargeld nennt man **Sorten**.

Der **Devisenhandel** findet an der Devisenbörse statt. Ein Börsenplatz ist z. B. Frankfurt am Main. Der Preis der ausländischen Währung richtet sich, wie bei anderen Gütern auch, nach Angebot und Nachfrage. Der Handel ist den üblichen Marktgesetzen unterworfen. Je höher der Preis der Devisen ist, desto geringer ist die Nachfrage und desto höher ist das Angebot.

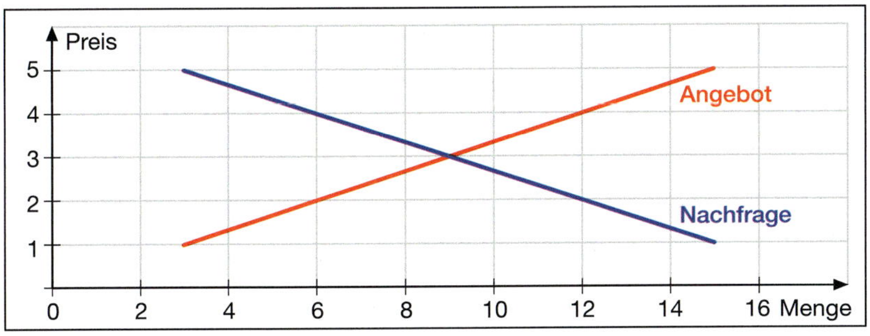

Das Angebot an Devisen stellen die Exporteure. Alle Geschäfte, die in ausländischer Währung abgeschlossen werden, führen zu einem Geldzufluss ausländischen Geldes. Da der Exporteur das Geld im eigenen Land nicht verwenden kann, bietet er es auf dem Markt an, um heimische Währung dafür zu erhalten.
Importeure benötigen für die in ausländischer Währung abgeschlossenen Verträge entsprechendes Geld und fragen dies auf dem Devisenmarkt nach. Durch Angebot und Nachfrage entwickelt sich ein Preis für die ausländische Währung. Diesen Preis nennt man **Wechselkurs**.

Devisengeschäfte können als **Kassageschäfte** oder **Termingeschäfte** abgeschlossen werden. Bei Kassageschäften werden die Devisen sofort entgegengenommen und zum Tagespreis bezahlt. Termingeschäfte sind Devisengeschäfte, die in der Zukunft abgewickelt werden. Am Tag, an dem das Devisentermingeschäft geschlossen wird, wird ein Preis vereinbart, der dann zu einem späteren, aber fest vereinbarten Zeitpunkt (z. B. nach 30 Tagen) im Tausch gegen die Devisen fällig wird.

Waren des Welthandels
Exporte 2009: 12,2 Billionen Dollar, davon in Mrd. Dollar

Maschinen, Kraftwerke, Flugzeuge, Schiffe u. a.	2.040
Energierohstoffe	1.808
EDV, Telekommunikation, Büromaschinen	1.323
Nahrungsmittel, Agrarprodukte	1.169
Chemieerzeugnisse	1.016
Kraftfahrzeuge	847
Halbwaren	799
Konsumgüter u. a.	776
Textilien, Bekleidung	527
Pharmaprodukte	431
Eisen, Stahl	326
wissenschaftlich-techn. Instrumente	271
Nichteisenmetalle	236
Erze, Mineralien	219

1. Erläutern Sie zur Wiederholung die Preisbildung auf dem Markt aus Kapitel 1.
2. Erklären Sie, welche Bedeutung eine Verschiebung der Nachfrage nach rechts bzw. links hat.
3. Recherchieren Sie im Internet, welche Währungen im Welthandel von Bedeutung sind.

1. Beschreiben Sie die nebenstehende Grafik.

2. Stellen Sie fest, welchen Wechselkurs der Euro aktuell zu den Währungen US-Dollar, Yen, britisches Pfund und Schweizer Franken hat.

Der Devisenhandel findet börsentäglich statt. Jeden Tag werden neue Preise durch Angebot und Nachfrage gebildet. Wesentliche Veränderungen ergeben sich, wenn sich das Handelsvolumen einer Volkswirtschaft ändert.

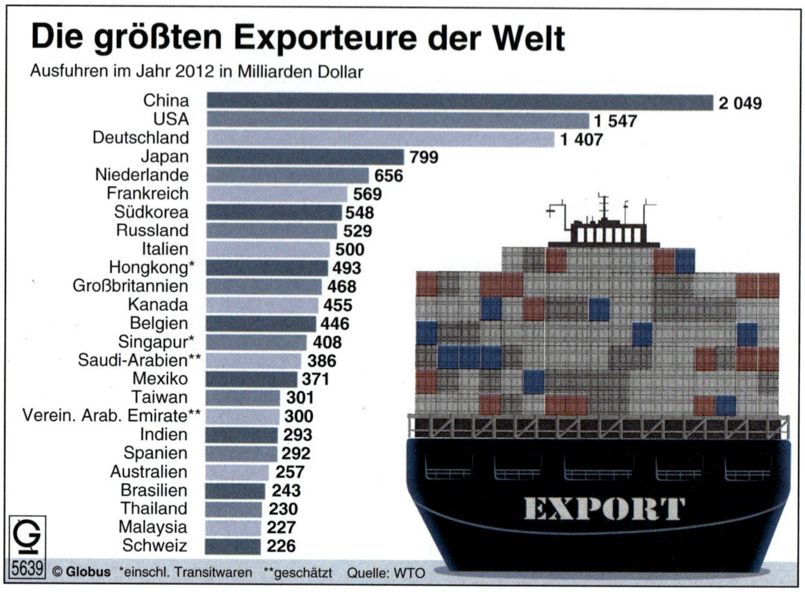

Im Jahr 2012 belegte Deutschland im Welthandel Platz drei hinter China und den USA. Angenommen, in Deutschland erhöhen sich die Exporte mit Geschäften, die auf Dollarbasis bezahlt werden. Die Exporteure erhalten die Fremdwährung als Bezahlung ihrer Waren, sodass sich der Bestand an US-Dollar in Deutschland erhöht. Die Exporteure bieten verstärkt US-Dollar auf dem Markt an, sodass sich die Devisenangebotskurve nach rechts verschiebt. Konsequenz der Verschiebung ist ein fallender Dollarkurs. Der Euro ist gegenüber dem US-Dollar im Wert gestiegen, der US-Dollar hat im Vergleich an Wert eingebüßt. Statt z. B. 1,25 US-Dollar erhält man jetzt 1,30 US-Dollar pro Euro, bzw. pro US-Dollar erhält man statt z. B. 0,80 Euro jetzt nur noch 0,76 Euro. Die Änderung des Wechselkurses hat Auswirkung auf die Preise der Export- und Importgüter.

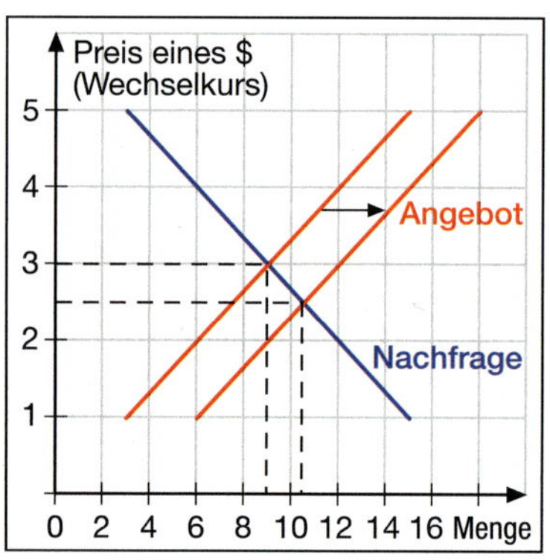

Angenommen, ein Händler aus Deutschland exportiert Waren im Wert von 100.000,– € in die USA. Bei einem Wechselkurs von 1,25 US-Dollar pro Euro muss der amerikanische Importeur 125.000,– US-Dollar für die Ware zahlen. Fällt der Dollarkurs, sodass man 1,30 für einen Euro zahlen muss, steigt der Preis der Ware in den USA auf 130.000,– US-Dollar. Die Produkte aus dem Eurowährungsraum verteuern sich also.

Importe aus den USA in die Eurozone werden hingegen preiswerter. Für Waren im Wert von 100.000,– US-Dollar, die aus den USA in die Eurowährungszone importiert werden, müssen zunächst 80.000,– Euro aufgebracht werden, nach Sinken des Dollarkurses nur noch 76.000,– Euro.

Der Wechselkurs ist von erheblicher Bedeutung, da er die Basis für die Preise des Außenhandels ist. Schwankende Wechselkurse stellen somit einen Unsicherheitsfaktor für die Kalkulation der Preise dar.

3.3 Wechselkurssysteme

Der Wechselkurs zwischen US-Dollar und Euro bildet sich ausschließlich durch Angebot und Nachfrage. Tagespreis der Währung ist der Gleichgewichtspreis. Bilden sich die Wechselkurse ohne staatliche Eingriffe nur durch Angebot und Nachfrage, handelt es sich um **freie Wechselkurse**. Voraussetzung für die Bildung freier Wechselkurse ist die volle **Konvertibilität** der Währungen, d.h., die Währungen können ohne Beschränkungen gegeneinander ausgetauscht werden. Nachteil der freien Wechselkurse ist die unsichere Kalkulationsbasis für Importeure und Exporteure, da durch mögliche Kursschwankungen ein erhebliches Währungsrisiko besteht.

Der Euro ist mit verschiedenen Währungen in einem System fester **Wechselkurse mit Bandbreite** verbunden. Dieses System betrifft vor allem Staaten der Europäischen Union, die den Euro nicht als gesetzliches Zahlungsmittel eingeführt haben, z.B. Dänemark. Daneben gibt es aber auch Staaten, die nicht der Europäischen Union angehören und dennoch ihre Währung an den Euro gekoppelt haben, z.B. Bosnien-Herzegowina und die Westafrikanische Wirtschafts- und Währungsunion.
Im Mechanismus fester Wechselkurse mit Bandbreite wird zwischen den beteiligten Währungen ein festes Austauschverhältnis vereinbart, z.B. entspricht 1,00 € dem Wert von 7,46038 Dänischen Kronen (DKK). Ausgehend von diesem Paritätskurs dürfen die Kurse innerhalb einer vereinbarten Bandbreite schwanken. Die Bandbreite der Dänischen Krone zum Euro beträgt ± 2,25%.

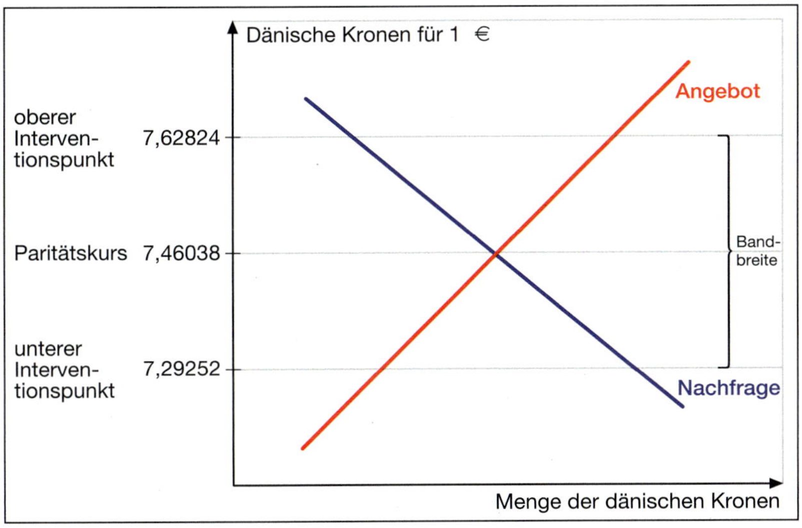

Idealerweise treffen sich Angebot und Nachfrage nach Dänischen Kronen genau am Paritätskurs, sodass man für 1,00 € 7,46038 DKK erhält, wie die Skizze zeigt. Handelsbeziehungen zwischen Dänemark und der Eurozone beeinflussen, wie bereits bei flexiblen Wechselkursen gezeigt, den Kurs der Währungen. Erhöht Deutschland seine Exporte nach Dänemark, erhöht sich das Angebot an Dänischen Kronen in der Eurozone, sofern Geschäfte in Kronen abgewickelt werden. Die Angebotskurve verschiebt sich nach rechts, sodass der Gleichgewichtspreis fällt. Damit fällt der Wert der Dänischen Krone.

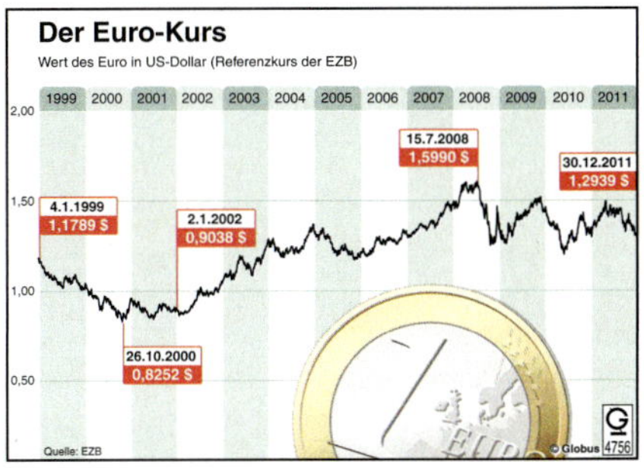

Der Paritätskurs ist ein politisch fixierter Wechselkurs, d.h. ein vorgegebenes Austauschverhältnis zweier Währungen.

1. Beschreiben Sie die Entwicklung des Euro im Verhältnis zum US-Dollar seit 1999.

2. Erläutern Sie, welche Auswirkungen die Kursentwicklung vom US-Dollar zum Euro für den europäischen Export und Import hat.

3. Erklären Sie, welche Auswirkungen die Entwicklung des Euro zum US-Dollar auf den amerikanischen Markt hat.

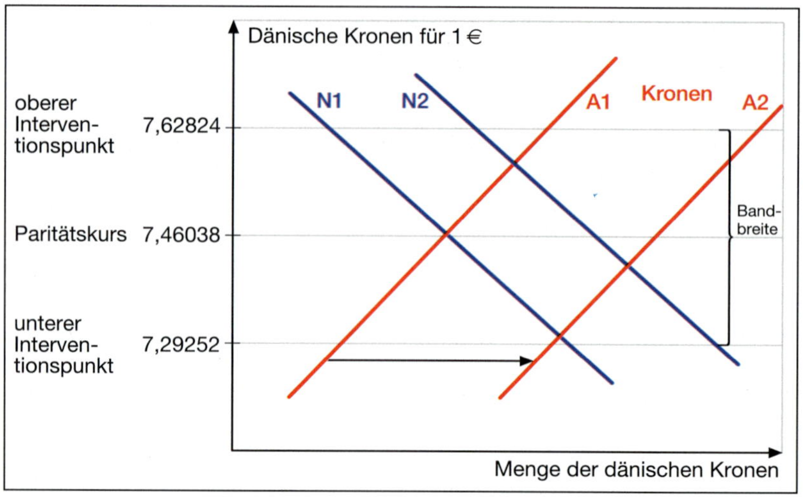

Wenn sich das Angebot zu sehr ausweitet, verlässt der Kurs die vorgegebene Bandbreite. Um dies zu verhindern, müssen die Zentralbanken der beteiligten Länder, in diesem Fall die Europäische Zentralbank und die Dänische Nationalbank, spätestens am unteren Interventionspunkt eingreifen. Die Zentralbanken schaffen eine künstliche Nachfrage nach Dänischen Kronen, kaufen also Kronen auf. Damit verschiebt sich die Nachfragekurve nach rechts. Der Gleichgewichtspreis steigt wieder. Müssen die Zentralbanken dauerhaft eingreifen, wird der Paritätskurs gesenkt. Die dänische Währung wird im Verhältnis zum Euro abgewertet.

Ebenso ist eine Expansion des dänischen Außenhandels in die Eurozone möglich. Mit steigendem Export in die Eurozone erhöht sich die Nachfrage nach Dänischen Kronen, wenn ein Teil der Importwaren in dieser Währung bezahlt werden muss. Damit verschiebt sich der Wechselkurs in Richtung oberer Interventionspunkt oder verlässt die Bandbreite. In diesem Fall müssen die beteiligten Zentralbanken dänische Kronen anbieten. Dadurch verschiebt sich die Angebotskurve nach rechts, sodass der Paritätskurs wieder angestrebt wird. Bei dauerhafter Intervention wird der Paritätskurs angehoben. Die dänische Krone wird im Verhältnis zum Euro aufgewertet.

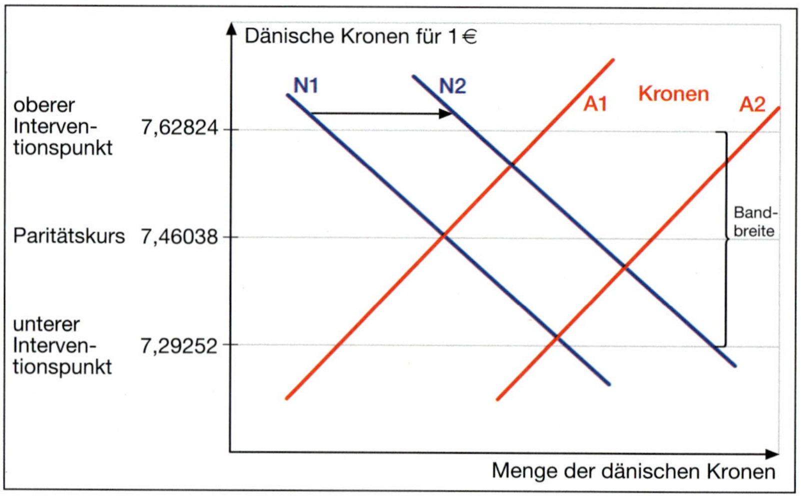

1. Recherchieren Sie im Internet, welche Staaten der Europäischen Union den Euro nicht als Währung eingeführt haben.
2. Stellen Sie fest, welche Staaten der Europäischen Union mit ihren Währungen im System fixer Wechselkurse mit Bandbreite an den Euro gebunden sind.
3. Beurteilen Sie, welche Vor- und Nachteile ein System fester Wechselkurse mit Bandbreiten hat.
4. Begründen Sie, warum Zentralbanken Reservewährungen halten.

3.4 Auswirkung von Wechselkursschwankungen auf Haushalte und Unternehmen

Ob ein Unternehmen eine Maschine ins Ausland liefert, ein Deutscher seinen Urlaub außerhalb des Eurowährungsraums verbringt, ausländische Urlauber nach Deutschland reisen, immer ist ausländisches Geld im Spiel. Somit betreffen Wechselkursschwankungen nicht nur Einzelne, sondern die gesamte heimische Wirtschaft.

Wechselkursschwankungen sind ein entscheidender Faktor für die **Wettbewerbsfähigkeit** eines Landes. Erfolgt eine **Aufwertung** der heimischen und damit eine **Abwertung** der ausländischen Währung, verteuern sich zunächst die Exportprodukte des Inlandes in das Ausland. Im Ausland geht die Nachfrage nach den heimischen Produkten zurück, sodass die Unternehmen, die exportorientiert sind, ihre Produktion drosseln müssen. Damit sinken Umsatz und Gewinne der Unternehmen. Die geringer ausgelasteten Produktionsfaktoren führen dazu, dass Arbeitskräfte entlassen werden. Steigende Arbeitslosigkeit führt zu sinkendem verfügbaren Einkommen in der Volkswirtschaft. Der Konsum der Haushalte geht zurück, sodass auch Unternehmen, die nur im Inland agieren, die Erhöhung des Außenwerts der Währung zu spüren bekommen. Sie drosseln wegen der sich reduzierenden Nachfrage ihre Produktion. Eine Verteuerung der Währung gegenüber ausländischer Währungen kann somit dazu führen, dass der heimischen Wirtschaft geschadet wird. Das Ausmaß des wirtschaftlichen Einbruchs hängt stark an der Exporttätigkeit der Volkswirtschaft. Je exportorientierter eine Volkswirtschaft organisiert ist, desto größer ist der Schaden.

Mit der Aufwertung der heimischen Währung im Ausland sinken die Preise für die Importwaren. Bei hoher Importquote sinkt das Preisniveau, sodass verstärkt Importwaren gekauft werden. Durch Aufwertung der Währung wird die Wettbewerbsfähigkeit des Landes beeinträchtigt.

Erfolgt eine **Abwertung** der heimischen Währung, stellt sich die entgegengesetzte Wirkung ein. Der Wechselkurs der heimischen Währung sinkt gegenüber der Auslandswährung, sodass die heimischen Produkte im Ausland preiswerter werden. Die Nachfrage nach Inlandsprodukten steigt im Ausland, sodass die Produktion in den Unternehmen steigt. Die Produktionsfaktoren werden stärker ausgelastet und der Beschäftigungsstand der Volkswirtschaft steigt. Diese Wirkung spüren auch Unternehmen, die nur für das Inland produzieren, da die Haushalte durch steigende Einkommen mehr konsumieren können. Zugleich steigen die Preise für Importwaren, die Nachfrage nach Auslandswaren sinkt.

Die dritte Möglichkeit der Wechselkursschwankungen ist ein dauernder Wechsel zwischen Auf- und Abwertungen, wie es sich besonders im System flexibler Wechselkurse zeigt. Erfährt die heimische Währung dauerhafte Schwankungen zur Auslandswährung, wird die Basis für solide geschäftliche Beziehungen erheblich beeinträchtigt. Kalkulationen der Preise sind auf solider Basis kaum möglich, sodass der grenzüberschreitende Handel gebremst wird. Die Händler müssen sich gegen das Kursrisiko absichern. Die dabei entstehenden Kosten werden auf die Güterpreise abgewälzt. Starke Wechselkursschwankungen bergen folglich ein Inflationsrisiko.

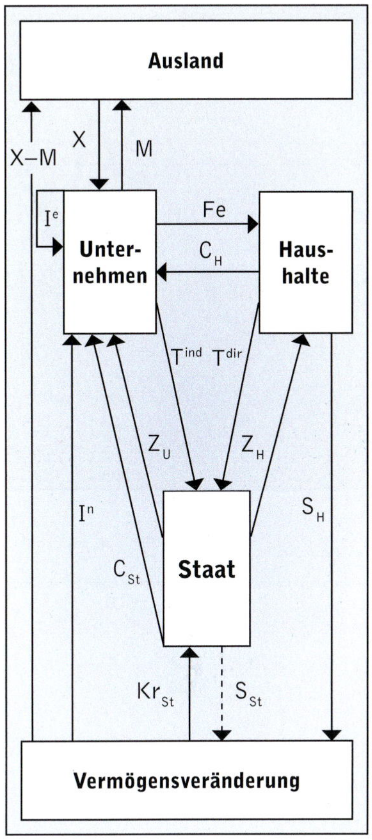

Kreislaufmodell

1. Verfolgen Sie anhand des Kreislaufmodells die Auswirkungen von Wechselkursschwankungen.

2. Beschreibem Sie, wie sich eine Aufwertung der heimischen Währung auf die einzelnen Ströme des Haushalts auswirken kann.

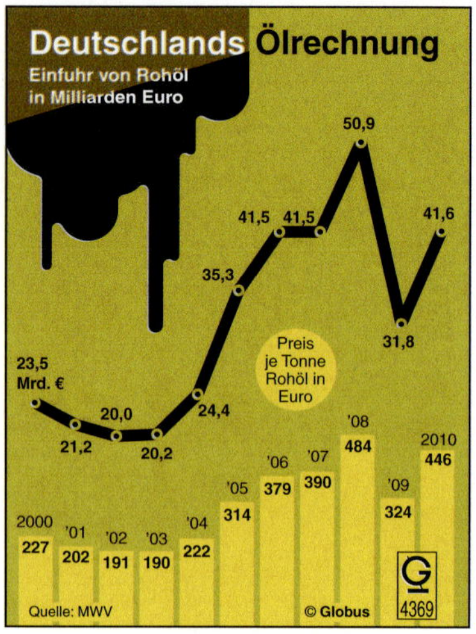

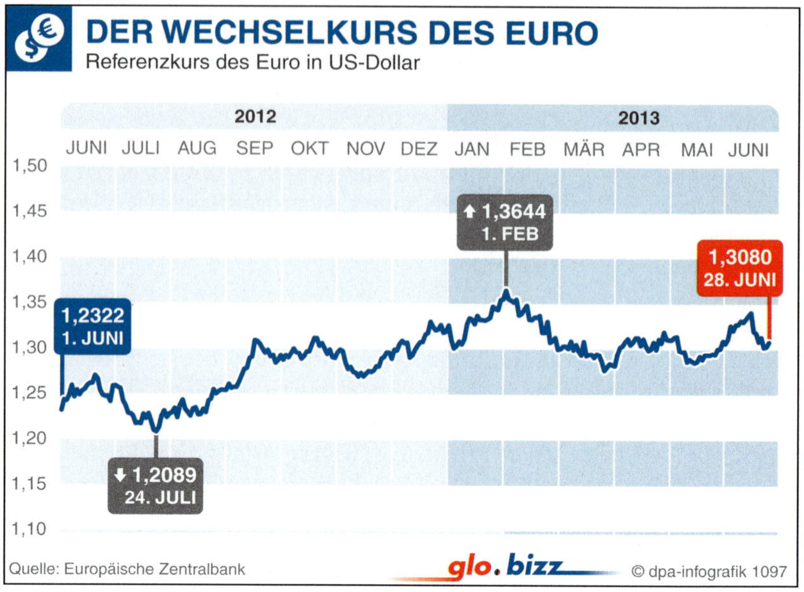

Inwieweit die Wirkung von Wechselkurschwankungen in einer Volkswirtschaft tatsächlich zum Tragen kommt, hängt von weiteren Faktoren ab. Zu beobachten ist, dass Deutschland in den letzten Jahren wachsende Exporte zu verzeichnen hatte, obwohl der Euro gegenüber dem US-Dollar stetig an Wert zunahm. Dies liegt unter anderem daran, dass ein großer Teil des Außenhandels innerhalb der Europäischen Union stattfindet, in der der Euro zum größten Teil gesetzliches Zahlungsmittel ist. Daneben findet auch wachsender außereuropäischer Handel statt, da die gehandelten Waren auch bei steigenden Preisen noch als attraktiv genug eingeschätzt werden.
Trotz steigenden Wertes des Euro fallen die Preise der auf Dollarbasis abgerechneten Geschäfte nicht zwingend. Unabhängig vom Preis der Währungen steigen die Preise für Rohöl seit Jahren an. Hier zeigt sich, dass neben Wechselkursschwankungen auch andere Marktgesetze wirken, die die Währungsmechanismen wieder außer Kraft setzen können.

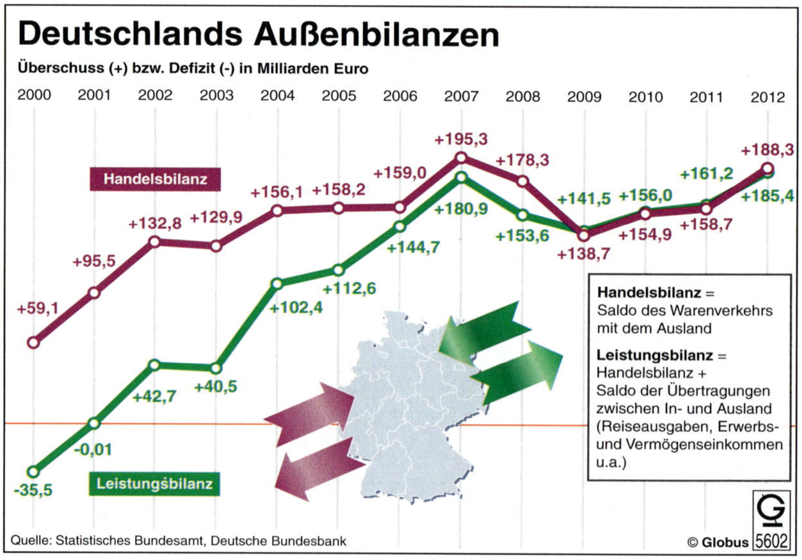

1. Beschreiben Sie anhand der Grafik „Deutschlands Ölrechnung" die Entwicklung des Rohölhandels.
2. Verwenden Sie die Grafik „Der Wechselkurs des Euro" und beschreiben Sie die Wertentwicklung des Euro im dargestellten Zeitraum.
3. Begründen Sie, warum ein Kursanstieg des Euro nicht zwangsläufig Preissenkungen beim Rohöl zur Folge hat.
4. Beurteilen Sie aufgrund der Wechselkursgegebenheiten, in welche Länder sich eine Urlaubsreise lohnt.

Die **Europäische Union** hat bereits einen weiten Weg hinter sich, aber auch die zukünftigen Ziele sind hoch gesteckt. Als wirtschaftliche Einheit in der Weltwirtschaft und mit einer gemeinsamen Handelspolitik gilt es, auch die innere Einheit in Europa voranzutreiben.
Durch die **Verträge** von Maastricht, Amsterdam und Nizza wurden die drei Säulen (EG, GASP, Inneres und Justiz) errichtet und die Umsetzung der EWWU geplant. Die EU wie auch die Eurozone wachsen weiterhin und müssen sich neuen Herausforderungen stellen. Die Verträge, die Kopenhagener und die Konvergenzkriterien, der Stabilitäts- und Wachstumspakt sowie der Fiskalpakt regeln die Beitritte neuer Staaten und sorgen für eine harmonisierte Entwicklung der Mitgliedsstaaten.

Die Einführung des **Euro** sowie das **EWS II** sorgen ebenfalls dafür, dass ein problemloser Handel mit Sachgütern und Dienstleistungen sowie der Kapitalverkehr möglich sind. Gerade die Konvergenzkriterien und der Stabilitäts- und Wachstumspakt – wie auch ein starker Euro – tragen zur Annäherung der Mitgliedsstaaten und der sicheren Position im Weltmarkt bei.
Die Freiheiten des **Binnenmarktes** müssen dabei praktikabel umgesetzt werden, damit die Ziele der Verträge erreicht werden können. Vor allem die umfangreichen rechtlichen Regelungen der EU und ihre Funktionsweise müssen für die EU-Bürger nachvollziehbar und hilfreich sein.

Das **Ausland** spielt gerade in Deutschland mit den anhaltenden „Rekorden" im Außenhandel eine wichtige Rolle im Wirtschaftskreislauf. Der positive Außenbeitrag durch die höheren Exporte wirkt sich dabei direkt auf das Vermögen der Volkswirtschaft aus.

Die **Globalisierung** ist ein weiterer Schritt, den internationalen Handel zu verbessern und den Lebensstandard weltweit anzugleichen. Dennoch zeigt die Entwicklung auch viele Verlierer, wie die Entwicklungsländer und v. a. die Umwelt. Die Globalisierung betrifft viele Bereiche, u. a. Kommunikation, Weltwirtschaft und Gesellschaft.

Das Modell des **Wirtschaftskreislaufs** umfasst folgende Ströme:

	Abströme	**Zuströme**
U	$Fe + T^{ind} + I^{e} + M$	$C_H + C_{St} + I^{e} + Z_u + X$
H	$C_H + T^{dir} + S_H$	$Fe + Z_H$
VV	$Kr_{St} + I^{n} + (X-M)$	S_H
St	$Z_U + Z_H + C_{St}$	$T^{dir} + T^{ind} + Kr_{St}$
Ausl.	X	$(X-M) + M$

Außenhandel ruft Devisenhandel hervor. **Devisen** sind ausländische bargeldlose Zahlungsmittel. Darunter fallen unter anderem Guthaben bei ausländischen Banken oder in einer Fremdwährung geführte Konten im Inland. Ausländisches Bargeld nennt man **Sorten**. Der Preis der Devisen richtet sich nach Angebot und Nachfrage. Zwischen den Ländern können feste **Wechselkurse** mit Bandbreite oder freie Wechselkurse vereinbart sein.

Wichtige Begriffe
Ankaufskurs
Außenbeitrag
Devisen
ESM
EU
EURATOM
EWG
EWS
EWWU
Export
EZB
Fiskalpakt
Freie Wechselkurse
Gesamtverschuldung des Staates
Globalisierung
Import
Kassageschäft
Konvertibilität
Mengennotierung
Neuverschuldung des Staates
Preisnotierung
Preissteigerungsrate
Primärrecht der EU
Reserve-Währung
Rettungsschirm
Sekundärrecht der EU
Sorten
Stabilitäts- und Wachstumspakt
Termingeschäft
Verfassungsvertrag der EU
Verkaufskurs
Währung
Wechselkurs
Wechselkurse mit Bandbreite
Zinsniveau

1. Erklären Sie, warum gerade die geschichtliche Entstehung und Entwicklung der EU heute noch Bedeutung hat und auch zukünftig nicht vergessen werden sollte.
2. Begründen Sie, ob weitere Bereiche der Politik in der EU vereinheitlicht werden sollten.
3. Finden Sie heraus, auf welche Institutionen der EU die EU-Bürger den meisten Einfluss haben.
4. Nennen Sie die ökonomischen Vor- und Nachteile der „Vier Freiheiten“ und stellen Sie die Probleme der Umsetzung dar.
5. Beschreiben Sie, worin die Vor- und Nachteile der Normen und Vorschriften des EU-Rechts liegen.
6. Stellen Sie die Bedeutung der Konvergenzkriterien sowie des Stabilitäts- und Wachstumspaktes für die EU dar.
7. Entwerfen Sie ein Szenario, wie sich die EU in den kommenden Jahren weiterentwickeln wird.
8. Einige EU-Länder wollen den Euro nicht einführen. Diskutieren Sie Vor- und Nachteile der Euroeinführung in den Mitgliedsländern ohne Euro.
9. Erstellen Sie eine Tabelle mit positiven und negativen Auswirkungen der Globalisierung auf Ihre Heimat!
10. Erklären Sie, was die Globalisierung mit der Standortfrage von Unternehmen zu tun hat.
11. Finden Sie Lösungsansätze für eine globalisierte Welt ohne Armut und Umweltverschmutzung.
12. Interpretieren Sie die nebenstehenden Karikaturen.
13. Verwenden Sie die Grafik „Der Euro im Wechselbad“.
    a) Geben Sie an, in welchem Wechselkurssystem sich die dargestellten Währungen zueinander befinden.
    b) Geben Sie an, welche Vor- und Nachteile dieses System der Wechselkurse mit sich bringt.

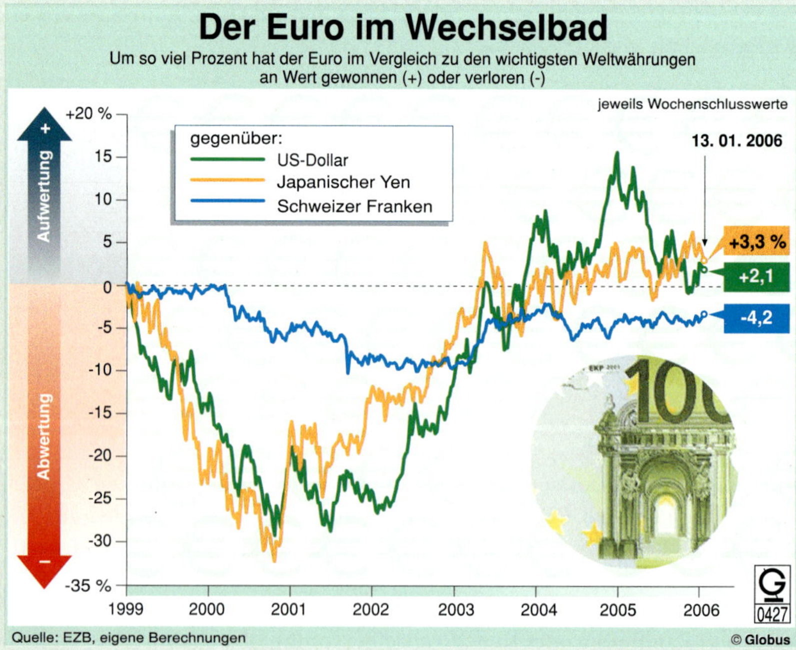

Angebotsüberhang
Marktsituation, in der das Angebot größer als die Nachfrage ist.

Außenwert
Wert einer Währung in ausländischer Währung.

Bedarfsgerechtigkeit
Gesellschaftliches Prinzip, wonach jede Person so viel an Gütern erhält, wie sie zur Erfüllung ihrer Lebensaufgaben benötigt.

Binnenmarkt
Markt innerhalb eines Landes bzw. innerhalb des gemeinsamen Marktes der → EU.

Börse
Markt für bewegliche, fungible Güter.

Bruttoinlandsprodukt
Wert aller Sachgüter und Dienstleistungen ohne Vorleistungen, die im Laufe einer Wirtschaftsperiode innerhalb der Landesgrenzen erbracht werden, bewertet zu Marktpreisen.

DAX
(Deutscher Aktienindex) enthält die 30 größten Aktiengesellschaften in Deutschland und ist eine Kenngröße für die Beurteilung der Lage am Aktienmarkt.

Devisen
Buchgeld ausländischer Währung in den Händen von Inländern.

Einfacher Wirtschaftskreislauf
Wirtschaftskreislauf mit den Sektoren Unternehmen und Haushalt.

Einheitskurs
→ Kassakurs

Einkommensentstehungsrechnung
Beschreibung des Zustandekommens des Haushaltseinkommens im Unternehmen.

Einkommensverwendungsrechnung
Beschreibung der Verwendung des Einkommens, welches die privaten Haushalte erzielen.

Ersatzinvestition
Investition, die den Kapitalstock des Unternehmens erhalten soll.

Erweiterungsinvestition
Investition zur Erweiterung der Kapazität des Unternehmens.

Erziehungsmaßregeln
Maßnahmen des Jugendstrafrechts, um eine Straftat zu ahnden und positiv auf die Entwicklung des Jugendlichen einzuwirken.

EU
Europäische Union als Verbund europäischer Staaten, die wirtschaftlich und politisch eng zusammenarbeiten.

Export
Ausfuhr von Waren und Dienstleistungen in andere Staaten.

Externe Effekte
Auswirkungen des ökonomischen Handelns auf die Wohlfahrt eines unbeteiligten Dritten, die niemand bezahlt oder dafür einen Ausgleich erhält.

EZB
Europäische Zentralbank. Die EZB bildet zusammen mit den nationalen Zentralbanken das Europäische System der Zentralbanken (ESZB). Das vorrangige Ziel des ESZB ist, die Preisstabilität zu gewährleisten.

Fahrlässigkeit
Sie ist gegeben, wenn die im Verkehr erforderliche Sorgfalt nicht beachtet wird. Im Strafrecht ist fahrlässiges Verhalten dann strafbar, wenn es ausdrücklich unter Strafe gestellt ist.

Faktorleistung
Lieferung von volkswirtschaftlichen Produktionsfaktoren Arbeit und Wissen, Natur, Kapital.

Finanzinvestition
Investition in Geld und Wertpapiere.

Freihandel
Modell des internationalen Waren-, Dienstleistungs- und Kapitalverkehrs ohne staatliche Beschränkungen.

Geldstrom
Bezahlung für Güter und Faktorleistungen im Wirtschaftskreislauf.

Generationenvertrag
Prinzip der Rentenversicherung, wonach die arbeitende Bevölkerung mit ihren Beiträgen den Lebensunterhalt der Rentner finanziert.

Gesetzesvorbehalt
In einem Rechtsstaat darf der Staat nicht ohne gesetzliche Grundlage in die Rechte eines Bürgers eingreifen.

Gewaltenteilung
Die Staatsmacht wird unter unabhängigen Institutionen aufgeteilt: Legislative (gesetzgebende Gewalt), Exekutive (ausführende Gewalt), Judikative (Gesetze anwendende Gewalt).

Globalisierung
Bezeichnung für die zunehmende Entstehung weltweiter → Märkte für Waren, Kapital und Dienstleistungen sowie die internationale Verflechtung der Volkswirtschaften.

Grenzwerte
Mindestanforderungen (Höchstwerte) für eine Konzentration schädigender Stoffe in der Umwelt.

Güterstrom
Güterlieferungen im Wirtschaftskreislauf.

Handelshemmnisse
Protektionistische Maßnahmen, um die inländische Wirtschaft vor ausländischer Konkurrenz zu schützen.

Immaterielle Investition
Investition in nicht Gegenständliches wie Rechte, Patente und Ähnliches.

Import
Einfuhr von Waren und Dienstleistungen aus dem Ausland.

Investition
Anlage von Geldmitteln, um Erträge zu erzielen.

Kostenvorteile
Verhältnis der Produktionskosten zweier Güter. Die Produktionskosten des Gutes A werden im Verhältnis zu denen des Gutes B ausgedrückt.

Leistungsgerechtigkeit
Prinzip, wonach jeder nach seiner Leistung entlohnt wird.

Markt
Jedes Zusammentreffen von Angebot und Nachfrage.

Marktversagen
Ein sich selbst überlassener → Markt führt nicht bei allen Marktsituationen zu einem sinnvollen Ergebnis. Der Marktmechanismus funktioniert im Wesentlichen nur bei privaten, nicht bei → öffentlichen Gütern.

Marktwirtschaft (freie)
Wirtschaftssystem, in dem selbstständige Unternehmen und unabhängige Haushalte in eigener Verantwortung handeln. Dies erfordert Privateigentum, Vertragsfreiheit, freie Preis- und Lohnbildung und den Koordinationsmechanismus des → Marktes.

Marktwirtschaft
Eine sich selbst steuernde → Wirtschaftsordnung, bei der zwischen den unabhängigen Wirtschaftssubjekten ein Mengenausgleich über flexible Preise erfolgt.

Mengennotierung
Angabe des → Wechselkurses als Menge ausländischer Währungseinheiten, die man für eine Einheit inländischer Währung erhält.

Nachfrageüberhang
Marktsituation, in der die Nachfrage größer als das Angebot ist.

Öffentliche Güter
Vom Staat angebotene Güter zur Befriedigung privater Bedürfnisse.

Öffentliches Recht
Teil der Rechtsordnung, der die Rechtsbeziehungen zwischen Staat und Bürgern ordnet und alle Regelungen für den Staat und seine Institutionen enthält (z. B. Grundgesetz).

Ökosteuer
Indirekte Steuern auf den Energieverbrauch.

Ordnungswidrigkeit
Rechtswidrige Handlung, die den Tatbestand eines Gesetzes erfüllt, das die Ahndung mit einer Geldstrafe zulässt.

Planwirtschaft
Eine zentrale Behörde entscheidet anhand von Planbilanzen (z. B. Vierjahrespläne) über das Güteraufkommen und die Güterverteilung.

Preisnotierung
Angabe des Wechselkurses als Preis inländischer Währung, den man für eine bestimmte Menge ausländischer Währung bezahlen muss.

Preissteigerungsrate
Inflationsrate, prozentualer Anstieg des allgemeinen Preisniveaus innerhalb eines bestimmten Zeitraums, gemessen an den Veränderungen eines Preisindex.

Primärer Sektor
Wirtschaftsbereich, in dem alle Betriebe zusammengefasst werden, die Güter aus der Natur gewinnen: Landwirtschaft, Forstwirtschaft, Fischerei.

Privatautonomie
Vertragsfreiheit, Grundsatz des Privatrechts, man kann sich grundsätzlich frei entscheiden, ob und mit wem man einen Vertrag abschließt. Auch Inhalt und Form des Vertrags sind grundsätzlich frei wählbar.

Privatrecht
Zivilrecht, Teil der Rechtsordnung, regelt Verhältnis der Privatpersonen untereinander.

Protektionismus
Modell des internationalen Handels, bei dem nur der Staat berechtigt ist, die außenwirtschaftlichen Beziehungen zu kontrollieren.

Quartärer Sektor
Wirtschaftsbereich, der sich mit fortschreitender Entwicklung im Bereich der Informations- und Kommunikationstechnologien bildet: Erstellung, Verarbeitung, Verkauf von Informationen und Kommunikation.

Rationalisierungsinvestition
→ Ersatz- oder → Erweiterungsinvestition, Ziel: die Beschäftigtenzahl bei mindestens gleichem Produktionsergebnis zu reduzieren.

Realwert
Wert des → Bruttoinlandsprodukts, bewertet zu den Preisen des Vorjahres.

Rechtsstaatlichkeit
Die öffentliche Gewalt ist an eine in ihren Grundzügen unabänderliche, dauerhafte Rechtsordnung gebunden, insbesondere, um den Bürger vor staatlicher Willkür zu schützen.

Rückwirkungsverbot
Es ist grundsätzlich nicht zulässig, dass Gesetze ihre Wirkung für einen Zeitraum vor ihrem Zustandekommen entfalten.

Sachinvestition
Investition in Gegenstände.

Sekundärer Sektor
Wirtschaftsbereich, in dem alle Betriebe zusammengefasst werden, die Sachgüter herstellen: Bergbau, Energiewirtschaft, Bauwirtschaft und verarbeitendes Gewerbe.

Solidaritätsprinzip
Grundsatz „Einer für alle und alle für einen", d.h. ein Bürger ist nicht nur für sich selbst verantwortlich, sondern auch für die anderen Mitglieder der Gesellschaft.

Sorten
Bargeld in ausländischer → Währung.

Soziale Marktwirtschaft
Sie wurde in der BRD von Ludwig Erhard mit der Währungsreform von 1948 verwirklicht und verbindet das Prinzip der Freiheit auf dem Markt mit den Erfordernissen des sozialen Ausgleichs.

Sozialstaat
Eine Gesellschaft, die bestrebt ist, die sozialen Unterschiede zwischen ihren Bürgern bis zu einem gewissen Grade auszugleichen, um allen eine Teilhabe an den politischen Entwicklungen zu ermöglichen.

Steuerklassen
Regeln die Höhe der monatlichen Steuerzahlungen. Man unterscheidet sechs verschiedene Lohnsteuerklassen.

Steuern
Geldleistungen eines Bürgers, ohne dass dieser einen Anspruch auf eine Gegenleistung erhält.

Steuertarif
Er beschreibt die Höhe der Steuern in Abhängigkeit vom Einkommen.

Strafrecht
Teilgebiet des öffentlichen Rechts zur Sanktionierung von Verhaltensweisen, die den Wertvorstellungen der Allgemeinheit widersprechen.

Straftat
Rechtswidrige, schuldhafte Verhaltensweise, die zur Tatzeit durch das StGB mit Strafe bedroht ist.

Strukturwandel
Regionale oder strukturelle Veränderungen in der Volkswirtschaft.

Subsidiaritätsprinzip
Die Sicherung des eigenen Lebens bleibt dem einzelnen Menschen selbst überlassen, staatliche Eingriffe in das Privatleben beschränken sich auf Ausnahmesituationen.

Substitutionsgut
Gut, das einen ähnlichen Zweck verfolgt wie ein anderes Gut und deswegen gegen das andere Gut austauschbar ist.

Tatbestandsmäßigkeit
Sie liegt vor bei einem bestimmten Sachverhalt bzw. bei bestimmten Voraussetzungen, die vom Gesetz genannt sind und an die bestimmte Rechtsfolgen geknüpft sind.

Terms of Trade (ToT)
Verhältnis der Preise der Importgüter zu den Preisen der Exportgüter.

Tertiärer Sektor
Wirtschaftsbereich, in dem Betriebe des Handels, des Verkehrs und der Dienstleistungen zusammengefasst werden.

Umsatz
Die mit ihren Preisen bewerteten Sachgüter und Dienstleistungen, die von einem Unternehmen abgegeben werden.

Umweltabgaben
Sie sollen zu einem sparsamen Umgang mit Umweltgütern anregen. Dabei gilt das Verursacherprinzip, d.h. derjenige, der der Umwelt Schäden zufügt, hat dafür aufzukommen.

Umweltlizenz
Marktwirtschaftliches Instrument zum Umweltschutz. Eine zulässige Gesamtemission eine Landes wird in einzelnen Lizenzen an Emittenten verteilt (Emissionshandel).

Unvollkommener Markt
→ Markt, auf dem mindestens ein Kriterium des → vollkommenen Marktes nicht erfüllt ist.

Variable Notierung
Aktienkurs, der sich für eine bestimmte Aktie zuletzt gebildet hat.

Versicherungsprinzip
Die Versicherungsgesellschaft verlangt vom Versicherten einen Beitrag und bietet dafür Schutz im Versicherungsfall.

Vollkommener Markt
→ Markt, auf dem es keine persönlichen, räumlichen oder zeitlichen Präferenzen gibt, die Güter homogen sind und vollkommene Markttransparenz herrscht.

Vorsatz
Wissen und Wollen des Eintritts einer bestimmten Folge eines Handelns.

Wachstumsraten
Wachstum der Wirtschaft in Prozent.

Währung
Gesetzlich gültiges Zahlungsmittel eines Landes, verbrieft in Münzen und Banknoten.

Wechselkurs
Preis inländischer → Währung, ausgedrückt in ausländischer Währung.

Wirtschaftsordnung
konkrete Ausgestaltung der Wirtschaft eines Landes durch rechtliche Regelungen, Verhaltensweisen, Organisationsformen und Institutionen.

Wirtschaftssystem
Gedankliche Ordnung anhand von Modellen, die die Koordinationsprinzipien und Strukturmerkmale einer Wirtschaft vereinfacht beschreiben.

Zentralverwaltungswirtschaft
→ Wirtschaftssystem, in dem eine zentrale Behörde sämtliche wirtschaftlichen Aktivitäten über Pläne regelt. Dieses System verlangt nicht nur Kollektiveigentum und Vertragsunfreiheit, sondern auch feste Preise und Löhne.

Abendroth, Christoper, Bokraden: 147/1
action press, Hamburg: 137 M3 (NIBOR)
akg-images, Berlin: 13 M1, 34/1, 37 M1 + M2, 54 M2, 59 M1, 60 M1, 64 M1, 72 M1, 126/2 (W. Forman), 166 M2 (E. Lessing), 167 M2
AndersARTig, Braunschweig/ Birgit Funke: 58 M2, 61 M2, 62 M3, 74 M1
Baaske Cartoons, Müllheim: 125 M1 (Hürlimann), 143 M1 (G. Mester), 171/3 + 4 (G. Mester), 187/1 (Th. Plassmann)
bpk: 29/M1
Bildarchiv Preußischer Kulturbesitz, Berlin: 29 M1
BMVg, Presse- und Informationsstab, Berlin: 68 M1
Dägling, A., Oldenburg: 57 M1, 62 M1, 128/2–4
Das Luftbildarchiv I. Dunse, Kasseburg: 53/1
Feeken, H., Bad Zwischenahn: 164 M1–M3
fotolia, New York: 42 M1 (R. Kneschke)
Globus Infografik GmbH, Hamburg: 7/1, 7 M1, 8/2, 11/2, 12 M1, 14 M1, 15/2, 15 M1, 21/1 + 2, 29/1, 30/1, 31/1, 33/1, 35/1, 35 M1, 37/1, 38/1 + 2, 38 M1, 43/1, 44 M1, 45/1, 46/1, 52/1, 52 M1, 71/1, 75 M1, 83/2, 94/2, 96/M1, 97 M1, 99/1, 102 M1, 103/1, 111/1, 117/1, 119 M2, 122/2, 141/1, 144/1, 146/1, 148/1, 149/1, 150/1, 151/1, 165 M1, 166/1, 169/1, 174/1, 176/1, 184/1, 185/1, 190/1, 191 M1, 192/1, 193 M1, 194/1, 196 M1, 198/1 + 2, 202/1
nach: Globus 1057: 177/1
Haitzinger, H., München: 85 M1, 145/1
Haus der Geschichte, Bonn: 13 M2, 90 M1 (J. Wolter), 122 M1 (P. Leger), 177 M1 (J. Wolter)
Hogli, Berlin: 93/2
IFA Bilderteam, Ottobrunn: 125 M2
Image & Design, Braunschweig/ Bettina Kumpe: 24 M1–M4, 45 M1–M3, 54 M1, 60 M2, 62 M2, 63 M1, 65 M1, 76 M1 + M2, 77 M1 + M2, 87/1, 87 M1, 104 M1, 127/1, 148 M1, 153/1 + 2, 158 M1 + M2, 159 M1, 170 M1–M3, 173 M2–M4, 180 M1, 181 M1
laif, Köln: 124 M2 (Türemis)
mauritius-images, Mittenwald: 10 M1 (imagebroker.net), 152 M1 (J.F. Raga)
Meissner Cartoons, Köln: 95 M1
Oberösterreichisches Landesmuseum, Linz 107 M2 (F. Gangl)
Otto, W., Oberhausen: 6 M1
Photostudio Druwe und Polastri, Weddel: Titel oben, 6 M2, 9/1, 39 M2, 49 M1, 56 M1, 58 M1, 89 M2, 137 M1 + M2, 186 M1 + M2
Picture Alliance, Frankfurt/Main: 6/1 (dpa/M. Gambarini), 8/1 (ZB/J. Büttner), 17 /1 (dpa/ G. Domenico), 17 M1 (Bildagentur Huber/Radelt), 18/1 (dpa/ A. Dedert), 31 M1 (dpa/R. Weihrauch), 34 M1 (ZB/P. Förster), 39 M1 (dpa/Thissen), 40 M1 (ZB/P. Pleul), 41 M1 (dpa/ H. Ossinger), 58/1 (Sven Si mon), 69 M1 (dpa/W. Künstle), 70 M1 (dpa/R. Weihrauch), 72 M2 (dpa), 78 M1 (dpa/ Kochetkov), 89 M1 (dpa/ H. Ossinger), 122/1 (dpa/ W. Langenstrassen), 124/1 (ZB/M. Helbig), 124 M1 (ZB/ B. Settnik), 126 M1 (dpa/Quiagen), 129/1 (dpa/U. Deck), 129 M1 (dpa/U. Deck), 129 M2 (dpa/Thelen), 152 M2 (dpa/ A. Dedert), 156/1 (dpa/Kroll), 160 M1 (ZB/Th. Schulze), 161 M1 (ZB/P. Pleul), 161 M3 (dpa/ B. Thissen), 162/1 (akg-images), 183 M1 (dpa/A. Dedert), 183 M2 (dpa/A. Altwein), 175 M1, 186 M3 (dpa/J. Eisele), 190 M1 (dpa/V. Dithajohn), 199/1 (dpa/ G. Schiffmann), 199 M1 (Keystone)
Project Photos, Augsburg: Titel (R. Eisele)
Punctum Fotografie, Leipzig: 113 M1
Roger, www.karikatur-cartoon.de: 111 M1, 141 M1, 144 M1
Scheuerlen, H.-M., Ludwigsburg: 119 M1
Schiller, G., Waldsassen: 18 M1
Stollfuß Verlag, Bonn, Berlin: 99 M1, 101 M1
Struck, D., Kempten: 166 M1
Stuttmann, K., Berlin: 110 M1, 155/1, 165/1
SV-Bilderdienst, München: 19 M1 (Scherl), 73 M1, 73 M2 (AP), 114 M1 (KPA/HIP)
Vision photos, Berlin: 61 M1 (R. Klostermeier)
Werbefotografie Weiß, Gersthofen: 5/1
Westermann Tegra, Braunschweig: 10/1, 11/1, 12/1 + 2, 13/1, 14/1, 15/1, 16/1 + 2, 16 M1 + M2, 17 M2, 22/1, 23/1, 34 M2, 47/1, 73 M3, 74 M2, 86/1, 97/1 + 2, 106/1, 112 M1, 115 M1, 123/1, 128/1, 138/1, 168/1, 187 M1, 189/1, 189 M1, 193/1, 194 M1 + M2, 195/1, 196/1 + 2, 197 M1
Wiedenroth, G., Flensburg: 109/1
www.boerse-online.de: 28 M1
www.c5.net: 75 M1 (R. Schwalme), 83/3 (G. Mester), 93/1 (K.-H. Schoenfeld), 94/1 (F. Wolf), 98 M1(K. M. Puth), 108 M1 (B. Mohr), 112/1 (Th. Plassmann), 115/1 + 2 (B. Mohr), 116/1 (G. Mester), 117 M1 (K. Stuttmann), 134/1 (B. Mohr), 135/1 (B. Mohr), 136/1 (B. Mohr), 140 M1 (E. Liebermann), 157/1 (L. Murschetz), 168 M1 (G. Mester), 171/1 (H. Haitzinger), 171/2 (L. Murschetz), 171/5 (Th. Plassmann), 171/6 (G. Mester), 172/2 (G. Mester), 178/1 (R.Schwalme), 188/1 (G. Mester), 189/2 (G. Mester), 192/2 (G. Mester), 202 M1 + M2 (H. Haitzinger)
www.polizei.bayern.de: 68 M2
© ZAHLENBILDER Erich Schmidt Verlag, Berlin: 66/1, 67/1 + 2, 70/1, 78/1, 81/1, 82/1, 83/1, 85/1, 95/1, 96/1, 103/2 + M1, 139 M1, 167/1, 172/1